1000
MARAVILLAS
de la NATURALEZA

Reader's Digest

BUENOS AIRES • MADRID • MÉXICO

1000 MARAVILLAS DE LA NATURALEZA

Corporativo Reader's Digest México, S. de R.L. de C.V.
Departamento Editorial Libros
Editores: Arturo Ramos Pluma, Beatriz E. Ávalos Chávez
Asistencia editorial: Gabriela Centeno

Título original de la obra: *1000 Wonders of Nature,* producida por Toucan Books Ltd., Londres, Inglaterra. Copyright © 2001 The Reader's Digest Association Limited, Londres, Inglaterra. Copyright © 2003 Reader's Digest Selecciones, Madrid, España.

Colaboradores de la obra original: Michael Bright, David Burnie, Tamsin Constable y Paul Simons (consultores); Celia Coyne, Daniel Gilpin y Jane Hutchings (editores); Wendy Brown (documentación gráfica); Bradbury and Williams (diseño gráfico); Bob Burroughs (diseñador).

Colaboradores de la edición española: Rosa Corgatelli (traducción); Isay Klasse (coordinación de la traducción); GEA Consultoría Editorial, S.L.L. y Federico Minchaca (revisión técnica).

Edición revisada de la versión española, propiedad de Reader's Digest México, S.A. de C.V., con la colaboración de Alquimia Ediciones, S.A. de C.V. Revisión de los textos: Berenice Flores e Irene Paiz. Diseño y supervisión de arte: Rafael Arenzana.

Los créditos de las páginas 447-448 forman parte de esta página.

D.R. © 2003 Reader's Digest México, S.A. de C.V.
Av. Lomas de Sotelo 1102
Col. Loma Hermosa, Delegación Miguel Hidalgo
C.P. 11200, México, D.F.

Esta primera edición se terminó de imprimir el 2 de julio de 2003, en los talleres de Gráficas Monte Albán, S.A. de C.V., Fraccionamiento Agroindustrial La Cruz, Municipio del Marqués, Querétaro, México.

La figura del pegaso, las palabras Selecciones, Selecciones del Reader's Digest y Reader's Digest son marcas registradas.

ISBN 968-28-0355-1

Editado en México por Reader's Digest México, S.A. de C.V.

Impreso en México
Printed in Mexico

ÍNDICE

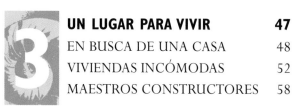

INTRODUCCIÓN

MUCHA GENTE HA OÍDO HABLAR de las Siete Maravillas del Mundo, aunque pocas personas pueden enumerarlas. Sin embargo, el mundo alberga también maravillas muy diferentes, no creadas por los seres humanos, sino por las fuerzas de la Naturaleza. Durante más de 4,000 millones de años estas fuerzas han dado forma a nuestro planeta y su preciosa carga de seres vivos. El resultado es un asombroso despliegue de prodigios y espectáculos naturales, algunos de los cuales son comprendidos totalmente por los científicos, y otros apenas comienzan a explicarse.

Este libro expone mil de estas maravillas naturales y revela a qué se deben. Comienza con los seres vivos, para mostrar algunos de los habitantes más extraños de nuestro planeta, como animales que son aún más pequeños que algunas bacterias, hongos que se autodigieren, y plantas que viven y florecen bajo tierra. Aquí pueden descubrirse también maravillas del comportamiento animal: peces que pasan la noche en viscosas «bolsas de dormir» y aves que se alimentan de sangre. La lista de estas maravillas vivientes incluye también los animales más veloces, los más grandes viajeros y los mejores constructores de la Naturaleza, animales como los castores y las termitas, que construyen viviendas perfectamente elaboradas sin necesidad de haber estudiado arquitectura.

1000 MARAVILLAS DE LA NATURALEZA aborda asimismo nuestro planeta de forma global, comenzando con su posición en el Sistema Solar. En esta sección del libro se incluyen fenómenos que han intrigado a la humanidad a lo largo de los siglos y otros que todavía son nuevos para la ciencia. ¿Qué son los cometas, y por qué tienen colas resplandecientes? ¿Qué es un cuasar, y dónde hay que buscarlo? ¿Por qué brilla el Sol, y cuánto tiempo lo seguirá haciendo antes de apagarse?

Ya más cerca de lo cotidiano, esta obra muestra la Naturaleza en sus aspectos más violentos y destructivos. Aquí la lista de maravillas incluye erupciones volcánicas y terremotos, así como los extremos climáticos de tormentas eléctricas, granizadas y tornados. También en esta sección pueden verse los accidentes geográficos más espectaculares de la Tierra, desde sus montañas más altas hasta sus océanos y grutas más profundos, y se explican algunos de los espectáculos más raros de la Naturaleza, como el legendario «destello verde» y los fuegos de San Telmo.

Hace siglos, la gente explicaba las maravillas de la Naturaleza mediante mitos y leyendas, en lugar de hechos. Hoy en día, gracias a la ciencia, sabemos mucho más sobre el funcionamiento de la Naturaleza. Pero, como demuestra este libro, los prodigios naturales se vuelven aún más maravillosos al ser explicados.

GRANDES HECHOS DE LA NATURALEZA

1

GRANDES HECHOS DE LA NATURALEZA

Sin importar el momento y lugar en que se reúnan grandes cantidades de animales, sin duda será un gran encuentro. Se congregan para conocerse, cortejarse y aparearse, para comer, para descansar en la seguridad del grupo y para migrar.

LAS MORSAS ORGANIZAN UNA FIESTA DE «SOLTEROS»

A las morsas les encantan las playas atestadas. Todos los veranos más de 12,000 machos se congregan a lo largo de la costa y los bancos rocosos de la isla Round, en la costa sudoeste de Alaska.

Se echan en hileras, con los ojos cerrados; los cuerpos, pardos y rosados, quedan tan apretados unos con otros que sólo los pares de largos colmillos de marfil, de 50 cm, indican dónde se halla la cabeza y dónde la cola.

Durante el invierno anterior a la época de celo habrán luchado ferozmente con los otros machos con los que ahora comparten la playa, combatiendo por el derecho a aparearse.

Los machos llegan a la isla Round durante el mes de junio, en grupos formados por más de 3,000 morsas cada uno. Pasan un par de días en tierra y luego vuelven al mar durante una semana, para alimentarse, antes de retornar a la isla a descansar dos días más.

Mientras tanto, las hembras se alimentan y cuidan de sus crías a cientos de kilómetros de allí, al norte, entre los témpanos de hielo de los mares de Bering y Chukchi.

EL LARGO CAMINO DEL CANGREJO DE ARENA HACIA LA COSTA

U n ejército de 100 millones de cangrejos de arena se embarca en un peligroso viaje en noviembre de cada año. El comienzo de las lluvias señala el inicio del éxodo de los cangrejos desde su bosque tropical nativo hacia el mar, en la isla Navidad, en el océano Índico. Marchando durante las horas más frescas del día, los cangrejos trepan por casi todo lo que se les cruza en el camino. Un millón de estos cangrejos perecerán durante la travesía, que suele durar unas dos semanas.

Los machos adultos llegan a la costa antes que las hembras y luchan por conseguir las mejores madrigueras donde se aparean. Después regresan a su hogar, mientras las hembras esperan a que se desarrollen los huevos. Al cabo de dos semanas, se sacuden al borde del agua y sueltan miles de huevos de sus bolsas de incubación y emprenden el camino a su hogar, seguidas, 25 días después, por un ejército de diminutos cangrejos de no más de 5 mm de ancho.

LUGAR CONCURRIDO *Las grandes morsas macho obligan a las más pequeñas a hacerles sitio en el abrigado centro del tumulto.*

CALOR INVERNAL *En otras épocas el bisonte americano deambulaba desde Texas hasta el Yukón. Se adapta bien a climas y temperaturas extremos.*

EL BISONTE SABE LOCALIZAR SITIOS CALIENTES EN LA NIEVE

El bisonte americano se las inge**nia para mantenerse en calor.** Todos los inviernos, en el parque nacional Yellowstone (Estados Unidos), cientos de estos animales se reúnen alrededor de las zonas de géiseres y fuentes termales para sobrevivir en el gélido clima. Allí la cubierta de nieve no es tan profunda como en el resto del parque, de modo que los pastos y juncos son más accesibles y les sirven de alimento; por otra parte, para los bisontes es más agradable permanecer cerca del calor de las fuentes termales.

Mientras los bisontes se hallan cerca de los géiseres, el vapor y el rocío se congelan sobre su piel y su cara, cubriéndolos con una fina capa de escarcha. Fuera de esa región, la capa de nieve puede ser tan espesa que, para llegar a las plantas ocultas bajo el manto blanco, tienen que abrirse paso con su ancho hocico como pala a través de ventisqueros de hasta 1.80 m. Cuando hay tormentas de nieve estos animales se ponen de cara al viento, protegidos por su pelaje tupido y lanudo.

EL RELAX DE LAS BALLENAS BLANCAS

El mes de julio es época de vaca**ciones para las miles de ballenas blancas que se reúnen en las ensenadas poco profundas del Ártico canadiense.** Llegan al agua dulce relativamente cálida –donde están a salvo de su principal enemigo, la orca– para parir, efectuar la muda y jugar. Los grupos son bulliciosos, porque las ballenas parlotean sin cesar con gorjeos, soni-

dos metálicos, chillidos, gruñidos y silbidos, comportamiento que les ha valido el apodo de «canarios del mar».

En los estuarios juegan con piedras y frondas de algas. Sostienen grandes piedras en la boca o hacen equilibrios con ellas en lo alto de su cabeza, y se enroscan algas en el cuerpo. En cuanto divisan a una que lleva una piedra, otras ballenas chocan contra ella y la empujan hasta quitársela. En algunas ocasiones este juego puede tener matices trágicos. Así se han visto hembras nadando con planchas de madera en el lomo. Se cree que son ballenas que han perdido una cría y han adoptado la tabla como hijo sustituto.

LAS POLILLAS TIGRE BUSCAN UN REFUGIO EN EL EGEO

En el calor abrasador de julio y **agosto, nubes de polillas tigre de Jersey descienden a la isla griega de Rodas.** Durante un mes o más, entre las rocas y árboles del «Valle de las Mariposas», las polillas tigre permanecen inmóviles durante el día para conservar la energía, mientras que por la noche salen en busca de pareja.

Las polillas tigre son atraídas al valle por la resina aromática que exuda la corteza de los liquidámbares orientales. Además, el agua que se evapora del río Pelekanos, valle abajo, las mantiene frescas e hidratadas. Cuando ha pasado el calor más intenso, se marchan para establecerse en los campos circundantes.

ENJAMBRE ATIGRADO *Un cartel del «Valle de las mariposas», en la isla griega de Rodas, advierte a los visitantes que no deben atrapar polillas.*

¿POR QUÉ LAS MARIPOSAS SE REÚNEN EN ARENAS TROPICALES?

Millones de deslumbrantes mariposas amarillas heliconia macho llegan a los ríos tropicales de América del Sur, como el Amazonas y el Orinoco. Atraídas por los humedales y la arena mojada, ricos en minerales, estas mariposas se apiñan en las orillas para absorber una solución de minerales y sales con su larga lengua, llamada probóscide, en forma de espiral.

Durante el apareamiento, la mariposa macho transfiere gran parte de su sodio a la hembra junto con el esperma, y luego va a las riberas a reponer el sodio, que es esencial para el funcionamiento de sus nervios y músculos.

IGUANAS MARINAS ADORADORAS DEL SOL

Como monstruos prehistóricos de la era de los dinosaurios, hileras de 20 a 30 iguanas marinas se alinean sobre las rocas para tomar el sol. Estos animales, de 1.20 m de largo, viven exclusivamente en las islas Galápagos, a la altura de la costa de Ecuador. Son de los pocos lagartos del mundo que se aventuran en el mar, y hacen breves inmersiones para alimentarse de la lechuga marina que crece en las rocas a 5 m de profundidad.

El tiempo que pasan expuestas al sol eleva la temperatura de su cuerpo lo suficiente para permitirles nadar en las frías aguas de la corriente de Humboldt, procedente de la Antártida y que baña las Ga-

lápagos. Los cangrejos de las rocas se reúnen alrededor de las iguanas inmóviles para extraer garrapatas y piel muerta. En ocasiones, una iguana que está tomando el sol parece cobrar vida de pronto, cuan-

do estornuda una lluvia de vapor salado para eliminar el exceso de sal de sus glándulas nasales.

LOS TIBURONES MARTILLO ENCUENTRAN SEGURIDAD EN EL GRUPO

Los tiburones martillo se congregan en grandes cardúmenes para protegerse. Se localizan cerca de las islas del Pacífico oriental, como las Cocos y las Galápagos, donde están a salvo de las orcas y otros tiburones.

El cardumen suele estar compuesto principalmente por hembras. Los tiburones nadan de un lado a otro sin alimentarse, de vez en cuando los más viejos giran y, em-

COLONOS *Las iguanas marinas de las Galápagos evolucionaron a partir de una especie terrestre que llegó por mar, probablemente desde América del Sur.*

sexta parte de su peso al día. Al final de la temporada seca, cuando el alimento escasea, las bandadas bajan a las zonas cultivadas de los valles fluviales, con consecuencias devastadoras para los agricultores. Los tejedores de pico rojo, que en África suman más de 1,500 millones, son la especie más numerosa del mundo.

AL DESOVAR, LOS CORALES HACEN «FUEGOS ARTIFICIALES» SUBMARINOS

Todos los años, en una noche de **diciembre, los corales de los 2,000 km de la Gran Barrera de Arrecifes comienzan a desovar.** Huevos y esperma suben flotando a la superficie en una especie de tormenta de nieve.

Los arrecifes de coral duro están formados por pólipos de coral de cuerpo blando que segregan carbonato cálcico (piedra caliza). Cuando aumenta la temperatura del mar, los órganos sexuales de los pólipos producen cromáticos sacos de huevos o esperma. Al desovar simultáneamente, los pólipos de coral aumentan al máximo sus probabilidades de fertilización en una sola hora. Así en un solo día los sacos estallan, los huevos son fertilizados por el esperma y las larvas se alejan flotando.

DESLUMBRANTE DESPLIEGUE *Millones de mariposas son atraídas por los nutrientes esenciales, en este caso sodio y otros minerales.*

en Sudán, una bandada de unos 32 millones de pájaros) en busca de alimento. Los tejedores se alimentan de semillas de hierbas silvestres, ingiriendo cada uno una

REPRODUCCIÓN EN MASA *Los corales liberan enormes cantidades de huevos y esperma con el fin de producir suficientes larvas para recolonizar su hábitat en los arrecifes.*

pleando el lenguaje corporal, mantienen el orden entre los más jóvenes. El cardumen es también un punto de encuentro para machos y hembras: en algunas ocasiones un macho aferra a una hembra por la aleta pectoral y se aparean en las profundidades. Al anochecer el cardumen se deshace y los tiburones se separan para alimentarse.

LAS QUELEAS VUELAN ALTO EN CONCENTRACIONES MASIVAS

Las bandadas de tejedores de **pico rojo, o queleas, pueden nublar el cielo.** Estos pequeños tejedores, que pesan menos de 30 g, se reúnen en bandadas de muchos miles de aves (se afirma que en una ocasión se observó posada,

MONOS QUE ENCUENTRAN CALOR PRIMAVERAL EN INVIERNO

A los macacos japoneses, que habitan regiones más septentrionales que cualquier otro simio, les gusta tomar un baño caliente durante las tormentas de nieve. Aunque su grueso pelaje los resguarda del intenso frío invernal del norte de Japón, se bañan en humeantes aguas de manantial hasta adquirir una temperatura adecuada.

Existen poblaciones de macacos de montaña, en la isla Honshu, que son capaces de relajarse en agua caliente mientras brama una ventisca a su alrededor. Cuando el invierno es más crudo y la mayor parte de la vegetación está bajo la nieve, estos animales se alimentan de cortezas, evitando así tener que desplazarse hacia las tierras bajas en busca de comida. En verano se dan festines de frutas, flores y hojas.

BAÑO PARA MONOS *Los manantiales de aguas termales proporcionan a los macacos japoneses un cómodo lugar donde relajarse en invierno, cuando la mayoría de los demás animales baja a los valles.*

LAS ÁGUILAS DE STELLER DAN UN TOQUE DE COLOR ESTACIONAL

Los espectaculares picos de un amarillo intenso y las manchas blancas sobre negro del plumaje de las águilas marinas de Steller son el centro de atención en los témpanos de hielo de la isla japonesa de Hokkaido. Las águilas llegan en invierno de sus lugares de cría, en el noreste de Siberia. Se posan en los bosques costeros durante la noche, y al amanecer, 40 o más de estas aves rapaces pue-

den seguir flotas pesqueras locales en busca de peces desechados. Las águilas descienden en picada, con las patas bajas y la cola desplegada en forma de abanico; si la pesca es escasa, se alimentan de cadáveres de focas.

LA MANTARRAYA HACE «GIMNASIA ACUÁTICA»

La mantarraya «vuela» a través de las aguas tropicales moviendo ampliamente sus grandes aletas pectorales, semejantes a alas. A veces salta fuera del agua y da voltere-

tas laterales, con una aleta afuera y la otra sumergida en el mar.

La mantarraya, o manta, es la raya más grande del mundo, tiene una envergadura de 6 m y puede pesar más de 1,360 kg. A diferencia de otras rayas, que permanecen cerca del fondo del mar, las mantas viven cerca de la superficie, donde se alimentan del plancton que pulula principalmente de noche. Puede vérselas nadar en formación como un escuadrón de aviones.

Es posible reconocer una manta al instante, por el «cuerno» que tiene a cada lado de la ancha cabeza, una característica que hizo que los antiguos marineros la

llamaran «pez diablo». En realidad, son bastante inofensivas y usan los cuernos para guiar a sus presas hacia su ancho hocico rectangular.

BANQUETE DE PLUMAS PARA LOS TIGRES DEL OCÉANO

Los tiburones tigre aparecen regularmente en las costas de las islas del oeste de Hawai todos los meses de julio. En esa época la población local de polluelos de albatros de Laysan está a punto de lanzarse a su primer vuelo. Las jóvenes aves practican su despegue en la playa, pero, inevitablemente, muchas son lanzadas al mar por los vientos alisios. Asimismo, si los vientos amainan, muchos caen al agua, donde esperan los tiburones.

Cómo saben los tiburones cuándo y dónde aprovechar esta superabundancia estacional es un misterio. Suben rápidamente a la superficie y sacan la nariz del agua. Los polluelos tienen muchas probabilidades de escapar, porque la presión de la nariz del tiburón contra las olas los aleja. Algunos tiburones perciben esto y atraviesan velozmente la superficie del mar, lanzándose con la boca abierta sobre sus víctimas.

LA CARGA DE LOS BÚFALOS DEL CABO

Los búfalos del Cabo deciden de una manera agresiva quién es el macho líder. Estos animales robustos del este de África se topan cabeza contra cabeza, haciendo chocar fuertemente sus formidables cuernos curvos.

Los únicos enemigos naturales de este búfalo son las manadas de leones, que atacan a las hembras y a las crías. Para defenderse, el rebaño se dispone en hileras, en las que cada individuo se dispone con la mirada fija y el hocico hacia arriba. Unos pasos hacia adelante, acompañados por fuertes bufidos y sacudidas de cabeza, suelen bastar para desalentar a un depredador, pero si éste atacara se llevaría una sorpresa: un búfalo se puede abalanzar contra su agresor a 56 km/h; lo hace con la cabeza en alto para poder concentrar la vista en su adversario hasta el último instante, en el que baja los cuernos y lo embiste con una fuerza capaz de matar en el acto.

PERICOS QUE BUSCAN
UN REMEDIO NATURAL

Los pericos y guacamayos del parque nacional Manu, en Perú, se arriesgan para obtener su medicina diaria. La encuentran en la arcilla amarillenta de las laderas de los acantilados de las altas riberas del parque. Esta arcilla es una mezcla natural de caolín, que, según se cree, ayuda a neutralizar los venenos de las plantas, lo que permite a algunas aves, como los guacamayos, consumir frutos jóvenes, abundantes en toxinas, antes de que otros animales se alimenten de ellos.

Los bloques de arcilla son lugares peligrosos para las aves, ya que además de atraer a otros comedores de arcilla, también atraen a predadores como jaguares y pumas. Siguiendo el principio de la seguridad que representa el grupo, los pericos y guacamayos se reúnen todas las mañanas en los árboles circundantes y parlotean animadamente durante un par de horas. Si no aparecen más de 20 pájaros, el grupo abandona su visita y se dispersa. Si el grupo es lo suficientemente grande, los pájaros bajan a ingerir una dosis de caolín.

LAS MEDUSAS SIGUEN AL SOL

Las medusas de los lagos de las islas de Palau, en la parte occidental del océano Pacífico, realizan un ritual diario. Hacen palpitar sus campanas desplazándolas a las zonas más soleadas del agua. Las medusas quedaron atrapadas aquí hace millones de años cuando se elevaron los niveles terrestres, creando lagos de aguas saladas.

Al quedar privadas de su alimento natural, como son los peces pequeños, adoptaron un medio de vida simbiótico con diminutas algas verdes que ahora viven en sus tejidos. Las algas sintetizan alimento a partir de la luz solar y dan una parte a sus hospedadores, las medusas. A cambio, éstas mantienen las algas expuestas a la luz, siguiendo al sol alrededor de los lagos.

LAS ÁGUILAS CALVAS
VUELAN A UN «BANQUETE»

Alrededor de 3,000 águilas calvas se reúnen cada año, en noviembre, en el valle Chilkat, Alaska. Esto ocurre cuando los últimos cardúmenes de salmones nadan, corriente arriba, hacia sus sitios de desove. Una corriente cálida ascendente mantiene libres de hielo algunos tramos del río, lo que permite a las aves alimentarse incluso en invierno. Las águilas bajan en picada desde los árboles, con las garras extendidas, y capturan a los peces. No son reacias a actos de piratería, e intimidan a águilas pescadoras, gaviotas, nutrias y águilas calvas jóvenes para robarles la comida.

GRUPO UNIDO *Los guacamayos se reúnen en una ladera de arcilla. Al agruparse en grandes grupos, reducen el riesgo de ser sorprendidos por un depredador.*

VIDA FAMILIAR DE LOS ANIMALES

2

▶ ANIMALES EN FAMILIA

▶ PROTECCIÓN DE LOS QUE NO
HAN NACIDO

▶ LOS PRIMEROS DÍAS

▶ CRECIMIENTO Y DESARROLLO

▶ APRENDIZAJE Y JUEGO

ANIMALES EN FAMILIA

En el mundo animal formar parte de una gran familia tiene sus ventajas. Bajo el liderazgo del miembro más experimentado, el grupo coopera para criar y proteger a los más jóvenes, detectar el peligro y cazar.

EL GORILA MANTIENE EL ORDEN EN LA JUNGLA

Los celos por insignificancias y los vástagos desobedientes forman parte de la vida cotidiana en la familia de los gorilas de montaña. El macho dominante, conocido como gorila de lomo plateado, es el que resuelve los conflictos con sólo una mirada penetrante o un coscorrón en la nuca de los transgresores. A medida que su agresividad aumenta, disminuye la de sus hembras, restaurándose así la paz en el grupo. Los gorilas de montaña, oriundos de las selvas de África Central, son los primates vivientes de mayor tamaño; a pesar de ello, son mansos y amantes de la paz. La familia es fundamental para los gorilas, siendo el corpulento y dominante macho el eje de la misma. Este poderoso patriarca es el que controla al grupo, defendiéndolo de depredadores como los leopardos y ahuyentando a los machos rivales.

Los gorilas de montaña adultos pueden vivir juntos toda la vida; por ello, estas familias de gorilas constituyen uno de los grupos sociales más estables de entre todos los grandes primates, aunque no necesariamente el más armonioso.

Aunque muchas hembras del harén del gorila de lomo plateado permanecen con él la mayor parte de su vida, no todas ellas se quedan en el hogar. Las jóvenes pueden sentirse atraídas por algún otro gorila y cambiar de pareja. Por consiguiente, muchas hembras del grupo no están emparentadas entre sí y por eso tienen pocos intereses comunes, eliminándose así una de las principales causas de disputas familiares, en especial a la hora de las comidas.

LAS ORCAS PREFIEREN VIVIR EN MANADA

Las orcas viven juntas en grandes grupos y son capaces de realizar enormes sacrificios para protegerse entre sí. Estas orcas, también conocidas como ballenas asesinas, suelen permanecer toda su vida en la misma manada, encabezada por la hembra más vieja. A veces una manada grande puede dividirse en grupos más pequeños, constituidos por una «abuela» y dos generaciones de crías. Cuando el alimento abunda, o en la temporada de reproducción, los grupos suelen unirse, formando una supermanada de aproximadamente 100 miembros.

EN LOS REBAÑOS DE ELEFANTES, LAS MATRIARCAS GOBIERNAN CON MANO DE HIERRO

Las hembras de los elefantes se mantienen unidas y viven en rebaños bajo la guía de una matriarca. La experiencia y los conocimientos de esta matriarca, que puede tener hasta 60 años, son muy ventajosos para el grupo, ya que con su extraordinaria memoria puede recordar la ubicación de ojos de agua y de lugares donde

UNA FAMILIA ESTABLE *Un grupo familiar de gorilas de montaña comprende entre cinco y diez individuos: un macho maduro, hembras y machos más jóvenes y sus respectivas crías.*

LOS PASOS DE LA «ABUELA» *Un rebaño de elefantes africanos en el parque nacional Amboseli, Kenia, guiado por la hembra más vieja y más sabia.*

encontrar alimentos según la estación. En momentos de peligro, como cuando son amenazadas por leones, el grupo se reúne en torno de los elefantes jóvenes y la matriarca decide si emprender la huida o enfrentar la amenaza.

Un rebaño familiar comprende hasta 20 hembras adultas y sus crías, e incluye a las hermanas y las hijas mayores de la matriarca y sus respectivas crías. Cuando muere la matriarca, generalmente es reemplazada por su hija de más edad.

Los machos jóvenes abandonan la manada al alcanzar la pubertad, para formar sus propias «pandillas de machos». Cuando maduran se vuelven nómadas solitarios, sólo atraídos por un grupo familiar cuando alguna hembra está preparada para el apareamiento.

RUMBO AL FUTURO *Los grandes leones machos de una manada protegen a los más pequeños, que transmitirán sus genes a la próxima generación.*

LOS SOCIABLES LEONES ENCUENTRAN SEGURIDAD EN EL GRUPO

Los leones son los únicos felinos que viven en manada. Naturales de África y la India, viven normalmente en grupos de unos 15 individuos, aunque hay manadas de hasta 40 miembros.

La vida en familia es relativamente armoniosa, salvo a la hora de la comida, momento en el que surgen las disputas. Los cachorros pueden mamar de cualquier hembra que tenga leche, de modo que los que quedan huérfanos no mueren de hambre. Expulsados del grupo cuando alcanzan la pubertad, los machos viven solos varios años, hasta que forman su propia manada y desafían a otros machos en un sangriento combate. El papel del león macho consiste en proteger su manada de otros machos, ya que éstos matarían a los cachorros, y de los depredadores, como las hienas.

LOS PASOS DE LA «ABUELA» *Un rebaño de elefantes africanos en el parque nacional Amboseli, Kenia, guiado por la hembra más vieja y más sabia.*

encontrar alimentos según la estación. En momentos de peligro, como cuando son amenazadas por leones, el grupo se reúne en torno de los elefantes jóvenes y la matriarca decide si emprender la huida o enfrentar la amenaza.

Un rebaño familiar comprende hasta 20 hembras adultas y sus crías, e incluye a las hermanas y las hijas mayores de la matriarca y sus respectivas crías. Cuando muere la matriarca, generalmente es reemplazada por su hija de más edad.

Los machos jóvenes abandonan la manada al alcanzar la pubertad, para formar sus propias «pandillas de machos». Cuando maduran se vuelven nómadas solitarios, sólo atraídos por un grupo familiar cuando alguna hembra está preparada para el apareamiento.

RUMBO AL FUTURO *Los grandes leones machos de una manada protegen a los más pequeños, que transmitirán sus genes a la próxima generación.*

LOS SOCIABLES LEONES ENCUENTRAN SEGURIDAD EN EL GRUPO

Los leones son los únicos felinos que viven en manada. Naturales de África y la India, viven normalmente en grupos de unos 15 individuos, aunque hay manadas de hasta 40 miembros.

La vida en familia es relativamente armoniosa, salvo a la hora de la comida, momento en el que surgen las disputas. Los cachorros pueden mamar de cualquier hembra que tenga leche, de modo que los que quedan huérfanos no mueren de hambre. Expulsados del grupo cuando alcanzan la pubertad, los machos viven solos varios años, hasta que forman su propia manada y desafían a otros machos en un sangriento combate. El papel del león macho consiste en proteger su manada de otros machos, ya que éstos matarían a los cachorros, y de los depredadores, como las hienas.

LOS REGALOS DE CORTEJO DE LAS HEMBRAS DEL CÁLAO

Las cálaos obsequian a sus parejas con un regalo nupcial. Dicho presente puede ser cualquier cosa, desde insectos, ranas o culebras hasta mamíferos de pequeño tamaño.

Dentro de un grupo de ocho aves, sólo una pareja se reproduce; las demás actúan como ayudantes. El cortejo es bullicioso y activo, pues estos pájaros emiten fuertes y retumbantes llamadas al amanecer que resuenan gracias al «casco», que es la zona engrosada que tienen en la parte superior del pico. La hembra golpea el pico contra el suelo, exhibe las plumas de las alas y obsequia al macho con los regalos antes mencionados, que por lo general son insectos. Cuando la hembra está empollando sus dos huevos, los miembros del grupo le llevan alimentos.

Reacios a volar, los cálaos deambulan caminando por su territorio de alrededor de 100 km² en las selvas y praderas del África Central y Oriental, y pueden recorrer hasta 11 km por día en busca de presas. De vez en cuando comen frutas, pero son básicamente carnívoros; a veces se alimentan de carroña, para lo cual hurga en los restos de antílopes y cebras cazados por leones o hienas.

LAS EMANACIONES REALES MANTIENEN EL ORDEN ENTRE LAS ABEJAS

La abeja reina mantiene controlada su colonia produciendo unos olores compuestos por unas hormonas llamadas feromonas. Estas emanaciones impiden el desarrollo sexual de las abejas obreras, que son todas hembras, y reprimen, en consecuencia, el impulso sexual. En una sola colonia puede haber 50,000 abejas, de las cuales unas 1,000 son machos ociosos (zánganos) y el resto son las obreras que hacen todo el trabajo de la colonia: construyen panales de cera, almacenan polen, néctar y agua, cuidan de los huevos, alimentan las larvas, defienden la colonia y se deshacen de las abejas muertas. Sólo la reina pone huevos, a un ritmo de hasta 2,000 por día. La reina deja la colonia en sólo dos ocasiones: al comienzo de su reinado realiza el «vuelo nupcial», durante el cual se aparea hasta con diez zánganos, y hacia el final de su reinado, cuando el olor que emana está demasiado diluido para mantener el orden social. Entonces

GUSTO POR LA CARNE *Al contrario que la mayoría de los cálaos, que buscan frutas en los árboles, el cálao prefiere comer carne. Esta rana será tragada entera.*

se desplaza a otras zonas, llevándose entre 1,500 y 30,000 obreras y los zánganos. Las obreras ya habrán preparado posibles reinas para ocupar su lugar; la primera en salir clava el aguijón a sus hermanas para convertirse en la soberana.

LOS JEFES DE UNA MANADA DE LOBOS

El apareamiento entre los lobos **se limita estrictamente al macho y la hembra dominantes de la manada.** El resto de la manada, comúnmente seis o siete lobos (en casos excepcionales puede comprender hasta 30 o 40 miembros), sirve de sostén a la pareja dominante para criar y proteger a las crías.

La manada se traslada y caza en grupo, dentro de un territorio cuya extensión depende de la disponibilidad de alimentos; una manada de diez lobos en Alaska,

MUESTRAS DE RESPETO *Con la cola baja y las orejas hacia atrás, dos lobos sumisos saludan a un miembro dominante de la manada.*

por ejemplo, necesita unos 12,000 km² para conseguir suficiente alimento.

Cada lobo conoce su rango dentro del grupo, pero todos respetan a la pareja dominante. Las actitudes físicas, como la posición de la cola y las orejas, refuerzan la jerarquía. Los miembros viejos de la manada luchan por ocupar una categoría más alta y desafían a la pareja alfa dominante.

LOS ABEJARUCOS JÓVENES AYUDAN DESDE EL NIDO

Los abejarucos frentiblancos di**fieren de la mayoría de las aves en que no todos los polluelos abandonan el nido después de emplumar.** Algunos de ellos permanecen con su familia para ayudar, construyen nidales, consiguen comida y alimentan a los polluelos de sus padres y tíos. Este comportamiento se llama «reproducción cooperativa», y las hembras se ocupan de la incubación, mientras que los machos montan guardia contra los depredadores, como las culebras. Habitan la sabana de África central y oriental, en grupos de hasta 17 abejarucos de cuatro generaciones. Cada colonia comprende entre 15 y 25 de estas grandes familias.

LOS AVESTRUCES PONEN TODOS LOS HUEVOS EN UN «CESTO»

Las parejas del polígamo avestruz macho ponen todos sus huevos en el mismo nido. Una hembra principal comparte luego con el macho el cuidado de todos los huevos. Cuando hay demasiados huevos, la hembra descarta los que están en la parte exterior, y se asegura de que sus propios huevos estén en el centro. Cuando los polluelos salen del cascarón quedan camuflados entre las malezas y si se acerca un depredador, uno de los padres finge estar herido y trata de alejar de sus crías al animal que las amenaza.

Los avestruces tienen su hábitat en la sabana seca y los semidesiertos de África y el suroeste de Asia. Viajan en bandadas de 20 a 50 individuos; los más llamativos son los machos, que miden hasta 2.5 m de altura y poseen un atractivo plumaje blanco y negro.

Aunque son las aves más grandes del mundo, los avestruces no vuelan, sino que corren; pueden alcanzar velocidades de hasta 70 km/h, lo que los convierte en los bípedos más veloces. Además, pueden

NIDO COMUNITARIO *Un avestruz hembra visita el nido de la «hembra principal», que no es más que una simple depresión en la arena. Aunque los huevos fueron puestos por diferentes hembras, los polluelos romperán el cascarón al mismo tiempo.*

lanzar patadas con una fuerza capaz de matar a un león.

LOS DELFINES TORNILLO PASAN LISTA

Al atardecer, en las bahías de Hawai, se puede ver a los delfines tornillo haciendo honor a su nombre. Uno a uno saltan del agua y giran sobre su eje hasta siete veces antes de sumergirse de nuevo en el mar. Se cree que este comportamiento entusiasta es una manera de «pasar lista», durante la cual cada delfín anuncia que está preparado para salir a cazar por la noche. Ya registrados, los delfines se dirigen al océano, donde se reúnen con otros grupos para formar partidas de caza de 100 miembros o más. Por la mañana regresan a descansar a sus bahías, donde es más difícil que sean sorprendidos por sus depredadores.

TITÍES QUE ECHAN UNA MANO CON LOS HIJOS

Ayudar en los nacimientos y cargar con las crías es una tarea natural para los micos tití de cabeza blanca. Este comportamiento se observa en seres humanos, pero no en otros primates.

Estos monos, del tamaño de una ardilla, viven en grupos de hasta 19 individuos en las selvas del norte de Colombia, en América del Sur. Cada grupo está compuesto por un par de adultos maduros que forman pareja para toda la vida, las crías nacidas en el año y otros individuos jóvenes y subordinados de ambos sexos. Sólo la hembra dominante se aparea y engendra, comúnmente mellizos, una vez por año. Todos los demás —padre, hermanos, hermanas, hijos e hijas— la ayudan a cuidar de las crías, y en ocasiones las llevan sobre el lomo.

LAS PATRULLAS DE SURICATAS MANTIENEN A RAYA A LOS DEPREDADORES

La imagen de un suricata montando guardia es una de las cosas más extrañas del mundo animal. Mientras vigila, este animal aparentemente indiferente se yergue sobre las patas traseras con el fin de tener una visión completa que le permita avistar posibles depredadores. Si se aproxima un peligro, el suricata emite una llamada de alarma para prevenir a sus compañeros e instarlos a ocultarse de inmediato en la madriguera común. Estos animales, pertenecientes a la familia de las mangostas, habitan en el desierto de Kalahari, en el sur de África. Excavan madrigueras y viven en grupos de hasta 20 individuos. Para alimentarse sin correr riesgos, cada grupo utiliza un «centinela» que vigila la aparición de depredadores, como halcones y águilas; aunque pueda parecer vulnerable a los ataques, el vigía ocupa una posición cercana a una entrada del túnel y, tras dar la alarma, es el primero en protegerse en la madriguera.

EN GUARDIA *Los suricatas se yerguen sobre las patas traseras para vigilar si surge algún peligro. Uno de ellos siempre monta guardia mientras el resto del grupo se alimenta.*

EL BOSTEZO MÁS GRANDE DEL REINO ANIMAL

El hipopótamo es uno de los animales más peligrosos de África. Las hembras son especialmente agresivas cuando tienen crías, ya que, además de ahuyentar a los depredadores, deben proteger a sus vástagos del acoso de los agresivos machos. Las madres enseñan a las crías a permanecer junto a ellas y les dan un cabezazo o un mordisco si se alejan. Si por cualquier razón la madre tiene que abandonar la guardería, deja a la cría con una «niñera».

Los hipopótamos viven en grupos de 15 o más individuos, hembras y machos subordinados, gobernados por un macho dominante, que asusta a los rivales abriendo mucho el hocico y exhibiendo sus enormes colmillos, de hasta 50 cm de largo, algo aterrador, ya que el hipopótamo posee la boca más grande de todos los animales, a excepción de los que habitan los océanos. Los hipopótamos son muy territoriales y no conviene penetrar en sus dominios; se conocen casos de hipopótamos que han volcado botes, para luego atacar y hasta matar con sus colmillos a los ocupantes.

PROTECCIÓN DE LOS QUE NO HAN NACIDO

Algunos animales hacen grandes sacrificios para asegurar la supervivencia de su descendencia. Construyen nidos seguros con entradas ocultas, desovan en cápsulas reforzadas y entierran, transportan, custodian y hasta esconden los huevos.

EL PEZ, LA ALMEJA Y LOS «BEBÉS PROBETA»

Los ródeos tienen una curiosa **manera de proteger sus huevos y crías.** Durante la temporada de la reproducción, de mayo a julio, la hembra del ródeo –pez del tamaño de un dedo que habita en lagos, canales, estanques y ríos de aguas tranquilas de Europa– desarrolla un fino tubo de unos 5 cm de largo, de color amarillo o rojo, para depositar los huevos. Busca entonces una almeja de agua dulce e inserta el tubo dentro del sifón inhalante (mediante el cual la almeja aspira agua), sin excitar el sensible músculo que cierra las valvas. Una vez que ha depositado una determinada cantidad de huevos, el ródeo hembra retira con delicadeza el tubo y se dirige a depositar más huevos en otra almeja cercana. Mientras tanto, el ródeo macho, engalanado con sus colores de cortejo, se coloca sobre el sifón inhalante de la almeja y vierte su esperma en su interior para fertilizar los huevos. Luego sigue a la hembra hasta las siguientes almejas, hasta que se completa la puesta. En este punto, la hembra abandona la zona, pero el macho permanece a la custodia del banco de almejas que contiene su descendencia. Los huevos y los pececillos recién nacidos quedan protegidos dentro de las almejas hasta que han consumido las yemas, después son expulsados a través del sifón exhalante, momento a partir del cual los jóvenes ródeos son independientes. Esta relación tiene el inconveniente de que, con frecuencia, el ródeo adulto se convierte en hospedador involuntario de las larvas parásitas de las almejas.

LA MADRE SAPO GUARDA SUS HUEVOS EN UNA MOCHILA

El sapo de Surinam, o pipa americana, **ha desarrollado una novedosa manera de proteger a su futura prole.** El sapo hembra transporta los huevos en pequeños sacos que tiene en la piel de la zona dorsal. Los sapos de Surinam viven en las oscuras aguas de los ríos Amazonas y Orinoco, en Sudamérica.

El macho y la hembra se aparean haciendo una serie de cabriolas sobre la superficie del agua, durante las cuales el macho no sólo fertiliza los huevos, sino que también los coloca en la zona dorsal de la hembra, sobre la que crece una capa de tejido esponjoso que oculta los huevos de la vista.

Durante los tres meses siguientes, los huevos se convierten en renacuajos que absorben de la madre los nutrientes esenciales a través de la piel del saco protector. Las crías permanecen en el saco hasta que están listas para salir como renacuajos desarrollados o como pequeños sapos.

COMO PEZ FUERA DEL AGUA

La hembra del pejerrey californiano **se asegura de que sus huevos no sean arrastrados al mar y devorados por otros peces.** Cuando las mareas de primavera están en su apogeo, miles de plateadas hembras de pejerrey californiano, de unos 18 cm de longitud, saltan sobre las olas para depositar los huevos a lo largo de la costa de

CÁSCARA DE HUEVO *La ródeo hembra inserta el tubo desovador dentro del sifón de una almeja de agua dulce mientras el macho aguarda para fertilizar los huevos una vez que éstos se encuentren dentro de la almeja.*

Bahía Cabrillo, cerca de Los Ángeles, California. La hembra perfora con la cola la arena mojada y pone unos 3,000 huevos, mientras el macho se curva alrededor de ella y libera el esperma, que cae gota a gota a través de la arena para fertilizar los huevos. Con la siguiente ola, el macho regresa al mar y la hembra aguarda unos 20 mi- nutos antes de partir. Al retroceder la marea, los huevos quedan atrás, enterrados en la arena.

Al cabo de aproximadamente ocho días los embriones están listos para salir, pero permanecen allí otros seis días, hasta la próxima marea alta de primavera. Cuando el agua los alcanza, salen de golpe y son arrastrados al océano.

EL ÉPICO VIAJE DE LA TORTUGA MARINA

En una demostración de resistencia extrema, las tortugas marinas recorren enormes distancias para proteger sus huevos. Las tortugas verdes hacen largos viajes hasta islas solitarias, como las Galápagos. Una sola población viaja más de 2,000 km desde los lugares donde se alimentan, en las costas brasileñas, hasta la isla de la Ascensión, un punto minúsculo en el océano Atlántico. Nadie sabe por qué las tortugas viajan tan lejos y cómo logran encontrar el camino, pero al llegar emprenden otro viaje agotador, esta vez por tierra.

Durante la noche, cada hembra sale del mar y se dirige a la playa. Fuera del agua, el peso del cuerpo le oprime los pulmones, dificultándole la respiración. Se arrastra trabajosamente por la playa, hasta el punto en que la arena tiene el grado

exacto de humedad para incubar los huevos pero está a salvo de ser inundada por el mar. Allí cava el nido con las aletas, y deposita en él unos 140 huevos esféricos. Luego rellena el agujero, alisa la arena y se arrastra lentamente hasta el mar; ha cumplido su deber. El proceso completo dura un par de horas; a partir de ese momento las futuras tortugas quedan abandonadas a su suerte.

Los huevos permanecen protegidos en su refugio subterráneo durante nueve o diez semanas, al cabo de las cuales, las tortugas salen simultáneamente de los huevos, excavan la arena para abrirse camino hasta la superficie y se dirigen al mar.

SALIDA AL ALBA *Una tortuga verde se prepara para abandonar el nido al amanecer, en las Galápagos.*

LAS LIJAS MANCHADAS CRECEN EN UNA CÁPSULA

Mientras muchas hembras de tiburón son vivíparas, otras depositan huevos. La lija manchada, un pequeño tiburón que habita en aguas británicas, produce de 20 a 25 huevos todas las primaveras, cada uno recubierto por una cápsula translúcida de consistencia correosa conocida en algunos lugares como «bolso de sirena», con una especie de cuerno en cada extremo, terminado en unos zarcillos rizados. En el momento de la puesta, la hembra de la lija manchada nada entre las algas y esponjas para asegurar con firmeza la cápsula. Dentro de ésta, el embrión está adherido a un saco de yema, del que depende para su alimentación. Con movimientos natatorios hace circular el agua dentro del receptáculo, al estimular así el intercambio de oxígeno y anhídrido carbónico a través de las paredes de la cápsula. El embrión se desarrolla durante nueve meses dentro de su estuche protector y tras la eclosión aparece como un pececillo de franjas oscuras.

CÁPSULA PROTECTORA *Dentro del receptáculo que envuelve al huevo, el embrión de lija manchada está relativamente a salvo de los depredadores durante los nueve meses que dura su desarrollo. Los zarcillos sujetan la cápsula a las algas marinas.*

LA «DANZA DEL OXÍGENO» DEL MACHO DE CHINCHE ACUÁTICA

Para sobrevivir en las corrientes de agua de los desiertos de Arizona, la chinche acuática gigante debe hacer frente a situaciones extremas. En determinados momentos, las corrientes de agua forman furiosos torrentes que seguidamente se transforman en una sucesión de charcas estancadas. Las chinches de agua se reproducen durante la estación seca, cuando sus presas (otros insectos acuáticos) se concentran en los charcos, pudiendo así conseguir suficiente alimento para poner huevos.

La hembra pone entre 100 y 150 huevos, que deposita en tandas sobre la zona dorsal de su compañero; al copular con frecuencia, éste se asegura de que todos los huevos hayan sido fecundados con su propio esperma. Luego la hembra se retira porque la supervivencia de los huevos depende del macho.

Los charcos contienen menos oxígeno que el que necesitan los embriones; por lo que el macho se coloca sobre una ramita o una piedra por debajo de la superficie del agua, donde hay mayor concentración de oxígeno, y realiza una pequeña «danza» consistente en doblar y estirar las patas constante-mente, para que el agua más oxigenada pase por encima de los huevos; además expone periódicamente los huevos al aire para evitar la formación de moho. Al cabo de tres semanas emergen las ninfas y las envolturas de los huevos caen del dorso del macho.

EL NIDO CAMUFLADO DE LA HEMBRA DE COCODRILO

El cocodrilo de mar es el reptil más grande del mundo; sin embargo, sus crías necesitan protección. Los lagartos varanos y las ratas comen huevos de cocodrilo; las aves de presa, los cocodrilos recién salidos del huevo.

La hembra del cocodrilo del norte de Australia protege su nidada depositando los huevos en grandes montículos de hojas y hierbas mezcladas con tierra, que puede tardar más de siete días en construir, de

MOCHILA *El macho de la chinche acuática gigante cuida los huevos llevándolos sobre el dorso hasta que hacen eclosión las larvas.*

HUEVOS DE TAMAÑOS EXTREMOS EN EL MUNDO DE LAS AVES

El huevo más grande es el que pone el avestruz del norte de África. Mide unos 15 cm de longitud y pesa 1.8 kg, el equivalente a dos docenas de huevos de gallina. Hasta este monstruo palidece ante el huevo de la extinta ave elefante de Madagascar. Este pájaro, de 3 m de alto, ponía huevos de 76 cm de longitud y una capacidad de 9 litros, suficiente para que desayunaran más de 90 personas. Ése es el límite de tamaño para un huevo: si fuera más grande, la cáscara tendría que ser tan gruesa para albergar su contenido que los polluelos no podrían romperla y salir.

Un ave que tiene problemas con la puesta de los huevos es el kiwi de Nueva Zelanda. Produce el huevo de

TAMAÑO RELATIVO *El cascarón del huevo de avestruz (izquierda) y de gallina (derecha) está compuesto de calcio absorbido del alimento y los huesos de la madre.*

mayor tamaño con respecto a su cuerpo: la hembra, que pesa 1.7 kg, pone un huevo de 400 g, es decir, un cuarto del peso de su cuerpo. El huevo de ave más pequeño es el del zumbadorcillo (una especie de colibrí), que mide apenas 1 cm de ancho.

hasta 90 cm de alto y 2.5 m de ancho. En áreas pantanosas, suele construir el nido sobre una balsa flotante.

Alrededor de un mes después de aparearse, la hembra deposita en el nido entre 20 y 90 huevos blancos de consistencia correosa. Luego completa la estructura con una capa de materias vegetales y monta guardia en un charco de barro cercano, donde descansa, durante todo el período de incubación. Los huevos están relativamente seguros en el nido y la vegetación en descomposición produce el calor que necesitan para su desarrollo.

LA TEMPERATURA DEL AVE DE MALLEE MACHO

Para proteger los huevos que ha puesto la hembra, el macho del ave de Mallee funge como un «técnico en calefacción». Su tarea consiste en mantener la temperatura del montículo de tierra donde la hembra ha puesto los huevos a una temperatura constante de entre 33 y 34 °C (independientemente de la temperatura exterior) durante todo el período de incubación, que dura entre 62 y 64 días.

Las aves de Mallee viven en el sur de Australia. Para construir el montículo que constituye el nido, la pareja cava con las patas, antes de que lleguen las lluvias del invierno, una zanja de unos 90 cm de profundidad y 5 m de ancho. La llenan con vegetación muerta que se descompone rápidamente, pudiendo alcanzar una temperatura de 60 °C. Cubren la mayor parte de la vegetación con una capa de 50

cm de arena, hasta formar un montículo muy grande, con una depresión en el centro, en la que la hembra pone los huevos, que luego son tapados por la pareja.

El ave de Mallee macho verifica la temperatura al introducir la lengua en el montículo y luego hace los ajustes necesarios: en primavera abre el montículo por la mañana temprano para que salga el calor; en verano agrega arena para proteger los huevos del sol del mediodía, y en otoño, cuando se debilitan los rayos solares y el proceso de descomposición disminuye, esparce la arena para que se caliente y luego la coloca sobre el montículo.

LA PITÓN QUE CONSERVA LOS HUEVOS ENVUELTOS

La mayoría de las serpientes entierran los huevos en un lugar seguro y luego los abandonan, pero no la pitón verde. Esta serpiente, que habita en Nueva Guinea y el noreste de Australia, pone hasta 100 huevos y luego los rodea con el cuerpo. Si la temperatura exterior es demasiado baja, puede incubarlos temblando: contrae rítmicamente sus poderosos músculos y así puede elevar la temperatura del cuerpo hasta 7 °C.

LAS GAVIOTAS VENCEN EL CALOR PARA ANIDAR CON SEGURIDAD

La gaviota gris, de Chile, anida en uno de los lugares más secos de la Tierra: el desierto de Atacama. El nido parece un rasguño en el suelo y siempre está cubierto por uno de los padres, que protege con su sombra los huevos y los polluelos. Durante el día la temperatura puede llegar a 50 °C, pero para la gaviota gris la incomodidad vale la pena. Pocos animales, salvo algunas serpientes y escorpiones, se aventurarían en un lugar tan inhóspito, de modo que los pájaros y sus crías están relativamente a salvo. Aunque las gaviotas se alimentan y aparean en la costa del Pacífico de Sudamérica, abundante en peces, todos los días vuelan 80 km tierra adentro para anidar en el desierto, quizá porque en otros tiempos hubo lagunas allí.

NIDO EN EL DESIERTO *Una gaviota gris protege su huevo del sol del desierto. Al atardecer su pareja la reemplazará en la incubación.*

LOS PRIMEROS DÍAS

Después de la eclosión, o después de nacer, algunas crías dependen de su instinto para sobrevivir. Otras disfrutan del cuidado de los padres por un período más prolongado, durante el cual se nutren, aprenden cómo es el mundo y viven protegidos de los depredadores.

EL PINGÜINO EMPERADOR «MIMA» A SU CRÍA

En el invierno antártico, los pichones del pingüino emperador pasan sus primeros días calentándose contra las patas de su progenitor. Los pingüinos emperador se reproducen en terrenos alejados de la costa del continente Antártico y no ponen los huevos en primavera sino a comienzos del invierno. No hacen nido; la hembra sostiene el huevo sobre las patas para que no toque el hielo, pero no lo incuba, se acerca al macho y le pasa el huevo. El macho lo equilibra sobre sus patas y lo cubre con un grueso pliegue de piel que le cuelga de la parte inferior del vientre. El huevo pasa allí el invierno, abrigado por un sector de piel desnuda provista de vasos sanguíneos dentro de la «bolsa» del macho.

La hembra migra hacia el océano austral con el fin de alimentarse y deja al macho a cargo del huevo junto con otros 6,000 machos que se apiñan para calentarse mutuamente. Estas aves soportan temperaturas de hasta –60 °C y vientos fuertes y glaciales.

Dos meses después se rompe el huevo y el pichón se encarama precariamente sobre los pies del progenitor. Al mismo tiempo regresan las hembras y se hacen cargo de los deberes maternos. Si la hembra se demora, el macho alimenta al polluelo con una especie de «leche» que produce en la garganta.

LAS DELICADAS MANDÍBULAS DE LA MADRE COCODRILO

Las hembras de cocodrilo del Nilo llevan a sus crías recién nacidas en las mandíbulas, pero sin dañarlas. Después de esperar 90 días a que las crías salgan de los huevos, la madre cocodrilo está atenta a las primeras llamadas de su progenie. Cava en el montículo arenoso del nido dejando salir unas 45 crías, que coge suavemente una a una con las mandíbulas y las transporta hasta el agua en una bolsa que tiene en la parte inferior de la boca. También toma los huevos que aún no se han abierto y los mueve con la lengua para ayudar a salir a las crías. Los reptiles recién nacidos miden unos 28 cm de largo y son presa fácil de las águilas pescadoras, los marabúes africanos y otros cocodrilos. De modo que la madre los pone en una especie de «guardería», lugar de aguas poco profundas, hasta que aprendan a cazar.

CÓMO PONE EL CANGURO ROJO SUS CRÍAS EN LA BOLSA

Después de pasar sólo cinco semanas en el útero, la cría de canguro emerge por el canal del parto de su madre. Del tamaño de un cacahuate, infradesarrollado y ciego, el pequeño canguro trepa con dificultad

FRÍA COMODIDAD *Polluelos de pingüino de dos semanas de edad, encaramados sobre las patas de los progenitores, donde permanecerán otras cuatro semanas hasta que puedan sobrevivir solos en el hielo.*

AMAMANTADO DURANTE UN MES *Al nacer, el canguro rojo de Australia se aferra a una mama y no la suelta durante 28 días.*

desde la piel del bajo vientre de la madre hasta la bolsa del abdomen y se instala allí. Luego se aferra a uno de los cuatro pezones disponibles y se cuelga de él con todas sus fuerzas hasta que la mama se hincha y «asegura» al pequeño en su lugar. Los canguros son marsupiales; por tanto, la madre no tiene placenta, sino que da a luz a un feto inmaduro que completa su desarrollo en la bolsa.

El pequeño canguro permanece aferrado a la mama por un mes, cuando se desarrollan sus mandíbulas y puede salir, pero la leche sigue siendo su dieta básica hasta que tiene siete meses y comienza a explorar los alrededores. A los 11 meses la cría abandona la bolsa.

LOS PEQUEÑOS ALACRANES VIAJAN A CUESTAS

Los alacranes son diferentes de los demás artrópodos, como ciempiés, cochinillas de humedad, cangrejos e insectos. No ponen huevos; las hembras almacenan los óvulos fecundados en unas cámaras que tienen dentro del cuerpo, y los nutrientes pasan directamente de su aparato digestivo a las crías durante todo el desarrollo de éstas.

Puede transcurrir un año completo para que los pequeños alacranes blancos «nazcan». Permanecen encerrados en una «canastilla» que forman las pinzas de la madre, y luego trepan por las patas hasta la zona dorsal.

Si en el camino alguno de los pequeños alacranes se cae, la madre lo reconoce por el olor y lo recoge. Después de la primera muda, entre los 7 y los 12 días, cuando se despojan de la piel y la nueva piel está aún blanda, se dejan caer para independizarse.

LA RANA CON RENACUAJOS EN EL ESTÓMAGO

La manera más extravagante en que una rana o un sapo pueden proteger a sus renacuajos debe de ser la de la rana incubadora gástrica de Australia. Después de aparearse, la hembra deja de alimen-

«BEBÉS A BORDO» *Protegidos por el aguijón de la madre, los escorpiones jóvenes se amontonan sobre el dorso durante unos 12 días hasta que se independizan.*

tarse normalmente y traga de 18 a 25 de sus huevos, de color crema, que se desarrollan en su estómago. Las sustancias químicas de la gelatina que recubre los huevos y las que segregan los renacuajos interrumpen la producción de jugos gástricos por las paredes del estómago y todo el aparato digestivo deja de funcionar, lo que impide que las crías sean digeridas.

Cuando un grupo de ranitas está listo para salir, la madre abre la boca y dilata la garganta. Las crías son expulsadas del estómago hacia la boca abierta, desde la que saltan al exterior.

CRÍAS QUE ENCUENTRAN REFUGIO EN LA BOCA DEL PROGENITOR

La aruana macho es un pez de boca cavernosa en la que las crías salen de los huevos. El progenitor traga los huevos fecundados y, cuando los pececillos salen de los huevos, sobreviven las tres primeras semanas en su boca. Cada cierto tiempo abre la boca y una nube de pececillos sale a nadar durante 10 a 15 segundos para ejercitarse y comer algas, larvas acuáticas y pulgones de agua. Si amenaza algún peligro, se precipitan a refugiarse en la boca del progenitor. Este pez del Amazonas, de cuerpo aplanado, es largo como un brazo humano y tiene el hábito de esperar, tenso como un resorte, debajo de un árbol y saltar fuera del agua para atrapar los insectos de las ramas.

EL ARRIESGADO CHAPUZÓN DE LOS POLLUELOS DEL ARAO

Durante el verano ártico, los **acantilados están atestados de araos de pico grueso y sus picho-nes.** En la isla canadiense Digges y en la noruega Bear, los progenitores salen a pescar y regresan regularmente a las estrechas cornisas de los acantilados para alimentar a sus crías. Un movimiento en falso bastaría para que el polluelo cayera sobre las rocas de abajo, y cualquier polluelo desatendido es presa de las voraces gaviotas.

Cuando llega el momento de partir, los pequeños han crecido solamente un ter-cio de su tamaño adulto. Se arrojan vaci-lantes desde las cornisas que los anidan y, en un corto e indecoroso vuelo con sus alas rudimentarias, llegan al agua, segui-dos de cerca por el progenitor. Si alguna gaviota baja en picado, los pichones se zambullen bajo la superficie para escapar.

Luego, protegidos por la oscuridad, padres e hijos nadan varios kilómetros hasta los lugares donde se alimentan; allí, durante un par de meses, los progenito-

AL FILO DEL PELIGRO *En los escarpados acantilados de la isla Bear, en el Ártico noruego, los araos de pico grueso se apiñan sobre las cornisas donde anidan.*

res continúan proporcionando alimentos a las crías hasta que éstas puedan pescar por su cuenta.

RIVALIDAD DE LOS HERMANOS TIBURONES EN EL VIENTRE MATERNO

Aun antes de nacer, el tiburón **toro devora a sus hermanos en el vientre de la madre.** Los tiburones se gestan en el vientre de la madre, pero sólo dos embriones dominantes sobrevi-ven, uno en cada uno de los dos úteros.

Las dos crías devoran primero todos los huevos y embriones presentes, y lue-go los huevos sin fecundar que la madre libera con regularidad. Nacen al cabo de casi un año, asomando primero la cabeza, y a los pocos segundos se alejan a nado hacia aguas poco profundas para evitar ser presa de los tiburones más grandes.

LA ATERRADORA CARRERA DE LAS CRÍAS DE TORTUGA HACIA EL MAR

Las crías de la tortuga verde **emergen de sus nidos subterrá-neos en las playas de Costa Rica como si subieran en ascensor.** Las más jóvenes de arriba raspan el techo, las de más abajo socavan las paredes y las del fondo compactan la arena que cae. El suelo sube, el techo se desmorona y las crías salen hacia el mar.

Allí las esperan los depredadores: zopi-lotes negros, iguanas, cangrejos fantasma y aves fragata. Unas pocas tortugas llegan al océano, donde acechan los tiburones. De las supervivientes, sólo una de 5,000 alcanza la madurez.

EL NEVADO REFUGIO DE LOS CACHORROS DE FOCA

La foca anillada del océano Árti-**co es la única foca que cons-truye un refugio.** A comienzos del invierno la foca madre excava una guarida bajo la nieve. Abrigada en su refugio, durante la época de peor clima, da a luz a su cría, a la que amamanta durante uno o dos meses con su energética leche hasta que la cría acumula suficiente grasa para mantenerse caliente en el agua helada. La hembra de foca anillada construye varias guaridas; de esta manera, si un oso polar los amenaza, madre y cachorro pueden huir por un agujero de escape hacia otro refugio más seguro.

LAS MUSARAÑAS COMUNES FORMAN FILA ANTE EL PELIGRO

Cuando una madre musaraña sale a buscar comida, lleva consigo a sus crías. Si las amenaza un depredador, como un felino pequeño o un ave de presa, los pequeños se alinean rápidamente detrás de ella; una de las crías se prende de su cola, y las otras cinco o seis se agarran de la cola de la que está delante. El tren de musarañas huye en busca de seguridad.

La madre musaraña, animal que habita en Europa, África y Asia, quema calorías con rapidez y necesita comer diariamente una cantidad de insectos equivalente a su propio peso. Cuando las crías pueden ver las lleva consigo para complementar con insectos la alimentación de leche materna.

EL BEBÉ MÁS ALTO YA PUEDE CORRER UNA HORA DESPUÉS DE NACER

La jirafa hace su primer viaje traumático al caer de cabeza al suelo desde una altura de 2 m. Las madres jirafas tienen una altura de 4,60 m y paren de pie para poder vigilar por si aparecen leones, hienas y perros salvajes de la sabana, que podrían arrebatar con facilidad la vulnerable cría.

En el transcurso de una hora, cuando la cría, de 1.80 m de alto, ya es capaz de dominar sus largas piernas y correr, la madre puede alejarla del peligro; ambas corren a través de las planicies de África oriental a velocidades de hasta 52 km/h.

CORREDORAS VELOCES *La cría de jirafa permanece con su madre entre 10 y 17 meses, cuando se desteta. Si se ven amenazadas, ambas pueden huir juntas a gran velocidad.*

CRECIMIENTO Y DESARROLLO

Las focas se destetan a las dos semanas de nacidas; los elefantes, a los dos años. El ambiente, los cuidados de los padres y las amenazas de los depredadores determinan la rapidez con que se desarrolla un animal antes de que pueda sobrevivir por sí mismo.

POR SU PROPIA SEGURIDAD, LOS CACHORROS DE FOCA ENGORDAN CON RAPIDEZ

Las focas de Groenlandia son destetadas a las dos semanas de nacer, uno de los tiempos de destete más cortos entre los mamíferos. Sólo la foca encapuchada o de casco, otra maravilla del Ártico, se desteta antes, apenas a los siete días de vida. El motivo de este desarrollo tan rápido es la necesidad de vencer a depredadores como los osos polares y los zorros árticos. Cuanto menos tiempo pasen los cachorros sobre el hielo, menos posibilidades habrá de que un depredador los ataque.

Todos los años, en marzo, en la zona costera de Terranova, el hielo que cubre el mar se ve moteado con cientos de cachorros de focas de Groenlandia, que son amamantados por sus madres de 10 a 12 veces diarias durante 10 minutos cada una. La leche de la foca de Groenlandia tiene 43% de grasa, de modo que los cachorros aumentan de peso 1.4 kg por día. Cuando alcanzan los 32 kg de peso mudan su piel blanca, que les sirve de camuflaje, dejando al descubierto la piel gris.

A partir de ese momento la madre los abandona, y deben entrar en el agua para pescar de manera independiente. Al principio sólo pueden capturar camarones y pequeños peces que viven cerca de la superficie; en ocasiones pierden hasta 6 kg de peso hasta que aprenden a zambullirse a mayor profundidad en busca de arenques y bacalao.

ASESINATO EN EL NIDO

La hembra del pájaro bobo enmascarado pone dos huevos, pero estas aves del océano Pacífico los empollan a medida que los ponen. Así, los polluelos nacen con varios días de diferencia, lo cual da gran ventaja al primero que sale del cascarón. Éste, aunque débil, ataca o expulsa a su hermano, para recibir la mayor parte del alimento que traen los progenitores. Cuando la comida escasea, el hermano mayor llega incluso a matar al otro. La falta de intervención de los padres alienta el conflicto para asegurar la supervivencia del más fuerte.

EL CANGREJO AZUL MUDA PARA CRECER

Un cangrejo joven se despoja de hasta 12 caparazones durante su primer año. Todos los animales de cuerpo duro deben mudar el rígido esqueleto exterior para poder desarrollarse y crecer, y los cangrejos azules de la bahía de Chesapeake, en la costa este de Estados Unidos, no son la excepción. Primero el cangrejo absorbe el calcio y las sustancias orgánicas del caparazón del que se va a desprender, luego el cuerpo se hincha al absorber agua, partiéndose el caparazón a lo largo de una línea más débil. El cangrejo tarda tres días en liberarse poco a poco del esqueleto viejo.

Los cangrejos jóvenes mudan con frecuencia durante su primer año, hasta que alcanzan la madurez sexual; de ahí en adelante se desprenden del caparazón una o dos veces por año. Algunos se comen el viejo, para no desperdiciar nada. En la época de muda el cangrejo es vulnerable no sólo a los depredadores sino también a sus congéneres, por ello los cangrejos que aún tienen el caparazón blando se esconden entre la vegetación marina o debajo de una piedra hasta que adquiera la dureza necesaria para protegerlo.

UN «BANQUETE REAL» PARA LAS FUTURAS ABEJAS REINA

Sólo una pocas larvas femeninas de la abeja reciben «jalea real» o «leche de abeja» a medida que se desarrollan. Éstas son las únicas destinadas a convertirse en reinas. El resto de los miles de nuevas hembras de la colonia se dan un festín con esa misma jalea real sólo durante los tres primeros días después de nacer, y después son alimentadas con polen y miel.

CRECIMIENTO ACELERADO *un cachorro de foca, llamado «manto blanco», triplica su peso en 12 días; la mitad de este peso es grasa, para aislarlo del frío.*

PANAL VIVO *Las celdas hexagonales del panal de crianza de una colonia de abejas contienen larvas bien desarrolladas y crisálidas, cuidadas por las obreras.*

La jalea real es un alimento espeso y lechoso que segregan unas glándulas bucales de las obreras jóvenes encargadas de cuidar las larvas. Consiste en una mezcla de proteínas, azúcares, grasas, vitaminas y un ácido graso especial.

Privados de esta rica alimentación, los ovarios de las abejas hembras no se desarrollan y se incapacitan para producir descendencia. Su destino es pasar el resto de sus días como obreras, ocupándose de las necesidades de la reina y sus larvas.

CÓMO ALIMENTA A SUS CRÍAS LA MOSCA TSÉ-TSÉ

Pocos insectos cuidan a sus crías con tanta diligencia como la mosca tsé-tsé. A pesar de los innumerables intentos por erradicarlas, las moscas tsé-tsé siguen siendo un flagelo; su supervivencia se debe en parte a sus madres, extraordinariamente cuidadosas.

Su único huevo fecundado queda retenido en una bolsa de su cuerpo; cuando la larva sale, se alimenta con leche segregada por unas glándulas que hay en las paredes de la bolsa. Cuando es casi tan grande como su madre, la gigantesca larva «nace».

En una hora se entierra en el suelo y se transforma en crisálida. La mosca tsé-tsé hembra produce sólo seis descendientes durante su vida, de tres meses de duración, pero los cuida tanto que sobreviven casi todos. Esto plantea serios problemas de salud a la población humana de África, donde son comunes estas moscas, que transmiten una enfermedad particularmente debilitante llamada enfermedad del sueño.

LAS CRÍAS DE ELEFANTE RECIBEN PARA SU DESARROLLO CUIDADOS A LARGO PLAZO

Los tiempos de gestación y de destete de los elefantes africanos son los más largos de todos los mamíferos. La madre pare su cría transcurridos dos años de la fecundación y luego la amamanta durante dos años o más, lo cual representa un período de dependencia en el que el joven animal no sólo está bien alimentado con la leche de la madre, sino que aprende hasta los detalles más sutiles de la sociedad de los elefantes y recoge información de vital importancia para saber encontrar los mejores lugares para comer y beber.

La cría crece con rapidez; de unos 120 kg que pesa al nacer alcanza hasta 1,000 kg a los seis años de edad –el peso de un rinoceronte negro–, momento en

HORA DE AMAMANTAR *Una cría de elefante africano se alimenta de las mamas pareadas que tiene la madre entre las patas delanteras; bebe con la boca, no con la trompa.*

el cual deja de alimentarse de leche para masticar vegetación, y continúa creciendo a este ritmo hasta los 15 años aproximadamente.

Los machos siguen creciendo hasta los 20 años, lo que explica su gran tamaño. Los elefantes pueden vivir unos 70 años, aunque la mitad de todos los individuos nacidos y criados en el medio salvaje no llegan a los 15 porque sucumben a las enfermedades, los cazadores furtivos y los depredadores.

LA ORUGA CARNÍVORA

Cuando nace, la oruga de la gran mariposa azul se alimenta de tomillo, pero pronto se vuelve carnívora. Después de haber crecido y mudado la piel por tercera vez, se dedica a comer las mismas hormigas que son también sus protectoras. Tras abandonar la planta que le sirvió de primer alimento, la oruga deambula por el suelo. Si encuentra una cierta especie de hormiga roja, se empina y produce una gota de «rocío de miel» con una glándula que tiene en el

abdomen. Este líquido dulce atrae a la hormiga, que se apodera de la oruga y la arrastra a su nido subterráneo, donde las hormigas se amontonan alrededor de ella, estimulándola para que segregue más miel, en lugar de atacarla como harían con cualquier otro intruso. Para que no la destrocen, la oruga produce una feromona que inhibe cualquier ataque. A salvo de otros depredadores, como los pájaros, la oruga retribuye a sus huéspedes comiéndose sus larvas y huevos. Después de engordar durante unas seis semanas, se transforma en crisálida, sin dejar de aplacar a las hormigas segregando azúcar y feromonas. Además, la crisálida emite desde su parte interna unos sonidos raspantes que imitan las señales de comunicación de las hormigas.

Cuando emerge la mariposa adulta, produce también una solución de azúcar, y las hormigas la escoltan hasta la salida del hormiguero. Mientras las alas de la mariposa se despliegan y secan, las hormigas montan guardia para protegerla de los depredadores, como los coleópteros del suelo, hasta que levanta el vuelo.

METAMORFOSIS

Muchos insectos y anfibios tienen un ciclo vital durante el cual se producen cambios completos en la forma del cuerpo, la apariencia y el comportamiento, en etapas reconocibles. Este proceso se conoce con el nombre de metamorfosis y es controlado por procesos endocrinos.

La mariposa monarca, por ejemplo, elige las hojas de la hierba asclepia para poner los huevos, de los que salen pequeñas orugas. Éstas representan las etapas de alimentación y crecimiento de la mariposa. Al principio las orugas comen las cáscaras de los huevos y luego se dedican a devorar las hojas y almacenar los venenos que éstas contienen, que luego servirán para protegerlas en el estado adulto, ya mariposas, del ataque de los pájaros.

Al cabo de algunas semanas, las orugas se transforman en una pupa o crisálida, semejante a un envoltorio, que se adhiere a la parte inferior de una hoja. En el interior de la crisálida ocurre una notable

1 *Huevos de mariposa monarca puestos en la parte inferior de una hoja de asclepia.*

2 *La oruga se alimenta de hojas y crece realizando una serie de mudas.*

transformación, en la que las células y tejidos de la oruga se reorganizan para formar la mariposa adulta, es decir, la etapa de reproducción. Completamente formada, la mariposa emerge de la crisálida, seca sus alas y vuela en busca de su pareja; así continúa el ciclo de la vida.

Los anfibios como las ranas, tritones y sapos son los únicos vertebrados, además de algunos peces, que soportan una metamorfosis. El renacuajo de la rana común que sale del huevo es completamente diferente del adulto: tiene cola y aga-

llas externas. Transcurridos diez días sus músculos se desarrollan, lo que les permite nadar. A la cuarta semana las agallas externas son sustituidas por otras internas. Entre seis y nueve semanas después aparecen las patas posteriores, el cuerpo se alarga y empieza a definirse la cabeza. Por último se forman las cuatro extremidades y la cola es absorbida. El renacuajo se ha transformado en una ranita.

3 *Crisálida suspendida de una hoja de asclepia.*

4 *La mariposa monarca adulta emerge de la crisálida.*

5 *La mariposa seca y expande las alas, de intensos colores que advierten a los pájaros de su sabor desagradable, debido a los venenos extraídos de la hierba asclepia en la etapa de oruga.*

APRENDIZAJE Y JUEGO

Muchos animales adquieren sus habilidades para sobrevivir al observar a sus progenitores u otros adultos. Algunos practican estas nuevas técnicas simulando una lucha o saltando de un lado a otro sin motivo aparente, un comportamiento conocido como «juego».

CÓMO PERFECCIONAN LOS OSOS POLARES SUS HABILIDADES DE GUERREROS

EL GUEPARDO APRENDE A CAPTURAR A SU PRESA

La madre guepardo caza una gacela viva para que sus cachorros puedan practicar la cacería. La suelta frente a ellos y, cuando la gacela pretende huir, los cachorros tratan de cazarla y derribarla. Si escapa, la madre la recupera y todo comienza de nuevo.

Durante esos juegos mortales los cachorros aprenden a acechar en silencio, a derribar a la presa atrapándole las patas con las garras delanteras y a matarla con sólo morderle la garganta. También aprenden a no temer, porque hasta una gacela puede resultar intimidante para los pequeños cachorros de guepardo.

LOS ÍBICES JÓVENES SE COLOCAN EN SU TERRITORIO

El íbice joven saltará sobre una roca o un tocón de árbol y lo defenderá contra los competidores. Este juego es una práctica para las confrontaciones en la vida adulta.

Los machos jóvenes de íbice alpino practican simulacros de batalla, durante los cuales se enfrentan con la cabeza y empujan a sus oponentes hasta que uno de ellos cede.

Esta habilidad para pelear con la cabeza viene a menudo después, cuando, armado con largos cuernos, el íbice hace frente a un luchador en igualdad de condiciones, en la batalla por un sitio en la jerarquía o por el derecho a un harén.

La reunión de osos polares que se produce cada otoño en Churchill, en el norte del Canadá, proporciona una oportunidad ideal para jugar y pelear. Después de pasar el verano en la frescura del bosque, los osos de esta región se dirigen al mar; llegan hambrientos e irritados a las orillas de la bahía de Hudson, cerca de Churchill.

Mientras esperan que se forme hielo para ir a cazar focas, los jóvenes machos se entretienen con simulacros de peleas. Estas «prácticas» de lucha son ensayos útiles para las batallas más sangrientas, que tienen lugar durante la temporada de

reproducción. Los simulacros de lucha en la nieve ártica enseñan a los jóvenes a desarrollar los rápidos reflejos que necesitarán para capturar a sus presas.

ESCUELA DE CAZA
1 *La madre guepardo ha capturado una joven gacela, pero no la mata.*

2 *La madre suelta la gacela para enseñar a su cachorro a cazar.*

3 *El joven guepardo practica la manera de derribar a la presa. Frecuentemente los cachorros son tan ineptos que la gacela consigue escapar.*

3

JUEGOS BRUSCOS DE LOS CACHORROS DE LEÓN

Desde pequeños, los cachorros de león se incitan entre ellos a simular peleas. Incluso lo hacen con los progenitores, atacándoles la cola, terminada en un mechón negro.

Estos juegos y peleas son esenciales para la vida como máximos depredadores que llevarán de adultos.

Los simulacros de lucha preparan a los cachorros machos para cuando deban pelear por el control de la manada.

Los pequeños aprenden a capturar una presa acechándose y persiguiéndose en-

tre ellos, y haciendo zancadillas al adversario para derribarlo o aferrándolo por las patas.

MONERÍAS, PERO CON INTENCIONES SERIAS

Los jóvenes macacos rhesus juegan la mayor parte del tiempo que están despiertos. Para advertir al rival de que la pelea inminente es sólo un juego y no una agresión, el macaco joven mira antes al adversario que ha escogido, colgado cabeza abajo y por las piernas.

La persecución y la lucha siguientes suelen contribuir a controlar la agresividad

entre los miembros del grupo de macacos, ya que los más jóvenes aprenden hasta dónde pueden llegar sin herir a su oponente.

El juego también determina el orden social, en el que los más fuertes adquieren posiciones más elevadas que los más débiles. Un macho pierde automáticamente su rango cuando abandona su grupo, y con frecuencia lo hace para entrar en el mismo grupo que su hermano; entonces usará las habilidades aprendidas de joven para establecer su posición en el nuevo grupo.

La hembra joven ocupa una categoría inferior a la de la madre y, al contrario de lo que ocurre en la sociedad humana, superior a la de sus hermanas mayores.

APRENDER DE LA MADRE

La habilidad para cazar resbaladizos salmones no es algo innato en los cachorros del oso pardo de América del Norte. Observan fijamente cada movimiento de su madre: cómo ella encuentra un lugar tranquilo y atrapa con sus garras un salmón para sacarlo del agua y cómo lleva la presa hasta la orilla y separa con cuidado la carne de ambos lados del espinazo. Si tienen suerte, los cachorros podrán comer las sobras. Luego prueban suerte los cachorros arrojándose en aguas poco profundas donde se reúnen los salmones, que inevitablemente escapan.

Los osos pardos engordan antes de la hibernación, con un «banquete» de salmones, que en otoño colman los ríos de la costa del Pacífico de América del Norte. Los osos interceptan los salmones en rápidos y cascadas, aprovechándose de la abundancia anual.

LOS CHIMPANCÉS ENSEÑAN A CONSTRUIR HERRAMIENTAS

Los chimpancés han desarrollado ingeniosas maneras de obtener alimentos utilizando herramientas. Aprenden observando con atención a sus madres. En Gombe, Tanzania, las madres muestran a sus crías cómo cazar termitas utilizando una vara o un tallo. Primero las ayudan a quitar la corteza de una ramita y deshilachar un extremo. Luego introducen el utensilio en un hormiguero, para extraer una escurridiza masa de termitas soldado que se tragan al pasar la ramita por los labios.

De manera similar, las hembras de chimpancé de algunas poblaciones del oeste de África ayudan a sus descendientes a encontrar un martillo adecuado y luego les guían las manos para que utilicen la herramienta de la forma adecuada para romper una nuez. Los chimpancés de la Costa de Marfil han descubierto cómo utilizar grandes piedras o ramas para partir las duras nueces de cola sin aplastar la pepita.

LAS BALLENAS JOROBADAS PASAN LISTA EN EL AGUA

Un impresionante comportamiento que las crías de las ballenas jorobadas deben dominar es lo que podría llamarse «irrupción». Esto ocurre cuando la ballena salta casi por completo fuera del agua y luego vuelve a zambullirse en una fuente de salpicaduras. Las ballenas pequeñas imitan a las madres, pero sin su habilidad. Una y otra vez asoman el mentón fuera del agua y lo bajan con estruendo. Las ballenas jorobadas usan este espectacular comportamiento para mantenerse en contacto con otras ballenas distantes, como si pasaran lista para verificar la presencia de todas las que están de viaje o alimentándose juntas en ese momento. Las ballenas jorobadas se encuentran en las aguas costeras de todo el mundo. Las crías son amamantadas por la madre durante casi un año y la acompañan siempre, mientras aprenden todo lo relativo a la vida de una ballena. También aprenden a golpear la superficie del agua con la cola —un comportamiento denominado «lanzamiento de cola»— y a chapotear con sus largas y blancas aletas pectorales, una maniobra defensiva contra las merodeadoras ballenas asesinas.

LOS RETOZONES DELFINES JUEGAN BAJO EL AGUA

Los delfines salvajes, igual que los cautivos, juegan espontáneamente. Los delfines moteados del Atlántico pueden retozar durante horas con algas filamentosas, balanceándolas sobre la nariz o atravesando velozmente el agua con el alga enredada en una aleta.

Muchas especies de delfines parecen regocijarse al saltar sobre las estelas de botes y barcos, y los traviesos delfines de flancos blancos pueden salpicar a los ocupantes de los barcos cuando pasan a su lado.

BANQUETE DE TERMITAS *Con un tallo o una ramita, un chimpancé extrae jugosas termitas de una colonia.*

SISTEMA DE NAVEGACIÓN INCORPORADO

Recién salido del cascarón, el polluelo de golondrina ártica ya está atento a las posiciones del Sol, la Luna y las estrellas en el cielo. A las seis semanas está listo para abandonar el nido, situado en el Círculo Ártico, y migrar hacia el Hemisferio Sur. Para volar hasta el otro extremo del mundo y luego retornar al mismo sitio de origen utiliza la Luna y las estrellas, así como el campo magnético de la Tierra. Antes de migrar por primera vez, explora el territorio que rodea el lugar del nido, para memorizar los puntos más destacados del terreno. Cuando un ave joven llega a la Antártida, puede tardar tres años en volar alrededor del océano sur y sus islas antes de regresar al norte.

VIAJERO GLOBAL *La golondrina ártica, que no es más grande que una paloma, realiza uno de los viajes más asombrosos del reino animal.*

COTORRAS JUGUETONAS QUE IMITAN A LOS MONOS

El kea, un periquito que habita en las montañas de Nueva Zelanda, da vueltas y retoza en la nieve como un mono. Incluso se echa sobre la espalda, al estilo de los primates, agitando las patas en el aire.

El kea es un pájaro excepcionalmente curioso y atrevido. En los alrededores de los centros de esquí de los Alpes del Sur, rompen los limpiaparabrisas de los autos, arrancan las molduras de hule y desgarran los asientos y los cables eléctricos. Su comportamiento es similar al de los monos sueltos de las reservas de animales.

Aunque la mayoría de las veces los periquitos se denominan «mamíferos honorarios», se considera que los kea son «primates honorarios».

MAL COMPORTAMIENTO *Al periquito kea, instintivamente curioso, le gusta explorar e investigar los objetos novedosos, naturales o construidos por el ser humano.*

ESCUELA EN LA PLAYA PARA LAS ORCAS

A lo largo de las costas de la Patagonia, en América del Sur, las orcas cabalgan sobre las olas y capturan a los leones de mar directamente de la playa. Luego vuelven con esfuerzo al mar, con la ola siguiente. Las más jóvenes aprenden este comportamiento de las orcas más viejas, y perfeccionan sus habilidades con prácticas especiales en la playa.

Una vez capturada la presa, las adultas «juegan» con ella, como un gato con un ratón, lanzándola al aire. En todas partes las orcas juegan con objetos en el agua. Cerca de las costas de Namibia, en el sudoeste de África, hostigan a los pingüinos africanos y los cormoranes del Cabo, apresándolos con la boca y soltándolos luego. Las orcas de la Patagonia suelen arrojarse sobre las playas donde la arena o los guijarros forman terrazas empinadas en las que hay menos oportunidades de quedar varadas en seco en la parte alta.

En las islas Crozet, en el sur del océano Índico, donde las playas tienen menos pendiente, una fila de adultos y jóvenes nadan juntos hasta la playa para capturar un elefante marino. Progenitores y «tías» ayudan si alguna ballena joven queda atascada en la playa, empujándola con el hocico hacia aguas más profundas.

EL ROSTRO SERIO DE LA ALEGRÍA PRIMAVERAL

Los potros, cervatos y corderos paren, y las crías frecuentemente llegan al mundo haciendo cabriolas, saltando y corriendo sin razón aparente. Estos movimientos exagerados no son realizados por simple diversión. Se piensa que podría ser una manera de ejercitar los músculos en crecimiento y asegurar que nervios y músculos trabajan en perfecta armonía.

Aunque no son presas comunes, los caballos, ciervos, ovejas y cabras continúan practicando estas maniobras contra los depredadores. Saltar tonifica los músculos.

UN LUGAR PARA VIVIR

▶ EN BUSCA DE UNA CASA

▶ VIVIENDAS INCÓMODAS

▶ MAESTROS CONSTRUCTORES

3

EN BUSCA DE UNA CASA

Desde casas rodantes hasta viviendas usurpadas, desde sólidos cimientos hasta paredes de carne viva, cuando se trata de conseguir techo, los animales exploran todas las posibilidades en busca de una residencia confortable y segura.

LA VISCOSA BOLSA DE DORMIR DEL PEZ LORO

El pez loro, que habita en mares tropicales y subtropicales, monta un «albergue» nocturno. Mientras que otros peces dormitan echados de costado o apoyados contra las piedras, o buscan un refugio temporal en grietas o sumidos en el fango, el pez loro se acuesta en un capullo mucoso elaborado por él mismo.

Para formar la bolsa segrega una baba gelatinosa transparente que lo envuelve lentamente. Puede tardar cerca de una hora en hacerla, y otra hora en salir de

CAMA DE GELATINA *Para protegerse, un pez loro «cabeza de bala», de Hawai, descansa en una bolsa hecha con sus propias secreciones, que le ayuda a protegerse de los depredadores.*

ella al día siguiente. El capullo le sirve también para ocultar su olor ante depredadores como las morenas.

Durante el día, el pez se vale de su resistente «pico», parecido al de un loro y formado por la unión de sus dientes frontales, para raspar rocas y corales, y extraer los organismos que le sirven de alimento.

EL GATEADOR TRANSFORMA UN PEQUEÑO HUECO EN UNA VIVIENDA

Para el gateador no existe espacio demasiado pequeño. Este pájaro euroasiático silencioso, discreto y bien camuflado es un maestro en el arte de anidar donde en apariencia no existe ningún recoveco. Además de quedar perfectamente oculto, su nido es muy estrecho, de apenas 3.5 cm de diámetro. Esta

ave fabrica su nido sirviéndose de todo el espacio disponible, y le da forma oval o de media luna para meterlo, por ejemplo, en la rendija de un árbol o detrás de una cortina de hiedra.

El resultado es asombroso. Una base de ramitas y tallos sostiene una taza de raicillas, hierba, musgo y hebras de corteza, con un blando revestimiento de pelos, plumas y lana.

VIVIR CON EL AGUIJÓN MORTAL DE LA ANÉMONA

Al pez anémona o pez payaso no le preocupan los punzantes tentáculos de la anémona de mar. Al contrario que la mayoría de los peces, que evitan tocar a la venenosa anémona de mar, el pez anémona llega incluso a establecer relaciones simbióticas con ella. Aunque no se conoce la causa por la cual este pez no se ve afectado por el poder urticante de las anémonas, es posible que su manto mucoso no atraiga los tentáculos de la anémona, o que sea lo bastante grueso como para protegerlo.

Delicadamente al principio y más firmemente después, el pez anémona se desliza entre los tentáculos de la anémo-

A SALVO DE DAÑOS *El pequeño pez payaso naranja de Micronesia busca un refugio viviente entre los punzantes tentáculos de una anémona.*

na para establecer su hogar. A partir de este momento, el pez sólo se aleja para alimentarse. Si la anémona percibe algún peligro, contrae sus tentáculos y el pez es atraído al fondo del blando cuerpo de la anémona, donde se encuentra protegido.

A cambio de vivir en una casa segura, este pez limpia de desechos los tentáculos de la anémona, despeja los sedimentos con sus veloces movimientos al nadar y ahuyenta a los animales que podrían devorar a su anfitriona.

EN EL SUBTERRÁNEO CON EL TECOLOTE LLANERO

Casi todas las aves deben hacer un esfuerzo para construir su nido, pero éste no es el caso del tecolote llanero. Esta especie, la más terrestre de todas las lechuzas, se muda a túneles subterráneos hechos por otros animales de las praderas y desiertos de América. Prefabricados, protegidos y ocultos de la vista, estos agujeros constituyen excelentes poneros. La lechuza hace su nido, tapizado con hierba, a una profundidad de 1 m y al final de un sinuoso túnel de 3 m de longitud.

En Florida, el tecolote llanero puede, si es necesario, cavar su propio túnel en la arena usando las patas. En todos los demás lugares, mata al propietario, que

puede ser una ardilla o un perrito de la pradera, y luego ocupa el lugar.

A veces se instala con otro animal. Los túneles de algunas tortugas del desierto, que llegan a tener hasta 12 m de longitud, son los preferidos de las lechuzas. Pueden utilizarlos varias generaciones de tortugas, y suelen seguir en uso cuando los ocupa esta ave.

El tecolote, parado en la entrada de su nueva casa, chilla para rechazar a los intrusos. Si la tortuga vuelve a su morada, el ave le dirige una mirada fulminante

CASA COMPARTIDA *Un tecolote llanero sale al atardecer a montar guardia en la entrada del túnel donde construye su nido.*

con sus grandes ojos amarillos, pero no le hace daño. Estos pájaros también ahuyentan a los depredadores al emitir un sonido semejante al de una serpiente de cascabel.

UN REPTIL QUE CUIDA LA CASA Y LA MANTIENE LIMPIA

En algunas islas y formaciones rocosas cercanas a las costas de Nueva Zelanda hay un raro reptil que se adueña de los nidos de ciertos pájaros. Aves como las pardelas y los petreles pasan meses alimentándose en el mar; cuando regresan a sus nidos, que hacen abriendo túneles en lo alto de los acantilados, pueden encontrarlos ocupados por un tuátara, parecido a un lagarto.

Este reptil, que vive 120 años o más y mide entre 45 y 65 cm de longitud, se convierte en el vigilante de la guarida. Mientras las aves están en el mar, el tuátara mantiene el túnel limpio para cuando regresen. Come huevos y polluelos, pero en general de otros nidos de la colonia. Rara vez ataca el de sus «arrendadores».

El tuátara, que en maorí significa «viejo lomo con púas», es la única especie viva del orden Rhynchocephalia (rincocéfalos), que apareció hace unos 220 millones de años, mucho antes que los dinosaurios. Todos, salvo el tuátara, se extinguieron hace 65 millones de años.

EL CANGREJO ERMITAÑO EN BUSCA DE UN SITIO HABITABLE

Debido a que tiene el cuerpo blando, el cangrejo ermitaño necesita refugio, y lo encuentra en el caparazón de otro animal. En lugar de esconderse detrás de una roca o en un coral, se introduce en la concha de un caracol marino, un bígaro u otro caparazón similar.

A diferencia de otros cangrejos, el abdomen del ermitaño se curva hacia un costado para adaptarse a los caparazones de los gasterópodos. Una vez dentro de una concha, sella la entrada con su pinza. Algunas especies de cangrejo ermitaño logran que una anémona de mar se adhie-

CASA SEGURA *Vivir en un caparazón vacío brinda protección y movilidad al cangrejo ermitaño de patas peludas, del sureste de Australia.*

ra a su caparazón para evitar así a los depredadores.

A medida que el cangrejo crece y la concha va quedándole pequeña, debe cambiar de «morada». Cuando encuentra otro caparazón vacío del tamaño adecuado, lo inspecciona con mucho cuidado, lo agarra con las manos, se encarama en él y le pasa las pinzas abiertas por toda la superficie para palpar su textura y forma; luego le quita cualquier desecho que pudiera tener.

Seguidamente el cangrejo flexiona el abdomen y entra marcha atrás en el capa-

razón; entra y sale varias veces para probar su alojamiento. Si es cómodo, se instala, pero no siempre se muda inmediatamente; si la concha anterior tenía una anémona, el cangrejo le da golpecitos hasta desprenderla. Una vez que la anémona está bien adherida al nuevo hogar, la mudanza se completa.

LAS LARVAS DEL ESCARABAJO AMPOLLA PIDEN AVENTÓN

Existe un solo caso conocido de parásitos que actúan en conjunto para engañar a su hospedador. Un grupo de larvas del escarabajo ampolla posadas en un tallo, además de parecer una abeja hembra, huele igual. Cuando una abeja macho trata de aparearse con la falsa «abeja», las larvas saltan sobre él, y cuando el macho encuentra una abeja hembra de verdad, las larvas pasan a ella hasta que ésta cava su nido, luego lo infestan y se alimentan del polen que ella recolecta.

CÓMO SE MUDA DE CASA EL TREMÁTODO PARÁSITO

Existe una especie de tremátodo parásito, o gusano platelminto, que cambia la conducta del caracol al que infesta cuando busca un nuevo hospedador. Si un caracol tiene la mala suerte de comer uno de los huevos de platelminto que caen con los excrementos de pájaros pequeños, está condenado.

Dentro del caracol, los huevos se incuban hasta convertirse en larvas, que se abren paso por medio de túneles hasta el hígado. Allí se reproducen y forman quistes móviles que se desplazan hasta los tentáculos del caracol.

Una vez que el parásito ha penetrado, el tentáculo se hincha tanto que se vuelve transparente, al punto que se puede ver en su interior el parásito palpitante. Para un pájaro, tal vez tenga el aspecto de una jugosa oruga.

De algún modo el parásito, que se halla en el norte de Europa, hace que el caracol cambie su conducta. En lugar de buscar refugio al amanecer, permanece al descubierto y se convierte en presa de las aves. Cuando entra en el aparato digestivo de un pájaro, el parásito ha logrado mudarse otra vez.

LARVAS DE MARISCO QUE MANTIENEN SUS POSICIONES

A diferencia de otros crustáceos, los percebes no se trasladan, permanecen firmemente adheridos a una superficie para siempre. Sin embargo, sus larvas nadan libremente alimentándose durante varias semanas antes de buscar un lugar donde asentarse.

Las larvas de percebes suelen adherirse a rocas, conchas, corales, barcos o cualquier objeto flotante. Algunas acaban pegadas en ballenas, tortugas y otros animales de movimientos lentos.

Cuando la larva ha encontrado una buena ubicación, preferiblemente donde abunden los percebes, se pega a ella mediante una sustancia que secretan unas glándulas que tiene en la base de las antenas y empieza a transformarse en adulto.

UN PERICO QUE COMPARTE SU VIVIENDA CON INSECTOS

El raro perico australiano es un «inquilino» exigente. Vive en una pequeña zona de la sabana seca del norte de Queensland, Australia, donde anida exclusivamente en montículos de termitas. Entre abril y agosto, cuando la tierra todavía está húmeda tras la estación de las lluvias, excava un ponedero en la tierra blanda de las galerías de termitas. La entrada del agujero, que sirve de nido, tiene alrededor de 4 cm de ancho. Dentro, un túnel conduce a una cámara espaciosa y redondeada de unos 25 cm de longitud.

Los mejores montículos, con forma de cono, son los que hacen las termitas *Amitermes scopulus,* porque la temperatura interior es constante. Los montículos meridianos que construyen otras termitas tienen paredes anchas y planas que suelen ser demasiado delgadas, con lo que el perico, al cavar, puede pasar fácilmente al otro lado.

SITIO RARO *Al perico australiano se le llama también «perico de los hormigueros» debido a su hábito de vivir en montículos de termitas.*

VIVIENDAS INCÓMODAS

La mayor preocupación para cualquiera que busque vivienda es la seguridad: el lugar debe estar a salvo de depredadores. Algunos animales no encuentran seguridad en cerraduras o alarmas, sino en sitios muy extraños e inaccesibles.

PENSADO PARA SALVAR DEL DESASTRE A LOS POLLUELOS

Cómo impiden las gaviotas tridáctilas que anidan en acantilados que sus polluelos caigan al vacío. La manera de lograrlo reside en el diseño y en la ubicación del nido, una construcción pequeña, llena de barro, hierbas y algas compactadas, que se adhiere a un diminuto reborde de los acantilados de Gran Bretaña y otros países del norte de Europa. El nido es más profundo que el de cualquier otra ave marina, por lo que brinda cierta seguridad: los huevos no pueden caer accidentalmente y los polluelos no pueden salir con facilidad. En cualquier caso, las crías de estas gaviotas tienden a quedarse quietas en su nido.

COLGANDO PERO SEGUROS *Aunque las manchas blancas de excrementos hacen visibles los nidos de la gaviota tridáctila, los depredadores no pueden alcanzar estos escarpados acantilados.*

PROHIBIDA LA ENTRADA A LOS ENEMIGOS

Cuando hace su nido, la hembra de oropéndola de Centro y Sudamérica no corre riesgos. Mientras el macho pasa los días entre cantos y actuaciones para atraer a otras hembras, ella trabaja para hacer su nido lo más inaccesible posible para los depredadores. Arranca tiras de hojas de plátano y las entreteje tan concienzudamente que el nido queda impermeabilizado.

La parte superior del nido está sujeta a una rama tan fina que ningún animal se arriesgaría a colgarse de ella. El cuello largo y fino del nido cuelga hasta 2 m, para abultarse luego en el ponedero, en forma de bulbo y acolchado por dentro. El cuello es tan estrecho que no permite la entrada de ningún cazador aéreo.

Las oropéndolas hembras también buscan seguridad en el grupo; en un mismo árbol pueden anidar hasta 100 hembras, custodiadas por un solo macho. Algunas eligen árboles junto a avisperos, ya que

las avispas no molestan a las oropéndolas, pero ahuyentan a cualquier otro animal que se acerque demasiado.

EL ÁGUILA HACE EL NIDO MÁS ALTO DEL «VECINDARIO»

El nido aéreo del águila real parece vulnerable a los depredadores y a los elementos. Sin tener en cuenta la protección de salientes o vegetación, estas aves construyen nidos llamativos y desordenados en afloramientos rocosos o en copas de árboles.

Un nido recién construido en las rocas puede consistir simplemente en unas cuantas ramas fuertes dispuestas en forma de anillo. Las parejas de águilas reales regresan todos los años al mismo sitio y con el tiempo el nido puede convertirse en un enorme habitáculo de hasta 5 m de profundidad. El interior está revestido con hierbas, helechos y hojarasca. Pero, a pesar del tamaño, sólo hay espacio para un polluelo, de modo que, aunque el águila real pone dos huevos, el polluelo mayor mata al más joven para evitar la competencia por el alimento.

«BÚNKERS» IMPERMEABLES EN LO ALTO DE LOS ACANTILADOS

Azotadas por los vientos, las cumbres de los acantilados pueden parecer lugares poco apropiados

para que los frailecillos atlánticos críen una familia. Aun así, sin arbustos ni árboles a la vista, estas aves encuentran refugio bajo tierra, donde están a salvo de los depredadores terrestres.

En el Hemisferio Norte, en mayo y junio, cuando los frailecillos atlánticos regresan del mar para anidar, ocupan conejeras abandonadas o guaridas de pardelas. Si no hay túneles ya hechos, el frailecillo excava con sus patas palmeadas su propio búnker impermeable. El túnel puede medir hasta 1 m de longitud y tener varias salidas.

Los frailecillos anidan en colonias de decenas de miles de individuos y regresan a los mismos acantilados año tras año. En la isla de St. Kilda, en las Hébridas escocesas, llegan hasta un millón en un período de tres días. El suelo queda con tal cantidad de túneles que a veces se derrumba alguna zona y estas aves deben buscar otro acantilado.

EN LO ALTO DE LOS ACANTILADOS *Un frailecillo atlántico holgazanea cerca de su guarida, gozando del amparo a prueba de vientos que ésta le ofrece.*

BOLSA DE AIRE *La araña acuática europea arrastra burbujas de aire bajo el agua y las atrapa bajo una lámina abovedada de seda para formar una especie de campana de inmersión.*

LA CAMPANA DE INMERSIÓN DE LA ARAÑA ACUÁTICA

Pueden encontrarse muchas arañas cerca del agua, pero sólo la araña acuática europea vive, caza y se reproduce bajo el agua. Como los buzos, se sumerge con su propia provisión de aire para construir una campana de inmersión.

La hembra teje una lámina sedosa bajo el agua, que sujeta a plantas acuáticas. Nada hasta la superficie, captura una burbuja de aire con la parte posterior del abdomen y las patas traseras, y la arrastra para atraparla bajo la lámina, que se arquea como una campana. La araña hace este viaje varias veces hasta que tiene suficiente aire.

Segura bajo su campana, espera a sus presas, y en verano pone allí sus huevos.

COMODIDAD EN EL AGUA EN TODOS LOS ASPECTOS

En América del Norte, las parejas **de colimbos de Clark enganchan su nido a malezas, juncos y otras plantas.** Como ningún depredador terrestre puede llegar al centro del lago, muchas aves acuáticas ponen sus huevos en nidos flotantes.

El nido de los colimbos es una construcción sólida hecha de varas, barro, juncos y malezas. La plataforma sobre el agua está firmemente amarrada a una pirámide subacuática que puede ser hasta tres veces más ancha que el nido.

Trabajando en conjunto para mantener el nido en buenas condiciones, los colimbos reparan filtraciones, retiran las hebras sueltas y cubren los bordes con malezas frescas.

VIDA ISLEÑA *El colimbo de Clark tiene las patas situadas tan posteriormente que casi no puede caminar. Sólo deja el agua para volar o empollar.*

EL TRAJE HERMÉTICO DE LA RANA CAVADORA

El desierto central de Australia, **donde puede dejar de llover durante años, no parece el mejor lugar para una rana de piel húmeda.** Pero la rana cavadora se las ingenia para construir un hogar allí, enterrándose dentro de un ajustado traje de buzo.

Cuando van secándose los estanques y quedan pequeños charcos, la rana se introduce en una charca lodosa y se entierra hasta desaparecer. Después, con las patas traseras, hace un agujero de unos 30 cm de profundidad, más o menos el doble de su propia talla, y apisona la tierra de las paredes. Luego se va a dormir. Sus latidos y respiración disminuyen al mínimo necesario para mantenerse viva.

Al cabo de un par de semanas, las capas superiores de su piel se aflojan y forman una especie de traje de buzo que le cubre todo el cuerpo. Dos diminutos tubos comunican sus fosas nasales con el exterior. Bien protegida del peligro de desecación, permanece allí hasta que llegan las lluvias.

Cuando percibe la humedad a través de la arena, se despierta, sale del saco de piel y trepa a la superficie. En los pocos días de que dispone antes de que vuelvan a secarse los charcos, la rana se atiborra de insectos, bebe hasta saciarse, se aparea y desova.

POR QUÉ EL CÁLAO MACHO APRISIONA A SU COMPAÑERA

Al cálao hembra le agrada estar **encarcelada mientras incuba sus huevos.** Después de encontrar un lugar adecuado para anidar en el hueco de un árbol, la hembra se acomoda con los huevos, mientras el macho transporta hasta allí una mezcla de barro y saliva, que es usada por ambos para construir una tapia; cuando el barro se seca, la hembra queda encerrada. Al terminar la construcción, la única abertura que hay es una estrecha rendija en la pared de barro.

La hembra permanece encerrada, empollando, mientras el macho la alimenta a través de la ranura. Al cabo de 84 días, cuando los polluelos ya han crecido un poco, la hembra sale de su prisión. La pareja vuelve a sellar el nido, pero deja una ranura a través de la cual alimentarán a las crías. Dos semanas después salen los polluelos.

CÓMO HACE EL OSO POLAR PARA ABRIGAR A SUS CRÍAS

A **falta de un refugio prefabricado en la nieve, la osa polar lo construye por sí misma.** Para protegerse, junto con sus cachorros, del frío ártico, y valiéndose de sus enormes patas, la osa cava un túnel de unos 2 m en un banco de nieve seca y compacta (se tienen datos de una osa que construyó una guarida de 12 m de longitud). Alternativamente, se tumba en un lugar mientras nieva, y luego agranda el hueco que se forma alrededor de su cuerpo. Al final del

ABRIGADO EN LA NIEVE *En Churchill, Manitoba, un cachorro de oso polar no abandona su segura madriguera hasta que tiene tres meses de edad.*

túnel cava una bóveda, con una plataforma elevada.

Aunque afuera la temperatura puede ser de hasta −30 °C, el interior de la madriguera puede superar los 21 °C gracias al calor de la osa. También puede agregar un orificio de ventilación en el techo, aunque frecuentemente estos agujeros se hacen por accidente cuando el oso raspa el hielo de la superficie. Los oseznos, nacidos en diciembre y enero, pasan sus primeros tres meses de vida en la madriguera.

SITUACIÓN ESPINOSA PARA LOS CARPINTEROS ESCAPULARIO

L **as espinas de los cactos, como agujas, desalientan a la mayoría de los depredadores.** Por ello son una excelente residencia para los carpinteros escapulario, que en los desiertos del suroeste de Estados Unidos y en México anidan entre los espinosos surcos del sahuaro gigante.

En la temporada de lluvias, estos cactos absorben tanta agua que, en ocasiones,

CASA HUECA *El carpintero escapulario abre agujeros en los cactos para anidar entre los espinosos surcos, a salvo de las serpientes.*

doblan su tamaño original, volviéndose su pulpa blanda y esponjosa, por lo que estos carpinteros pueden cavar fácilmente un agujero en ella con el pico. La savia brota y se endurece, formándose el suelo del nido donde estas aves pondrán sus huevos y cuidarán de sus polluelos.

Tras una temporada de reproducción, la pareja de carpinteros se muda, pues los nidos se llenan de parásitos, plumas y restos de comida.

MONITORES DE RAMAS

Las desordenadas pilas de ramas y varas que forman los nidos de las grandes aves que anidan en los árboles, como estas cigüeñas pintadas del parque nacional Keoladeo, en la India, pueden parecer, a primera vista, menos elaboradas que las sofisticadas obras de «cestería» de otras aves. Pero no es tan fácil apilar ramas y mantenerlas unidas. A menudo, las varas han sido deliberadamente entrecruzadas o dispuestas de acuerdo con una simetría subyacente que evita que, cuando las grandes cigüeñas llegan aleteando y se posan con fuerza sobre sus nidos, los deshagan. Los nidos de algunas especies, como la cigüeña blanca europea, crecen año tras año. Al regresar a su nido, la cigüeña dedica algún tiempo a picotear el suelo y «airearlo». Luego lo mejora, agregándole ramas hasta que, al cabo de varios años, el nido forma una pila alta que, a veces, pesa cientos de kilos. Algunos pájaros más pequeños, como los gorriones, ocasionalmente pueden anidar en la base de un alto nido de cigüeña. Finalmente una tormenta derribará el nido, tras lo cual el propietario construirá uno nuevo.

MAESTROS CONSTRUCTORES

Muchos animales se mudan a refugios prefabricados; otros construyen su vivienda. Los alfareros, tejedores, papeleros, sastres e ingenieros de construcción de la naturaleza crean algunas de las residencias más extraordinarias.

LA AVISPA ALFARERA ESCULPE UN NIDO DE BARRO

La hembra de la avispa alfarera es muy exigente con respecto a sus materiales. Si el barro está demasiado blando, espera a que se seque, y si está demasiado seco, regurgita agua de su estómago para ablandarlo y poder moldearlo con las mandíbulas y las patas. Cuando obtiene la consistencia adecuada, forma una bolita y vuela con

BIEN ABASTECIDA *Una avispa alfarera rellena una vasija, hecha por ella misma, con comida para su larva.*

ella a su nido, que puede estar en una hoja, debajo de un trozo de corteza o entre malezas. Allí comienza a dar forma a la base del nido, moldeando una tira larga a la que da forma de anillo. Regresa al lodazal en busca de otra bolita, y agrega la capa siguiente sobre el borde endurecido de la primera. En poco tiempo ha construido una especie de jarrón bien torneado. Luego atrapa una oruga o una araña, la empuja dentro de la vasija, en la que deposita un solo huevo, y la sella con arcilla.

Unos días después de nacer, la larva se alimenta del insecto aprisionado y sale de la vasija convertida en una avispa alfarera adulta.

UN NIDO TRANSPARENTE FABRICADO CON SALIVA PURA

Los vencejos y rabitojos cavernícolas no necesitan buscar materiales para su nido porque utilizan su propia saliva. Los rabitojos de nido comestible, de Malasia y Borneo, sólo necesitan saliva para tejer un nido «blanco» transparente. En temporada de reproducción, las glándulas de su garganta se agrandan y producen copiosas cantidades de saliva pegajosa.

Cuando el ave ha elegido el sitio donde anidar, lo humedece con la lengua reiteradamente hasta que, en pocos días, construye un enrejado con capacidad para dos huevos. Estos nidos son muy buscados para hacer sopa de nido de aves, considerada una exquisitez en el sureste de Asia.

CÓMO EL CHIMPANCÉ TEJE SU CASA EN UN ÁRBOL

Un chimpancé necesita años de observación y práctica para aprender a construir un refugio nocturno. Cuando ha dominado la técnica, este simio del oeste y el centro de África elige un árbol que tenga una rama firme de entre 9 y 12 m. Se agacha sobre ella y atrae hacia sí tres ramas gruesas, sujetándolas bajo los pies, para luego entretejerlas a unos 70 cm alrededor de la base. Seguidamente trabaja con otras ramas más finas hasta formar una corona que alinea con hojas y ramas que ha arrancado. Un chimpancé hábil puede hacer uno de estos refugios en apenas un minuto.

UNA ARAÑA QUE CONSTRUYE CÍRCULOS DE PIEDRA

En el desierto de Namibia hay un picapedrero en acción. La denominada araña «matemática» forma un círculo casi perfecto con siete pequeños guijarros (preferiblemente de cuarzo) del mismo tamaño, forma y color, alrededor de su madriguera. No se sabe exactamente por qué esta araña cuenta y dispone así los guijarros, pero podría deberse a que las vibraciones de las piedras la ayudan a detectar la aproximación de una presa.

Redes orbiculares

Las arañas tejen una gran variedad de redes para atrapar a sus presas. Las más conocidas y complejas son las circulares simétricas, como la de la hembra de la araña de jardín (derecha). Una telaraña típica puede tener 20 m de seda, entrecruzada en 1,000 uniones, y pesar menos de 0.5 mg, aunque la araña a la que sostiene es 4,000 veces más pesada.

De hamaca y de láminas

Otras arañas tejen redes de láminas o lienzos de seda. La diminuta araña del dinero, del norte de Europa, construye este tipo de tela, y 50 o más de ellas pueden cubrir un arbusto de aulaga con sus minúsculas telarañas de seda.

Las telarañas en forma de hamaca pueden alcanzar hasta 30 cm transversalmente. Cualquier insecto que caiga en la hamaca o vuele por encima es atrapado por una red de hilos. La araña, que ha estado esperando debajo, atrapa al insecto, lo arrastra y lo envuelve en seda. Luego repara el agujero.

Redes de plataforma

Una tela con el aspecto de una masa desordenada de plataformas sobre hierbas altas, arbustos y pequeños árboles puede pertenecer, casi con seguridad, a una araña de la familia de las *Theridiidae*. La tela está cubierta casi por completo por gotas de pegamento que aprisionan a las víctimas. Una especie europea, la *Achaearanea riparia*, amarra ligeramente en el suelo un hilo largo y tenso con gotas pegajosas. Si un insecto cae en la trampa y se mueve intentando escapar, el hilo se suelta y, como un resorte, alza al insecto hasta la plataforma de la telaraña, ubicada en lo alto.

Arañas que arrojan redes

Las arañas lanzarredes, conocidas como arañas «cara de ogro» por sus grandes ojos, tejen una red del tamaño de un sello postal y la sostie-

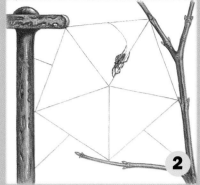
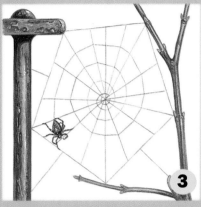

1 *A partir del hilo puente horizontal, la araña dorada hace bajar un hilo verticalmente hasta que alcanza un objeto fijo.*

2 *Luego construye un armazón y une los hilos radiales en el centro.*

3 *Tiende una amplia espiral de seda seca sobre los radios, desde el centro hacia afuera.*

4 *Agrega una espiral de seda viscosa, empezando por el exterior.*

nen entre las patas anteriores. Luego se cuelgan de una hoja y cuando pasa una polilla u otro insecto le arrojan la red, en donde queda pegado.

Fuertes y flexibles

El fino hilo de seda de la araña dorada es la fibra natural más fuerte que existe; es además tan flexible que puede estirarse hasta un tercio de su longitud sin romperse. La fuerza y la flexibilidad convierten a esta seda en el material perfecto para fabricar las telarañas, capaces de atrapar a casi cualquier víctima.

SITUACIÓN PEGAJOSA *Cuando un insecto es atrapado por una araña lanzarredes, es muy difícil que sea capaz de escapar.*

ORUGAS ACAMPANDO SIN QUE NADIE LAS MOLESTE

En gran parte de Estados Unidos unas telas membranosas cuelgan de las ramas más altas de los **árboles frutales.** Es en ellas donde las orugas de polilla ponen sus huevos y construyen una gran tienda común.

Al principio, las orugas recién salidas de los huevos se refugian bajo la tienda, alimentándose de capullos, hojas y cascarones de huevos. Cuando se quedan sin comida, se mudan a la parte alta, donde pueden verlas los pájaros, que han aprendido a ignorarlas, ya que al comer, las orugas absorben cianuro del árbol y, si se ven amenazadas, lo regurgitan en forma de líquido de repugnante sabor.

MURCIÉLAGOS QUE CONSTRUYEN SUS PROPIOS DOSELES

Ciertas variedades de murciélagos no buscan refugios prefabricados. Algunas especies de murciélagos americanos, como el murciélago nariz de lanza y el murciélago frugívoro de nariz corta, descansan bajo una simple hoja grande.

Los murciélagos hondureños blancos perforan con los dientes una hilera de

REFUGIO DE HOJAS *Los murciélagos hondureños blancos suelen regresar al mismo campamento, pero rara vez descansan bajo la misma hoja dos noches seguidas.*

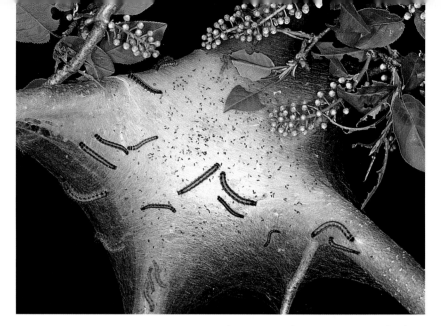

CAMPAMENTO DE ORUGAS *Los depredadores evitan el desagradable sabor de las orugas tenderas, que se alimentan de árboles frutales.*

orificios a ambos lados de los nervios de la hoja, hasta que ésta cae sobre ellos, cubriéndolos. Debajo de la hoja se pueden apiñar hasta una docena de murciélagos aferrados con las patas a los lugares mordidos. A una altura de 2 metros, el dosel está lo bastante lejos del suelo para resguardarlos del peligro.

EL TEJEDOR HINDÚ COSE SU NIDO CON HILO DE SEDA

La seda de las arañas es un material fuerte, y el tejedor hindú le da un uso excelente. Con una hebra de seda de una telaraña en el pico, la hembra de este pájaro une dos hojas próximas entre sí o enrolla una sola

hoja contra sí misma, y picotea los bordes, perforándolos. Usando una hebra por puntada, pasa el hilo por los agujeros, lo ajusta para unir los bordes y lo anuda para que no se suelte.

Después de hasta cuatro días de construcción, el resultado es un nido en forma de taza, hecho de hojas vivas que se confunden con el entorno.

UN DIMINUTO ACRÓBATA QUE VIVE ENTRE HIERBAS

El ratón espiguero europeo no pesa más que unos pocos granos de arroz. Mientras sube por el trigo para alimentarse de las semillas y los granos, los tallos apenas se doblan. Este ratón puede usar su cola para ayudarse a trepar, lo que permite a la hembra construir su nido lejos del suelo y de los depredadores, pero cerca de su fuente de alimento. Con hojas y briznas de distinta longitud, cortadas por ella misma, construye un nido del tamaño de una pelota de tenis y lo rellena con musgo.

AVES ARTESANAS QUE PREFIEREN EL ESTILO NUDOSO

Los tejedores africanos de pico rojo no tejen, sino que hacen nudos. Construir un nido que atraiga a las hembras exige práctica, y los primeros nidos de los machos suelen deshacerse, pero pronto la técnica se perfecciona (derecha). Colgado bajo el nido anudado, el macho llama la atención aleteando. La hembra inspecciona el nido y, si le parece apropiado, lo amuebla con plumas para convertirlo en ponedero.

EL PÁJARO TEJEDOR

Los pájaros tejedores, como este tejedor enmascarado de Kenya, utilizan complejos nudos (abajo) para construir un nido resistente pero ligero. El macho empieza uniendo una percha colgante a una rama ahorquillada. Después añade tiras de plantas para formar un grueso anillo, usando el pico para hacer los nudos mientras sostiene el material con las patas. Luego, retuerce, anuda y enlaza más fibras alrededor de la estructura básica hasta que el nido está listo.

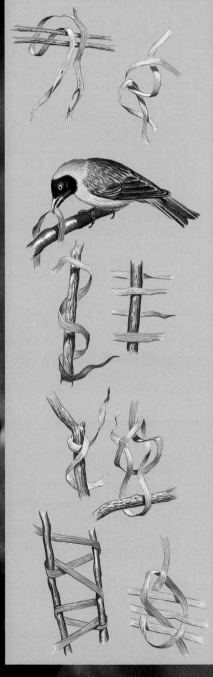

EL TOPO SE ASEGURA DE TENER LA COMIDA A SUS PIES

El topo europeo es una máquina de perforar que puede abrirse paso a través de 15 m de tierra en una hora. Sus patas delanteras, fornidas y con forma de pala, están vueltas hacia afuera, y poseen cinco grandes garras. Para excavar un nuevo túnel, el topo se fija con las patas traseras y empuja a ciegas a través de la tierra, utilizando el hocico a modo de cuña y haciendo potentes movimientos con el pecho. En la época de celo, en primavera, puede cavar hasta 50 m bajo tierra.

El nido es una cámara redondeada del tamaño de un balón de fútbol, excavada un poco más profundamente que los túneles y forrada con hierba y hojas secas. Los túneles permanentes que salen del nido de forma radial constituyen la despensa del topo, ya que lombrices, babosas, escarabajos, larvas de moscas y otros invertebrados se introducen en esos pasadizos por todos los lados. El topo explora el laberinto cada tres horas, detectando las presas con el hocico, muy sensible al tacto. Puede tragar hasta 55 gramos de lombrices y gusanos al día, pero si hay demasiados, inmoviliza el exceso de un mordisco y los almacena para comerlos más tarde.

Cuando está construyendo un túnel nuevo, el topo excava hacia arriba regularmente para salir a la superficie. Las toperas resultantes son orificios de respiración.

TÚNELES DE VENTILACIÓN Los topos cavan hacia arriba para crear orificios de aireación; el aire recorre el nido y vuelve por otros túneles.

VIVIENDA HEXAGONAL HECHA CON PAPEL MACHÉ

Resistente, ligero y duradero, el papel maché es el material de construcción de las avispas papeleras europeas. Para crear una nueva colonia, la solitaria reina sale de la hibernación y elige un lugar para el nido, a menudo bajo una rama u hoja, o debajo de un alero. Luego fabrica papel mediante el masticado de madera u otras fibras vegetales mezcladas con saliva, y escupe una pulpa blanda y húmeda.

La reina moldea una estalactita de papel que pega al techo del lugar donde estará el nido y que se endurece con rapidez y forma un tubo. Agrega unas cuantas celdas hexagonales en la parte inferior y deposita un huevo en cada una.

Pronto sale la nueva generación de avispas, que constituye la primera población activa de la reina, que se pone a trabajar inmediatamente en la construcción de más celdas para que la reina deposite sus huevos, para después alimentar a las crías en sus «cunas» de papel con bolitas de carne de insectos masticada.

FÁBRICA DE PAPEL Las avispas papeleras construyen celdas hexagonales de papel, calculan el ángulo y el tamaño de las paredes y exploran la construcción continuamente con sus antenas.

①

CONSTRUCTOR ATAREADO
*Los castores viven en una
isla-madriguera en un lago,
con entradas sumergidas.*

1 *Si no existe ningún lago
natural, ellos lo fabrican.*

2 *Construyen un dique de
madera.*

3 *La obra puede tener hasta
30 m de largo.*

②

③

LA OBRA MAESTRA DE INGENIERÍA DEL CASTOR

Ningún otro mamífero iguala en genio arquitectónico al castor americano y al europeo. Si no hay ningún lago donde armar su madriguera, los castores construyen uno mediante una represa en una corriente.

Esta extraordinaria obra de ingeniería comienza cuando un par de castores se instala en un valle boscoso con una pequeña corriente de agua. Tras haber elegido su sitio, estos animales roen, con sus enormes y afilados incisivos, árboles jóvenes y troncos de más de 50 cm de diámetro en cuestión de minutos. Una vez cortados, los empujan corriente arriba por canales cavados especialmente para ello, luego clavan algunas varas en posición vertical en el lecho del río y arrastran largos troncos y ramas con hojas para atravesar estos puntales. Para lastrar esta vegetación utilizan piedras y las unen con barro de las orillas.

Con un lado empinado contra la corriente y otro con menos pendiente río abajo, el dique es capaz de resistir la presión del agua en el lago recién formado. La estructura puede medir hasta 30 m de longitud por 3 de altura.

A continuación, los castores construyen su madriguera, enorme y abovedada, de barro, cañas, varas y piedras, de

1.8 m de altura y 12 de longitud transversalmente. Adentro, ahuecan la cámara donde vivirán, que además posee una plataforma para dormir. Para protegerse de los depredadores, las entradas están bajo el agua, de modo que sólo se puede llegar a nado.

Si, tras un período de lluvias, el lago amenaza con desbordarse, los castores desalojan el agua ensanchando los canales de desagüe de los extremos del dique. Si el nivel del lago baja tanto que existe el riesgo de que la entrada de la madriguera quede expuesta, estrechan los canales.

LOS POLLUELOS DEL VENCEJO A SALVO EN UNA «MEDIA»

El vencejo tijereta menor, o pájaro macua, construye un nido que parece una media de lana. Usando una mezcla de saliva, plumas y material vegetal, este pájaro de Centro y Sudamérica forma un largo cilindro con una entrada de unos 5 cm de ancho en un extremo. En la parte superior hay una abertura con un reborde donde el ave pone sus huevos. A veces hace el nido como un tubo de unos 35 cm de largo, sujeto a una pared vertical y decora el exterior con plumas.

LAS ABEJAS EMPLEAN LA GEOMETRÍA PARA CONSTRUIR UN NIDO ECONÓMICO

Las abejas necesitan construir su panal de manera económica. Para que sus glándulas produzcan sólo 55 g de cera tienen que comer 1 kg de miel, compuesta de néctar y polen, y para producirse cera suficiente para construir un panal mediano se necesitan unos 7 kg de miel.

Cuadrados, triángulos y hexágonos encajan con facilidad y evitan el desperdicio de espacio. Las abejas prefieren los hexágonos, de paredes más cortas, que requieren menos cera, para economizar aún más la construcción. Con la secreción cérea de sus glándulas abdominales, la abeja obrera levanta rápidamente una gruesa protuberancia que constituirá la pared. Con el fin de impedir que la miel y el néctar se filtren hacia afuera, inclina las celdas hasta 13 grados con respecto de la base.

OBRAS MAESTRAS AQUITECTÓNICAS

Castillos de barro

Los altos montículos con forma de aguja, cúpulas y pirámides que construyen las termitas impresionan por fuera, pero su sofisticación estructural interior es extraordinaria: contienen despensas, jardines, sistemas de aire acondicionado, guarderías, cuartos de estar, sótanos, pozos, chimeneas y cámaras reales.

Existen más de 2,000 especies de termitas, principalmente en las regiones tropicales. Son sociales y viven en colonias desde unas pocas docenas hasta varios millones.

Un reino palaciego

Las colonias de termitas están gobernadas por el rey y la reina, las únicas termitas fértiles de la colonia. Ambos permanecen en sus cámaras, donde la reina se dedica sólo a poner huevos, mientras es asistida por las obreras, que cuidan de los huevos y las larvas, y se encargan del mantenimiento de la colonia. Las termitas soldado, con grandes mandíbulas, defienden las entradas del montículo.

Diseños urbanos

Las termitas obreras, que son ciegas, construyen sus fantásticos castillos con tierra mezclada con saliva, que

HOGARES DE ALTURA *Montículos de termitas salpican las llanuras australianas. Cada uno de estos «rascacielos» puede contener cientos de miles de estos diminutos herbívoros.*

adquiere la consistencia del cemento. Las paredes pueden tener 50 cm de espesor, aunque varían según la especie.

Despensas vivas

Las termitas de África comen sobre todo madera muerta difícil de digerir, por lo que sus excrementos son ricos en nutrientes. Para evitar el desperdicio, cultivan en sus excrementos un hongo que descompone los nutrientes, de modo que, al cabo de seis semanas, estos insectos pueden comer y digerir el abono orgánico resultante.

Are acondicionado

Una colonia activa produce mucho calor, por ello las termitas han incorporado un sistema de enfriamiento en el diseño de sus construcciones. El aire caliente se eleva a través de una gran cavidad central que hay en cada una de las chimeneas superiores, por donde sale el aire saturado de dióxido de carbono y entra aire oxigenado. El aire fresco baja así a una especie de sótano situado en la base del nido.

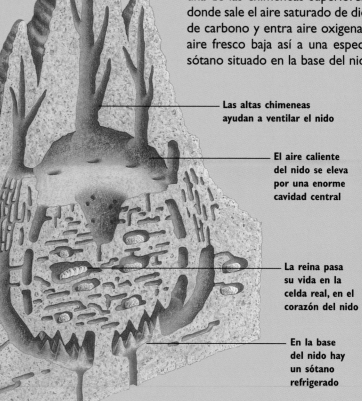

Las altas chimeneas ayudan a ventilar el nido

El aire caliente del nido se eleva por una enorme cavidad central

Una red de conductos de aireación, situada en las porosas protuberancias exteriores, ayuda a enfriar el aire

Las termitas cultivan hongos en «jardines» subterráneos

La reina pasa su vida en la celda real, en el corazón del nido

En la base del nido hay un sótano refrigerado

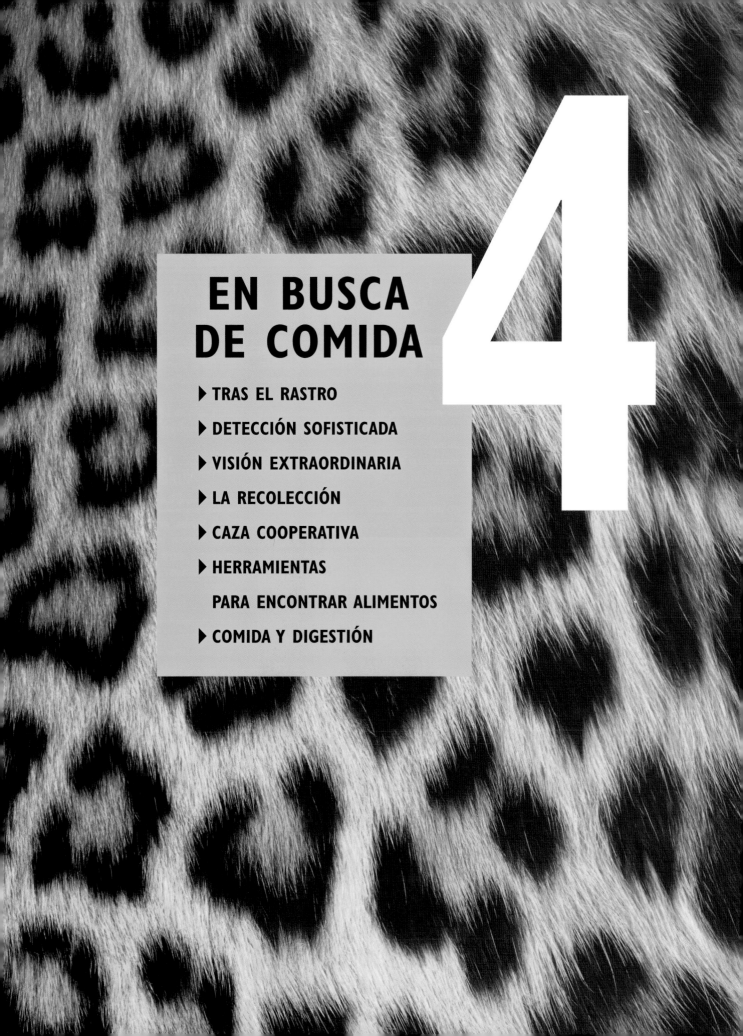

EN BUSCA DE COMIDA

4

TRAS EL RASTRO

La mayoría de los animales se alimenta con regularidad, pero antes deben encontrar la comida. Para ello utilizan el olfato, la vista, el oído, el gusto y el tacto. Algunos animales pueden tener especialmente desarrollado alguno de estos sentidos.

PARA PROVEERSE, EL KIWI CONFÍA EN SU NARIZ

El kiwi, de Nueva Zelanda, es un ave peculiar, ya que no puede volar y sus plumas parecen pelos. Como un mamífero insectívoro, es capaz de oler a una lombriz que esté a 3 cm bajo tierra.

Por la noche, el kiwi, del tamaño de una gallina, hurga en la tierra con su pico largo y sensible. Las fosas nasales de la punta están conectadas con tejidos que contienen receptores olfativos y que se conectan mediante nervios con los lóbulos olfativos del cerebro, más desarrollados que en cualquier otra ave.

Con este sistema sensorial, el kiwi puede detectar gusanos, babosas y larvas que recoge con la punta del pico y lanza al fondo de la garganta con una serie de sacudidas.

CARROÑEROS DE VISTA AGUDA BUSCAN ALGO QUE COMER

Los buitres de espalda blanca del Serengeti, África, dependen de su excelente visión para encontrar comida. Por la mañana planean en las corrientes de aire cálido ascendente inspeccionando la zona en busca de alimento. Son carroñeros y buscan animales muertos o agonizantes.

Cuando uno de ellos divisa un cadáver, baja a tierra lentamente en espiral, pero no permanece solo durante mucho tiempo, pronto un ejército de buitres descienden sobre la carroña.

Al principio se acercan cautelosos, pero, superado el miedo, se apiñan para darse un banquete. En apenas media hora pueden dejar sólo los huesos de un antílope chico.

SIN MOVIMIENTO, LAS RANAS SE MORIRÍAN DE HAMBRE

Las ranas tienen grandes ojos, pero no pueden ver a sus presas con claridad. En cambio, detectan el movimiento de pequeños objetos, como insectos o babosas, gracias a unos receptores especiales que tienen en la retina, en la parte posterior del ojo.

En cuanto la presa se mueve, la rana la detecta como un potencial alimento, entonces saca su lengua pegajosa para atrapar a la desafortunada víctima.

LA NARIZ SUPERSENSIBLE DEL LOBO GRIS

Los lobos grises de Norteamérica tienen una sensibilidad a los olores 1,000 veces mayor que los humanos. Pueden detectar la presencia de una hembra de alce y su cría a más de 2.5 km de distancia.

La cantidad de células capaces de detectar rastros y olores en los lobos es 50 veces mayor que en la nariz humana. Estos tejidos están plegados para optimizar la superficie de recepción al tiempo que ocupan un espacio mínimo. Por su estructura anatómica, la nariz permite que el aire cargado de rastros olfativos pase con eficiencia sobre las membranas sensibles a los olores, lo que permite analizarlos aún más.

Cuando un lobo pasa a favor del viento cerca de una presa potencial que está oculta a su vista, su agudo olfato capta el rastro; entonces cambia de dirección para seguir el olor hasta su víctima. Luego se vale de su vista y su velocidad para alcanzar y derribar a su presa.

SONDEO OLFATIVO *El kiwi sale de noche a buscar comida, tanteando con su pico, ligeramente curvado hacia abajo, muy sensible a los olores.*

PESCA SUPERFICIAL *Una espumadera negra pesca en las aguas claras de su hábitat. En cuanto encuentra un pez, su pico se cierra como una tijera.*

EL BESO MORTAL DE LA ESPUMADERA NEGRA

El pico de la espumadera negra parece colocado al revés. La mandíbula inferior es más larga que la superior, lo que le permite atrapar alimento utilizando el sentido del tacto. Esta ave, que habita la costa oriental de América del Norte y del Sur, vuela bajo sobre aguas relativamente tranquilas, como las de un lago o un río de corriente mansa, en general al amanecer o al atardecer, cuando el viento es menos fuerte. Abre su pico y corta con la parte inferior la superficie del agua; cuando encuentra un pez, el pico se cierra automáticamente y la cabeza del ave se sumerge, atrapando al pez de costado entre las poderosas tijeras. Luego lleva a su presa hasta una rama cercana para tragarla.

Si mientras rastrea el agua la espumadera negra golpea algún objeto, dobla la cabeza y unos músculos especiales que tiene en el cuello la ayudan a atenuar el impacto.

EL DRAGÓN «PRUEBA» EL AIRE CON SU LENGUA BÍFIDA

El dragón de Komodo, de Indonesia, puede «probar» el más leve rastro de olor, aunque sea de una sola molécula. El lagarto más grande del mundo se alimenta sobre todo de carroña y puede detectar un cuerpo en descomposición hasta a 400 m de distancia. Lo consigue «saboreando» el aire con la lengua, no olfateándolo con la nariz.

Como todos los varanos, el gran dragón de Komodo, de 3 m de longitud, tiene una lengua bífida que mete y saca continuamente de la boca, captando diminutos rastros olorosos que hay en el aire.

Al meter la lengua, la presiona contra una parte conocida como órgano de Jacobson, ubicado en el paladar, donde unas células sensibles a determinadas sustancias químicas le permiten descifrar los olores.

PRUEBA DE OLORES *El dragón de Komodo, comparado con otros lagartos, tiene una lengua relativamente corta, que funciona como órgano del gusto y del olfato.*

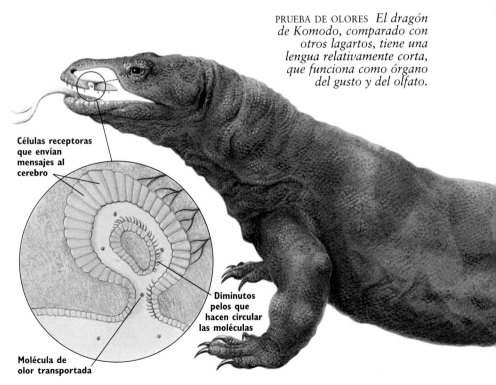

Células receptoras que envían mensajes al cerebro

Diminutos pelos que hacen circular las moléculas

Molécula de olor transportada

BUEN OYENTE *Los zorros orejudos cazan solos, en pares o en grupos familiares. En general son nocturnos, pero a veces buscan alimento durante el día.*

LAS ARAÑAS CAVERNÍCOLAS NO USAN LOS OJOS

Las arañas trogloditas o cavernícolas dependen del tacto y la detección de vibraciones para encontrar comida. Como pasan la vida en profundas cuevas, generalmente en completa oscuridad, la visión no les sirve de nada. Muchas de ellas no tienen ojos, o poseen órganos visuales muy reducidos en tamaño y función.

Por ejemplo, la araña cazadora de color crema, que habita en las cuevas del parque nacional Gunung Mulu, en Sarawak, tiene dos diminutos ojos sin color. Para compensar, su par de patas anteriores se ha desarrollado hasta convertirse en una especie de antenas. La araña las extiende al caminar y puede abrirse paso al tantear las paredes.

Muchas de las arañas subterráneas tienen patas muy largas y delgadas para correr por las cavernas. Una de las especies que habitan Gunung Mulu tiene unas patas de 15 cm.

EL ZORRO AGUZA EL OÍDO PARA «CAPTAR» SU CENA

El zorro orejudo, del sur y este de África, depende del sonido para encontrar alimento. Apuntando hacia abajo con sus enormes orejas, aguza el oído para percibir ruidos de insectos bajo tierra. Este zorro caza de noche durante la temporada calurosa y seca, pero en el invierno puede merodear durante el día.

Pequeñas partidas de cuatro o cinco zorros se dispersan por las sabanas para cazar, deteniéndose cada uno de vez en cuando con la nariz apuntando al suelo y las orejas hacia adelante, mientras ladea la cabeza ligeramente a uno y otro lado para oír mejor. Así, puede percibir el movimiento de termitas en sus túneles y hasta el ruido de larvas de escarabajos coprófagos masticando dentro de una pelota de estiércol enterrada. Cuando localiza un sonido interesante, este zorro cava rápido con las patas delanteras y deja a su presa al descubierto.

Muchos invertebrados, como arañas, milpiés, gusanos y termitas, forman parte de la dieta común de un zorro orejudo,

pero esta dieta también está integrada por ratones, lagartos y culebras. A veces este zorro atrapa insectos en la superficie, pero sólo los localiza si se mueven y producen algún sonido. Un insecto inmóvil pasa desapercibido.

TENSIÓN SUPERFICIAL *Tras haber detectado un insecto preso en la superficie, el zapatero común se lanza velozmente a atraparlo.*

LEEN LAS ONDAS Y HACEN LA SUMA

Los zapateros comunes europeos son matemáticos natos. Encuentran su presa detectando las ondas que producen en el agua los insectos atrapados en un charco. El zapatero compara el tiempo que tarda una onda en alcanzar sus patas y calcula rápidamente en qué dirección se ha originado. Entonces sale a cazar.

Este insecto, que se sostiene en el aire atrapado por densas almohadillas de pelos que tiene en cuatro de sus seis patas, se abalanza a través del agua, «remando» con sus largas patas medias y timoneando con las traseras. Aferra a la víctima con las anteriores, más cortas, le clava su agudo aparato bucal y absorbe todos sus líquidos.

LOS MURCIÉLAGOS CONFÍAN EN LA METEOROLOGÍA

El murciélago del Este tiene su propio barómetro incorporado. Con él, esta especie cavernícola norteamericana puede percibir si el clima exterior es o no favorable para salir a cazar insectos voladores.

Este animal posee en el oído medio un órgano sensorial, el órgano de Vitali, capaz de detectar la presión del aire. Cuando ésta es alta, los murciélagos permanecen en sus cavernas, porque los insectos que prefieren cazar no están volando. Cuando la presión baja, saben que sus presas serán más abundantes y salen a cazar.

Los individuos más eficientes de la especie pueden engullir más de un gramo de insectos en una hora, cerca de un quinto de su peso.

LA ESTRELLA DE MAR QUE OLFATEA LA COMIDA

En el fuerte oleaje de los fiordos de las islas del sur de Chile habita una estrella de mar agresiva y depredadora. Aterroriza el lecho del mar, pues devora casi cualquier ser vivo que consiga atrapar.

CARROÑERAS *La mayoría de las estrellas son carnívoras. Estas estrellas «murciélago de mar» se están comiendo el cuerpo de un cangrejo en descomposición.*

Esta estrella de mar, llamada *estrella espinosa* o *picuda,* se desliza velozmente sobre sus pies ambulacrales e inmoviliza a sus presas con uno de sus cinco brazos mientras sujeta otras con los cuatro restantes.

La estrella detecta a su presa por el «olor», sigue su rastro en el agua y luego utiliza el tacto. Las presas de la estrella pueden percibir si tiene la intención de alimentarse, de algún modo parecen saber cuándo huir.

DETECCIÓN SOFISTICADA

Los animales desarrollaron hace millones de años sistemas de sonar y de radar para orientarse o detectar objetos. También desarrollaron sensores de calor infrarrojo y otros que detectan actividad eléctrica en los músculos de la presa.

EL ORNITORRINCO OLFATEA LAS CORRIENTES ELÉCTRICAS

El ornitorrinco usa su hocico **con forma de pico de pato para detectar electricidad.** Esto le permite encontrar comida mientras nada con ojos, oídos y fosas nasales cerrados.

Este curioso mamífero semiacuático y ovíparo vive en los ríos de Australia. Su «pico» grande, con aspecto de cuero, está recubierto por miles de aberturas como poros que contienen células sensoriales que detectan las minúsculas corrientes eléctricas producidas por los músculos en movimiento de sus presas. Por medio del hocico, el ornitorrinco puede registrar el lecho del río para saciar su gran apetito: cada día ingiere casi el equivalente a su propio peso.

También puede percibir con el pico campos eléctricos más débiles, producidos por el movimiento del agua al pasar por encima de ciertos objetos que hay en el río, lo que lo ayuda a orientarse.

LAS MORTALES ONDAS DE SONIDO DEL CACHALOTE

Los cachalotes hacen rebotar el **sonido en objetos y analizan los ecos para localizar a sus presas.** Su sistema de ecolocación es similar al de los delfines, pero más agudo. Estos cetáceos de grandes dientes dirigen chas-

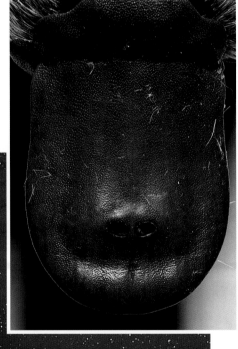

quidos de ecolocación a través del gigantesco órgano lleno de aceite que tienen en la frente. Entre los chasquidos producen a menudo fuertes ruidos parecidos a disparos, de energía sónica, que crean breves ondas de presión que, al parecer, los cachalotes utilizan para aturdir a sus presas o matarlas en el acto.

Los cachalotes se sumergen hasta 2,500 m en busca de calamares; incluso el calamar gigante sucumbe a las ráfagas de alta intensidad y, mientras está inmovilizado, el cachalote lo engulle tranquilamente. En el estómago de algunos de estos cetáceos se han encontrado intactos calamares de 12 m de longitud.

TÁCTICAS DE SHOCK DE LA ANGUILA ELÉCTRICA

La anguila eléctrica, vir**tualmente ciega, utiliza la electricidad para orientarse.** Produce descargas de baja intensidad, alrededor de una pulsación por minuto, que crean un campo eléctrico de corta duración alrededor de todo su cuerpo.

Si el pez encuentra un objeto o una presa potencial, lo detecta inmediatamente, y tiene la habilidad de esquivar el obstáculo o de acelerar hacia la presa. Su cola tiene músculos modificados (los órganos eléctricos) capaces de aturdir y hasta matar a una persona con una descarga de varios cientos de voltios, emitida no sólo una vez, sino 100 veces por segundo.

La anguila eléctrica no es en realidad una anguila, sino un pez de América del Sur que habita en aguas dulces, lejanamente emparentado con las carpas, pero, a diferencia de éstas, puede llegar a tener una longitud máxima de 2.75 m.

DETECTOR CON PICO DE PATO *Con sus patas palmeadas y su pico de pato, el ornitorrinco australiano registra el fondo del río en busca de comida y utiliza su fuerte hocico para buscar camarones bajo las piedras.*

LA ETIQUETA DEL DELFÍN *Los delfines nariz de botella dejan de emitir sonidos de ecolocación si se cruzan con otros delfines, para evitar interferencias.*

EL COMPLEJO SISTEMA DE SONIDO DE LOS DELFINES

Los delfines «ven» con el sonido **para orientarse y localizar a sus presas.** Mediante los sonidos o chasquidos de alta frecuencia, y el análisis de los ecos, el delfín puede encontrar presas, como bancos de peces. Su sistema de ecolocación además le indica el tamaño, la forma y la estructura de su blanco, y si éste se muestra tranquilo o asustado.

No se sabe con certeza cómo se producen los chasquidos, pero se cree que pasan a través de la región bulbosa de la frente del delfín, llamada melón, que actúa como una lente, al enfocar el soni-do en un estrecho haz por delante del animal. La señal de retorno del eco es captada por los dientes y pasa a través de la mandíbula inferior hasta el oído.

CHILLIDOS NOCTURNOS PARA ENCONTRAR PRESAS

Los murciélagos cazan por la **noche, abriéndose paso en la oscuridad gracias a sus oídos.** El murciélago conoce sus alrededores y la presencia de presas emitiendo rápidos chillidos agudos (o, en el caso de algunas especies de murciélagos frugívoros, chasquidos graves que hacen con la lengua) y analizando el retorno de los ecos. Su eco-locación es tan precisa que puede localizar un mosquito.

Los sistemas de rastreo varían de una especie a otra. El murciélago pequeño, por ejemplo, al cazar insectos voladores produce de 5 a 20 pulsaciones de muy alta frecuencia por segundo cuando su presa se halla a menos de 90 cm de distancia. A medida que se concentra, capta más información al aumentar sus pulsaciones a 200 por segundo; esto se llama «zumbido de alimentación». Cuando se acerca a la presa, la frecuencia alcanza su nivel máximo, y el murciélago atrapa al insecto.

El murciélago de herradura compara sus señales entrantes y salientes y utiliza el efecto Doppler para atrapar a su presa. Si ésta se aleja, la frecuencia de la señal de retorno baja, y si se acerca, aumenta. Este murciélago no persigue a su presa, sino que permanece quieto, rotando la cabeza y escrutando el aire con un haz de sonido, como un radar. Cuando hace el contacto, vuela, atrapa a su presa y vuelve a su sitio a comérsela.

LOCALIZACIÓN DE LA COMIDA *Un murciélago que está cazando puede saber en qué dirección viaja su presa, analizando la frecuencia del sonido de retorno.*

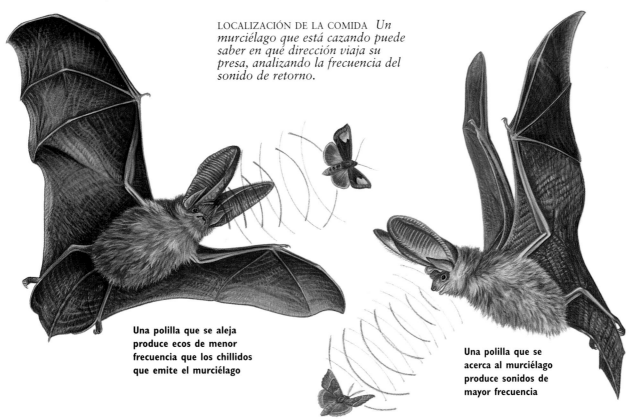

Una polilla que se aleja produce ecos de menor frecuencia que los chillidos que emite el murciélago

Una polilla que se acerca al murciélago produce sonidos de mayor frecuencia

localizar con precisión la posición de sus presas en la oscuridad, abalanzándose sobre ellas en un vuelo silencioso. Cuando percibe el menor movimiento de una presa, alinea las garras con su blanco y lo atrapa, acabando aquí la cacería.

LOS REPTILES QUE SE DESLIZAN «VEN» EL CALOR

Las serpientes de cascabel y las víboras de fosa pueden «ver» un animal de sangre caliente, como un ratón, en la más completa oscuridad. Las fosetas loreales de las serpientes, situadas bajo los ojos, contienen membranas con terminaciones nerviosas sensibles a la radiación infrarroja, pudiendo percibir cambios de temperatura tan mínimos como de 0.005 °C.

Analizando las señales que llegan a las fosetas, una serpiente también puede localizar con bastante exactitud a su víctima y atacar con precisión. Los ratones tienen probabilidades de huir, ya que para ser detectados por la serpiente deben acercarse a 15 cm del hocico de ésta.

CÓMO ENCONTRAR UN BANQUETE DE SANGRE

Las garrapatas encuentran a su víctima a través de un órgano sensorial que detecta olores, calor, presión y humedad. Conocido con el nombre de órgano de Haller, al microscopio aparece como una pequeña depresión en el extremo del primer par de patas de este ácaro.

Las garrapatas, parásitos externos hematófagos, esperan apostadas sobre una brizna de hierba a que pase su hospedador; cuando detectan un ser vivo agitan su primer par de patas como si fueran antenas; si pasa a su lado un animal o una persona, saltan sobre él y, utilizando unas almohadillas sensoras del aparato bucal, localizan el mejor lugar para hacer un orificio y darse un «festín». Luego clavan el hipóstomo, una parte de la boca flanqueada de dientes, para producir un espacio donde la sangre pueda formar un diminuto charco. Su saliva contiene sustancias anticoagulantes que les permiten alimentarse hasta saciarse.

LAS LECHUZAS UTILIZAN LAS PLUMAS PARA ESCUCHAR

Las lechuzas usan toda la cara para recibir sonidos. La cara en forma de corazón, formada por plumas muy juntas de las lechuzas de campanario, por ejemplo, está diseñada para captar sonidos y luego concentrarlos en los oídos, situados bajo las plumas de los lados de la cabeza. Las lechuzas cazan sobre todo de noche y, aunque tienen buena visión nocturna, para atrapar a sus presas

FESTÍN NOCTURNO *Una lechuza de campanario regresa a su nido tras haber atrapado a un ratón en la oscuridad. El ave detectó los movimientos del ratón mientras corría.*

dependen de su habilidad para detectar sonidos casi imperceptibles.

La lechuza puede analizar los sonidos que le llegan y deducir de dónde provienen. Además, un oído está ligeramente más alto que el otro, así el ave puede percibir información tanto vertical como horizontal. Con esta disposición puede

EL TIBURÓN

Durante cientos de millones de años, los tiburones han desarrollado los más diversos sistemas de detección de entre todos los depredadores.

Un tiburón puede localizar una presa a más de 2 km de distancia, ya que sus oídos captan vibraciones de baja frecuencia, como las que producen los peces heridos, que pueden recorrer grandes distancias.

Los tiburones son capaces de oler sangre o fluidos corporales en el agua a 0.5 km y seguir el rastro hasta su origen. Pueden detectar una parte de sangre en 100 millones de partes de agua.

A 100 m de su presa, la línea lateral del tiburón —una hilera de canales sensoriales llenos de líquido que tiene a ambos lados de la cabeza y

SIETE SUPERSENTIDOS *Los tiburones pueden detectar alimento a grandes distancias y localizarlo con mucha precisión en una gran variedad de condiciones. Son incluso capaces de encontrar presas inmóviles u ocultas bajo sedimentos.*

el cuerpo— capta los cambios de presión que producen en el agua las presas al moverse, y a 25 m, dependiendo de la claridad del agua, el tiburón es capaz de ver a su presa. Algunos tiburones ven en colores y pueden distinguir el azul, el verde azulado y el amarillo. Sus ojos son 10 veces más sensibles a la penumbra que los de los humanos debido a una capa de placas reflectoras que tienen detrás de la retina, que hace rebotar la luz en las células fotosensibles y permite al animal captar hasta el último fotón de luz disponible. Cuando un tiburón sube con rapidez desde las profundidades para atacar a una presa que nada en la superficie, intensamente iluminada, evita que lo ciegue la luz tapando esas placas reflectoras; células llenas de melanina se encierran rápidamente en los canales de las placas reflectoras, impidiéndoles reflejar la luz. En la penumbra estas células desaparecen.

Cuando atacan, algunas especies de tiburón se protegen los ojos

con un tercer párpado llamado membrana nictitante, o echándolos hacia atrás, dentro de unas órbitas que tienen en la cabeza. En ese momento el tiburón nada a ciegas, y entonces pone en juego otro importante sistema sensorial: unas fosas situadas en la nariz, llenas de una sustancia gelatinosa, que contienen células sensibles a la electricidad, las cuales le permiten detectar un cambio de un cienmillonésimo de voltio en las minúsculas corrientes eléctricas producidas por el corazón de un pez o la contracción de los músculos de su cola.

El tiburón martillo, con su rara cabeza en forma de T, es uno de los principales exponentes de este método de detección. Ladea la cabeza de un lado a otro por encima del fondo del mar, como una persona con un detector de metales, en busca de mínimas corrientes eléctricas. De este modo puede localizar la posición de lenguados y rayas enterrados en la arena.

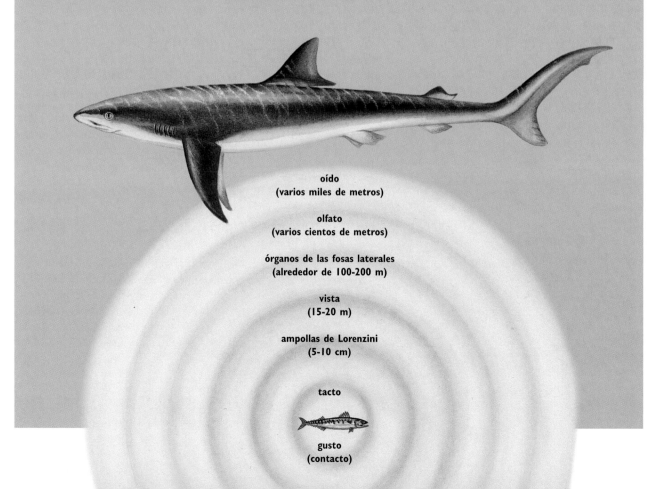

oído
(varios miles de metros)

olfato
(varios cientos de metros)

órganos de las fosas laterales
(alrededor de 100-200 m)

vista
(15-20 m)

ampollas de Lorenzini
(5-10 cm)

tacto

gusto
(contacto)

VISIÓN EXTRAORDINARIA

A lo largo de unos 600 millones de años, los ojos han evolucionado en una gran variedad de formas y tamaños. Curiosamente, algunos de los animales más pequeños de la Tierra han desarrollado los aparatos visuales más refinados.

LA VISIÓN ULTRAVIOLETA PERMITE A LOS CAZADORES MANTENERSE SUSPENDIDOS EN EL AIRE PARA ENCONTRAR PRESAS

El cernícalo común puede ver la gama ultravioleta del espectro lumínico. Escrutando la tierra desde la altura puede distinguir la luz ultravioleta reflejada por los rastros de orina de ratones y ratas de campo. Estos rastros son vistos por el cernícalo como franjas oscuras, que le permiten identificar buenas zonas de cacería.

CON OCHO OJOS, LA ARAÑA CUBRE TODAS LAS POSICIONES

Las arañas saltonas tienen seis ojos pequeños y dos grandes, lo que les da un ángulo de visión de casi 360 grados. Cazadoras diurnas, usan sus pequeños ojos, con un amplio campo visual, para detectar movimiento, y los grandes, con un campo estrecho y visión aguda, para situar su presa con precisión.

Para enfocar los ojos grandes en un blanco, la araña mueve la retina con el cristalino fijo y cambia el color de los ojos: si se oscurecen es que está mirando directamente a su víctima.

La araña puede identificar presas a 30 cm, se acerca, se agazapa y salta hacia adelante a una distancia de hasta 40 veces la longitud de su cuerpo.

DEPREDADORES AÉREOS QUE VEN A LARGA DISTANCIA

Las aves de presa tienen una visión superaguda que las permite divisar pequeños animales a grandes distancias. Un cernícalo puede distinguir un ratón desde una altura de casi 1.6 km, y en una ocasión se vio a un águila marcial africana despegar de un cerro a 6.4 km de distancia de una gallina de Guinea para lanzarse en picado sobre ella y atraparla.

Estas aves tienen grandes ojos que miran hacia adelante, la mejor posición para mantener enfocada a la presa. Esto significa también que el campo visual de cada uno se superpone al otro, dándole al ave una visión binocular y tridimensional, esencial para calcular la distancia a la que se encuentra su presa.

Además, la estructura interna del ojo es muy compleja. La córnea es plana (al contrario que la córnea curva del ser humano), lo cual aumenta el área de la retina, y al tener células cinco veces más sensibles a la luz que las humanas, la vista de un halcón posee una mayor definición. En cada ojo, dos fóveas (puntos de visión más aguda, situados en la retina) permiten una imagen visual ocho veces más precisa que la del ser humano.

OJILLOS PARA DETECTAR ESTRELLAS DE MAR

Las vieiras viven en el fondo marino, donde las estrellas de mar son sus más mortales enemigas. Para detectar a sus depredadores, las vieiras poseen docenas de ojos, como diminutas cuentas de color azul intenso, alineados en los bordes de las valvas.

No distinguen muchos detalles, pero sí la forma borrosa de una estrella de mar acercándose lentamente, que hace reaccionar a la vieira cerrando de golpe la concha. Lamentablemente, las vieiras tienen un «punto ciego» donde las valvas se unen, por lo que a veces la estrella de mar puede acercarse sin ser vista.

PRIMATE QUE ESCUCHA Y MIRA EN LA OSCURIDAD

El tarsero tiene unos ojos enormes, cada uno de los cuales pesa más que su cerebro. Se han desarrollado tanto para que pueda cazar en las noches más oscuras. Este diminuto primate insectívoro vive en las islas del sureste de Asia, como Borneo y las Filipinas. Es el único primate exclusivamente carnívoro.

El tarsero localiza la comida primero con sus oídos, y luego utiliza los ojos para guiar las manos. Atrapa hormigas, escarabajos y cucarachas formando una «jaula» con sus dedos, para luego triturarlos con sus agudísimos dientes.

CAZADORA DE OCHO OJOS *La araña saltona a veces emplea la táctica de «sentarse a esperar» para tender una emboscada a sus presas.*

FOCO FIJO *Los enormes ojos que dominan la cara de una joven hembra de tarsero de las Filipinas le permiten localizar insectos de noche.*

PARA AMBOS LADOS *Unos ojos que rotan permiten a este camaleón orejudo de Kenia estar alerta a la presencia de presas y depredadores al mismo tiempo.*

pone al del otro, dándole visión binocular. Esto le permite localizar su blanco y darle caza con su larga y pegajosa lengua.

EL PEZ CON CUATRO OJOS

En Centroamérica hay un pez que tiene una manera muy particular de localizar comida. Nada con los ojos situados en la línea de flotación, pudiendo localizar alimento por encima y por debajo de la superficie al mismo tiempo. Se le conoce como pez de cuatro ojos, porque cada uno de sus ojos está dividido en dos partes: la mitad inferior funciona en el agua y la superior en el aire.

La parte funcional en el agua necesita un cristalino mucho más fuerte que la que funciona en el aire, pero los ojos de este pez sólo tienen un cristalino. Este único cristalino consigue ver en los dos medios por su forma aplanada. La luz que llega del agua atraviesa el cristalino en sentido longitudinal dándole la potencia que necesita. La luz que viene del aire cruza la parte más fina del cristalino, de modo que es mucho más débil. El resultado es una imagen precisa de dos mundos distintos.

UN CAMARÓN CARIBEÑO QUE MIRA CON BINOCULARES

El camarón mochilero, de 5 mm, de los arrecifes coralinos de Belice, puede llevar binoculares. A simple vista, sus dos ojos compuestos se parecen a los de otros crustáceos, pues cada uno tiene cientos de diminutas facetas que le dan una vista del mundo semejante a un «panal». Si se observa mejor, se ve que cada ojo tiene a su vez un cristalino más grande. Éste cubre un campo visual de unos 20 grados, con una resolución seis veces mayor que las facetas.

Los grandes cristalinos apuntan hacia adelante mientras el camarón se mueve: éste depende de los cristalinos menores para orientarse. Cuando divisa una presa, rota los ojos para que los cristalinos grandes apunten hacia adelante, como si usara binoculares.

EL CAMALEÓN PUEDE VER EN TODAS DIRECCIONES AL MISMO TIEMPO

El camaleón puede mirar simultáneamente hacia adelante y hacia atrás. Así puede ver en cualquier momento presas de frente y potenciales enemigos que lleguen por detrás.

Tiene un par de ojos con forma de conos, que pueden moverse independientemente uno del otro. Mientras uno mira hacia arriba, el otro puede estar mirando hacia adelante o abajo, lo que le da al camaleón la capacidad de vigilar todos los lados a la vez.

Cuando detecta una presa, los ojos rotan al frente y enfocan el mismo punto. El campo visual de cada ojo se super-

AGRICULTURA SUBTERRÁNEA

Tendemos a pensar que las hormigas viven de los insectos muertos, pero muchas especies cultivan su propia comida. Cuando arrean rebaños de áfidos o cultivan hongos, el objetivo es producir una dieta nutritiva para la colonia.

La miel de rocío, una secreción que producen algunos insectos chupadores de savia como los áfidos y las chinches harinosas, es una buena fuente de alimento para las hormigas. Varias especies alimentan áfidos y los «ordeñan» estimulando con sus antenas la síntesis de miel.

Esta secreción es rica en azúcares pero baja en proteínas. Para compensar esta carencia, una especie de hormiga asiática coloca chinches harinosas sobre hojas jóvenes y ricas en proteínas, asegurándose así de que, al alimentarse las chinches de follaje nutritivo, su secreción tenga un alto contenido proteínico.

Tal vez la más rara de todas las hormigas agricultoras sea la hormiga odre mielífera, de Australia y Estados Unidos. Algunas de las obreras son alimentadas con miel de rocío que almacenan en sus abdómenes. Luego se cuelgan del techo de las galerías para proveer a la colonia, como si fueran recipientes vivos.

RECIPIENTES VIVOS *Los individuos de una colonia de hormigas odre mielíferas son alimentados con miel de rocío hasta la saturación.*

Cultivadoras de hongos

Las mejores son las hormigas podadoras de Sudamérica. Cortan y juntan hojas y otros materiales vegetales y los llevan a la colonia, donde son amontonados en una de las muchas cámaras dedicadas al cultivo de hongos. Otras hormigas más pequeñas los cortan con sus mandíbulas en pequeños trozos que son masticados y amasados por otras obreras más pequeñas aún, que forman bolitas húmedas que distribuyen por toda la cámara. Esta sustancia esponjosa es un excelente caldo de cultivo para un hongo semejante al moho del pan.

CRÍA DE GANADO *Una hormiga roja cuida de su rebaño de áfidos. Las hormigas «ordeñan» a los áfidos para extraer la miel de rocío que producen.*

PROVISIÓN VERDE *Una fila de hormigas podadoras marcha rumbo al nido con grandes trozos de hojas para abastecer los «jardines» de hongos de la colonia.*

El hongo digiere la celulosa y las proteínas de la materia vegetal, pudiendo las hormigas acceder a estos nutrientes cuando ingieran el hongo. Las minúsculas obreras eliminan cualquier hongo extraño y cosechan trozos del hongo cultivado para que las hormigas más grandes se alimenten. El hongo, con la miel de rocío recogida de los insectos chupadores de savia, alimenta a los 5 millones de habitantes de la colonia.

LA RECOLECCIÓN

Encontrar comida es una cosa, pero recolectarla o capturarla es otra muy distinta. Muchos animales han adaptado su cuerpo para poder acceder a su alimento de la manera más eficiente mediante bocas, manos o patas especialmente diseñadas para ello.

CÓMO HACE UNA BALLENA PARA COMER SIN BEBER

De un solo trago, la ballena azul, de 27 m de longitud, puede engullir un banco entero de kril, especies de crustáceos semejantes a los camarones, pero sin tragar a la vez enormes cantidades de agua salada.

En lugar de dientes tiene en la mandíbula superior cientos de láminas córneas que separan el alimento sólido del agua. Estas láminas se dividen en la parte inferior en una hilera de cerdas superpuestas que forman una maraña.

La ballena se aproxima a su presa, abre la boca y echa el cuerpo hacia adelante, al

AMPLIA SONRISA *Una ballena franca expone sus placas córneas. Estas ballenas se alimentan absorbiendo grandes bocanadas de agua y kril (A), luego expulsan el líquido por las placas con forma de peine (B) para tragar sólo el kril.*

tiempo que engulle el cardumen con sus enormes fauces. Al hacerlo, se llena la boca de kril y agua.

Unos pliegues que tiene en la mandíbula inferior permiten que la garganta se expanda para contener toda el agua. Al cerrar la boca, los pliegues se tensan y la lengua se levanta, expulsando el agua por las placas córneas. El alimento está listo para ser tragado.

UN PEZ QUE LANZA LAS MANDÍBULAS PARA COMER

Con mandíbulas extensibles, el pez de San Pedro puede engullir sus presas en una fracción de segundo. Habitante de las costas europeas, este pez de 40 cm de longitud se aproxima a sus víctimas sin que éstas lo adviertan. De frente es como un disco que se mueve verticalmente a través del agua. Cuando acecha a una presa, un pez más pequeño o un camarón, el pez de San

Pedro nada lentamente hacia adelante, pero en cuanto la tiene al alcance, acelera de golpe y en un instante extiende las mandíbulas atrapando a la presa y tragándola entera.

EL ÁGUILA HARPÍA CAZA ARREBATANDO

Esta águila se abalanza en picado desde la copa de un árbol para arrebatar a un mono de una rama. Con un solo apretón de sus poderosas garras lo aplasta hasta matarlo. El águila harpía vive en los bosques tropicales de Centro y Sudamérica, donde es el principal depredador alado.

Tiene las patas más cortas y la cola más larga que muchas otras águilas de mayor tamaño, lo que le permite maniobrar entre las copas de los árboles a velocidades superiores a los 80 km/h. Sin embargo, sus 8 kg de peso la convierten en una de las águilas más grandes del mundo. Cae sobre su presa con una potencia comparable a la de la bala de un rifle.

Con las patas más poderosas que cualquier otra ave de presa, una separación entre los dedos de 25 cm y garras filosas como dagas de hasta 4 cm de longitud, el águila harpía puede atrapar y devorar mamíferos grandes con gran habilidad.

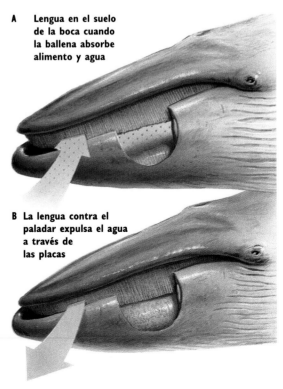

A Lengua en el suelo de la boca cuando la ballena absorbe alimento y agua

B La lengua contra el paladar expulsa el agua a través de las placas

LENGUA LARGA *La polilla halcón revolotea frente a una flor de tabaco y extiende su probóscide para sorber el néctar que contiene.*

UNA POLILLA CON LA LENGUA EN FORMA DE «POPOTE»

La polilla halcón tiene la probóscide más larga de todas las polillas y mariposas conocidas. La usa para beber sin dejar de volar.

Esta polilla europea tiene una probóscide, o «lengua», de 9 cm de longitud, el doble de su cuerpo. Tiene aspecto de «popote» para beber y cuando el insecto no la está usando se mantiene enrollada por debajo de la cabeza.

Las polillas halcón se alimentan de plantas con flores largas y tubulares, como la madreselva. Cuando encuentran una planta adecuada, revolotean frente a una flor moviendo las alas tan rápidamente que apenas se distinguen, y extendiendo la probóscide para alcanzar el néctar energético situado en la base de la flor.

LA VERSÁTIL TROMPA DEL ELEFANTE

Un elefante puede usar su trompa para acarrear un árbol, levantar un cacahuate, beber o darse una ducha. La trompa en sí es una modificación de la nariz y el labio superior, revestida interiormente por músculos que le permiten doblarse y aferrar como lo haría un brazo con su mano. Imposibilitado de alimentarse de árboles altos con la boca, el elefante usa la trompa para romper ramas, recolectar frutas y hojas y arrancar pasto.

Para beber, sorbe agua con la trompa y luego se la echa en la boca. Usa la misma técnica para refrescarse o echarse tierra y librarse de parásitos.

El elefante africano tiene dos labios en la punta de la trompa; el asiático, sólo un labio superior. Los pelos que recubren los labios prensiles le permiten levantar objetos pequeños.

TROMPA ADAPTABLE *Un elefante africano descorteza un árbol con la trompa como una mano para coger el alimento y llevarlo a la boca.*

UNA GRAN VARIEDAD DE PICOS

Existen casi tantos tipos de picos como especies de aves, cada uno adaptado a una manera particular de alimentarse. Los diferentes picos de las aves acuáticas, por ejemplo, se deben a los distintos ambientes que explotan. El pico de los **flamencos** tiene placas que separan del agua las algas y los camarones, mientras que el pico largo y fino de las zancudas, como la **agachadiza** común y el **zarapito** trinador, explora el lodo y la arena húmeda en busca de gusanos.

El pico de la **avoceta** es largo y curvado hacia arriba, porque se alimenta capturando larvas acuáticas en la superficie de aguas poco profundas. Por otra parte, las **espátulas** también se alimentan en aguas bajas, y por ello tienen un pico estrecho y plano.

Un pico largo no le serviría de nada al **picogordo,** que necesita partir semillas para alimentarse. Su pico es corto y robusto, así como el de los **pericos** y **guacamayos,** en forma de gancho, que se alimentan de nueces y frutas. El pico de los **pájaros carpinteros,** de punta afilada, debe ser fuerte, pues lo usan para extraer insectos de los troncos de los árboles; además golpean el pico contra éstos para atraer a las hembras.

Las aves de presa tienen un afilado pico en forma de garfio que les permite arrancar trozos de carne. Las **garzas** y **avetoros** poseen picos como dagas, para atrapar presas que se mueven rápidamente. El pico de los mergos o serretas es aserrado, para capturar peces escurridizos que persigue bajo el agua.

El **pelícano** tiene otra forma de capturar peces, y ello se refleja en su gran pico. Usa una bolsa que tiene en la mandíbula inferior como si fuera una red, donde recoge la pesca.

Las aves que comen insectos voladores, como los **vencejos** y las **golondrinas,** tienen un pico pequeño con gran capacidad de abertura, mientras que las que se especializan en beber néctar, como los **colibríes,** han desarrollado picos tan largos y finos que recuerdan un «popote» para beber.

Aunque las aves han adaptado sus picos principalmente para alimentarse, también los usan para arreglarse las plumas y hacer nidos. El pico de un ave puede ser un arma, y a menudo también desempeña un papel en el cortejo.

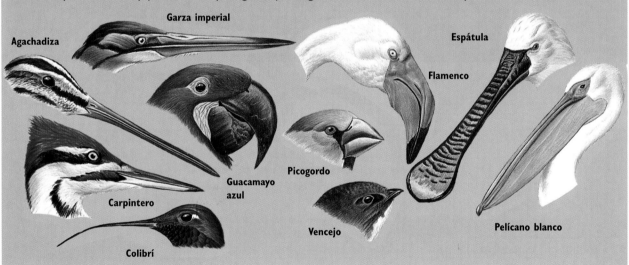

Garza imperial · Agachadiza · Espátula · Flamenco · Guacamayo azul · Picogordo · Carpintero · Colibrí · Vencejo · Pelícano blanco

LA TÁCTICA HIPNÓTICA DE BRAZOS LARGOS DE LA JIBIA

Con movimientos sigilosos, este molusco parecido al calamar hipnotiza a su presa con su cambiante motivo de listas, manchas y lunares. Para aumentar aún más la confusión de la presa, su cuerpo cambia varias veces de forma y color mientras se aproxima, fundiéndose con el entorno. Cuando tiene a la presa a su alcance, como un pez o un cangrejo, la jibia lanza dos largos tentáculos del círculo de ocho brazos que le rodea la boca y captura a la presa ayudándose de las ventosas que tiene en los extremos, luego se lleva el alimento a la boca y lo destroza con su pico córneo para poder engullirlo.

DARDOS QUE PROVOCAN LA MUERTE EN UN INSTANTE

Las células urticantes de los tentáculos de la fragata portuguesa son lanzadas a gran velocidad. Dentro de cada célula esférica hay una especie de hilo hueco, parecido a un látigo, enrollado en el interior cuando la medusa descansa. Este hilo parece el dedo de un guante de hule vuelto hacia adentro. Cuando la presa choca con los tentáculos, que pueden forman una cortina de hasta 9 m de longitud, las células se activan. En sólo tres milésimas de segundo se eleva la presión de la célula, el hilo se vuelve hacia afuera y su punta aguda y cortante se clava en la víctima a una velocidad de 2 m por segundo, penetra en la piel e inyecta un veneno casi tan potente como el de una cobra.

Se necesitan 25,000 células punzantes para liberar 1 mg de veneno. Cuando la presa está reducida, los tentáculos se contraen y la levantan hasta las células de alimentación situadas debajo de la campana de la fragata portuguesa.

CAZA COOPERATIVA

Los depredadores sociales suelen cazar en grupo, de esta manera hay más ojos para divisar comida y, al cooperar, pueden cazar presas mucho más grandes que ellos. Un grupo numeroso también asegura que otros cazadores no le roben la comida.

GRUPOS UNIDOS CON RESISTENCIA Y VELOCIDAD

Las hienas manchadas comen carroña o cazan cualquier animal comestible. Con sus poderosas mandíbulas y sus fuertes y afilados dientes pueden desgarrar carne y tendones y triturar huesos.

Consumadas cazadoras, las hienas cuentan más con su resistencia y velocidad para abatir a sus presas, que con el sigilo. Una hiena solitaria puede perseguir a un ñu durante 5 km a 60 km/h y derribarlo sola. Clanes de 10 a 15 hienas, trabajando en equipo, pueden atacar presas grandes, como cebras. En el parque natural del Serengeti se han visto clanes de 50 o más individuos.

Las cacerías suelen comenzar al atardecer, cuando el grupo empieza a ponerse en movimiento. Los animales cruzan la sabana en busca de presas, llamándose constantemente con chillidos y «risas». Cercan un rebaño de cebras y corren con la cola erecta, para dispersarlas. Pronto

MANADA ASESINA *Un clan de hienas mata una cría de ñu después de separarla de la madre. Estos animales se comen la presa completa: sólo queda de ella una mancha de sangre.*

eligen un individuo enfermo, viejo o muy joven, al que aíslan y atrapan. En pocos minutos lo destripan y descuartizan. Cada hiena puede comer unos 15 kg de una vez.

A CIERTOS CHIMPANCÉS LES GUSTA LA SANGRE

Aunque los chimpancés son mayoritariamente vegetarianos, cazan animales vivos con escalofriante eficiencia. En las selvas del oeste de África, grupos de seis machos adultos cazan juntos por lo menos una vez por semana; a menudo sus blancos son los monos arbóreos colobos.

La caza está bien planificada y cada chimpancé desempeña un papel. El más joven hace que los monos caigan en la trampa que han tendido sus compañeros, otros se sitúan en los laterales y los acorralan, asegurándose de que no escapen, para dirigirlos después a la zona de matanza. Y el chimpancé más viejo se sitúa delante, donde puede tender una emboscada a la presa.

Los chimpancés se sitúan silenciosos en el suelo; el más joven escala rápidamente los árboles e inicia la persecución. Los colobos huyen directamente hacia la trampa que les espera más adelante. En el momento exacto aparece el chimpancé más viejo y los colobos, al verse atrapados, entran en una especie de estado de pánico, durante el cual son atrapados. Los chimpancés anuncian su éxito con escalofriantes alaridos. El macho de mayor jerarquía destroza al colobo y distribuye los pedazos entre los miembros del grupo.

Los chimpancés también cazan jabalíes jóvenes, ratas o pequeños pájaros; en general, cualquier animal que abunde.

LOS PELÍCANOS NADAN SINCRONIZADAMENTE PARA PESCAR

Los pelícanos blancos norteamericanos se colocan en fila en el agua para pescar juntos, hasta 100 ejemplares cada vez. Trabajando en una formación similar a una herradura abierta, sumergen constantemente el pico bajo la superficie atrayendo grandes cantidades de pequeños peces hacia la playa o los bajíos, donde cada pelícano recoge sin demasiado esfuerzo cerca de 2 kg al día.

Estas aves usan el pico como si fuera una red de pescar, levantan un poco las alas y sumergen la cabeza en el agua; si tienen éxito, levantan el pico para expulsar el agua y tragar el pez.

EL ENORME CLAN FAMILIAR DE LAS ARAÑAS

Ciertos grupos de «arañas socia-les» explotan al máximo la vida comunitaria. Estas especies, que habitan en bosques tropicales de todo el mundo, unen sus fuerzas para tejer tela-rañas de más de 1 m de longitud con las que cazan y cuidan a las crías en grupo. Generalmente los adultos alimentan crías propias y ajenas.

La mayoría de las arañas evita a sus congéneres porque podrían acabar devo-radas por ellos, pero las «arañas sociales» viven en colonias de hasta 10,000 in-dividuos, lo que les da una capacidad de producción de seda que les permite tejer una red de captura más eficiente. Construyen redes en forma de hamaca, que suspenden sobre ríos o en claros mediante largos hilos sujetos a la vege-tación.

Al trabajar en equipo, las arañas pue-den cazar presas más grandes. Cuando un insecto volador tropieza con la red, las vibraciones de sus movimientos atra-en la atención de la araña que está más cerca. Si la presa es demasiado grande o difícil de reducir, llegan refuerzos. De esta manera, arañas de sólo 5 mm de longitud son capaces de capturar presas de más de 6 cm, que representan ali-mento para toda la colonia.

CAZADORAS DEL MASAI MARA

Dentro de las manadas de leo-nes del Masai Mara, en Kenya, las hembras cazan y los machos vigilan el grupo. Las hembras cazan en grupos cerrados al atardecer y planean su emboscada cuidadosamente. Tras identifi-car a un pequeño grupo de ñus o cebras, una de las hembras se dirige sin que la vean hasta el extremo opuesto del reba-ño. Las demás avanzan entre las matas de pasto de la sabana, con el vientre pegado al suelo, la cabeza firme y los ojos fijos en el blanco, casi siempre un animal joven, viejo o enfermo.

Poco a poco se arrastran hacia la presa, y ante la menor señal de alerta de ésta, la manada se queda inmóvil. La principal

CONOCE A TUS VECINOS *Las arañas sociales de Papúa Nueva Guinea identifican a los integrantes de su comunidad mediante señales químicas.*

arma de las leonas es el sigilo, y la sor-presa es un factor esencial. Deben llegar a unos 30 m de la víctima antes de reve-lar su presencia. Una leona puede alcan-zar una velocidad de 60 km/h en una dis-tancia corta, pero la presa puede correr más rápido y durante más tiempo.

Como reacción a alguna señal oculta, las atacantes salen de su escondite para conducir a la presa a una emboscada. La hembra solitaria surge de los matorrales y ataca a la presa agarrándola por el cue-llo mientras las otras la atacan por detrás, derribándola. Un mordisco en la garganta deja sin vida a la cebra, y enton-

LEONAS CAZANDO JUNTAS **1** *Reducir a una cebra es difícil para una sola leona.*

2 *Mientras una leona muerde a la cebra en la garganta, las otras tratan de derribarla.*

3 *Vencida por el grupo de leonas, la cebra cae.*

ces aparecen los machos, se alimentan y sólo cuando lo han hecho hasta saciarse pueden alimentarse las hembras y los cachorros.

BALSAS DE CORMORANES EN BUSCA DE PECES

Los cormoranes de ojo azul se unen formando enormes balsas vivientes en el océano Antártico Sur. De esta manera, miles de estas aves esperan a que pasen cardúmenes por debajo.

De vez en cuando un «vigía» hunde la cabeza en el agua para buscar señales de vida bajo la superficie. Si ve presas potenciales se zambulle, seguido por los demás. Peces y aves nadan en todas direcciones y, en el caos, los peces que logran maniobrar para esquivar a un cormorán caen en el pico de otro.

LOS PÁJAROS BOBO BOMBARDEAN EN PICADA

Las bandadas de pájaros bobo se precipitan desde el cielo para sumergirse en el mar en busca de comida. La bandada traza círculos a una altura de 30 m y cuando divisa un cardumen, el líder, generalmente un macho, avisa a la bandada y todas las aves se lanzan juntas al mar. Cada una elige un blanco bajo el agua; controla su descenso

AL ATAQUE *Los pájaros bobo se lanzan al mar, sembrando el pánico y la confusión entre los cardúmenes que nadan bajo la superficie.*

empleando las alas, la cola y las patas y, en el último instante antes del chapuzón, echa las alas hacia atrás para evitar lastimarse. Entran en el agua a una velocidad de hasta 100 km/h; lo peor del impacto es absorbido por la cabeza del pájaro,

protegida por un cráneo reforzado. Las fosas nasales se cierran para impedir que entre agua, y el ave respira por un lado del pico.

Estas aves se sumergen unos metros, atrapan el pez, salen del agua y levantan el vuelo para volver a empezar.

Los pájaros bobo, integrantes de la familia de los alcatraces, viven a lo largo de la costa del Pacífico de Centro y Sudamérica. Al igual que otros alcatraces, bombardean en picada cardúmenes de peces o calamares, pero sólo los individuos de esta especie parecen cooperar entre ellos.

LOS HALCONES QUE CAZAN EN GRUPO

Los halcones de Harris forman partidas de exploradores en los desiertos de Centro y Sudamérica. En grupos de entre tres y seis aves, buscan presas, generalmente liebres, y cuando las encuentran, se unen para atraparlas y matarlas. Algunos tratan de hacerlas salir de sus guaridas, mientras otros las rodean.

Cuando la presa huye, los halcones suelen turnarse para atacarla en picado, hasta que finalmente uno de ellos la derriba, y los atacantes se dividen el botín.

③

BURBUJAS AL UNÍSONO

Las ballenas jorobadas cazan en equipo para asegurarse un buen botín. Se sumergen bajo un cardumen de kril o de peces pequeños y salen disparadas a la superficie con la aboca abierta y tan juntas que se tocan con las aletas; este comportamiento recibe el nombre de «alimentación en grupo». Estas ballenas también trabajan en equipo para crear una «red» de burbujas con la que rodean a sus presas: forman un círculo debajo del cardumen y comienzan a soplar para formar burbujas que al elevarse producen reflejos que asustan a las presas, que se concentran dentro del cilindro de burbujas. Las ballenas entonces lanzan chillidos para acercar el cardumen aún más a la superficie, ascienden a través de la columna con la boca abierta y salen disparadas al aire, con la garganta llena de agua y peces; entonces cierran la boca para expulsar el agua a través de sus placas córneas, y tragan las presas.

SALIDA EN GRUPO PARA LOS DELFINES CAZADORES

Cazar en grupo permite a los delfines alimentarse durante dos o tres horas cada vez. Todas las mañanas soleadas de verano, grupos de estos delfines se alejan de las costas del sur de Argentina para dirigirse a aguas más profundas en busca de cardúmenes de anchoas.

En grupos de alrededor de 15 individuos, nadan en columnas separados unos 10 m unos de otros. Mediante sus sistemas de ecolocación submarina pueden rastrear una amplia franja de mar; además, cuando salen a la superficie a respirar buscan indicios de actividad de aves marinas, lo que les indica que hay peces cerca.

Al descubrir un cardumen, varios delfines empiezan a dirigir a los peces hacia la superficie; otros nadan en círculos cada vez más estrechos hasta que las anchoas son empujadas hacia un grupo compacto de cazadores.

Los delfines entonces golpean a sus presas con estallidos debilitantes de baja intensidad provenientes de chasquidos de

EL ATAQUE DE LOS DELFINES *El agua se agita cuando varios grupos de delfines combinan su poder de empuje para acercar los cardúmenes a la superficie.*

ecolocación, al tiempo que capturan a las que se han desorientado y arrebatan los peces del borde exterior del círculo. La conmoción que causan los delfines y las aves marinas que los acompañan atrae a otros grupos de delfines, pudiendo juntarse hasta 30 grupos, con alrededor de 300 delfines que aúnan sus fuerzas para la cacería.

GIGANTESCOS ASESINOS DISPUESTOS A COOPERAR

Las orcas o ballenas asesinas emplean tácticas mortales cuando unen sus fuerzas para atacar. Eligen como blanco a jóvenes ballenas barbadas, aunque fuera de la costa del Pacífico de América del Norte, las orcas pueden atacar crías de ballenas grises y jorobadas en migración, y de vez en cuando abaten una ballena azul.

Sólo cazan las orcas adultas; las más jóvenes aprenden mirando. Durante el

ataque, algunas orcas se sitúan por detrás y por delante de la ballena, que avanza rápidamente; otras orcas se sitúan por delante, detrás y debajo de la ballena para evitar cualquier escapatoria. Otro grupo nada por encima de ella e intenta evitar que suba a respirar.

Las orcas atacan a la ballena para arrancarle a mordiscos las aletas dorsal y caudal e imposibilitar así sus movimientos. La cacería puede durar horas.

LA CORTESÍA SOCIAL DE LA NUTRIA DE RÍO

Las nutrias gigantes de río son muy pacientes con sus compañeras de pesca. Si una quiere comer antes que las demás, las otras esperan a que acabe antes de salir a cazar otra vez.

Estas nutrias, que viven en grupos de ocho o nueve individuos en los lagos y ríos de la cuenca del Amazonas, en América del Sur, cazan en pareja o en grupo; en este caso se dirigen a aguas más profundas. Durante el día, la nutria se sumerge para atrapar con sus poderosas fauces principalmente peces del fondo del río, a los que sujeta con las patas delanteras y se come íntegramente.

HERRAMIENTAS PARA ENCONTRAR ALIMENTOS

Hace tiempo se creía que el hombre era el único ser viviente que usaba herramientas. Ahora se sabe que los animales, incluidos otros mamíferos, aves e insectos, han descubierto que las herramientas pueden ayudarlos a adquirir alimento.

EL ANCLA FLOTANTE DE LA NUTRIA MARINA

La nutria marina de la costa del Pacífico de Norteamérica tiene una manera ingeniosa de comer mariscos. Al zambullirse en el fondo del mar para recoger su comida, principalmente cangrejos, erizos de mar, almejas y ostras, coge también una piedra.

En la superficie, la nutria flota de espaldas, sujetándose con una hebra de alga, y pone la piedra sobre su pecho, a modo de yunque. Sostiene el marisco con las patas delanteras y lo golpea contra la piedra hasta que se rompe, comiéndose luego su contenido.

Esta nutria también utiliza una piedra cuando se zambulle en busca de abulones, especie de caracoles de California. La nutria golpea el borde de la concha con la piedra.

La nutria puede zambullirse tres o cuatro veces antes de que el caparazón se desprenda y se pueda comer el caracol. En ocasiones las nutrias tienden a utilizar siempre una determinada piedra, en general es una piedra achatada, de unos 18 cm de diámetro que la guardan en un pliegue de la piel por debajo de la axila.

LOS BUITRES COMUNES APRENDEN A ROMPER Y A ARREBATAR

Ciertos buitres del este de África son consumados lanzadores de piedras. El buitre común debe encontrar la forma de romper el duro cascarón del huevo de avestruz para obtener el nutritivo alimento oculto en su interior.

Como no puede coger el huevo y arrojarlo al suelo, toma con el pico una piedra redondeada u ovalada y la lanza contra el huevo, repitiendo esta operación varias veces hasta que lo rompe. Este

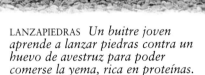

LANZAPIEDRAS *Un buitre joven aprende a lanzar piedras contra un huevo de avestruz para poder comerse la yema, rica en proteínas.*

método no es infalible, y los buitres jóvenes pueden hacer más de 70 lanzamientos antes de abandonar el esfuerzo, pero ni siquiera los adultos son particularmente precisos.

Hasta el momento, el mejor resultado alcanzado por un buitre es de 38 aciertos en 64 intentos.

A veces el buitre elige la opción más fácil, que consiste en robar con el pico el huevo de un pelícano o de un flamenco y arrojarlo al suelo para ingerir el contenido de su interior.

A LA FUERZA *El caparazón de un erizo de mar o una almeja no es una barrera para una nutria hambrienta, que utiliza una piedra para abrirlo.*

EL ALCAUDÓN CLAVA A SUS PRESAS Y LAS GUARDA PARA COMÉRSELAS MÁS TARDE

También conocido como «pájaro carnicero», el alcaudón de lomo rojo tiene un hábito macabro. Si le sobra comida, la «empala» en espinas o alambres, para comérsela después, creando así una «despensa» que impide que sus presas se muevan y le permite arrancar pedazos al comer más fácilmente. Una despensa típica puede contener insectos, lagartos y pájaros jóvenes.

DESPENSA MACABRA *Un alcaudón atraviesa un saltamontes en una rama. Los adultos alimentan a sus crías desmembrando primero la presa que han capturado de esta manera.*

El alcaudón atrapa a sus presas como si fuera un halcón: primero se posa y observa cualquier señal de movimiento, luego baja en picada y atrapa a su presa con su pico ligeramente ganchudo.

El empalamiento de la comida, una habilidad que comparte con el alcaudón gris de Europa, Asia, América del Norte y el sur del Sahara, es un comportamiento en parte instintivo y en parte aprendido: un pájaro joven coge la comida con el pico y la arrastra por una rama; si la comida se engancha en una espina o en una horquilla, esto ayuda al alcaudón a saber dónde puede poner su despensa.

EL PICO CORTO NO ES UN PROBLEMA PARA EL PINZÓN

El pinzón de los cactos de las Galápagos emplea herramientas para conseguir alimentos difíciles de alcanzar. Desprovisto del pico fuerte y la lengua especial que permiten al pájaro carpintero común extraer larvas de insectos de la madera, el pinzón improvisa para obtener su comida; al principio usa el pico como un carpintero para quitar la corteza y atrapar presas accesibles, pero si éstas están fuera de su alcance, este pinzón va hasta un cacto y coge una espina. Sosteniéndola con el pico, hunde la espina en el agujero o la grieta y extrae el insecto que se encuentre dentro.

SONDEO ESPINOSO *El pinzón de los cactos emplea una espina para buscar insectos en la madera y otras presas difíciles de alcanzar.*

LA GARZA VERDE PESCA CON CEBO

La garza verde confecciona su propio cebo para pescar, como lo haría un pescador con mosca. Arroja un trozo de cebo en la superficie del agua, cerca de su agudo pico.

Los cebos pueden ser vivos, como insectos, o artificiales, como plumas y ramitas. Si son muy largos, el ave los divide en dos partes. Cualquier pez que se aventure a investigar el cebo es atrapado en un instante.

CÓMO ROMPE HUEVOS LA MANGOSTA

Un yunque es la herramienta preferida de la mangosta egipcia. Ésta levanta los huevos con las patas delanteras y los golpea entre las traseras contra una roca hasta que se rompen. Comparte esta técnica con otras mangostas, como la rayada y la enana, nativas de Sudáfrica.

BOCADILLO INTEGRAL *Una garza de lomo verde se introduce con cuidado la cabeza de un pez en la boca antes de tragarlo entero.*

Los huevos constituyen sólo una parte de la dieta de la mangosta, que se alimenta más frecuentemente de insectos, larvas, lombrices, milpiés, lagartijas, culebras y pequeños roedores que encuentra bajo troncos y hojarasca.

CARACOLES EN EL MENÚ

El zorzal común europeo destroza el caparazón de los caracoles golpeándolos contra una piedra. Estas aves regresan a una piedra concreta cada vez que comen, recubriendo el suelo de caparazones de caracol destrozados. Esto y los golpeteos suelen ser las únicas señales de que hay un zorzal cerca.

Un solo caracol grande suministra una buena comida, pero la preparación de ésta lleva tiempo y energía, de modo que el tordo come caracoles sólo cuando escasean alimentos más accesibles como las lombrices.

CARACOLES DESTROZADOS *Cuando la comida escasea, el zorzal común opta por los caracoles, cuyos caparazones estrella para comer la parte blanda que contienen.*

COMIDA Y DIGESTIÓN

Tras encontrar alimento, los animales deben comerlo y digerirlo para beneficiarse con sus nutrientes. Algunos utilizan mandíbulas, dientes u otros aparatos bucales especiales para transformar la comida; otros la procesan ya en el estómago.

LA ENGAÑOSA COSTUMBRE DEL PINZÓN VAMPIRO

Al pinzón grueso de la isla Wolf, en las Galápagos, le gusta la sangre. Cuando ha despojado a las aves marinas de sus moscas y piojos parásitos, este pinzón picotea la base de las plumas del ave y rompe los cañones de los pájaros bobos enmascarados que están en el nido o duermen, para beber su sangre. Si con esto no ingiere lo suficiente, extrae el contenido de los huevos de los pájaros bobos, rompiéndolos contra una piedra.

EL TIBURÓN ELEVA SU TEMPERATURA ESTOMACAL

El tiburón blanco tiene un secreto digestivo en el estómago. Después de alimentarse, eleva la temperatura de su estómago unos 6 °C, lo que acelera el proceso de digestión.

El tiburón blanco, que puede llegar a medir hasta 6 m de longitud, no es el terrible depredador que muestra el cine moderno. Esta especie, que habita en aguas costeras tropicales y subtropicales de todo el mundo, come irregularmente, ya que depende de la disponibilidad de alimento, aunque puede ocurrir, cuando las presas escasean, que pasen semanas e incluso meses entre una comida y otra. Por esta razón, el tiburón blanco ha de estar preparado para nutrirse en cualquier ocasión.

Los tiburones adultos prefieren los alimentos energéticos, como la grasa de focas vivas y ballenas muertas. Un pedazo de grasa de 32 kg le proporciona nutrientes y energía suficientes para seis semanas.

LA LENTA DIGESTIÓN DE LA GUACHARACA

La guacharaca de los bosques tropicales de Sudamérica tiene un estómago similar al de la vaca. La mayoría de las aves prefieren alimentos energéticos y fácilmente digeribles, pero la guacharaca se alimenta de hojas verdes, que corta con su pico similar a una tijera. Para satisfacer sus necesidades nutricionales debe ingerir grandes cantidades

Para digerir las hojas tiene un buche de paredes gruesas e interior ondulado parecido al rumen de la vaca. Unos tejidos córneos que revisten las paredes deshacen las hojas, mientras las bacterias descomponen la celulosa para liberar nutrientes y minerales esenciales. La comida puede tardar hasta 48 horas en pasar por los intestinos de la guacharaca.

LA LAMPREA COME DE DENTRO AFUERA

En las profundidades del océano, la lamprea ataca a su presa desde el interior. Este animal, parecido a una anguila, no tiene mandíbulas, estómago ni ojos. Su boca y sus fosas nasales, revestidas de baba, están rodeadas por hasta seis tentáculos.

Este pez ingiere peces muertos o agonizantes, que detecta por el olfato. Con

SED DE SANGRE *Los pinzones gruesos aprovechan la distracción de un pájaro bobo enmascarado para robarle un poco de sangre.*

MÁS QUE UN BOCADO *La serpiente comehuevos puede tragar huevos más grandes que su cabeza.*

1 *Sus mandíbulas se desencajan, para que el huevo entre en la boca.*

2 *El huevo es tragado entero; luego unas proyecciones agudas de las vértebras rompen el cascarón.*

sus ásperas placas dentales raspa uno de los costados del pez hasta hacerle un agujero, y luego enlaza su cuerpo para penetrar la carne.

La lamprea puede desaparecer dentro de su presa mientras avanza, y continuar comiéndosela desde dentro hacia fuera.

LA SERPIENTE COMEHUEVOS TRAGA LOS HUEVOS ENTEROS

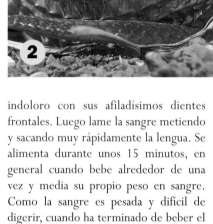

La serpiente comehuevos, del este de África, puede tragar huevos de hasta el doble de su propio diámetro gracias a sus mandíbulas articuladas. Esta serpiente puede desencajar las mandíbulas y expandir enormemente la boca. Cuando tiene el huevo dentro de la boca, las mandíbulas, revestidas con pequeños dientes dirigidos hacia atrás, se dirigen hacia el huevo, introduciéndolo en la garganta. La serpiente respira al empujar la tráquea dentro y fuera de la boca mientras traga.

Con el huevo en la garganta, los músculos del cuello se contraen y las espinas de las vértebras empujan para romper la cáscara y vaciar su contenido en el estómago, donde será digerido.

EL VAMPIRO HACE FLUIR SU ALIMENTO

Los vampiros tienen sustancias anticoagulantes en la saliva. Estas sustancias impiden que la sangre de la víctima se coagule, permitiendo así al vampiro disfrutar de una tranquila comida nocturna.

Este murciélago aterriza sobre su víctima de sangre caliente —con frecuencia, ganado— y produce un pequeño corte indoloro con sus afiladísimos dientes frontales. Luego lame la sangre metiendo y sacando muy rápidamente la lengua. Se alimenta durante unos 15 minutos, en general cuando bebe alrededor de una vez y media su propio peso en sangre. Como la sangre es pesada y difícil de digerir, cuando ha terminado de beber el murciélago orina para aligerar la carga y poder levantar el vuelo.

Puesto que la sangre es rica en proteínas pero baja en calorías, el vampiro debe alimentarse cada dos días para sobrevivir. Una hembra que necesite alimentarse de sangre puede ser nutrida por hembras mejor alimentadas dentro de la propia colonia.

LA ARAÑA OPTA POR UNA COMIDA LÍQUIDA

Los alimentos sólidos no figuran en el menú de las arañas; prefieren los líquidos. Las arañas paralizan a su presa inyectándole veneno con los quelíceros, par de apéndices que tiene en la cabeza. Luego regurgita sus jugos estomacales sobre la herida, para introducirle enzimas digestivas a su víctima. Todos los órganos internos de la presa se descomponen en una papilla líquida, que la araña absorbe por su abertura bucal valiéndose de su «estómago chupador».

JUGOSA PRESA *Una araña cazadora de Costa Rica bombea sus enzimas digestivas en un saltamontes.*

BOTÍN NOCTURNO *La bola regurgitada por una lechuza revela lo que atrapó la noche anterior; en este caso, un pequeño roedor.*

RESTOS BIEN PRESENTADOS

Los búhos tragan sus presas enteras, pero deben escupir las partes duras. Sus jugos digestivos sólo pueden procesar las porciones blandas digeribles. Las partes imposibles de digerir, como huesos, picos, garras, dientes, piel y exoesqueletos de insectos (la cobertura exterior dura) son regurgitados y expulsados en forma de bolitas.

Para facilitar el paso por la tráquea, las bolitas contienen las partes duras en el centro, rodeadas de pelos o plumas por fuera y cubiertas por una fina capa de mucosidad. Esto las humedece y suaviza al principio. En el caso de la lechuza común, al secarse adquieren una apariencia lustrosa.

Estas bolas son un buen indicio de lo que ha comido un búho, son producidas por diferentes especies y con diversos contenidos. Las de los mochuelos europeos contienen sobre todo restos de escarabajos, mientras que las del cárabo común contienen huesos y piel de ratones y ratas de campo, aunque su dieta también puede incluir topos, pequeños pájaros y escarabajos.

Estas bolas también sirven para detectar la presencia de un búho. Estas aves forman un par de bolas por día, y muchas de ellas pueden verse en el suelo bajo el lugar de descanso o el nido del búho.

FESTÍN SANGRIENTO

La sanguijuela medicinal de Europa y de algunas partes de Asia come muy rara vez. A menudo ingiere una sola pero abundante comida al año. Su alimento básico es la sangre, generalmente de mamíferos.

La sanguijuela se adhiere a su hospedador con las ventosas que tiene anterior y posteriormente; luego hace una incisión en forma de Y utilizando sus tres mandíbulas semicirculares, armadas con dientes como limas, que tiene en la boca, situada en el centro de la ventosa frontal. Por los dientes secreta un anestésico local, que disimula su ataque, y una sustancia anticoagulante. Luego la sanguijuela chupa la sangre, que pasa a su estómago.

Las enzimas, con ayuda de las bacterias del intestino, inician la digestión. Extraen con rapidez agua, minerales y sales, pero la porción rica en proteínas de la comida de este animal puede tardar hasta siete meses en digerirse. Esto se debe a que su metabolismo es lento para descomponer las sustancias más fuertes de la sangre.

Durante los siglos XVIII y XIX esta sanguijuela se empleaba para hacer sangrías, una práctica que, según se suponía, aliviaba de «vapores y humores» a los pacientes. Hoy en día ha resurgido el interés médico en la capacidad de absorción de sangre de la sanguijuela. Ya se usa para extraer coágulos.

CHUPASANGRE *Una sanguijuela medicinal en pleno trabajo; se puede usar para extraer coágulos bajo la piel.*

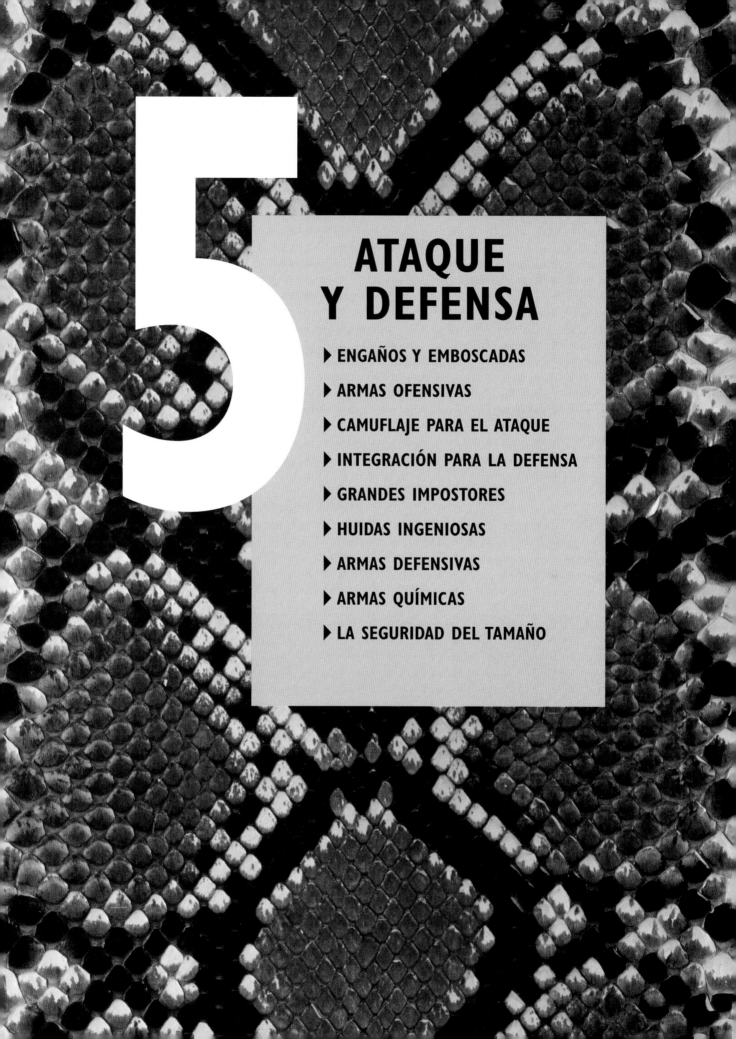

5

ATAQUE Y DEFENSA

▶ **ENGAÑOS Y EMBOSCADAS**

▶ **ARMAS OFENSIVAS**

▶ **CAMUFLAJE PARA EL ATAQUE**

▶ **INTEGRACIÓN PARA LA DEFENSA**

▶ **GRANDES IMPOSTORES**

▶ **HUIDAS INGENIOSAS**

▶ **ARMAS DEFENSIVAS**

▶ **ARMAS QUÍMICAS**

▶ **LA SEGURIDAD DEL TAMAÑO**

ENGAÑOS Y EMBOSCADAS

Sigilo, invisibilidad, disfraces, simulación... Por medio de sofisticadas estrategias, animales que se consiguen alimentar con emboscadas y engaños guardan trucos muy desagradables para sus desprevenidas víctimas.

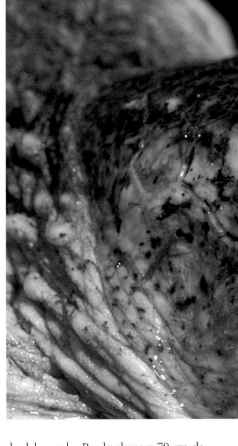

LA ARAÑA SALTADORA Y SU PERFECTO DISFRAZ

Algunas arañas se parecen a una **hormiga de sabor desagradable para impedir que se las coman los pájaros.** En el caso de una especie de araña saltadora, el disfraz es tan perfecto que puede pasar inadvertida incluso entre las agresivas hormigas tejedoras verdes, de las que se alimenta.

Las arañas tienen dos segmentos en su cuerpo; en el caso de esta araña saltadora el abdomen se afina en una cintura estrecha, dando la impresión de que se trata de un cuerpo de hormiga, con tres segmentos. Dos manchas de color imitan los grandes ojos compuestos de la hormiga. Esta

MAESTRA DEL DISFRAZ *Esta araña saltadora –del sureste de Asia– se disfraza de hormiga tejedora. Las arañas se disfrazan para obtener comida o para confundir a los depredadores.*

araña copia también la manera de moverse de las hormigas e imita las antenas moviendo las dos patas delanteras por delante de la cabeza, lo que contribuye a que parezca que esta araña tiene seis pares de patas, como la hormiga a la que imita.

LA TORTUGA CON SEÑUELO INTEGRADO

Una pequeña cinta de carne rosa **adorna la lengua de la tortuga caimán.** De vez en cuando la tortuga mueve esta cinta de carne, simulando que se trata de un gusano, y cuando la presa potencial se acerca a investigarlo, la tortuga cierra de golpe sus mandíbulas córneas para disfrutar de una comida rápida. La tortuga permanece al acecho, con la boca abierta, en el fondo de un río o laguna, camuflada entre la vegetación gracias a su caparazón de color barroso.

Esta especie, del sureste de Estados Unidos, es la tortuga de agua dulce más gran-

de del mundo. Puede alcanzar 70 cm de longitud. Otra tortuga mordedora que impone respeto entre los que la conocen es la mordedora común o americana, que come de todo, incluso carroña y tortugas. Si la víctima es muy grande para tragarla entera, la sujeta con sus mandíbulas mientras la destroza con las patas delanteras.

TEMIBLE MORDISCO *La tortuga mordedora americana tiene unas mandíbulas extremadamente poderosas y se sabe de algunas que han atacado a nadadores.*

AL ACECHO EN LA FOSA MORTAL

Las larvas de crisopo (especie de cigarra americana) esperan a su presa en el fondo de pequeñas fosas cónicas, disimuladas con granos de arena. Estas larvas, también conocidas como hormigas-león, se sitúan en las fosas, de las que sólo sobresalen las mandíbulas, listas para la acción. Los bordes de la guarida están excavados de forma que, cuando un insecto pequeño, como una hormiga, cae por ellos, la larva pueda retirar arena por debajo de las patas de la presa, resultándole a ésta imposible la huida por los resbaladizos granos; al intentar subir resbala inexorablemente hacia las mandíbulas de la hormiga-león. Ésta sujeta a la presa y la chupa hasta dejarla seca, descartando luego la piel vacía. En ocasiones, si la presa tarda mucho en caer al fondo de la fosa, la hormiga-león se impacienta y la bombardea con arena. Ésta es la única etapa de la vida en que estas larvas comen; cuando se convierten en insectos alados dejan de comer para siempre.

LA SOMBRA ENGAÑOSA DE LAS PLUMAS DE LA GARZA REAL

Para cazar, la garza negra africana se transforma en sombrilla. En aguas poco profundas de África, tanto saladas como dulces, esta garza se inclina hacia adelante, levanta las alas sobre el dorso y extiende los extremos hacia aba-

AGUAS SOMBRÍAS *Valiéndose de las alas para hacer sombra sobre el agua, la garza real africana crea una falsa sensación de seguridad para los peces.*

jo para rozar con ellos la superficie del agua. Así crea un toldo bajo el que mete la cabeza y escruta el agua.

Es probable que la sombra producida por las plumas ayude al ave a ver en el agua, al evitar los reflejos que la luz del sol forma en la superficie. Peces y otras presas acuáticas pueden confundir esta sombra con la producida por una roca o alguna otra forma de cobijo, acudiendo a refugiarse allí donde el largo y afilado pico de la garza puede atravesarlos.

LA SERPIENTE QUE APROVECHA AL MÁXIMO SU COLA

Para atrapar a sus presas, muchas serpientes optan por la estrategia de la paciente espera, para lo cual deben estar muy bien camufladas. Además de esto, varios miembros de la familia de las víboras de fosa (Viperidae) poseen además señuelos muy visibles en su extremo posterior. La punta de la cola de la serpiente australiana de cabeza cobriza, por ejemplo, tiene el aspecto de una lombriz grande y jugosa.

Esta serpiente, que en lo demás está muy bien camuflada, se oculta entre las hojas y levanta el señuelo para atraer a una rana o a un lagarto. Cuando la presa se acerca, la serpiente salta encima de ella. Si no hay presas convenientes en las cercanías, agita el señuelo, por si logra atraer alguna que se encuentre más alejada.

los músculos de la presa al contraerse y lo guían hacia el blanco. El tiburón proyecta la mandíbula hacia adelante, poniendo al descubierto hileras de afilados dientes.

LA ARAÑA DE LAS GRIETAS SE CUELGA A ESPERAR

Como las dunas del desierto australiano de Simpson no ofrecen grietas naturales, esta araña las construye. Traza un ancho corte horizontal en la arena, con una cámara posterior que se ensancha gradualmente. Como la arena es muy inestable, la araña excava a unos 20 grados, y la madriguera queda dentro del área más firme de la subsuperficie.

La hendidura, de 10 cm de anchura por 16 mm de profundidad, resulta ser una buena trampa para hormigas. Frente a la hendidura, y con arena de su madriguera, la araña construye una minúscula duna. Las hormigas que suban por la superficie apenas inclinada de la duna terminarán bajando por la ligera pendiente y cayendo en la grieta. La araña, que acecha colgada cabeza abajo en su agujero, salta sobre la presa.

LA COMBINACIÓN DE SIGILO Y VELOCIDAD DE LOS LEOPARDOS

Debido a sus adaptables hábitos de caza, el leopardo es el miembro más extendido de la familia de los felinos. Habitante de África y Asia, el leopardo puede alcanzar una velocidad de 70 km/h, pero como no puede mantenerla más de 200 m, depende del sigilo para acercarse a la presa elegida. Estos animales descansan en las ramas de las acacias vigilando la llanura en busca de presas. Si un animal pasa cerca del árbol, el leopardo salta encima de él.

Si la presa es demasiado grande para comerla de una vez, arrastra los restos hasta la horqueta de un árbol, donde se encontrará a salvo de otros depredadores. Puede arrastrar un cadáver de su mismo peso hasta una rama de 9 m de altura.

CAZADOR DE ACERO QUE ELIGE VÍCTIMAS A DISTANCIA

El mayor depredador del mundo tiene unos sentidos tan agudos que puede acechar a su presa desde lejos. El gran tiburón blanco, que habita en las aguas cálidas de todo el mundo, puede percibir sonidos de baja frecuencia, como los que produce el movimiento de un pez a 1.6 km de distancia. También es capaz de detectar pequeñas concentraciones de sangre y otros líquidos corporales a 500 m; además, en las turbias profundidades puede distinguir movimiento a 8 m.

El tiburón mira hacia arriba con regularidad buscando las siluetas de sus presas: tortugas, focas, otros tiburones, rayas, peces y delfines.

Un tiburón blanco puede mantener la temperatura de su cuerpo en 14 °C, mayor que la del agua. Sus músculos, estómago, cerebro y ojos funcionan con mayor eficiencia a temperaturas más altas, lo que significa que el tiburón puede desplegar súbitos arranques de velocidad y potencia.

Cuando ha encontrado una presa, sube rápidamente desde el fondo para atraparla. Para protegerse los ojos de los movimientos de la presa al intentar escapar, el tiburón los vuelve hacia atrás en las órbitas. Unos receptores que tiene en la boca detectan pequeñas corrientes eléctricas de

EL PEZ ARMADO CON UNA SIERRA MORTAL

Ya lo use para matar o cavar, el hocico del pez sierra es una herramienta multiusos. Este pez utiliza su arma letal para lanzar rápidas cuchilladas a uno y otro lado en medio de un cardumen y, de esta manera, matar varios peces, presas mutiladas que luego devorará tranquilamente.

Pero este pez no depende totalmente de la sierra para obtener alimento; posee dientes cortos y aplanados que constituyen excelentes armas para romper caparazones de crustáceos y moluscos.

El pez sierra pertenece a la misma familia que las rayas y es común en mares de todo el mundo. Con sus hasta 7 m de longitud, es un blanco peligroso para cualquier depredador, ya que la sierra tiene de 12 a 30 pares de dientes afilados como navajas.

LA SINGULAR ARMA DEL SOLITARIO PEZ ESPADA

La función de la estocada del pez espada es un misterio, pero se cree que puede usarla para atravesar cardúmenes acuchillándolos, golpeándolos y aturdiéndolos. La espada, formada con el hocico puntiagudo del pez, es un arma poderosa y plana que se extiende en una punta aguda. El pez es un enorme animal solitario que puede medir hasta 4.5 m de longitud, pero su forma hidrodinámica le permite viajar a velocidades de hasta 100 km/h.

A veces la velocidad puede resultarle una desventaja; se han encontrado espadas rotas hundidas en grasa de ballena, e incluso en cascos de barcos, lo que puede indicar que el pez espada no pudo desviarse a tiempo para evitar el obstáculo.

EL CANGREJO BOXEADOR SE PONE LOS GUANTES

Este cangrejo golpea a sus enemigos en la cara con guantes de boxeo vivos y punzantes. Esta especie de cangrejo pertenece a un grupo de crustáceos llamados decápodos que incluye a las langostas, los camarones y los cangrejos de río. Todos ellos tienen cinco pares de patas para caminar, aunque las anteriores suelen estar modificadas en forma de pinzas.

El cangrejo boxeador logra que una pequeña anémona de mar se pose en cada una de sus pinzas. Si un potencial depredador se acerca demasiado, el cangrejo lo golpea, hundiendo la anémona, con sus tentáculos punzantes, en la cara del enemigo. Estos cangrejos emplean también las células urticantes de las anémonas para ayudarse a obtener comida. Para alimentarse utilizan otro par de patas, también modificadas.

La sangre es absorbida mediante el labro

Los anticoagulantes son bombeados hacia abajo a través de la hipofaringe

Cuatro agujas como estiletes perforan la piel

CHUPASANGRE *El aparato bucal de un mosquito hembra está diseñado para perforar la piel humana y así tener acceso a la sangre.*

dérmica: al tiempo que el mosquito hembra bombea anticoagulantes en la herida por una minúscula estructura tubular llamada hipofaringe, absorbe sangre a través del labio superior.

Mientas se alimenta, el cuerpo del mosquito se hincha tanto que la piel se transparenta. Su abdomen adquiere un color rojo brillante por la sangre que ha absorbido.

Los mosquitos macho se alimentan sólo de jugos de plantas porque su aparato bucal es demasiado débil para perforar la piel animal. Las hembras, que necesitan ingerir sangre antes de poder reproducirse, son las responsables de la propagación de enfermedades, como la malaria y la fiebre amarilla, entre los seres humanos.

PUÑETAZO PUNZANTE *Un cangrejo boxeador de Hawai sostiene en alto sus guantes de anémonas, listo para asestar un golpe punzante.*

CAMUFLAJE PARA EL ATAQUE

Muchos animales buscan comida pasando inadvertidos. Utilizando elaboradas combinaciones de colores, formas y comportamientos, crean disfraces extraordinarios. Algunos se confunden con el entorno, otros hasta se hacen pasar por un animal diferente.

EL ASPECTO PÉTREO DEL TIBURÓN ALFOMBRA

El tiburón alfombra manchado tiene la apariencia de una roca submarina, bajo la cual algunos peces tratan de cobijarse. Este tiburón australiano tiene en los labios y en la cabeza unos flecos carnosos parecidos a frondas de algas que flotan en la corriente. Su piel, con manchas que le dan aspecto de roca, está llena de algas incrustadas que completan el disfraz.

Este tiburón permanece completamente inmóvil, posándose horizontalmente en el fondo del mar; de allí su nombre. Cuando algún animal pasa cerca de su boca festoneada, el tiburón abre de pronto sus enormes mandíbulas y lo absorbe.

LA CHINCHE ASESINA ATRAE CON UN CADÁVER

Las ninfas de la chinche asesina hacen un uso macabro de los esqueletos vacíos de sus víctimas: los emplean para atraer nuevas presas. Una de las 2,500 especies de chinche asesina es la *Salyavata variegata,* de Costa Rica, que se aproxima a un montículo de termitas sujetando el esqueleto seco de otra termita. Las termitas obreras que salen del hormiguero sólo ven los restos de una congénere. Como instinti-

TÁCTICA DE TIBURÓN *En Australia, peces diminutos se esconden al amparo de una caverna, sin reparar en el tiburón alfombra manchado que descansa en el fondo del mar.*

vamente tienen que deshacerse del cuerpo, se dirigen hacia el cadáver. Entonces la chinche asesina pica a la obrera, inyectándole saliva paralizante para descomponer los tejidos corporales, y así poder ingerirla más fácilmente.

LA AGUILILLA AURA SE DISFRAZA PARA ENGAÑAR A SUS PRESAS

Para aproximarse a su presa, la aguililla aura se disfraza con otras plumas. Simula ser un zopilote común, un ave carroñera. La aguililla aura, de América tropical, posee un plumaje gris con rayas pálidas en la cola y bajo las alas. En la parte interior de las plumas primarias tiene unas marcas claras parecidas a las manchas plateadas de las alas del zopilote, cuyo balanceo imita al volar.

Los zopilotes comen sólo carne muerta, de modo que los pequeños mamíferos y anfibios de que se alimenta la aguililla, como ratones, ranas y lagartijas, la ignoran a pesar de poseer una vista muy desarrollada que les permite distinguir a los depredadores a distancia.

EL COLORIDO DISFRAZ DE LA ARAÑA CANGREJO

Las arañas cangrejo atrapan desprevenidas a sus presas variando su color de acuerdo al de su escondite, usualmente una flor. Controlando la cantidad de pigmento líquido que bombea el intestino hacia la piel, estas arañas pueden, por ejemplo, volverse amarillas cuando descansan en una margarita, o rosadas si están en una orquídea.

La araña cangrejo espera al acecho, con los dos pares anteriores de patas, armados con pelos erizados, extendidos. Cuando una abeja o mariposa se acerca a la flor, la araña salta sobre ella y la estrecha en un abrazo mortal. Le inyecta un veneno poderoso que afecta al sistema nervioso, para impedirle que se resista y atraiga la atención de los pájaros.

CÓDIGOS DE COLOR *Imitando perfectamente el color de una flor, una araña cangrejo* Misumena *absorbe los jugos vitales de una mosca.*

LA SERPIENTE, OCULTA, MIENTE PARA TENDER SU EMBOSCADA

Los colmillos más largos del mundo, a veces miden más de 5 cm, están en la boca de la serpiente cornuda de Gabón. Anidada entre las hojas muertas del suelo del bosque, la serpiente casi desaparece, ya que su forma, rota por marcas negras, cafés y grises, se funde con el entorno. Como un segundo sentido del tacto, unas manchas triangulares negras en su cuerpo

TRAMPA ENTRE LAS HOJAS *Con su cabeza con forma de hoja caída, la víbora del Gabón espera a que pase un mamífero, un ave o una rana.*

desvían la atención de la cabeza y los ojos, enmascarando sus mortales intenciones.

Como todas las víboras, confía en las trampas para matar. Su veneno letal puede inmovilizar presas como mamíferos de tamaño medio y aves. La serpiente de Gabón ataca rápidamente y necesita sus largos y afilados colmillos para atravesar piel y plumas.

ASESINO EN LA HIERBA

El tigre acecha en medio de pastos altos, camuflado por sus rayas de color naranja, marfil, café y oro que ayudan a disimular el contorno de su cuerpo. Grandes zonas de los bosques de la India, donde vive el tigre, están cubiertas de altos pastos secos, de modo que el pelaje listado se confunde con el paisaje, imitando la luz veteada de la selva.

Para cazar, el tigre debe encontrarse a menos de 18 m de su presa, ya que, a más distancia, no tiene probabilidades de superar en carrera a su víctima. Avanza furtivamente hacia su presa, en general un mamífero ungulado como un ciervo sambar, un chital o un jabalí, y en el último instante posible, sale de su escondite y alcanza su blanco en unos pocos saltos.

EL CRISOPO ASESINO QUE VISTE UN MANTO DE CERA

Las larvas de crisopo verde *Chrysoperia* sp, de Florida, se disfrazan con cera para vivir entre sus presas. Se dan festines de cochinillas harinosas que llevan largos filamentos de cera. Para pasar inadvertidas, las larvas roban cera a las cochinillas con sus mandíbulas curvas y se cubren el abdomen con ella. Van de una cochinilla a otra para perfeccionar su camuflaje.

MAESTRA DEL DISFRAZ

Puede resultar difícil distinguir una mantis, porque es una experta en el arte del disfraz e imita perfectamente la forma exacta de una hoja o el color de un pétalo. La mantis se camufla para ocultarse de depredadores —como pájaros y lagartos— y para atrapar insectos que se posan desprevenidos sobre ella creyéndola una flor o una hoja. Sus disfraces son de lo más diverso —ya que difieren en color, forma y textura—, pero todos están perfectamente conseguidos. Por ejemplo, la mantis de las orquídeas tiene en las patas y el cuerpo unos rebordes que adoptan el color y la textura exactos de una orquídea. Para completar su disfraz, hasta puede balancearse suavemente a ambos lados, imitando el movimiento de un pétalo bajo una ligera brisa. Una vez que se acerca su presa, la «flor» cobra vida de golpe y la mantis atrapa a la víctima con sus patas anteriores, provistas de pequeños ganchos. La especie de mantis que se ve aquí, *Choeradodis rhombicollis,* es nativa de Costa Rica, donde su cuerpo verde y aplanado y sus patas largas, semejantes a tallos, la ayudan a ocultarse entre el follaje.

INTEGRACIÓN PARA LA DEFENSA

Así como algunos animales utilizan el camuflaje para cazar, otros lo utilizan para pasar inadvertidos. Tratan de parecerse a su medio, al utilizar rayas, luces o rápidos cambios de color, y adaptan su comportamiento a estos cambios.

LAS RAYAS AYUDAN A LAS GACELAS A PERDERSE EN EL GRUPO

El pelaje café rojizo de la gacela **de Thomson se confunde con las secas sabanas de África.** Esta gacela tiene además unas notorias bandas negras a los lados, que rompen el contorno de cada individuo cuando estos animales están agrupados en rebaño. Para que una cría recién nacida no llame la atención, la madre la deja sobre la tierra y pasta a 300 m de distancia, amamantándola sólo durante un breve período. La cría permanece inmóvil y echada, oculta de los leones y los guepardos.

PECES QUE BRILLAN EN LA OSCURIDAD

Algunos peces, como el abisal y la **guardiamarina de California, lle-**

FRANJAS DE SEGURIDAD *Las bandas negras de las gacelas de Thomson dificultan a sus depredadores distinguir a un animal entre el rebaño.*

van sus propias bombillas de luz, que pueden encender y apagar voluntariamente. Durante el día se filtra tanta luz en el agua que destaca la silueta de estos peces bajo la superficie, convirtiéndolos en blanco de los depredadores que nadan más abajo. Si activan la luz de su cuerpo, su contorno se desdibuja y pueden confundirse con la iluminación ambiental.

La bioluminiscencia se debe a una reacción química que tiene lugar dentro de los tejidos corporales de estos peces.

EN INVIERNO, LOS LAGÓPODOS PREFIEREN EL BLANCO

Los lagópodos escogen plumas ca-**fés o blancas.** Y depende de la duración del día. A medida que el invierno se aproxima al norte del Círculo Ártico, los largos días de verano comienzan a acortarse y las hormonas del lagópodo se activan. Empiezan a cambiar el plumaje café del verano, que poco a poco se va transformando en blanco. Cuando nieva en la tundra, el lagópodo es blanco para confundirse con el nuevo entorno.

Cuando, al final del invierno, los días se alargan otra vez, el lagópodo sufre una nueva muda. Su manto de nuevas plumas cafés y viejas plumas blancas vuelve a adaptarse al paisaje, un mosaico castaño y blanco.

LOS PECES PLANOS MANTIENEN SU DISCRECIÓN

Maestros del cambio de color, **los peces planos, como el lenguado, se funden perfectamente con el granulado fondo marino.** El lenguado puede imitar incluso un tablero de ajedrez, un diseño que no se encuentra en ningún otro ámbito de la Naturaleza.

Si es perseguido, el pez plano al escabullirse levanta una nube de arena para confundir al perseguidor. Luego se entierra rápidamente en el fondo del mar y se aplana tanto que se vuelve casi bidimensional; su cuerpo apenas sobresale del fondo. Cuando la arena vuelve a posarse, se deposita encima y alrededor de las aletas, desdibujando los contornos del cuerpo. El pez se agita un poco para taparse con más arena, al tiempo que cambia de color para igualar los tonos y el contraste de su entorno.

EL PODARGO CASTAÑO OSTENTA SU APARIENCIA DE MADERA

Aunque reposan a plena vista de **sus enemigos, estas aves de color café, del sureste de Asia y Australia, rara vez son molestadas.** Durante el día se posan longitudinalmente sobre una rama, con la cabeza apuntando hacia arriba y los ojos cerrados, y permanecen completamente inmóviles. Su plumaje café manchado se confunde con el del tronco, de modo que el podargo parece una rama rota. Cuando llega la noche, abandona el árbol para cazar insectos, ranas, caracoles y pequeños roedores.

Hay otra ave que utiliza el mismo tipo de camuflaje. El potto, un primate de las Antillas y América Central y del Sur, también simula ser una rama rota.

COMO UN TRONCO *Para un depredador, el podargo castaño que descansa apaciblemente en un árbol en Australia parece una rama cubierta de líquenes.*

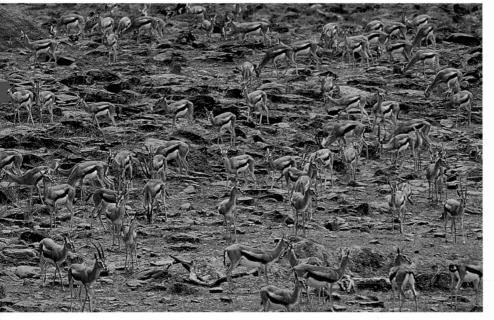

UN JARDÍN FLORECIENTE PARA EL PEREZOSO

Cuando llueve, el perezoso se pone verde, debido a las algas que crecen en su áspero pelaje. Este camuflaje vivo le permite desaparecer en la exuberante vegetación, oculto de los depredadores aéreos. Cuando el clima es seco, las diminutas plantas verdes pierden su humedad y cambian de color, pasando del verde al amarillento, permitiendo así al perezoso confundirse con los troncos secos.

Habitante de los bosques tropicales de América Central y del Sur, el perezoso pasa más de 21 horas al día dormitando, colgado de una rama cabeza abajo. Con una velocidad máxima de menos de 1 km/h, estos animales han optado por el ocultamiento y los movimientos crípticos para protegerse mejor de los depredadores.

EL ASTUTO GECKO SE HACE PASAR POR UN TRONCO

Pocos lagartos del mundo pueden ocultarse tan eficazmente como el gecko nocturno de cola de hoja, de Madagascar. Durante el día este animal descansa cabeza abajo, aplanado contra un tronco de árbol en el bosque tropical, cambiando el color y la textura aparente de su piel para imitar los líquenes de la corteza. Incluso sus ojos, grandes y claros, tienen vetas pardas que se confunden con la vegetación. El gecko oculta las patas posteriores bajo la cola y abre los dedos contra la corteza, aferrándose a ella con una especie de ventosas.

Pero ni siquiera la mejor imitación de color puede resolver el mayor problema que enfrenta cualquier animal que trate de desaparecer de esta forma: el contorno y la sombra. Para desdibujar ambos, el cuerpo del gecko posee un borde de apéndices espinosos flexibles que, junto con la cola en forma de hoja, difuminan la forma de su cuerpo y el contorno de su sombra. Con tales disfraces el gecko pue-

MANTO CAMUFLADO *Algas y polillas sacan provecho del lento andar del perezoso de tres dedos por el bosque tropical. Sin que las moleste ningún movimiento violento, se desarrollan en el pelaje lanudo y apelmazado.*

HORA DE LA SIESTA *Con su magnífico disfraz de tronco de árbol, un gecko nocturno de cola de hoja, de Madagascar, duerme seguro durante el día.*

de asolearse cerca de depredadores, como serpientes y aves, sin ser descubierto.

EL MANTO LISTADO DE LA CRÍA DE JABALÍ

Los jabalíes nacen con franjas color café claro y oscuro, como protección contra los depredadores.** Se cree que las rayas son un camuflaje para ayudarlos a fundirse con la luz veteada de los claros boscosos donde habitan.

Los jabatos viven con su madre y varias hembras adultas. Los machos adultos viven y se alimentan solos y sólo se reúnen con las hembras en la temporada de celo, en el invierno europeo.

EFECTO LISTADO *Las crías de jabalí resultan difíciles de distinguir en los matorrales, porque su pelaje listado las ayuda a difuminar su contorno.*

INSECTOS EN FORMACIÓN DE PÉTALOS

Hay animales que trabajan en equipo para crear un camuflaje grupal, para engañar a los depredadores.** En Madagascar, unos insectos tropicales llamados fiátidos tienen unas coloridas alas brillantes que, cuando los insectos se congregan en grandes grupos, engañan a las aves predadoras, que los confunden con pétalos. Los individuos de la especie *Ityraea gregorii,* de la misma familia, son rojos o verdes. Cuando se amontonan en una rama, imitan el color de las flores y parecen capullos semiabiertos rodeados de brácteas verdes.

GRANDES IMPOSTORES

Algunos animales garantizan su seguridad embaucando a otros. Unos engañan a sus enemigos simulando el aspecto de algo incomible, mientras que otros adoptan las características físicas de una especie más peligrosa.

ORUGAS INOFENSIVAS QUE VISTEN UN DISFRAZ MORTAL

La oruga de la polilla esfinge, que habita en la región de América Central, puede disfrazarse rápidamente de serpiente arbórea. Si su camuflaje inicial de ramita de árbol no logra desalentar a un depredador que se aproxima, esta oruga adopta la apariencia de una serpiente: acorta la cabeza y se vuelve sobre el lomo, mostrando un par de convincentes «ojos» falsos. Saca y mete una «lengua» por la «cabeza» en forma de serpiente, que es en realidad su parte posterior.

El terror a las serpientes está tan difundido en el reino animal, que muchos animales inofensivos han desarrollado características propias de los ofidios. La gran oruga mormón de Asia tiene en la parte posterior unas manchas que parecen ojos y una «lengua» bífida de color rojo intenso. Cuando se ve amenazada, la oruga de la mariposa de Madagascar infla el tórax, exhibe unos enormes ojos falsos y se balancea como una víbora.

HOJA EN DESCOMPOSICIÓN QUE SORPRENDE A LARVAS DE INSECTOS

Algunas de las «hojas muertas» que flotan en los ríos de Sudamérica están, en realidad, vivitas y coleando. Los peces hoja tienen el cuerpo aplanado lateralmente. Su color y su forma imitan casi con exactitud los de una hoja, y algunos hasta cuentan con un «tallo» que les sale de la mandíbula inferior. Suelen esconderse bajo piedras o grietas donde imitan una hoja muerta atascada. Cuando pasa una presa conveniente, la «hoja» la atrapa.

El pez hoja más espectacular, *Minocirrhus polyacanthus,* vive en las cuencas de los ríos Amazonas y Negro, en Sudamérica. Con manchas que parecen las nervaduras de una hoja semidescompuesta, espera pacientemente en el fondo del río a que se aproximen larvas y ninfas de insectos.

UN CAMARÓN QUE IMITA TODOS LOS COLORES DEL ARCO IRIS

No existe un solo color en la Naturaleza que el pequeño camarón Hippolyte no pueda copiar con exactitud. Del verde intenso al púrpura, del amarillo al rojo o el castaño, puede adoptar, como un camaleón, cualquier tonalidad.

Su versatilidad multicolor no termina aquí; además es capaz de cambiar de texturas y dibujos. Este crustáceo, que suele encontrarse en charcas de agua salada que deja la marea, no puede sólo imitar el tono exacto de verde de una hoja muerta

CABEZA DE SERPIENTE *Desde la «cabeza» triangular hasta el brillo de los «ojos», esta oruga imitadora de serpientes es uno de los mejores mimos del mundo.*

que flota en el agua, sino también la estructura de las nervaduras y los poros. Los depredadores pueden quedarse mirando un Hippolyte sin verlo. Por la noche se vuelve de un transparente azul marino, fundiéndose con la oscuridad.

LA RANA QUE CAYÓ A LA TIERRA

En los suelos de las profundidades del bosque tropical de Malasia no todo es lo que parece. Invisible desde arriba, hay un animal que imita muy bien las pilas incomibles de hojas caídas que lo rodean.

La rana cornuda, que a menudo es llamada sapo aunque es en realidad una rana arbórea, pasa el día agazapada en el suelo del bosque a la espera de que aparezcan insectos. Emplea una combinación de formas y colores para imitar la hojarasca que la rodea, con el fin de pasar lo más inadvertida posible ante los depredadores.

Esta rana tiene una coloración café manchado. Unas proyecciones con forma de hoja en la cabeza, encima de los ojos, y

en los codos y las patas la ayudan a fundirse con el entorno. Especies similares de ranas y sapos arbóreos habitan en las selvas de Madagascar y Brasil. Algunas tienen una boca que parece una rama con la corteza descascarada.

VEGETACIÓN ENGAÑOSA *El dragón frondoso de mar, de Australia, se parece tanto a las algas verdaderas que a veces los peces pequeños se refugian en su «follaje».*

UN «ALGA» QUE SE MUEVE CUANDO QUIERE

Ni siquiera un alga se parece tanto a un alga como los dragones de mar del sur y el este de Australia. Estos parientes de los hipocampos o caballitos de mar poseen desde la cabeza hasta la cola una especie de aletas de piel carnosa que, como frondas de vegetación, flotan y se balancean con el oleaje.

Estos hipocampos viven en lechos de algas kelp, donde su camuflaje los oculta casi por completo. Si los divisa un depredador, cuentan con una segunda forma de defensa, una armadura ósea y largas espinas dorsales, que los hace virtualmente incomibles.

Los dragones de mar pueden alcanzar los 45 cm de longitud. Como los caballitos de mar, se alimentan de diminutos camarones y otros invertebrados, que absorben con su larga boca tubular.

Como si estos animales no fueran ya bastante raros, es el macho el que empolla los huevos. Sujeta los huevos fertilizados en la base de la cola y los mantiene allí hasta que eclosionan.

AL PIE DE LOS ÁRBOLES *La rana cornuda es una especie arbórea que vive en el suelo. Pasa casi toda su vida inmóvil, emboscando a sus presas.*

EL EXCREMENTO DE PÁJARO QUE HILA SU PROPIA SALPICADURA

Los excrementos no atraen el menor interés de potenciales aves depredadoras, situación que unos cuantos animales astutos han aprovechado al máximo. Una araña de Malasia, abultada y de color blanco sucio, adopta la forma de un excremento de pájaro. Hasta se posa en medio de un pequeño tapete de seda blanca, imitando con precisión el efecto de salpicadura de un excremento caído en una hoja. También la oruga de la mariposa «perro de los naranjos» puede descansar con audacia al aire libre, gracias a que se parece mucho a un excremento incomible.

El escarabajo cornudo de Brasil lleva este efecto aún más lejos: expone en sus patas varias protuberancias que se parecen a las semillas que a veces pasan sin ser digeridas por el intestino de las aves. Así, estos insectos se ocultan eficazmente de los depredadores a pesar de encontrarse en su campo visual.

LA SERPIENTE HOCICO DE CERDO ES UNA MAESTRA DEL DISFRAZ

Si la molestan, tiene dos formas de defenderse: dar la impresión de que es una cobra o hacerse la muerta. Para la primera estrategia retrocede en actitud amenazadora, con la cabeza y el cuello aplanados, y finge «atacar» a su agresor. Si esto le da resultado,

QUIETA COMO UN CADÁVER *Muchos predadores no comen carroña; por eso a la serpiente hocico de cerdo le resulta tan eficaz «hacerse la muerta».*

ASPECTO SUCIO *Disfrazada de excremento de pájaro, la oruga de la mariposa «perro de los naranjos» descansa tranquila en el bosque tropical de Panamá.*

la serpiente hocico de cerdo vuelve a la normalidad, se desinfla y huye. Si esta primera estrategia no funciona, intenta otra táctica: simula caer muerta, tirada en el suelo, fláccida e inmóvil, panza arriba, con la boca abierta y la lengua afuera, y emite un hedor a carne putrefacta. Cuando ha pasado el peligro, levanta con cautela la cabeza, escudriña los alrededores y se marcha.

Esta serpiente tiende a sobreactuar el papel de la agonía, retorciéndose cada

cierto tiempo. Si un agresor le da vuelta con el hocico, rápidamente se pone panza arriba otra vez para reanudar su dramática e inmóvil pose de muerte.

CUIDADO CON EL TRAJE AMARILLO Y NEGRO

Las avispas pueden infligir picaduras muy desagradables, por lo cual su traje amarillo y negro es copiado por abejas, polillas, moscas y otros insectos para ahuyentar a los depredadores. Entre los imitadores más exactos se cuentan los sírfidos. Cualquier día de verano pueden encontrarse hasta 20 inofensivos sírfidos diferentes en un jardín europeo. Además de tener los mismos colores y el mismo tamaño que la avispa, estos insectos se posan en las mismas flores donde lo hacen las avispas. Su tórax negro da la impresión de que el abdomen termina abruptamente en una «cintura» estrecha, igual que la de las avispas.

MURCIÉLAGOS COLGANTES COMO HOJAS

Los murciélagos rojos, a primera vista, parecen una hilera de otoñales hojas muertas en el bosque. Para perfeccionar su disfraz de hojas se cuelgan de una pata con aspecto

de tallo, al tiempo que las puntas blancas de su tupida piel rojiza le dan una apariencia escarchada. Esta coloración se confunde con los árboles y arbustos donde pasan el día estos murciélagos, que habitan desde el sur de Canadá hasta Argentina. A veces descansan solos, pero en general lo hacen en pequeños grupos.

EL PEZ QUE SE HACE PASAR POR AYUDANTE DOMÉSTICO

Disfrazado como el pequeño **lábrido limpiador del Indo-Pacífico, el falso limpiador ha descubierto cómo encontrar una buena comida.** El lábrido limpiador ofrece un importante servicio a peces más grandes, como el pez loro, pues les quita de la piel parásitos, piel muerta y otros residuos, nadando a salvo dentro de la boca abierta del pez mayor y entre las agallas para quitarle piojos. A cambio de este servicio, no será devorado.

CACHORROS QUE ENCUENTRAN SEGURIDAD EN PELAJES DE TEJÓN

Los cachorros de guepardo no **necesitan esconderse de sus depredadores, gracias a su pelaje largo y tupido que parece imitar al de los feroces tejones mieleros.** Todos los cachorros de los grandes felinos son pequeños, indefensos y vulnerables a depredadores como las águilas. Para su seguridad, las crías de leopardo, lo mismo que sus padres, tienen manchas marrón oscuro que les sirven de camuflaje, pero los cachorros de guepardo son mucho más llamativos, con el vientre oscuro y el lomo claro. Se cree que los guepardos jóvenes imitan al tejón mielero, un pequeño carnívoro del tamaño de un chacal, que ataca temerariamente a cualquier depredador. Con este disfraz los cachorros tienen menos probabilidades de ser presas de animales cazadores.

IMITADORA *Visto desde el aire, el dorso de una cría de guepardo puede parecer el de un agresivo tejón mielero, animal que ataca a los posibles depredadores.*

SOBERANA IMPOSTORA *Una sola experiencia con el desagradable sabor de la mariposa monarca (izquierda) hará evitar a los pájaros todas las mariposas de manchas similares, incluida la inofensiva virrey (arriba).*

LOS PÁJAROS SE CUIDAN DEL DESAGRADABLE SABOR DE LA MONARCA

Los pájaros que tratan de comer una tóxica mariposa monarca la escupen de inmediato, y a veces vomitan. En ocasiones se pueden ver estas mariposas con un ala picoteada, lo que indica que un pájaro ha intentado comerla, pero ha sido disuadido por su sabor. Los intensos colores de las alas de la monarca también sirven de señal de advertencia, y los pájaros aprenden rápidamente a evitarlas.

Pero no sólo la mariposa monarca se beneficia con esta defensa química y coloración de alas. La mariposa virrey posee dibujos casi idénticos en las alas, de modo que los pájaros la evitan también. Aunque es por completo inofensiva, su astuta imitación le evita convertirse en bocado de los pájaros.

Las monarcas son tóxicas porque cuando orugas se alimentan de asclepias. Esta hierba contiene unas sustancias químicas llamadas cardenólidos, que perduran en la mariposa adulta. Son sustancias tóxicas para los vertebrados, como pájaros y lagartijas, aunque la concentración que contiene cada mariposa, y por tanto su potencia, es variable.

Sólo 30 % de las monarcas son realmente incomibles. Pero mientras los pájaros experimenten de vez en cuando su sabor desagradable, dejarán en paz a todos los integrantes de esta especie, incluida su imitadora, la virrey.

PULPO MIMO CON PERSONALIDADES MÚLTIPLES

Capaz de cambiar su aspecto adoptando el de una raya venenosa, una serpiente marina o un falso limpiador, el pulpo mimo es el imitador más extraordinario del mundo. Su repertorio cuenta con, al menos 15 personajes de especies diferentes. Como todos los pulpos, el mimo tiene gran capacidad de control sobre su color, pudiendo cambiarlo rápidamente. También es capaz de alterar su forma y su comportamiento para impedir que lo detecten o para asustar a depredadores.

Una de sus exhibiciones más impresionantes es su imitación de una serpiente marina.

Si se ve amenazado, este pulpo sumerge seis de sus brazos en un agujero, ondulando los otros dos en forma de S. Para copiar a un lenguado, achata el cuerpo, mete los tentáculos debajo y adquiere un tono café claro.

Desde su descubrimiento, en Indonesia, en la década de los 90, también se ha visto al pulpo mimo imitando a un pez león, una anémona de arena, un camarón mantis y un cangrejo ermitaño, entre otros.

HUIDAS INGENIOSAS

Si el disfraz falla y un depredador ataca, la mejor estrategia consiste en ganar tiempo. Los animales cuentan con una asombrosa variedad de trucos destinados a sobresaltar, asustar y sorprender a sus agresores. En la confusión resultante, el perseguido tiene la oportunidad de huir rápidamente.

EL LAGARTO SIN PATAS SE DESPRENDE

El autosacrificio puede constituir un medio de supervivencia para los lagartos. En momentos de extremo peligro y sólo como último recurso, la mayoría de los lagartos –incluida la lagartija– se desprende de la cola. Mientras el agresor presta atención al rabo que se agita convulsivamente, el lagarto se escabulle indemne. Así, el depredador come algo y el lagarto conserva la vida. Tarde o temprano le crecerá una cola nueva, tan buena como la primera, pero que el animal ya no podrá desprender.

Hay un lagarto que lleva esta treta al extremo. El lagarto europeo sin patas, el más largo del mundo con sus 1.5 m de longitud, vive en la península de Balkan, en Asia central y en Rusia. No suelta la cola entera; la «rompe» en varios pedazos. Cada vértebra de la cola tiene un plano de fractura especial a través del cual pasa una pared de cartílago, que crea un punto débil de «crisis». Los músculos, vasos sanguíneos y nervios están estrechados, para permitir una ruptura fácil e indolora.

El lagarto europeo sin patas puede soltar la cola a cualquier altura, o cortarla a voluntad en varios fragmentos largos que se agitan y retuercen. Puesto que la cola de este animal es el doble de larga que su cuerpo, este lagarto da la impresión de hacerse pedazos, para gran confusión del depredador.

RANAS CON CARA BRAVA

La rana sudamericana *Physalaenus nattereri* tiene un ingenioso método para ganar tiempo. En la parte posterior posee unas glándulas con unas prominentes marcas que semejan enormes ojos. En momentos de peligro, esta rana se vuelve de espaldas, levanta las patas y apunta al agresor con los ojos falsos de un animal en apariencia mucho más grande y peligroso. Si con esto no logra desalentarlo, secreta con esas mismas glándulas una sustancia, que deja un sabor desagradable en la boca del agresor.

Algunas especies de ranas y sapos, cuyos depredadores más comunes son las serpientes, se hinchan para parecer demasiado grandes e imposibles de tragar. Como las serpientes no pueden masticar, deben deglutir enteros sus alimentos. De modo que las ranas y los sapos inflan el cuerpo con aire, tensan las patas para elevarse más sobre el suelo y se inclinan hacia adelante.

OSCURIDAD IMPENETRABLE *Además de suministrar al pulpo gigante una pantalla de humo, la nube de tinta forma en el agua una figura que distrae.*

INSTANTÁNEA CORTINA DE HUMO PARA CUBRIR LA FUGA

El pulpo arroja tinta directamente a la cara del enemigo, al igual que otros cefalópodos como la sepia y el calamar. Cuando el chorro de líquido oscuro se mezcla con el agua crea una instantánea y densa nube negra, a través de la cual resulta imposible ver.

También el pez proa verrugoso, de las aguas costeras del sur de Australia, reacciona al peligro mediante el lanzamiento de chorros. En lugar de tinta, produce una nube parecida al humo de una sustancia que, según se cree, es un líquido tóxico que sale de un orificio próximo a las branquias.

DESPRENDIMIENTO *Más corto pero vivo; el gran lagarto sin orejas deja un fragmento de cola para distraer al enemigo mientras escapa.*

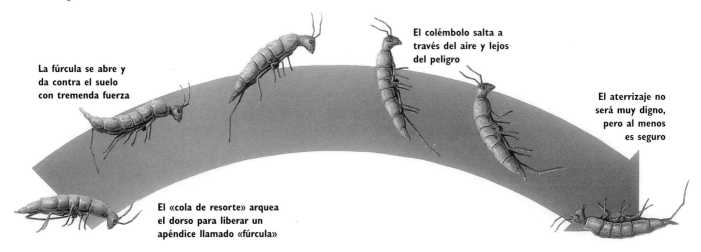

La fúrcula se abre y da contra el suelo con tremenda fuerza

El colémbolo salta a través del aire y lejos del peligro

El aterrizaje no será muy digno, pero al menos es seguro

El «cola de resorte» arquea el dorso para liberar un apéndice llamado «fúrcula»

EL «COLA DE RESORTE» ESCAPA EN UN ZANCO CON RESORTES

Todos los días, en jardines de todo el mundo, un diminuto gimnasta realiza una rutina de giros, saltos, vueltas de campana y saltos mortales. El atlético colémbolo es tan pequeño –5 mm de longitud– y se mueve con tal rapidez que pasa inadvertido.

Estos animalillos tienen seis patas, pero no son verdaderos insectos. Pertenecen al grupo más antiguo de hexápodos (Collembola) y se cuentan entre los seres más abundantes del mundo; habitan entre residuos de plantas, bajo cortezas y en casi cualquier otra parte. Al contrario de los verdaderos insectos, no poseen alas, por lo cual no pueden huir volando de un atacante. En lugar de ello, utilizan un apéndice especial, semejante a un zanco con

SALTO EN ALTO *Un «cola de resorte» asustado libera un apéndice ahorquillado (llamado fúrcula) que lo catapulta por el aire, alejándolo del peligro inmediato.*

resortes, para realizar volteretas que los alcen en el aire y los alejen del peligro. Los «cola de resorte» pueden saltar hasta 20 cm de altura, es decir, alrededor de 40 veces la longitud de su propio cuerpo. Para el depredador, el cola de resorte desaparece literalmente en el aire.

LA SANGRIENTA REVANCHA DEL SAPO CORNUDO

En lo que a defensas grotescas se refiere, no las hay mucho más morbosas que la del sapo cornudo. Si lo atacan, escupe sangre. Estos sapos son, en realidad, lagartos; miden entre 4 y 13 cm de longitud, pero tienen un cuerpo corto, rechoncho, de piel áspera, que les da más apariencia de sapo. En general estos animales, habitantes de América del Norte, permanecen aplanados contra el suelo para no correr peligro. Sin

embargo, cuentan con otras defensas asombrosas. Escupir sangre es la más ingeniosa de todas. Limitando el flujo de sangre de la cabeza, el sapo cornudo hincha los pequeños vasos sanguíneos de sus membranas oculares y lanza sangre con gran precisión hasta a 1 m de distancia. Si el agresor no retrocede, le aguarda otra desagradable sorpresa, pues la mayoría de estos lagartos poseen en la parte posterior de la cabeza grandes espinas sobresalientes que perforan el vientre del depredador cuando éste los traga.

AVE ACUÁTICA QUE EVADE EL PELIGRO CON UN CHAPUZÓN

La gallineta común es una de las aves acuáticas más abundantes del mundo, aunque parece contar con pocas defensas, salvo la de huir corriendo o volando. Sin embargo, esconde en la manga una notable estrategia defensiva: si se ve amenazada, se dirige a aguas poco profundas y se sumerge como un submarino.

La gallineta común no es una buceadora natural, por lo que no huye a nado una vez que ha desaparecido de la vista. En lugar de ello, se queda en un sitio, con la punta del pico fuera del agua para poder respirar. Para no reflotar, se quita el aire atrapado en el plumaje y en sus sacos de aire internos, unos espacios huecos conectados con los pulmones.

Al cabo de unos minutos sale despacio a la superficie, con la esperanza de que haya pasado el peligro.

ESCUPIDOR DE SANGRE *El chorro de sangre que arroja por los ojos un sapo cornudo amenazado basta para dejar temporalmente ciego a un atacante.*

CAMARÓN QUE CIEGA
AL ENEMIGO CON LUZ

Cuando lo atacan, el camarón luminoso *Acanthephyra*, del Atlántico Norte, deslumbra a su enemigo con una exhibición de luces relampagueantes. Como una celebridad por las lámparas de flash de los fotógrafos, el depredador queda anonadado durante el tiempo suficiente para que el camarón escape. Las luces de este animal son producto de secreciones químicas.

LA ACCIÓN CORTANTE
DE LA NAVAJA

De todos los animales que se entierran en la arena, la navaja es el que desaparece con más rapidez. Habitante de playas de todo el mundo, la navaja mide unos 25 cm de longitud y descansa verticalmente en la arena. Su arma secreta es el pie, oculto entre las dos valvas de la concha. Al menor signo de peligro, que detecta por vibraciones, este molusco saca el pie y con su afilada punta atraviesa la arena, desapareciendo muy pronto de la vista.

REACCIÓN VISCERAL QUE
ENREDA A LOS ATACANTES DE
LA CALABAZA DE MAR

Pocos animales recurren a medidas de defensa tan desesperadas como la calabaza de mar. Si lo amenaza un predador, como una tortuga caguama, el cohombro de mar contrae el cuerpo, vomitando sus entrañas por la boca y expeliendo el resto por el ano. El atacante, confundido, se enreda tanto en la pegajosa maraña de finos tubos que a veces se ahoga. El cohombro de mar, mientras tanto, se escapa.

EL LAGARTO QUE CAMINA
SOBRE EL AGUA

El lagarto basilisco, de América tropical, gasta una broma que para en seco a su perseguidor: corre por el agua. Corriendo a velocidades de hasta 12 km/h, el basilisco puede atravesar un lago sin hundirse. Esta hazaña espectacular le ha ganado el nombre de «cruzarríos». Corre casi erecto, manteniéndose a flote mediante una especie de flecos que tiene en las patas y que aumentan el área de superficie de éstas. Una vez

HIJO DEL AGUA *Para asombro de su perseguidor, el lagarto basilisco de los trópicos corre por el agua, gracias a sus patas especialmente adaptadas.*

a salvo y fuera del alcance del enemigo, frena y se mete en el agua, donde permanece sumergido durante unos minutos.

LA ALARMA DE SONIDO
DE LAS POLILLAS CONTRA
LOS MURCIÉLAGOS

Muchos animales advierten de su sabor desagradable a los potenciales depredadores mediante un despliegue de colores chillones, pero pocos utilizan el sonido a modo de alarma. Las polillas árticas de Alaska reaccionan al sonido de un murciélago que se acerca con rápidos chasquidos que «avisan» al intruso de que no se moleste en comerlas. Han desarrollado una estructura semejante a oídos que vibra en respuesta a los chillidos del murciélago. También las polillas tigre reaccionan con chasquidos similares a los de los murciélagos. Los emiten cuando un murciélago está a unos 50 cm de distancia y les sirven para bloquear el sistema de procesamiento de información del quiróptero.

ARMAS DEFENSIVAS

En lugar de intentar una huida ingeniosa, algunos animales se protegen vistiendo armadura y llevando armas. Dagas mortales, lanzas tremendas, espinas afiladas como agujas y aguijones ponzoñosos son algunos de sus recursos de defensa.

LAS ENGAÑOSAS PÚAS DEL DIABLILLO ESPINOSO

Debido a su gran masa de enormes espinas, el diablillo espinoso, de estrafalario aspecto, parece más grande y temible que lo que es en realidad. También conocido con el nombre de moloch, este reptil tiene apenas 15 cm de longitud. La mayoría de los depredadores que andan en busca de comida en los matorrales de los desiertos de Australia lo ignoran, porque las púas lo convierten en una presa demasiado incómoda de comer. Las espinas, que le cubren todo el rechoncho cuerpo y la cola, resultan convincentes. Si se ve amenazado, este lento e inofensivo lagarto australiano mete la cabeza entre las patas delanteras y deja que las púas surtan su efecto.

Formadas con escamas agrandadas y modificadas, las espinas no sólo le resultan

PROBLEMA ESPINOSO *El diablillo espinoso se mueve con lentitud y corre con torpeza, por lo cual depende de sus puntiagudas espinas para protegerse de los depredadores.*

útiles para defenderse. Cada una posee finos surcos a partir de la punta central. Durante la noche, el rocío se condensa en las escamas. Atraída por la acción capilar a lo largo de los surcos, la preciosa humedad acaba en la boca del moloch, permitiéndole sobrevivir en su hábitat desértico.

EL POTTO ESCONDE ARMAS BAJO SU TUPIDO PELAJE

Debajo de su suave pelaje, el potto, de vulnerable aspecto, oculta un arma temible, una falange de espinas. Este primate primitivo, nocturno, silencioso y discreto, se desplaza con movimientos lentos por las copas de los árboles donde vive, en el oeste de África.

Si lo atacan, cierras las manos y las patas para aferrarse a la rama y mirando de frente, con la cabeza agachada por debajo de los hombros, presenta la nuca a su agresor.

Bajo un escudo de piel engrosada tiene de cuatro a seis protuberancias, puntas de espinas especialmente alargadas que se

extienden desde las vértebras del cuello. El potto se abalanza hacia el depredador, alcanzándolo con su arma secreta con la intención de derribarlo de la rama.

EL ESQUELETO DEL GALLIPATO TIENE ARISTAS CORTANTES

Sólo la línea de nudos verrugosos de los flancos del gallipato delata su extraordinario mecanismo de defensa. Cada protuberancia marca la punta de una de las costillas del reptil. Si es provocado por una serpiente, por ejemplo, el gallipato abre sus robustas costillas contra la piel tensa y así las convierte, de hecho, en púas.

Para mayor defensa, el gallipato puede atravesar su propia piel con las costillas, como si fueran dientes, quedando parte de su esqueleto fuera del cuerpo. Las costillas son lo bastante fuertes como para herir al enemigo, lo cual desalienta a los depredadores.

De 30 cm de longitud, este animal nocturno vive en charcos, zanjas o ríos de aguas lentas de España, Portugal y Marruecos.

GIGANTE SUDAMERICANO QUE VISTE ARMADURA

El armadillo gigante, grande como una oveja, es el animal mejor acorazado que existe. Su escudo corporal, fuerte e impenetrable, se forma a medida que se endurece la piel suave y rosada del animal joven.

Este caparazón está formado por unas fuertes placas óseas, cubiertas por una capa de cuerno. Unos escudos anchos y rígidos cubren los hombros y las caderas, y unas bandas que le cruzan la parte media de la zona dorsal se conectan en la piel del vientre. La cola del armadillo, la punta de la cabeza y las superficies externas de sus miembros también están acorazadas.

EL ESCARABAJO INAMOVIBLE

Hay un diminuto escarabajo que puede resistir durante 2 minutos una fuerza capaz de mover 60 veces su peso. Si se ve amenazado, el escarabajo azul del palmito simplemente se aferra con fuerza a la hoja de palmera palmito en la que vive.

El ancla secreta de este escarabajo de 3 mm de longitud está en sus patas, cuya parte inferior está cubierta con minúsculos pelos, aproximadamente 10,000 en cada una. Cada pelo está dividido en dos, y la punta de cada horquilla contiene una gotita de aceite que lo ayuda a adherirse.

En general, muy pocos de estos pelos están en contacto con la hoja, pero ante el menor indicio de amenaza el escarabajo se agacha y se pega con sus 120,000 terminaciones pilíferas.

PELEAS DE RINOCERONTES RIVALES

Para estar formado íntegramente de pelos, el cuerno del rinoceronte es un arma formidable. Hay gente que ha muerto por haberse interpuesto en el camino de un adulto a la carga.

Al contrario de los cuernos de renos y antílopes, los de los rinocerontes no son de hueso. Están formados exclusivamente de queratina (el principal componente de uñas, pezuñas y pelo), pero esas fibras pilíferas son tan fuertes y compactas que el rinoceronte cuenta con un arma verdaderamente peligrosa a su disposición.

El cuerno (dos, en el caso de los rinocerontes de Sumatra y África) emerge de una parte áspera del cráneo. Puede alcanzar hasta 1 m de longitud y en general se usa en enfrentamientos territoriales entre machos adultos. A menudo estos encuentros se resuelven sin contacto físico, pero si llegara a estallar una pelea, las dos especies africanas (rinocerontes blancos y negros) lucharían a topetazos, mo-

CARGA EN ZIMBABWE *Un rinoceronte hembra usa sus cuernos para defender a su cría de un león o una hiena. Los machos los usan para competir con los rivales.*

viendo la cabeza hacia arriba, con el fin de clavar el cuerno a su agresor.

La piel correosa de los lados del animal ofrece poca protección, y si la lucha se vuelve encarnizada los rinocerontes pueden infligirse heridas graves.

EL ROEDOR DEL RUIDOSO MANTO DE ESPINAS

El puercoespín crestado africano está bien protegido de los ataques de grandes felinos que buscan comida. Su dorso está tupidamente cubierto de finas y ligeras púas de unos 50 cm de longitud, cilíndricas y formadas por pelos largos, finos, fibrosos y puntiagudos.

PUNZADA DOLOROSA *Las púas punzantes de un puercoespín, como éste de Kenya, pueden causar graves infecciones e incluso la muerte.*

Si el puercoespín necesita ahuyentar a un depredador, como un leopardo, levanta las púas mediante los mismos músculos subcutáneos que utiliza un gato para erizar su pelaje. Si esto no funciona, gruñe y golpea las patas contra el suelo, y hace ruido frotando las púas entre sí.

Luego da la espalda al depredador y corre marcha atrás. Como las púas no están adheridas con firmeza a la piel del puercoespín, pueden desprenderse con facilidad. Una vez que se han clavado profundamente en la carne del depredador, es muy difícil retirarlas y el animal puede sufrir una infección fatal.

LA TÁCTICA AMEDRENTADORA
DEL PEZ INFLABLE

Ante el menor indicio de peligro, **el pez puercoespín se transforma en un globo del tamaño de una pelota de fútbol cubierto de agudas espinas.** Las escamas modificadas de su cuerpo están normalmente planas, pero cuando se ve amenazado, este pez se hincha y las escamas se erizan. Son los más grandes de su familia, de 90 cm de longitud, están emparentados con el pez japonés fugu, que utiliza la misma estrategia. Se los encuentra en aguas templadas y tropicales.

ORUGA QUE VISTE
UN ENGAÑOSO MANTO

Varias orugas viven sin ocultarse, **protegidas por una armadura de pelos punzantes.** Algunos de esos pelos urticantes tienen una glándula venenosa en la base e inyectan veneno en cualquier animal que los toca.

Las púas de la deslumbrante oruga emperador del liquidámbar, por ejemplo, contienen toxinas. La oruga de la polilla emperador venezolana puede inyectar un potente anticoagulante capaz de causar una gran hemorragia tanto en animales como

en seres humanos. Otras orugas no son venenosas pero están cubiertas de púas que pueden causar serias erupciones cutáneas.

Las orugas peludas «se visten» de llamativos colores de advertencia. Las que contienen sustancias de sabor desagradable anuncian su gusto repugnante con intensos colores rojos, amarillos, negros y violetas en la piel. Gordas, lentas y del tamaño justo para constituir un jugoso

BOLA DE PÚAS *Cuando se ve amenazado, el pez puercoespín se infla bombeando agua dentro de unos sacos especiales de su cuerpo, pudiendo alcanzar hasta tres veces su tamaño normal.*

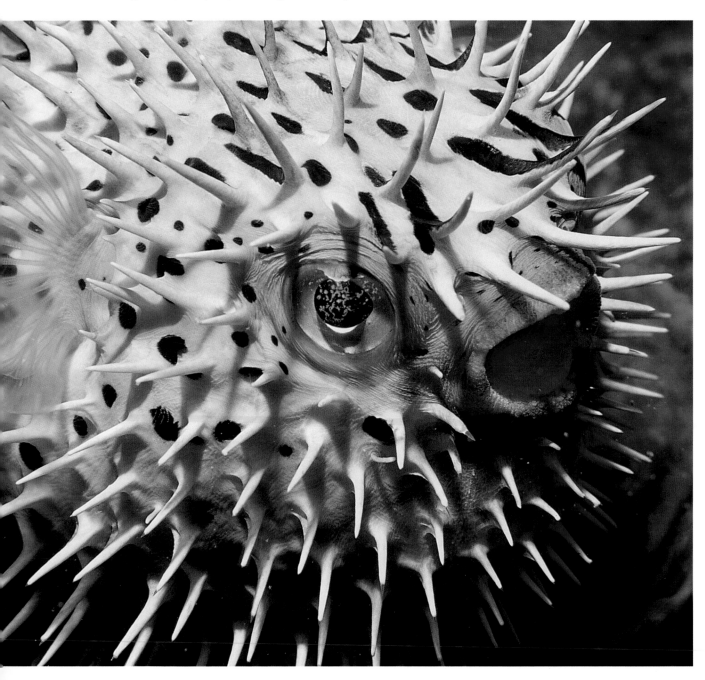

MENSAJE EN CÓDIGO *Los colores llamativos y un escudo de puntiagudos pelos amarillos advierten a los depredadores, como los pájaros, del sabor desagradable de la oruga de la polilla emperador del liquidámbar.*

bocado, las orugas son extremadamente vulnerables a la depredación, en particular por parte de los pájaros. Estas defensas dan resultado sólo si los depredadores aprenden a no tocarlas.

Algunas orugas tratan de frustrar a los predadores ocultándose entre raíces y tallos de plantas, o incluso dentro de agallas, semillas y otros tejidos vegetales. Otras fabrican bolsas de seda para dormir, cubiertas con pequeños granos de arena y residuos de plantas, o se intentan camuflar para parecer ramitas o excrementos de aves (véase pág. 112).

EL LÁTIGO LETAL DE LA COLA DE LA RAYA

Sufrir **un azote de la cola de una raya venenosa no sólo es extremadamente doloroso, sino que puede causar la muerte.** Esta arma de defensa consiste en una línea de dientes aserrados que sobresalen hacia atrás a lo largo de la superficie dorsal y la cola de la raya. En la base de cada diente hay una glándula venenosa. Los nadadores humanos corren un enorme riesgo, ya que este animal lento y en general discreto es capaz de un arranque de velocidad cuando persigue peces o huye, y si se siente amenazado puede defenderse con la cola. En ocasiones ha clavado sus espinas a bañistas y causado heridas graves, ya que las agujas poseen púas dispuestas en ángulo, lo cual las hace muy difíciles de extraer. Se han conocido casos de muerte por esta causa.

Las rayas venenosas habitan aguas cálidas tropicales y subtropicales de todo el mundo y tienen un hidrodinámico cuerpo aplanado. Pasan casi todo el tiempo merodeando cerca del fondo del mar, a menudo en aguas poco profundas. Incluso especímenes grandes, como la raya venenosa del Indo-Pacífico, que puede alcanzar más de 4.5 m de longitud, acechan en aguas de menos de 90 cm de profundidad.

COLA CON AGUIJÓN *Armada con una cola provista de espinas venenosas, la raya venenosa de pintas azules cruza un arrecife de coral en el mar Rojo.*

ARMAS QUÍMICAS

Se usen para ataque o para defensa, las sustancias químicas que existen en la Naturaleza son algunas de las más mortíferas del mundo. Los venenos naturales abarcan desde dolorosos aguijones hasta ponzoñas tan tóxicas que hasta una mínima cantidad puede matar a un ser humano en pocos minutos.

LA REACCIÓN EXPLOSIVA DEL ESCARABAJO BOMBARDERO

El **escarabajo bombardero apunta moviendo el ano de lado a lado.** Con un audible «pop» libera directamente en la cara del enemigo una descarga de productos químicos mortales secretados por una glándula anal.

Parte del líquido caliente y cáustico se convierte en un gas fino y nocivo. El ataque deja mareado y confundido al depredador, y quizá temporalmente ciego, dándole al escarabajo la oportunidad de huir.

Si un insecto, ave o rana ignora los chillones colores rojos y negros de advertencia, recibe el repugnante bombardeo. El depredador arroja el desagradable coctel, pero en ocasiones es víctima de heridas menores.

Este escarabajo puede disparar su jugo venenoso hasta 50 veces por el cañón altamente móvil que posee al final del abdomen.

EL HEDOR DEL ZORRILLO REPELE A LOS ENEMIGOS

Cualquier **animal que sea lo bastante imprudente para atormentar a un zorrillo quedará rápidamente fuera de combate por un hedor potente y sulfuroso.** De espaldas al enemigo y con la cola levantada, el zorrillo expulsa sus vahos nocivos por dos glándulas de almizcle que tiene en la base del rabo, provocando arcadas y a veces vómitos al enemigo. Si el vaho le llega a los ojos, el atacante puede sufrir ceguera temporal. El zorrillo tiene un alcance de 2 m y el fétido olor puede detectarse hasta a 1.6 km de distancia.

La mayoría de las especies de zorrillos advierten de esta defensa con gruñidos, golpes en el suelo con las patas delanteras y andares de un lado a otro con actitud desafiante. Esto, junto con su coloración blanca y negra, basta para ahuyentar a los coyotes y a casi cualquier otro atacante.

VENENOSO ENCUENTRO CON UNA MUSARAÑA

La **saliva de una musaraña de cola corta contiene suficiente veneno para matar a un mamífero pequeño en pocos segundos.** El potente veneno es una neurotoxina, mezclada con enzimas, que proviene de las glándulas bucales y penetra por las heridas que produce la musaraña al morder. Este animal usa su veneno para atrapar peces, tritones y otras presas pequeñas.

La musaraña de Norteamérica mide solamente 10 cm de longitud, con una cola

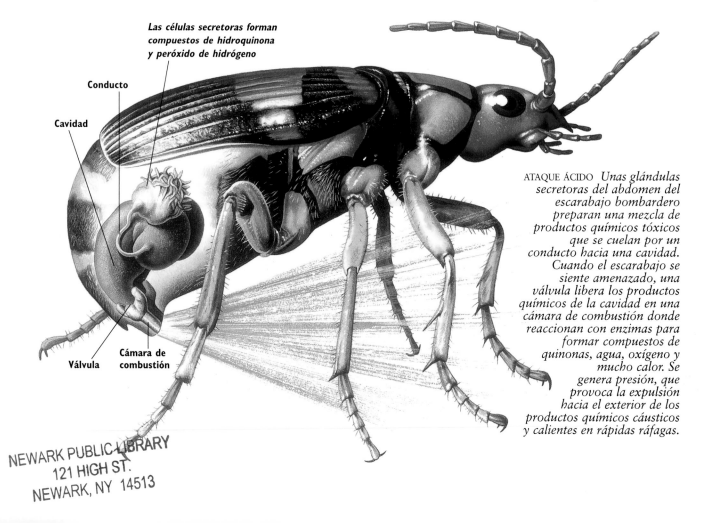

Las células secretoras forman compuestos de hidroquinona y peróxido de hidrógeno

Conducto

Cavidad

Válvula

Cámara de combustión

ATAQUE ÁCIDO *Unas glándulas secretoras del abdomen del escarabajo bombardero preparan una mezcla de productos químicos tóxicos que se cuelan por un conducto hacia una cavidad. Cuando el escarabajo se siente amenazado, una válvula libera los productos químicos de la cavidad en una cámara de combustión donde reaccionan con enzimas para formar compuestos de quinonas, agua, oxígeno y mucho calor. Se genera presión, que provoca la expulsión hacia el exterior de los productos químicos cáusticos y calientes en rápidas ráfagas.*

LÍNEA DE FUEGO *Las cobras jóvenes pueden hacer este despliegue poco después de salir del cascarón y su veneno es casi tan tóxico como el de las adultas.*

Algunas viudas negras se han introducido por accidente en otros países al escurrirse en barcos de carga.

COBRA ESCUPIDORA QUE CAUSA CEGUERA

La tiradora más certera y temida de África es reacia a disparar, pero cuando lo hace rara vez falla. La cobra de cuello negro lanza su chorro de veneno con una precisión mortal. Escupe sólo en defensa propia y prefiere inyectar el veneno con los dientes, lo mismo que otras serpientes.

Si está amenazada, esta cobra retrocede, se yergue y dilata su cuello en señal de advertencia. Luego bombea veneno de unas grandes glándulas que posee a cada lado de la cabeza. El veneno sale disparado por un pequeño orificio situado cerca de la punta de cada colmillo, en dos chorros en rápida sucesión, que se convierten en un conjunto de gotas finas.

Algunas cobras escupidoras pueden proyectar el chorro de veneno a una distancia de 2.5 m, en un arco de hasta 70 cm. El veneno es tan potente que tan sólo 1 gramo de veneno seco podría matar a 165 seres humanos. Si alcanza a un animal en los ojos causa un dolor insoportable y puede dejar ciega a la víctima.

---

de 3 cm, pero su mordedura puede causar dolor a un ser humano durante varios días.

LA VIUDA NEGRA PROVOCA LA MUERTE INSTANTÁNEAMENTE

Si se ve amenazada por un encuentro súbito y accidental, la araña viuda negra utiliza su arma mortal de defensa. Su mordedura es 15 veces más tóxica que la de una serpiente de cascabel. La de la hembra causa un dolor extremo, contracciones musculares, náuseas y, si no se la trata, la muerte; el macho es demasiado pequeño para que su mordedura afecte a los seres humanos, pero la neurotoxina venenosa que contiene es eficaz contra mamíferos pequeños.

Hay varias arañas a las que se denomina «viuda negra» en diferentes partes del mundo, pero la verdadera viuda negra se encuentra sólo en América del Norte.

ALIMENTO FRESCO *La araña viuda negra come sólo presas vivas, como el grillo que está devorando en la foto de la derecha.*

Suele tener una envergadura de patas de 2.5 cm, aunque a veces puede alcanzar hasta 6 cm. Esta araña pasiva evita los enfrentamientos en lo posible; se oculta en praderas y pastizales o se escabulle en grietas y hendiduras, lejos de la luz, en áreas habitadas por humanos.

LA VENENOSA ENVOLTURA DE LA RANA

Rojo intenso, negro y amarillo, verde amarillento, granate con manchas azul metálico: las ranas venenosas de América Central y del Sur ostentan una gama deslumbrante de fantásticos colores.

Estas ranas, a menudo cargando renacuajos, andan intrépidamente a la luz del día por los suelos de los bosques tropicales, protegidas por su belleza. Pues los vivos colores proclaman una advertencia: «mira, pero no toques». La llamativa piel de algunas de estas pequeñas ranas contiene el veneno más potente que se conoce en el reino animal. Sólo es suficiente 0.00001 gramo para matar a un ser humano. Algunas comunidades de indígenas americanos han usado durante siglos este veneno, llamado homobatratoxina, extraído de la piel de estos batracios, para humedecer la punta de sus flechas y los dardos de sus cerbatanas. Tiene una concentración tan alta que en la piel de una sola rana venenosa dorada hay veneno suficiente para 40 flechas. Monos, venados y otros mamíferos pequeños quedan paralizados en segundos. El veneno de las ranas posee también otras propiedades, incluido un producto químico analgésico más potente que la morfina.

EL SALTAMONTES QUE SE CONVIERTE EN ESPUMA

Con fuertes siseos, el saltamontes *Rhomalea microptera,* de refulgentes colores, echa espuma por la boca y el tórax para defenderse. Para disuadir a los depredadores, como lagartos o aves, de que se acerquen, este saltamontes pone en funcionamiento un asombroso mecanismo de defensa química al mezclar aire con una solución de productos químicos repelentes.

Forma una espuma compuesta por miles de diminutas burbujas. Cuando éstas estallan, liberan un gas acre que envuelve al saltamontes en una brumosa nube química protectora.

Si esto no logra disuadir al agresor, el saltamontes hace un último intento de defenderse y vomita una gota de un líquido de olor desagradable, rico en sustancias químicas.

LA CRÍA DEL LORIS LENTO TOMA UN RARO BAÑO

Dejar a una cría vulnerable sola por la noche puede parecer una imprudencia, pero el loris lento, un primate nocturno del sureste de Asia, toma las debidas precauciones. Al anochecer, cuando ha llegado la hora de salir en busca de comida, la madre deja a la cría en una rama para poder cazar con más eficacia, pero antes de marcharse la lame de la cabeza a las patas, cubriéndola de saliva tóxica. La cría se queda instintivamente quieta, agarrada inmóvil a la rama hasta que la madre regresa, pero su manto de saliva venenosa constituye una segunda defensa contra los depredadores arbóreos.

El loris lento hace honor a su nombre, pues se escurre despacio entre las ramas de los bosques del sureste de Asia, desde Bangladesh hasta Vietnam, Malasia, Sumatra, Java y Borneo. Se alimenta de una gran variedad de insectos. Su saliva es tan tóxica que puede provocar una leve conmoción en mamíferos más grandes.

CONTRAATAQUE TÓXICO Si sus intensos colores no consiguen ahuyentar a un determinado agresor, el saltamontes Rhomalea microptera *pone en acción una segunda línea de defensa y rezuma del cuerpo una espuma de olor desagradable.*

DENTELLADA MORTAL
La hormiga toro, nativa de Australia y Tasmania, primero muerde a su víctima y luego le clava un aguijón para inyectarle ácido fórmico.

HORMIGAS QUE INYECTAN UN ÁCIDO MORTAL

La hormiga toro de Australia y Tasmania es la más peligrosa del mundo. Sus poderosas mandíbulas cortan la carne de la víctima haciendo una incisión dentro de la cual la hormiga vierte su punzante ácido fórmico. Este veneno es disparado desde una estructura ovopositora modificada situada en la punta del abdomen de la hormiga, y el aguijonazo es tan potente como el de una avispa.

Las hormigas toro son parientes de las hormigas rojas o «de fuego». Tienen una excelente visión; las obreras de algunas especies saltan literalmente por el aire hacia los intrusos humanos. Como todas las hormigas, se valen de sustancias químicas para comunicarse, orientarse y defenderse.

ORUGAS QUE ASESINAN AL MENSAJERO

Las orugas de la mosca de sierra europea utilizan una estrategia química para silenciar a sus enemigos. Cuando una hormiga de la madera se topa con una potencial fuente de alimento, su comportamiento habitual consiste en correr de regreso a la colonia a obtener ayuda de sus compañeras, dejando un rastro químico que les permita encontrar el camino de vuelta a la comida. Pero cuando una exploradora encuentra un grupo de orugas de mosca de sierra, tiene un problema: estas orugas impregnan la cabeza y las antenas de la hormiga con una diminuta gota de pegamento que producen en las entrañas.

La sustancia confunde a la hormiga exploradora, que no consigue encontrar el camino de vuelta a su colonia, y aunque lo logre, el rastro que deja está tan cargado de mensajes de advertencia que ninguna otra hormiga la seguirá hasta la oruga.

TERMITAS QUE DISPARAN PEGAMENTO CON LA CABEZA

Las termitas poseen un arsenal de armas químicas más variado que cualquier otro animal. Para defenderse de incursiones de hormigas –su principal enemigo–, la termita africana *Macrotermes* inyecta a su atacante con una mezcla semejante a la cera. Cuando la termita muerde, también inyecta en la herida de la hormiga un anticoagulante, de modo que ésta muere desangrada.

Otras termitas utilizan una «pistola de agua» que tienen en la cabeza para disparar un pegamento tóxico al anemigo. Las termitas soldado de la especie *Nasutitermes* poseen un hocico extendido conectado con una glándula especial, situada en la cabeza, que secreta ese pegamento. Cuando se ven amenazadas, lanzan la sustancia resinosa para enredar al enemigo. Para evitar envenenarse ellas mismas, las termitas desintoxican sus armas químicas mediante enzimas.

LA SEGURIDAD DEL TAMAÑO

Los pesos pesados del mundo no temen a ningún depredador. Uno de los métodos más simples para evitar convertirse en comida de otro animal consiste en ser grande… grande de verdad. Algunos animales lo logran trabajando juntos; como grupo son demasiado «grandes» para atacarlos.

LOS BUEYES ALMIZCLEROS SE ORDENAN EN FORMACIÓN

Con hasta 410 kg de peso cada uno y enormes cuernos, los **bueyes almizcleros adultos son rivales formidables.** Los lobos son los únicos depredadores a los que temen estos bueyes mientras pastan en las tundras de Groenlandia, el norte de Canadá y Alaska. Los adultos no enfrentan mucho peligro, pero sí sus terneros, que corren un gran riesgo.

Los bueyes almizcleros se desplazan en rebaños de uno o más machos adultos y varias hembras. Recorren grandes distancias en busca de alimento; su pelaje tupido y compuesto por varias capas los protege de los crudos vientos y las tormentas de nieve.

En cuanto divisan una manada de lobos de cacería, los bueyes dejan de comer de inmediato y se amontonan en un anillo

LÍNEAS DE BATALLA *Trabajando en conjunto, un rebaño de bueyes almizcleros, armados de cuernos parecidos a cimitarras, presenta una defensa formidable. La protuberancia de la frente de un macho adulto puede tener 10 cm de espesor.*

defensivo, rodeando hombro contra hombro a las vulnerables crías, las caras vueltas hacia los lobos y los cuernos bajos.

Este anillo impenetrable se conoce con el nombre de «falange», por la formación de batalla que prefería la antigua infantería macedonia. La única probabilidad que tienen los lobos de atravesarla para llegar a los terneros es acosando a los adultos hasta que uno de ellos rompa la formación. Un lobo que calcule mal su momento se arriesga a morir corneado.

INTRÉPIDO PESO PESADO QUE SE DESPLAZA DESPREOCUPADO

Con una longitud máxima registrada de 33 m y 190 toneladas de peso, la ballena azul es la especie más grande que haya existido jamás sobre la Tierra. Casi ningún otro animal se atreve a atacar a una ballena azul adulta y sana a causa de su tama-

ño, de modo que nada tranquila por los océanos de todo el mundo. Su único y verdadero enemigo es el ser humano, que la ha cazado casi hasta el borde de la extinción, por su carne y su grasa.

Una ballena azul puede vivir hasta 65 años, con un peso promedio de 100-150 toneladas. Un cuarto del largo de su cuerpo corresponde a la cabeza, y sólo su corazón pesa una tonelada, casi tanto como un auto pequeño.

La garganta de la ballena azul puede estirarse para contener 5 toneladas o más de alimento y agua cuando se expande por completo. Sólo absorbiendo tanta agua en la boca puede filtrar las 4 toneladas de peces y kril que necesita comer por día.

BEBÉ IMPONENTE *Con sus 7 m de longitud, hasta las crías recién nacidas de ballena azul son tan grandes que tienen pocos enemigos. Una vez destetadas, a los ocho meses, su peso aumenta hasta unos 90 kg por día.*

El casuario alcanza hasta 1.5 m de altura y puede pesar más de 55 kg. Pertenece al mismo grupo de los emús. Vive en las selvas de Australia y Nueva Guinea, defendiendo un territorio de 1 a 5 km²; se alimenta de frutos.

CRÍAS VIGILADAS POR FORMIDABLES GUARDIANES

Los rinocerontes blancos adultos son tan grandes y poderosos que no corren el riesgo de ningún ataque. Pero las crías durante aproximadamente los primeros 3 años son lo suficientemente vulnerables para atraer la atención de hienas y lobos.

Una hembra ahuyenta a un león lejos de su cría con una serie de gruñidos y resoplidos, chillidos de advertencia y falsas ofensivas. Si es necesario, embestirá en serio.

Hay por lo menos un informe de una hembra que mató a un león que intentó arrebatarle la cría.

Cuando un grupo de rinocerontes blancos se alarma, los individuos que componen el grupo juntan sus cuartos traseros y vigilan en diferentes direcciones, presentando sus mortíferos cuernos a cualquier animal que se atreva a acercarse demasiado.

EL TIBURÓN BALLENA SE PROTEGE CON SU GRUESA PIEL

El tiburón ballena tiene una piel tan dura como una armadura. No es que necesite mucha protección, porque, con sus hasta 12 m de longitud, es uno de los peces más grandes del mar, y casi ninguna especie lo ataca. Existen informes de tiburones ballena que medían 18 m.

Su piel, como la de otros congéneres, está cubierta por diminutos dentículos, parecidos a dientes, que la hacen dura y áspera. Unas acanaladuras dorsales aumentan aún más su resistencia.

Este animal enorme y tranquilo, de cabeza chata y boca enorme y ancha, vive en aguas tropicales.

LAS FEROCES DAGAS DE LAS PATAS DEL CASUARIO

Cualquier animal lo bastante imprudente como para enfrentar a un casuario se arriesga a ser apuñalado... y posiblemente a morir. El casuario de doble barba, o casuario de casco, está armado con una daga en cada una de sus patas en forma de púa larga y recta que le crece en los dedos interiores modificados.

DAGAS PREPARADAS *Si lo amenazan, el casuario de doble barba salta contra su enemigo con las patas hacia adelante para clavarle las garras largas y afiladas que tiene en dos de sus dedos.*

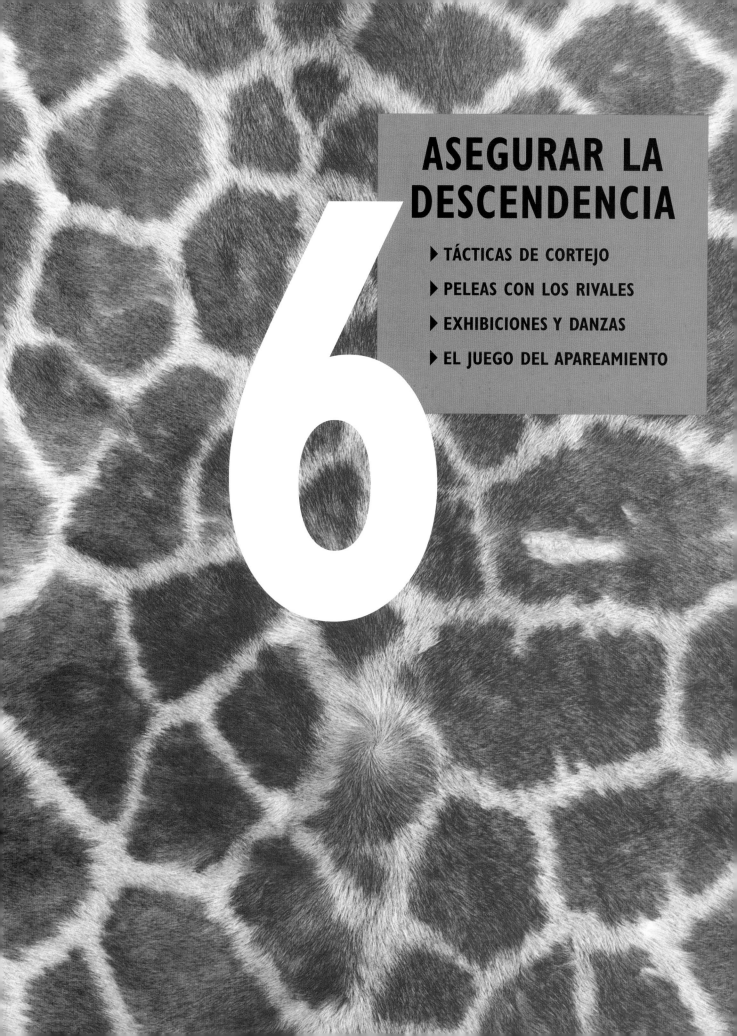

6

ASEGURAR LA DESCENDENCIA

- ▶ TÁCTICAS DE CORTEJO
- ▶ PELEAS CON LOS RIVALES
- ▶ EXHIBICIONES Y DANZAS
- ▶ EL JUEGO DEL APAREAMIENTO

TÁCTICAS DE CORTEJO

La mayoría de los animales no pueden reproducirse solos y la competencia es feroz. Para tener éxito en el apareamiento, los animales deben utilizar todos los colores y sonidos posibles, así como algunos comportamientos muy extraños.

UN AROMA IMPOSIBLE DE RESISTIR

Los machos de las serpientes de flancos rojos inician una carrera frenética para aparearse tras oler el menor rastro de las feromonas sexuales de una hembra. En primavera puede verse a estas serpientes –que habitan en praderas y otros ambientes húmedos desde Canadá hasta Costa Rica– en montones enmarañados de hasta 100 machos que se lanzan sobre una sola hembra.

Los machos detectan el olor de las hembras en el aire, sacando y metiendo la lengua. Después de aparearse, algunos pueden imitar el comportamiento de las hembras receptivas para distraer a los competidores. Esta «orgía» anual garantiza que todas las hembras queden preñadas media hora después de haberse despertado, de modo que las crías nazcan antes de la hibernación.

INGRESO PROHIBIDO *Después de aparearse, un macho de serpiente de flancos rojos deja un «tapón» de una sustancia cerosa dentro de la hembra, para impedir que se aparee con otros machos.*

EL MÁGICO ESPECTÁCULO DE LUCES DE LAS LUCIÉRNAGAS EN LOS MANGLARES

A lo largo de las orillas de los pantanos de manglares de Malasia los árboles chispean cuando miles de luciérnagas *Pyrophorus* hembra hacen señales a sus parejas. Puede haber casi un insecto en cada hoja de los árboles que crecen a lo largo de 100 m de riberas, creando un efecto espectacular al iluminarse sincronizadamente unas 90 veces por minuto.

La luz parpadeante en la noche atrae a los machos desde muy lejos. Al pasar volando, el macho emite destellos que equivalen a su «tarjeta de visita». Cuando una hembra reconoce esta señal, responde con otras luces; si son las correctas, baja a unírsele.

EL FINÍSIMO SENTIDO DEL OLFATO DE LA POLILLA DE LUNA HINDÚ

Una polilla de luna hindú macho puede detectar el olor de una hembra hasta a 5 km de distancia. Dueña del olfato más agudo de la Naturaleza, es capaz de detectar una sola molécula de la feromona sexual de la polilla hembra en el aire. Para ello utiliza sus enormes y plumosas antenas, cubiertas con minúsculos y sensibles «quimiorreceptores».

El macho vuela hacia la mayor concentración de olor, rodeando obstáculos –como árboles– en los bosques de la India, China, Malasia, Indonesia y Sri Lanka.

El macho de la polilla de la fruta cuenta con una habilidad extra: libera su propia feromona, que impide que otros machos detecten el olor de la hembra que él está persiguiendo.

AL APAREARSE, LAS RANAS FORMAN UNA PARED DE SONIDO ANFIBIO

En muchas regiones tropicales y subtropicales, durante la temporada de reproducción, ranas y sapos pueden producir un coro ensordecedor. La llamada varía según la especie y abarca una amplia gama. La rana manchada de Tasmania emite chasquidos simples y breves, mientras que el canto del sapo de las planicies de Norteamérica dura varios minutos. La rana arborícola de Madagascar emite 28 gritos diferentes, en lugar de los 5 habituales.

Las llamadas sirven para atraer a las hembras a aparearse. Muchas ranas los amplifican hasta 100 veces mediante unos enormes sacos de resonancia que inflan bajo las mandíbulas. El croar del sapo común africano puede oírse a una distancia de hasta 800 m.

INTEGRANTE DEL CORO *Para llamar a la hembra, el sapo común americano inhala, sella sus fosas nasales y hace entrar y salir el aire por la laringe valiéndose de su abultado saco vocal.*

EL GRACIOSO APAREAMIENTO DE LAS GACELAS DE THOMSON

Para persuadir a una hembra de aparearse, la gacela de Thomson macho debe ejecutar una serie de rituales. Primero se le aproxima y se exhibe estirando el cuello y arreándola hasta que ella orina. Luego huele y prueba la orina, en busca de las sustancias químicas que le indicarán si ella está en celo. Si es así, la sigue desde varios metros de distancia, erguido sobre las patas traseras y brincando con una especie de paso de ganso, a veces emitiendo unos ruidos como de chisporroteo.

Si la hembra trata de escapar, vuelve a arrearla. Cuando ella se detiene, él levanta una pata delantera para que siga caminando. Una vez que está lista para aparearse, le aparta la cola.

LAS HEMBRAS RECHAZAN A LOS MACHOS DEMASIADO AUDACES

En lo que al sexo se refiere, las liebres hembras no permiten que les metan prisa. Si un macho se muestra demasiado entusiasta, pueden

CAMPEONAS DE BOXEO *Las hembras de la liebre parda europea utilizan sus patas posteriores para erguirse y boxear con las delanteras contra los machos demasiado apasionados.*

PEGADO A SUS TALONES *Una gacela de Thomson hembra de Masai Mara, África, camina para aparearse, seguida por el macho, erguido sobre las patas traseras.*

echarlo con un fuerte golpe. Después, cuando la hembra está lista, el macho puede abordarla sin temor a sufrir magulladuras. Sin embargo, esto no impide que los machos prueben suerte lo antes posible, como ocurre cada primavera.

INSECTOS VERDES QUE MANDAN BUENAS VIBRACIONES EN EL CORTEJO

Las chinches verdes hediondas meridionales utilizan vibraciones especiales para encontrarse en medio de la tupida vegetación. Primero, un macho atrae a una hembra a su matorral enviándole su aroma, pero esto solo no basta para que ella lo encuentre.

Una vez que aterriza en las cercanías, la hembra se queda quieta en el lugar y «canta», utilizando los tallos de las plantas a modo de telégrafo. Hace vibrar el cuerpo y envía señales a lo largo de los tallos para comunicar al macho dónde se encuentra.

El macho responde a estas señales subiendo por la planta, tocando el tallo con las antenas y respondiendo a la llamada. Las vibraciones continúan hasta que alcanza a la hembra.

PELEAS CON LOS RIVALES

Algunas hembras no eligen a sus parejas, sino que los machos pelean entre ellos por el privilegio. Los machos utilizan desde alardeos inofensivos hasta auténticos combates que pueden terminar en muerte, para disputarse la paternidad.

EL ARSENAL NATURAL DE LOS ESCARABAJOS LUCHADORES

Los ciervos volantes están bien armados para cualquier duelo: usan las mandíbulas, muy alargadas, para luchar entre ellos por las hembras. Los machos combatientes del escarabajo más grande de Gran Bretaña entrecruzan los cuernos y luchan hasta que el más fuerte logra alzar en vilo a su rival y tirarlo al suelo.

El enorme escarabajo Hércules, de América Central y del Sur, también cuenta con su propia arma, un notable cuerno de 16 cm que emerge de la parte posterior de su cuerpo. Una vez que ha sujetado al enemigo, lo arroja violentamente, de espaldas, contra el suelo, donde lo empala con el cuerno.

ROMPEMANDÍBULAS *De las 900 especies de ciervo volante que hay en el mundo, Lucanus cervus es el más grande de Europa, con 6 cm. Hay especies tropicales más grandes, con mandíbulas de hasta 10 cm de largo.*

EN LOS TORNEOS DE CEBRAS SE SIGUEN LAS REGLAS DEL JUEGO

Cuando los sementales compiten por una hembra, sus batallas siguen un conjunto de complejas y precisas reglas. En las sabanas del sur y el este de África, el encuentro comienza con un semental que mira desafiante a su rival, con las fosas nasales dilatadas y los labios echados hacia atrás para dejar al descubierto sus formidables dientes.

Si con esto no consigue asustar al contrincante, los dos machos trazan círculos mientras cada uno trata de morder las patas del otro, hasta que uno se sienta de

TÁCTICA DE DUELO *Dos cebras macho compiten por una hembra en Botswana.*

1 *Cada una trata de morder el cuello y los lados de la otra.*

2 *Lanzan potentes patadas hacia atrás, dirigidas al pecho y la cara.*

pronto sobre las ancas para protegerse los cuartos traseros. Esta etapa de la batalla termina cuando ambos machos se ponen en cuclillas, todavía en un intento de morderse. Si ninguno gana esta vuelta, pelean pegándose con el cuello. En esta etapa, como en cualquiera de las otras, cualquiera de los dos puede rendirse mediante el simple recurso de marcharse al galope.

Si esto no ocurre la disputa aumenta en intensidad. Ambos animales se ponen en pie, retroceden y patean con fuerza con las afiladas pezuñas, arrancando en ocasiones sangrientas tiras de carne de los costados o de la cabeza del rival. La pelea continúa hasta que una de las cebras se retira.

EL CHOQUE DEL BISONTE

Una batalla encarnizada entre dos bisontes machos es uno de los espectáculos más dramáticos de la Naturaleza. Después de caminar de un lado a otro pisando fuerte, estos robustos animales de más de 800 kg de peso se abalanzan uno contra otro, embistiéndose con el cráneo. Se res-

2

Cuando esto ocurre el perdedor yace en el suelo estirando su cuello hacia el ganador.

EN LOS REBAÑOS DE JIRAFAS DOMINAN LOS CAMPEONES EN «LUCHA DE CUELLOS»

Las jóvenes jirafas macho del África subsahariana se enredan **en una brutal y ritualizada contienda de golpes de cuello para establecer la superioridad jerárquica.** Los dos rivales se ponen lado a lado y lentamente entrelazan sus largos cuellos, que se elevan a más de 4 m sobre el suelo, empujándose mutuamente.

Si ninguno cede, uno dobla el cuello hacia afuera y lo balancea hacia atrás, como un golfista al preparar el golpe. Luego cada macho golpea por turno al otro en los hombros y el cuello con los cuernos.

triegan mutuamente los cuernos y luego trazan un círculo mirándose fijamente, nariz contra nariz. Si uno encuentra la manera y cornea al otro en un flanco, puede infligirle una herida mortal.

Las disputas que surgen durante la temporada de celo pueden solucionarse con señales de amenaza y sumisión. Un macho muestra su dominio bramando, balanceándose y arqueando el lomo. Dos machos beligerantes balancean la cabeza de lado a lado en una amenaza ritual de «cabezazos».

LA GAMUZA, CUANDO CORNEA, JUEGA CON LA MUERTE

La mayoría de los animales optan **por grandes cortes para evitar la confrontación directa, pero no la cabra gamuza.** Aunque se encuentre en precario equilibrio en el risco de una alta montaña, una gamuza macho continuará el ataque a un rival, pues puede utilizar los fuertes cuernos curvos para asestar golpes letales en potencia.

Este pariente lejano de la cabra doméstica, que vive en las montañas europeas de la cordillera cantábrica al Cáucaso, del Alto Tara a los Apeninos centrales, sólo abandona el combate si se ve perdido.

COMBATE DE PESCUEZOS *Las jirafas macho de Masai Mara, África, luchan entre ellas cuando se rompe la jerarquía o cuando llega un macho nómada.*

LAS LENTAS BATALLAS SUBMARINAS DE LAS ANÉMONAS

Aunque en apariencia delicadas, las anémonas de mar son eficaces luchadoras, armadas de células urticantes con púas, que disparan a los intrusos. Sus batallas submarinas a menudo pasan inadvertidas porque ocurren «en cámara lenta». Un ataque puede durar diez minutos.

Cuando la anémona actinia roja, también llamada tomate de mar, que habita en todo el Atlántico oriental y el Mediterráneo, percibe la presencia de otra que invade su espacio individual, reacciona con agresión: sus acrorhagi o tentáculos venenosos, se inflan en unas tumefacciones azuladas, luego extiende hacia arriba la columna blanda de su cuerpo, embiste a su rival con la línea de acrorhagi hinchados y dispara una descarga de células urticantes cargadas de veneno. La pelea termina cuando una de las anémonas se escabulle, con los tentáculos encogidos.

LA DANZA EN ESPIRAL DE LAS SERPIENTES RIVALES

Las serpientes venenosas *Viper berus* macho despliegan una extraordinaria sesión de gimnasia como prueba de su fuerza. Durante la mayor parte del año estas serpientes gregarias, que habitan en Europa y el norte de Asia,

ESCARAMUZA BAJO EL AGUA *El «tomate de mar» se vuelve agresivo por el contacto con los tentáculos de anémona.*

1 *Sus hinchados tentáculos azulados, llenos de células urticantes, se extienden para atacar.*

2 *Ante el disparo, el intruso se retira.*

viven en armonía. Sólo en primavera, durante la temporada de reproducción, los machos se vuelven agresivos. Pero ni siquiera en combate tratan de herirse mutuamente.

Con los cuerpos entrelazados, dos machos se levantan del suelo, entrechocando las cabezas, entrecruzándose y esti-

rándose cada vez más hasta que la gravedad vuelve a arrastrarlas a tierra. Si ambos se encuentran en similar estado físico, la lucha puede durar varios minutos (incluso hasta media hora, en ocasiones) y dejar a ambos exhaustos.

Cuando el combate termina, el macho vencido se desenreda del cuerpo del ganador y se marcha rápidamente. El ganador vuelve con la hembra.

LOS PETIRROJOS SE ENFURECEN EN LA LUCHA POR EL TERRITORIO

Para un petirrojo europeo macho, el color rojo puede ser tan provocativo como para incitarlo a matar. Un destello rojo le indica a este pájaro que hay otro macho en su territorio. Cuando un petirrojo divisa a un macho rival en su zona, trata de ahuyentarlo inflando las plumas pectorales para exponer su pecho, cara y garganta, de color rojo anaranjado. Si el intruso no huye, el dueño del territorio ataca. En la batalla uno de los luchadores puede resultar muerto en pocos minutos, con el cerebro al aire tras una descarga de furiosos picotazos. Se cree que hasta 10 % de los petirrojos muere de esta manera.

ALERTA ROJA *Un petirrojo macho ataca un señuelo. Estas aves se comportan de forma territorial incluso con otras especies de pájaros de mayor tamaño.*

EXHIBICIONES Y DANZAS

Es importante para las hembras elegir al mejor padre disponible. Los machos se esfuerzan al máximo para atraer la atención de ellas. Con atuendos coloridos, bailan, cantan hermosas canciones y realizan elaboradas exhibiciones.

LAS AVES FRAGATA PELÁGICAS MACHO SE LLENAN DE AIRE

Cuando las grandes fragatas macho se acurrucan en matorrales y árboles en las islas de los trópicos, parecen racimos de enormes frutos color carmesí. Tratan de llamar la atención de las hembras inflando sus llamativos buches de un intenso color rojo.

Cuando un macho ha inflado su bolsa al máximo —más o menos del tamaño de una cabeza humana— comienza a hacerla vibrar, mientras abre y cierra ruidosamente el pico y agita las alas, para impresionar a las hembras que pasan.

Si tiene suerte, una aterrizará cerca para examinarlo más detenidamente antes de elegir pareja.

EL PIQUERO CAMANAY HACE EL PAYASO PARA ATRAER A SU PAREJA

La danza de cortejo del piquero Camanay, también llamado pájaro bobo patiazul, es uno de los espectáculos más cómicos que hay en la Naturaleza. En su ritual de cortejo, el macho desfila de un lado a otro, se contonea y camina levantando mucho las grandes patas para impresionar a la hembra, que se muestra fascinada. Esta actuación va acompañada por un mutuo acicalamiento de plumas, entrechoque de picos y movimientos de cabeza. Más adelante, las fantásticas patas sirven para otra finalidad: el pájaro bobo las posa sobre los huevos para mantenerlos tibios. Las aves adultas sostienen a los

ESPECTÁCULO BOBO *Un piquero Camanay o pájaro bobo patiazul de la isla Hood, Galápagos, muestra las patas color aguamarina en una lenta danza de saltos, para impresionar a una hembra.*

polluelos sobre sus extremidades durante un mes después de que han salido del cascarón.

HINCHADO COMO UN GLOBO *La fragata pelágica, que aquí se ve en la isla Tower, en el archipiélago de las Galápagos, tarda varios minutos en llenarse los pulmones e inflar la bolsa de su garganta como un globo, hasta que queda tensa como una piel de tambor.*

LAS AVES DEL PARAÍSO SE VISTEN DE FIESTA PARA CANTAR Y BAILAR

Atuendos llamativos y danzas extáticas forman parte del extravagante espectáculo que montan las aves del paraíso para ganar la aprobación de las hembras. Los machos son polígamos y atraen a las hembras una por una, esforzándose al máximo para resultar deseables. Han desarrollado plumajes sumamente llamativos para impresionar a las hembras, de apariencia menos viva. El macho del ave del paraíso azul, por ejemplo, tiene alas color zafiro y «anteojos» de piel blanca alrededor de los ojos. De los laterales y la parte baja del pecho le salen unas plumas azules semitransparentes, que él despliega en un abanico azul celeste mientras se cuelga cabeza abajo en sus exhibiciones. Hace ondear dos largas plumas timoneras al mismo tiempo que entona repetidamente su canto, al ritmo del movimiento de las pulsantes plumas.

El ave del paraíso Rey de Sajonia tiene dos largas plumas timoneras, cada una con una líneas de puntitos color zafiro, ostenta una pechera expansible color esmeralda, y el ave del paraíso de 12 cuerdas luce un chaleco inflable amarillo. En el ave del paraíso magnífica, dos plumas timoneras se curvan hacia arriba en anchos círculos como la cinta del lazo de un regalo. Tiene plumas doradas en los hombros y un escudo verde en el pecho.

LLAMADA DE ATENCIÓN *El ave del paraíso del Conde Raggi ostenta su plumaje mientras se posa de rama en rama agitando las alas.*

EL TALENTO IMITADOR DEL AVE LIRA

Chillidos de loro, canciones de otros pájaros, ladridos de perro, ruidos de sierra... no tienen fin los sonidos que es capaz de copiar el ave lira australiana. En una ocasión fue encontrado un macho capaz de imitar las llamadas de otras 16 especies de aves, y a veces las canciones eran tan potentes que podían oírse a 800 m de distancia.

Para actuar, el ave lira terrestre construye un escenario con vegetación. Se para en el centro, eleva las plumas de la cola sobre la cabeza como una sombrilla y canta a un volumen muy alto. Las hembras van observando de pretendiente en pretendiente. Los machos pueden pasar la mitad del día exhibiéndose.

LA DESLUMBRANTE DANZA ACUÁTICA DEL SOMORMUJO LAVANCO

La danza de apareamiento del somormujo lavanco es uno de los más intrincados «juegos de dos» de la Naturaleza. Al comenzar la danza, los dos futuros integrantes de la pareja se enfrentan y mueven la cabeza rápidamente de lado a lado.

Las parejas ya formadas pasan luego a la «exhibición de descubrimiento», en la que uno abre las alas mientras el otro se sumerge y emerge con el pico apuntando hacia abajo. En la «exhibición de retirada», uno atraviesa velozmente el agua, lejos de su pareja. La danza de las hierbas es la última actuación y la más íntima. Muy juntos, los dos somormujos «caminan» por el agua y se alzan, pico contra pico, pecho contra pecho, cada uno agitando en el pico un manojo de hierbas acuáticas.

Los somormujos lavancos, que habitan en Europa, son monógamos de por vida y esta complicada danza sirve para reforzar el vínculo de la pareja.

PARA REPRODUCIRSE, LOS SALMONES SACAN LOS DIENTES

Mientras migran hacia los sitios donde se reproducirán, los salmones de ambos sexos sufren drásticos cambios físicos, como preparación para el apareamiento.

ARQUITECTOS Y DECORADORES

Chozas con techo de paja, puentes cubiertos de líquenes, doseles, escenarios plateados, muros azulados, danzas de cintas, callejones y torres alfombrados con brillantes joyas… son sólo algunas de las maravillosas construcciones del tilonorinco.

Los tilonorincos, de las selvas de Nueva Guinea y Australia, son parientes de las aves del paraíso. Al contrario que éstas, de extravagantes plumajes, los tilonorincos macho no se exhiben ante su pareja mediante las plumas. En lugar de ello, construyen enramadas.

El tordo mimo (o pájaro escenógrafo) comienza despejando un área del bosque de alrededor de 2.5 m de anchura. Corta hasta 36 hojas de un arbusto, preferentemente jengibre silvestre, y las dispone sobre su «escenario» con la parte interior hacia arriba. Luego canta con voz fuerte desde un árbol cercano y baja de un salto a su escenario para bailar ante cualquier hembra que pase.

El tilonorinco de Archibald despeja la zona de conquista y usa una mayor variedad de alfombras para decorarla, como pilas de brillantes alas de escarabajos, caparazones de caracoles, bayas y plumas de aves del paraíso. El tilonorinco de MacGregor

construye ramos con varas apiladas en forma de pirámide y baila alrededor de ellos.

El tilonorinco dorado va más allá, pues construye dos torres y apila un terraplén de ramitas de 1.2 m de altura alrededor. Tras haberlo decorado con matas de líquenes claros, actúa sobre el «podio».

Quizá el arquitecto más dotado sea el tilonorinco jardinero, que utiliza el tronco de un árbol joven para sostener el techo de paja de una choza cónica en cuyo frente forma un parquecillo de musgo, sobre el cual dispone montones de flores y frutos.

El trabajo del macho es juzgado por las hembras que patrullan el bosque y examinan las construcciones.

EN TONALIDADES AZULES El tilonorinco satinado muestra particular preferencia por el azul. Además de conchas, alas de mariposas, flores y plumas, junta pajillas de este color. Hasta llega a pintar sus paredes con bayas azules.

El cuerpo de las hembras se llena de huevas, mientras que los machos desarrollan nuevas características y maduran para convertirse en «máquinas de pelear».

Poco después de dejar el agua salada, la piel del salmón del Atlántico cambia de color, adquiriendo una gama de tonos rojizos. Su cabeza se alarga, se agrandan sus mandíbulas y un gancho se desarrolla en la mandíbula inferior.

También otras especies de salmón experimentan notables cambios. La transforma-

ción del salmón rojo, que es normalmente un pez de cuerpo hidrodinámico, es más intensa: se le arquea el lomo, la cabeza se vuelve verde, el cuerpo adquiere un color escarlata y desarrolla una dentadura feroz.

LAS DESENFRENADAS RUTINAS DE DANZA DEL CORTEJO DE LAS GRULLAS

Las grullas que viven en tierra sellan sus relaciones con llama-

das fuertes y danzas nupciales elaboradas, muy ritualizadas. Durante el cortejo las grullas de barba emiten un canto estridental unísono, mientras cada ave recoge la cabeza sobre el lomo y luego la extiende hacia arriba.

También las grullas azules practican una danza elaborada: corren en círculos, saltan mientras aletean y chillan; y las grullas grises coronadas arrojan objetos al aire. Las grullas habitan en América del Norte, Europa, Asia, África y Australia.

AVE VIUDA QUE SORPRENDE CON UNA DANZA

El macho del ave viuda de cola larga de Jackson se presenta a una probable pareja saltando de pronto desde atrás de los pastos altos. Durante un breve instante se entrega a un vuelo enérgico, abundante en saltos y picados, en el que arrastra la larga cola negra como la cola de un vestido de novia, para luego posarse fuera de la vista. La danza del macho tiene el objetivo de llamar la atención de la hembra para poder conducirla al nido. La cola de este pájaro, del tamaño de un zorzal —habitante de las llanuras del sur y el este de África—, puede alcanzar los 20 cm de longitud.

EL ARDIENTE PECHO DEL PEZ ESPINOSO BAILARÍN

Un destello rojo que atraviesa el agua en zigzag despierta al instante la curiosidad de un pez espinoso hembra. Cuando un macho está listo para reproducirse, su vientre, su pecho y su boca adquieren un color carmesí, y él los exhibe a la hembra en una danza entrecortada.

El espinoso, un pez europeo de agua dulce, de 8 cm de longitud, se esfuerza un poco más para proteger a su prole. En la temporada de reproducción, el macho construye un nido cavando un hueco en el lodo y erigiendo un arco abovedado con algas y mucosidad. Después de persuadir a una hembra de que deposite sus huevos en el nido, espera a que pase otra y haga lo mismo. Luego custodia el nido y abanica constantemente el agua —para oxigenarla— sobre los huevos, con el fin de contribuir al desarrollo de éstos.

GRANDES VOCIFERADORES QUE GANAN EL JUEGO DEL APAREAMIENTO

Las hembras del murciélago martillo son atraídas por el ensordecedor trompeteo metálico de los machos. Cuanto más estrepitoso es el macho, más irresistible lo encuentra la hembra. Esto ha llevado a la evolución de una enorme laringe, que ocupa casi todo el pecho del murciélago martillo. Unos conductos de aire que tiene en la nariz y que amplifican la llamada, lo ayudan a superar en volumen a sus vecinos mientras cuelga cabeza abajo sobre las vías fluviales de los bosques tropicales del oeste de África.

Las hembras vuelan de un lado a otro y escuchan. Si una revolotea frente a un macho, él aumenta la frecuencia de llamadas. Finalmente la hembra elige su pareja.

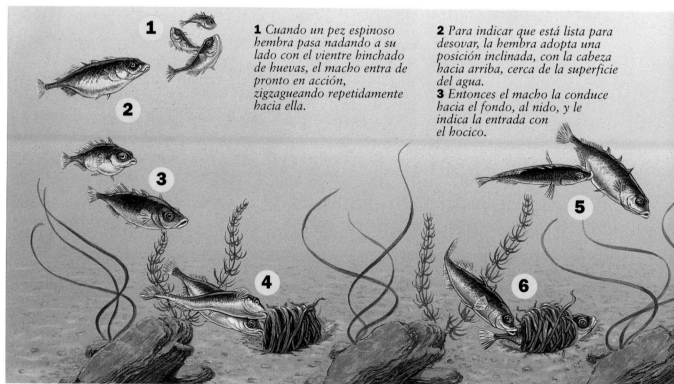

1 Cuando un pez espinoso hembra pasa nadando a su lado con el vientre hinchado de huevas, el macho entra de pronto en acción, zigzagueando repetidamente hacia ella.

2 Para indicar que está lista para desovar, la hembra adopta una posición inclinada, con la cabeza hacia arriba, cerca de la superficie del agua.
3 Entonces el macho la conduce hacia el fondo, al nido, y le indica la entrada con el hocico.

LOS ALBATROS ERRANTES SE TOMAN SU TIEMPO

El cortejo del albatros errante puede durar hasta ocho semanas. Dos albatros parados frente a frente, con las alas desplegadas, se dedican reverencias al tiempo que hacen vibrar el pico. Lo abren y cierran produciendo fuertes chasquidos, echan la cabeza hacia atrás exponiendo el cuello largo y blanco, y luego se restriegan los picos en algo semejante a un beso. Con las alas siempre desplegadas, se rodean luego en círculo para completar el cortejo.

LOS CAIMANES HACEN OLAS

Los caimanes del sur de Estados Unidos, forman olas con el cuerpo para atraer a las hembras. Sumergidos apenas por debajo de la superficie del agua, el caimán macho hace vibrar el cuerpo para generar olas concéntricas. En la temporada de celo pueden acompañar este comportamiento con fuertes bramidos. Durante el cortejo también «golpean el agua», entrechocando las mandíbulas para producir sonoros chasquidos.

LA DANZA MORTAL DE LA MOSCA DE MAYO

En mayo, densas y resplandecientes nubes de moscas de pescadores, o moscas de mayo, bailan sobre la superficie de charcos y ríos. Estos insectos viven cerca de las aguas dulces de todo el mundo y ejecutan asombrosas acrobacias para atraer una pareja.

Casi toda su vida son larvas acuáticas. Luego de dos o tres años flotan hasta la superficie del agua para reproducirse y morir; todo en un día. Primero mudan al estado de preadultas, y minutos después se transforman en adultas, con unas alas de 5 cm. Cuando una hembra se eleva para unirse al enjambre que revolotea sobre el agua, un macho la toma. Se aparean y la hembra vuelve al agua para depositar sus huevos. Luego, tras la muda, la danza y la reproducción, la mosca muere.

4 *El macho se vuelve de lado para exhibir su vientre rojo.*
5 *Si la hembra no desova, el macho puede frustrarse y atacarla mordiéndole los flancos.*
6 *La hembra entra en el nido, donde el macho le presiona el vientre para estimular la puesta de los huevos (hasta 100).*

7 *La hembra deja el nido y el macho va a liberar su esperma.*
8 *El macho cuida de los huevos. Sus movimientos ayudan a oxigenar el agua alrededor mientras se desarrollan.*

EL DESLUMBRANTE DESPLIEGUE DEL PAVO REAL

El pavo real común es originario de la India y el sudeste de Asia, pero los espectaculares despliegues de esta ave son, desde hace mucho, una visión familiar en parques y jardines públicos de América y Europa. Sin embargo, la ornamentación del macho no tiene como único fin la mera decoración. Una hembra evalúa a su macho por el tamaño y la calidad de su cola. Cuando las plumas están plenamente desplegadas, un macho puede exhibir hasta 200 llamativos «ojos» verde azulados. El factor decisivo para las hembras es la combinación de la cantidad y definición de esos ojos. Un macho atractivo elige la hembra que quiera y puede aparearse con varias en una misma temporada, lo cual le da una enorme ventaja reproductiva. ¿Pero por qué las hembras eligen machos de cola grande? Una teoría sostiene que perciben que los machos de cola más grande son los más aptos, pues son capaces de sobrevivir pese a un estorbo físico tan considerable.

EL JUEGO DEL APAREAMIENTO

Desde hermafroditas hasta cambios de sexo, desde cabezas llenas de esperma hasta novias niñas, el mundo natural comprende las prácticas sexuales más extrañas y maravillosas. Algunas hembras devoran al macho mientras se aparean.

DEPÓSITO DIRECTO QUE ASEGURA UNA MEJOR TASA DE SUPERVIVENCIA

Los cefalópodos macho envuelven su esperma en paquetes y los depositan directamente. Estos animales, incluidos los pulpos, los calamares y las sepias, llevan los paquetes de esperma en un brazo especialmente modificado, el hectocotilo.

En la temporada de celo, el pulpo macho utiliza el hectocotilo para penetrar su propio cuerpo y extraer una masa de paquetes de esperma. Durante el apareamiento, empuja los paquetes a través del tubo reproductor de la hembra hasta el interior del conducto genital. Al absorber

CON MUCHO TACTO *Una sepia gigante del Indo-Pacífico utiliza su brazo modificado para palpar a su pareja y luego depositar su esperma.*

agua los paquetes, se acciona en ellos un mecanismo eyaculatorio semejante a un resorte, y el esperma se derrama sobre los huevos de la hembra.

LA BABOSA MORENA CAMBIA DE SEXO CON LA EDAD

La babosa oscura, que habita Europa y América del Norte, comienza la vida como macho y se convierte en hembra a medida que se desarrolla. Ser macho al principio le permite la producción de esperma, y ser hembra cuando ha crecido por completo la ayuda a pelear con otras babosas por los codiciados sitios de desove.

Hay muchos moluscos hermafroditas, seres que poseen órganos tanto masculinos como femeninos. Cuando se aparean dos de estos individuos, ambos producen una determinada cantidad de huevos fertilizados.

EL PEZ PAYASO CAMBIA DE SEXO PARA LLEGAR A LA CIMA

En las comunidades de peces payaso —en el Gran Arrecife de Coral de Australia—, sólo la pareja dominante es sexualmente activa. Si muere el macho dominante, otro ocupa su lugar, pero si muere la hembra, su compañero —el macho dominante— cambia de sexo. Luego un nuevo macho sexualmente activo se une a la hembra.

Entre los peces lábridos de cabeza azul, de los arrecifes de coral del Atlántico, si muere un macho dominante la mayor de las hembras, de colores apagados, se transforma en macho.

LOS TIBURONES DESALOJAN A LA COMPETENCIA

El cortejo de los tiburones es una maniobra compleja que requiere que el macho «atraque» junto a la hembra. El tiburón macho tiene dos órganos sexuales, que le permiten fertilizar a una hembra tanto si se le acopla sobre la izquierda como si lo hace sobre la derecha. Estos órganos son estructuras parecidas a barras con surcos, que inserta en la hembra. Valiéndose de un sistema hidráulico impulsado por músculos que posee en la pared abdominal, transfiere el esperma en un chorro de agua, al tiempo que empuja fuera de la hembra el esperma de copulaciones anteriores.

LA MANTIS MACHO ES PARTE DEL MENÚ DE LA HEMBRA

Para las mantis religiosas macho, el sexo es una actividad peligrosa, ya que las hembras tienden a comérselos durante la copulación. Sin embargo, la amenaza de muerte no frena el impulso sexual del macho. De hecho, una vez que le ha sido arrancada la cabeza de un mordisco, un reflejo nervioso lo hace copular intensamente. Si un macho aborda a la hembra cuidadosamente desde atrás, fuera del alcance de sus fuertes patas anteriores, y hace una veloz retirada, puede evitar ser devorado.

AMOR VORAZ *Las hembras de mantis pueden devorar a su pareja para obtener proteínas y producir hasta 1,200 huevos.*

EL BABUINO TOMA NOVIAS NIÑAS DE SU HARÉN

Los babuinos de Guinea macho secuestran hembras jóvenes, robándoselas a las madres, para aumentar sus harenes. Estos grandes monos viven en grupos de hasta 70 individuos en los desiertos de Horn, África. Las unidades familiares, gobernadas por machos dominantes, suelen ser pequeñas, lo cual facilita a los machos agresivos el arrebato de hembras jóvenes. Forman sus harenes con una hembra cada vez, creando nuevas unidades de reproducción. Algunos pueden dominar y controlar hasta diez hembras.

Las hembras del harén no guardan una relación de parentesco estrecha, de modo que no se protegen entre ellas. En consecuencia, el macho puede maltratarlas impunemente; si una se aparta, es castigada con un fuerte mordisco en el cuello.

EL CAUTELOSO CORTEJO DE LA ARAÑA MACHO

Cuando el macho de una araña tejedora de red aborda a una hembra, se identifica cuidadosamente para evitar que ella lo devore. De lo contrario, la hembra de estas especies –que se encuentran principalmente en matorrales y arbustos de todo el mundo–, más grande y depredadora, podría

REGALO DE ARAÑA *Un macho de araña de telaraña-criadero entrega su obsequio. Produce esperma instintivamente y no siempre en la presencia de una hembra.*

confundirlo con algo para comer y morderlo con sus colmillos ponzoñosos. Al llegar a la tela, el macho toma un hilo de seda con una pata y envía a la hembra residente una señal rítmica de larga distancia, cuyas vibraciones características indican a la hembra que el recién llegado es una pareja y no una presa.

El apareamiento que sigue a este cauteloso cortejo puede ser muy breve. El macho ya ha tejido una pequeña tela de seda, en la que ha depositado una gota de esperma y la ha absorbido con los palpos, unos órganos semejantes a antenas que tiene en la cabeza. En el apareamiento, introduce uno de los palpos en el orificio genital de la hembra y deposita el esperma. Cuando ha cumplido su función, el macho se escabulle, antes de que la pasión de la hembra se convierta en hambre.

Los machos de arañas de telaraña-criadero tratan de seducir a las hembras con un regalo nupcial, un insecto envuelto en un grueso capullo de fina seda. Un mensaje químico contenido en la seda actúa como tarjeta de presentación, pues ayuda a que ella identifique al macho como pareja. El obsequio envuelto puede excitar a la hembra y distraerla para que el macho logre inseminarla.

SEÑOR PREPOTENTE *Los babuinos de Guinea viven en grandes grupos compuestos por varias unidades familiares, cada una de las cuales está controlada por un solo macho.*

TRAGAR EL ESPERMA MEJORA LAS PROBABILIDADES DE FERTILIZACIÓN

Una especie de bagre sudameri-cano tiene una insólita técnica de apareamiento, en la que la hembra bebe el esperma del macho. Cuando los peces liberan sus huevos y esperma en el agua para la ferti-lización externa, enfrentan un problema común: las aguas turbulentas se llevan una gran parte. Adhiriendo su boca a la zona genital del macho, el bagre hembra evita el desperdicio de esperma.

Al mismo tiempo, la hembra libera los huevos en una bolsa que forma con las aletas ventrales. Sus branquias permane-cen fuertemente cerradas mientas bebe. Traga el esperma, con un poco de agua, lo hace pasar rápidamente por el intesti-no y lo expulsa, junto con los huevos.

EL SABROSO REGALO DEL GRILLO PINTADO

El macho del grillo pintado, habitante del desierto, corteja a su compañera ofreciéndole una deliciosa comida. Mientras se aparea, transfiere dos cosas a su pareja: una cáp-sula llena de esperma y una gran gota de una sustancia gelatinosa que la hembra se come después del apareamiento.

En otras especies de grillos que viven en ambientes áridos, esta sustancia es sumamente nutritiva y suministra energía a la hembra para que pueda pro-ducir más huevos.

Pero los machos del grillo pintado no son tan generosos, ya que la sustancia que ofrecen carece de valor nutricional.

A pesar del engaño, las hembras de este grillo parecen quedar conformes con el obsequio.

Se cree que, aunque no contenga mu-chos nutrimentos, les brinda un líquido muy necesario. Además, mientras ella está ocupada devorando la gelatina, no sale a aparearse con ninguno de los machos rivales.

EL ÚLTIMO GANA

Cuando de reproducción se trata, los machos de las moscas del estiércol de todo el mundo tratan de llegar en último lugar. Esto se debe a que el último macho que se aparee con una hembra antes de que ella desove desalojará el esperma de las copulaciones anteriores y fertilizará 80 % de los huevos.

LUGAR DE PRIMERA *Las moscas del estiércol son rápidas para localizar excrementos frescos. Llegan con rapidez a la escena para capitalizar este recurso temporal.*

Los machos esperan en el estiércol fresco y húmedo donde las hembras ponen sus huevos.

Cuando aparece una hembra, varios tratan de montarla al mismo tiempo, cada uno batallando frenéticamente para aparearse, aferrado a ella con determinación y combatiendo a los rivales. Es una lucha realmente impetuosa de la cual la hembra podría prescindir sin problema, ya que necesita depositar los huevos rápidamente, antes de que el estiércol se enfríe y se endurezca, y ello impida que los ponga. Además, en estas luchas los machos pueden llegar ser tan «entusiastas» que, en ocasiones hunden a la hembra en el estiércol.

REPRODUCCIÓN DE CABEZA

Cuando un macho de una especie africana de gusano aterciopelado está listo para aparearse, adhiere un paquete de esperma en cualquier parte del cuerpo de una hembra. El esperma es absorbido a través de la piel y se abre paso hasta el ovario.

Los gusanos aterciopelados también habitan en Australia, y algunos tienen protuberancias y formas semejantes a jeringas en la cabeza. Para aparearse, el macho extrae esperma de su orificio genital y lo lleva en la cabeza hasta que encuentra una hembra. Para depositarlo, mete la cabeza en el canal reproductivo de ella.

EN CIRCULACIÓN

7

MOVILIDAD EN TIERRA

Durante millones de años, los animales han desarrollado los medios para movilizarse, encontrar alimento, escapar de los enemigos y buscar pareja. Así, en tierra, se arrastran, corren, saltan e incluso se deslizan por el cieno.

EL CANGURO GRIS GIGANTE, CAMPEÓN DE SALTO

Cuando tiene prisa, el canguro gris gigante del este de Australia se traslada dando grandes saltos con sus musculosas y alargadas patas traseras. Sostiene contra el pecho las extremidades delanteras, mucho más cortas.

La cola, larga y gruesa, le sirve de contrapeso cuando este canguro, el más grande de todos, alcanza una velocidad de 50 km/h. Puede dar saltos horizontales de unos 7.5 m de longitud, aunque la distancia récord es de 14 m. El canguro gris adulto pocas veces supera los 1.5 m de altura, pero si lo persiguen cazadores, dingos o perros salvajes australianos, puede saltar obstáculos, como cercas, del doble de esa altura. Un macho adulto, perse-

EL SALTO DEL CANGURO *El canguro gris tiene largas y musculosas patas con tendones que actúan como resortes. Al saltar utilizan menos energía que corriendo a cuatro patas.*

guido por unos perros pastores, saltó por encima de una pila de madera que tenía 4 m de altura.

EL CANGREJO QUE TREPA A LOS ÁRBOLES PARA COMER

Varias especies de cangrejos viven más en tierra que en el mar y algunos incluso trepan a los árboles. Las agudas puntas de sus patas les permiten agarrarse y trepar por las cortezas de los árboles. El más potente trepador es el cangrejo ladrón o cangrejo del cocotero, de las islas del Pacífico sudoeste y del océano Índico.

Los ejemplares más grandes de este gigantesco cangrejo sin caparazón, pariente del cangrejo ermitaño, tienen 1 m de envergadura de patas y pesan hasta 5 kg. Por las noches emergen de las madrigueras para alimentarse de carroña, vegetales y cocos caídos. Trepan a las palmeras para comer frutos y escapar de los depredadores. El nombre de «cangrejo ladrón» se debe a que roba objetos brillantes.

CANGREJO TREPADOR *El cangrejo ladrón escapa del peligro trepando a una palmera. Cuando baja, lo hace caminando hacia atrás.*

LA PULGA SALTARINA TIENE UNA ENORME RESERVA DE ENERGÍA

La humilde pulga bate récords mundiales. Desde una posición de reposo puede saltar hasta 130 veces su tamaño, el equivalente a una persona que saltara sobre la torre Eiffel y todavía le sobraran 60 m. Y puede hacerlo 500 veces o más en una hora, casi sin parar, durante tres o cuatro días.

Tales hazañas son posibles porque el tórax de la pulga contiene un arco de resilina, una proteína que almacena gran cantidad de energía cuando es comprimida. En el instante del salto, los segmentos del tórax de la pulga se desacoplan, liberando energía y lanzando a la pulga por el aire. Las patas traseras, al rebotar contra el suelo, provocan aún más impulso. Con este mecanismo, una pulga que mide 3 mm puede saltar 34 cm.

VIAJERO DE LARGA DISTANCIA QUE ANDA EN BANDADAS

El emú es un ave nómada australiana que no vuela, pero, es capaz de atravesar grandes distancias andando. Con sus poderosas patas camina a una velocidad constante de 7 km/h; sin embargo, cuando tiene que

CÓMO SE MUEVEN LAS VÍBORAS

Una víbora puede moverse de diferentes maneras, según la velocidad y la superficie sobre la que se desplaza.

La más común es la **ondulación lateral,** en la que los músculos dorsales se contraen en forma secuencial y producen ondas con forma de S que se mueven a lo largo del cuerpo, de la cabeza a la cola. La cabeza y el cuello establecen la dirección, y las curvas siguen el rumbo como los vagones de ferrocarril detrás de la locomotora. Las serpientes marinas tienen una cola con forma de remo, que les sirve para propulsarlas en el agua.

Un método alternativo es el **serpenteo lateral,** que se observa en la víbora cornuda africana o en la cascabel cornuda de los desiertos de América del Norte. El cuerpo se desplaza lateralmente y va describiendo en el suelo arenoso una serie de

MARCANDO LAS HUELLAS *El serpenteo lateral permite a las víboras del desierto moverse con relativa rapidez, al tiempo que hace mínimo el contacto con la arena caliente.*

arcos semejantes a las marcas de un gran resorte.

En la locomoción de **concertina** (o acordeón), la víbora contrae alternadamente el cuerpo en ondas y luego lo estira hacia delante.

La locomoción **rectilínea** es un simple movimiento en línea recta, el método preferido por las serpientes constrictoras, como las pitones de África y Asia tropical. En varios puntos del vientre del animal, las escamas se levantan del suelo y son empujadas hacia adelante y luego hacia abajo y atrás. Las escamas se clavan en el suelo e impulsan a la serpiente hacia adelante.

Aunque las víboras parecen rápidas cuando se deslizan por la maleza o en la arena, en realidad son muy lentas. Las serpientes de cascabel de América del Norte avanzan a unos modestos 3 km/h. La víbora más rápida del mundo es la mamba negra; en una ocasión se vio una persiguiendo a un hombre a 11 km/h.

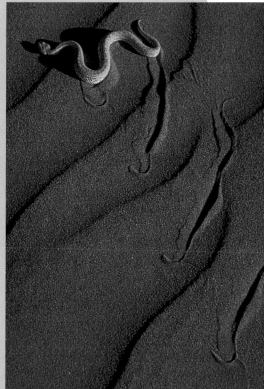

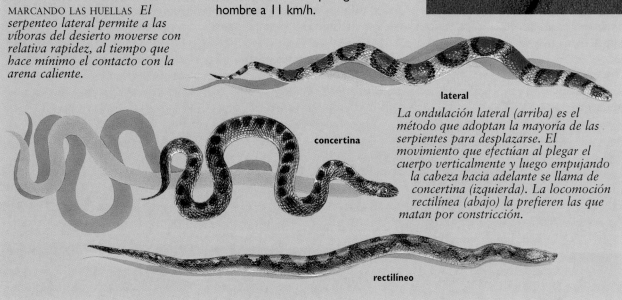

lateral

concertina

rectilíneo

La ondulación lateral (arriba) es el método que adoptan la mayoría de las serpientes para desplazarse. El movimiento que efectúan al plegar el cuerpo verticalmente y luego empujando la cabeza hacia adelante se llama de concertina (izquierda). La locomoción rectilínea (abajo) la prefieren las que matan por constricción.

huir de un peligro, como los dingos, acelera hasta 48 km/h.

El emú viaja cientos de kilómetros en grupos familiares o en bandadas de hasta 100 ejemplares, siguiendo las lluvias que anuncian vegetación fresca e insectos. Esta ave, de casi 2 m de altura, tiene unas alas que miden 20 cm. Cuando hace calor las levanta para exponer la piel, que posee una red de vasos sanguíneos por la que el emú pierde calor.

EL MILPIÉS SIEMPRE SABE DÓNDE PISA

El milpiés no tiene mil patas, como indica su nombre, pero sí muchas más que cualquier otro animal. Algunos tienen hasta 400 patas, cuyos movimientos deben ser cuidadosamente coordinados. Hay dos pares de patas en cada segmento. En cualquier momento, casi todas las patas están en

contacto con el suelo, pero una serie de ondulaciones, de unos 22 pares de patas, se mueve desde el frente hacia atrás y hacen que el animal avance. Cuanto más rápido se mueven, más patas por ondulación se levantan.

Los milpiés habitan en todo el mundo. En general son animales de movimientos lentos que pasan la mayor parte del tiempo excavando túneles, en desperdicios y en el suelo.

«MESEROS» QUE SE CONTONEAN Y EMPERADORES QUE SE DESLIZAN POR LA NIEVE

Los pingüinos están bien adaptados a la vida en el mar, pero también fuera del agua algunos son capaces de recorrer largas distancias. Mientras todas las especies se yerguen verticalmente sobre sus cortas patas y caminan contoneándose, algunos pingüinos, como el de Adelia, el antártico y el emperador, pueden desplazarse con más rapidez sobre el hielo y la nieve deslizándose sobre su zona ventral como en un tobogán y propulsándose con las patas y las alas.

Adoptando este método de transporte el pingüino emperador alcanza una velocidad de 4.5 km/h. Puede recorrer grandes distancias, de hasta 500 km sobre hielo firme entre el mar y los inhóspitos lugares antárticos donde anida. De este modo gasta mucha menos energía que si caminara, lo que es de vital importancia en las hostiles temperaturas bajo cero de la Antártida.

MOVILIDAD EN LA NIEVE *Los pingüinos emperador se deslizan a través del hielo, desde el mar hasta la antártica Kloa Point, donde anidan.*

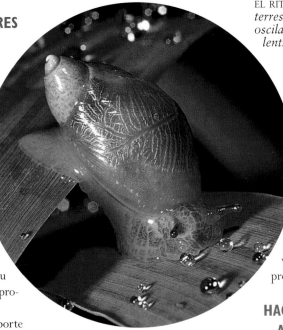

EL RITMO DEL CARACOL *Los caracoles terrestres viajan a velocidades que oscilan entre los 0.013 m/s y los lentísimos 0.0028 m/s.*

DESLIZARSE SOBRE UN RASTRO DE BABA

Las babosas y caracoles se deslizan muy lentamente sobre el suelo arrastrándose con su único pie. La superficie inferior del pie se mueve en una serie de pequeñas ondas, producidas por los músculos, que avanzan desde la zona posterior hacia el frente. Las crestas de las ondas se dirigen hacia atrás, de modo que la babosa o el caracol es impulsado hacia adelante.

Para ayudarse en su avance van dejando un rastro de baba, que es la huella plateada que se ve en los jardines y plantas, secretado por una glándula situada detrás de la boca. Las babosas y los caracoles entran en actividad de noche en ambientes húmedos, para alimentarse de vegetación. De día regresan siempre al mismo sitio protegido.

HACER OLAS AL «CAMINAR» A TRAVÉS DE LA TIERRA

La lombriz de tierra se abre paso perforando el suelo. Este animal segmentado, lleno de líquido y rodeado de músculos, se desplaza mediante ondas de contracción y relajación que le recorren todo el cuerpo.

El avance a través del suelo es facilitado por un recubrimiento de baba pegajosa y ocho pequeños pelos que sobresalen de cada segmento y refuerzan el agarre contra los costados del túnel.

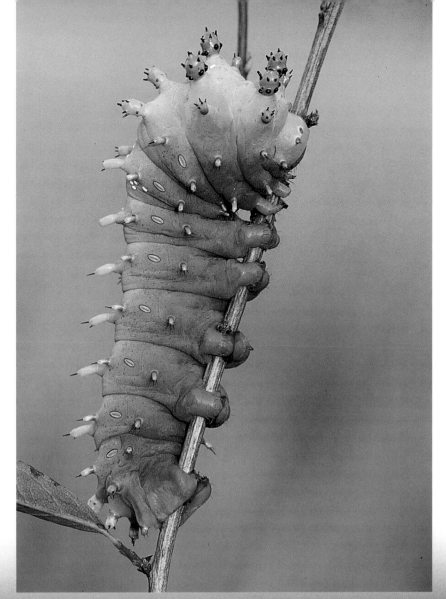

PASEANDO POR UN TALLO *La larva de la polilla norteamericana Cecropia se agarra a una ramita con sus patas anteriores y usa el apédice chupador, anterior a las patas, para sostenerse.*

LAS ORUGAS SE MUEVEN CON PATAS VERDADERAS Y FALSOS PIES

Las orugas de las polillas y mariposas **tienen patas verdaderas en la zona anterior y falsos pies en la posterior.** En el tórax tienen tres pares de patas auténticas, cada una con una garra. Aunque se las conoce como «patas para caminar», se utilizan sobre todo para sostener ramitas y hojas. Los seis pares de carnosos falsos pies o antepatas están ubicados en el abdomen. Valiéndose de estos apéndices para aferrarse a un tallo o una hoja, las orugas se mueven de manera ondulante.

Los músculos de los segmentos posteriores se contraen y la sangre es impulsada a los segmentos anteriores. Las patas verdaderas se mantienen en posición erguida mientras que las falsas se sueltan; los músculos delanteros se contraen y tiran de los segmentos posteriores hacia delante. Algunas orugas tejen una tela de seda que las ayuda a moverse sobre las superficies lisas.

PATAS PODEROSAS, SALTOS GIGANTESCOS

El cuerpo de la rana, corto y sin cola, así como sus poderosas patas traseras la convierten en una gran saltadora. La rana toro americana, que se encuentra en el oeste de América del Norte, puede saltar nueve veces la lontitud de su cuerpo, y la pequeña rana de nariz afilada de Sudáfrica, 40 veces, el equivalente a un salto largo olímpico de 75 m.

En descanso, la rana se sienta sobre las ancas, con las patas traseras recogidas y las delanteras extendidas. Cuando necesita moverse, se prepara para saltar. Las patas delanteras levantan el frente del cuerpo y los tobillos, las patas traseras. Al despegar, las patas traseras se estiran y empujan contra el suelo, impulsando a la rana hacia arriba y adelante en un ángulo de 45 grados. Los ojos se le hunden en las órbitas, como medida de protección.

TREPADORES Y EXCAVADORES

*Hay dos maneras de encontrar alimento y evitar simultánea-
mente a los depredadores: trepar a un árbol o excavar una
madriguera. Muchos animales tienen adaptaciones físicas,
como colas prensiles o patas grandes, para trepar o cavar.*

UN SALTO EN LA OSCURIDAD ATRAPA INSECTOS DESPREVENIDOS

Saltando de rama en rama, los
lemures pueden recorrer 10 m
en menos de 5 segundos. Con sus
desarrolladas patas anteriores, ojos grandes que miran hacia adelante y larga cola
para mantener el equilibrio, pueden trepar y saltar fácilmente. Se encuentran
principalmente en las selvas pluviales de
África Occidental. Los lemures utilizan
su agilidad para moverse a través de las
copas de árboles de la selva durante la
noche, en busca de los insectos de los que
se alimentan. Cuando se mueven rápidamente, perturban a la presa y entonces la
pueden localizar gracias a sus grandes y
sensibles orejas. Mientras se mantienen
firmemente aferrados a las ramas con las
patas, estiran el cuerpo y agarran rápida y
certeramente el insecto con las manos.

ÁGILES SALTARINES *Con las delicadas
orejas apretadas contra la cabeza y
las patas delanteras y traseras contra
el cuerpo, el lemur menor puede
saltar hasta 6 m.*

LA RATA TOPO OBEDECE LAS REGLAS DE LA COLMENA

La rata topo africana es un
mamífero cavador que se comporta de manera parecida a las
abejas. Vive en colonias subterráneas
dominadas por una reina, que es el único
miembro de la colonia que tiene crías.

Las otras ratas topo son sus subordina-
das y se ocupan de tareas como cuidar de
las crías, buscar alimentos y excavar túneles, como las abejas obreras.

Las excavaciones se llevan a cabo de
manera organizada. Una rata topo se
pone al frente y cava el suelo con sus
grandes incisivos, mientras las restantes
trabajan como una cinta transportadora,
extrayendo la tierra. La segunda de la
línea recoge la tierra suelta y la saca del
túnel empujándola hacia atrás. Pasa por
debajo de las demás ratas topo que avanzan para recoger sus respectivas cargas.
Al final de la línea, expulsan la tierra
hacia el exterior con las patas. La rata
topo transportadora vuelve entonces a
integrar la línea y regresa al comienzo de
la formación.

ACRÓBATA DE LA SELVA *Los monos araña pueden colgarse con la cola de los extremos más delgados de las ramas, evitando así a los depredadores trepadores de árboles.*

LA MANO EXTRA DEL MONO

El **mono araña utiliza su larga cola prensil como un quinto miembro para ayudarse a trepar a los árboles**. La cola, especialmente adaptada para esa función, le sirve para agarrarse a las ramas en las selvas pluviales tropicales de Sudamérica, donde vive esta especie. Los monos se cuelgan de la cola como medida de seguridad para alcanzar la comida o para bajar a los bancos arcillosos de los pantanos. La punta es tan sensible como la palma de la mano, de modo que el animal puede recoger alimentos con ella.

EL COLGADO PEREZOSO SE TOMA LA VIDA CON CALMA

El **lento perezoso de Sudamérica está completamente adaptado a vivir cabeza abajo.** Hasta el pelo le crece hacia abajo, con un surco que lo divide a lo largo del vientre. Los perezosos de dos dedos se mueven menos de 40 m por día. Pueden permanecer más de dos días consecutivos en el mismo árbol del que se alimentan.

Una vez por semana el perezoso se arrastra con cuidado hasta el pie del árbol que habita, para defecar, y se reciclan así los nutrientes en beneficio del mismo árbol.

ESPECIALISTAS EN VELOCIDAD

Para un depredador, la aceleración es una manera de capturar presas, pero también la presa puede utilizarla para huir. Tanto los depredadores como las presas veloces tratan de superarse unos a otros en una carrera de vida o muerte.

EL CUADRÚPEDO MÁS VELOZ

De cabeza pequeña, patas largas y una constitución física ideal para correr, el chita o guepardo acelera de 0 a 72 km/h en tres segundos.** Aunque puede alcanzar con rapidez una velocidad máxima de 97 km/h, el guepardo no tiene resistencia. La persecución debe ser corta; en promedio, de 170 m y menos de 20 segundos.

Con sus poderosos músculos y ningún exceso de peso, el guepardo –que habita en África– genera grandes cantidades de calor. Durante una persecución de 200 m,

su temperatura puede ascender a 41 °C, un nivel capaz de producir daños cerebrales si se mantiene durante más de uno o dos minutos.

Para compensar, este felino adopta una de sus dos estrategias de caza. Una de ellas consiste en deambular con indiferencia cerca de su presa –a menudo una gacela de Thomson joven–, deteniéndose cada vez que ésta alza la vista. La otra forma consiste en acechar sigilosamente entre la vegetación a una distancia de 50 m, para luego precipitarse sobre la presa a toda velocidad. Al contrario de otros felinos, las garras del guepardo están siem-

pre expuestas, por lo que le sirven de clavos para afirmarse en el suelo al correr.

La presa toma velocidad y sigue un curso zigzagueante, pero el guepardo se adelanta a la ruta de escape y corre velozmente. Cuando llega el momento, se abalanza sobre la presa en un último despliegue de velocidad, golpea las patas traseras de la gacela, se coloca sobre ella y la mata con un mordisco en el cuello.

El guepardo no come inmediatamente: descansa y jadea para enfriarse, luego engulle su comida, salvo que un león, un leopardo o una hiena tengan oportunidad de arrebatársela. El guepardo evita la competencia con los depredadores nocturnos cazando de día, al amanecer o al atardecer.

CONSTRUIDO PARA LA VELOCIDAD
El guepardo africano tiene una columna vertebral excepcionalmente flexible que le permite incrementar la zancada cuando corre muy rápido.

PÁJARO CORREDOR *El correcaminos es miembro de la familia de los cucos, que fue popularizado por un dibujo animado de Warner Brothers debido a su cómica manera de andar.*

existen. Se mueve en rápidos despliegues de velocidad, en los que puede superar los 16 km/h.

Estas arañas parecen tener diez patas, pero tienen ocho; dos de ellas, el primer par, son apéndices modificados o pedipalpos, que actúan como sensores para matar los insectos de los que se alimentan. Las patas de las especies más grandes llegan a medir 15 cm.

EL RÁPIDO CAZADOR DEL CHAPARRAL

El pequeño correcaminos de América del Norte es el guepardo del mundo de los pájaros. Este cazador, de 50 a 60 cm de altura, puede correr a velocidades superiores a los 42 km/h. Vive en el seco desierto de chaparrales del suroeste de América del Norte, donde se alimenta de lagartos, víboras e insectos. Puede volar, pero persigue a sus presas por tierra. Corre con el cuello hacia delante y las alas parcialmente abiertas para que le sirvan de estabilizadores; sus patas se desplazan a 12 pasos por segundo y la cola actúa como un timón, lo que le permite girar 90 grados sin disminuir la velocidad.

VELOCES ARAÑAS DE SOL

La araña de sol, que habita en el desierto, es uno de los animales de ocho patas más rápidos que

EL ENCANTO IRRESISTIBLE DEL PEZ MÁS RÁPIDO DEL OCÉANO

El pez vela, un veloz nadador de 2.4 m de longitud, puede alcanzar una velocidad de 110 km/h. Cuando persigue una presa muy rápida, como el atún, la caballa o el calamar, este pez aplana dorsalmente su enorme y brillante aleta dorsal, que parece un abanico, y mantiene las aletas pectorales contra el cuerpo, lo que le hace más hidrodinámico y lo transforma en un torpedo viviente. El pez vela vive en aguas tropicales y templadas de todo el mundo.

CORREDORES CAMPEONES

Es difícil medir la velocidad de los animales. No vuelan, corren o nadan en línea recta, y algunos son tan pequeños que son difíciles de ver a altas velocidades, de modo que los récords mundiales cambian regularmente.

Mientras que el halcón peregrino, cuando se abalanza a 240 km/h, es el animal más veloz de la Tierra, y el rabitojo mongol alcanza los 170 km/h, otros pájaros logran velocidades destacadas en vuelo a nivel. La magnífica ave fragata vuela a 154 km/h.

Es posible que el guepardo sea el mamífero más veloz con sus 97 km/h, pero las gacelas que caza llegan a los 80 km/h y pueden correr durante más tiempo sin sobrecalentarse. El antílope de América del Norte puede escapar de cualquier depredador corriendo a 72 km/h durante varios kilómetros.

En Inglaterra, un ciervo rojo macho que huía asustado por una calle de Stalybridge, Cheshire, fue captado por un radar de la policía mientras corría a 68 km/h.

En el mar, el pez vela alcanza los 110 km/h en trechos cortos, pero el atún de aleta azul no se queda atrás con sus 104 km/h. Los peces más veloces en distancias largas son los peces vela, que pueden nadar a una velocidad de 64 a 80 km/h.

La libélula australiana *Austrophlebia costali* es la actual poseedora del título de insecto volador más rápido, con una velocidad máxima de 98 km/h, pero afirmaciones de que un tábano macho ha perseguido a una hembra a 145 km/h podrían destronar a la libélula.

EL ARTE DE VOLAR *Un halcón peregrino persigue a una paloma. Ambas aves vuelan con rapidez, pero el halcón se abalanza desde arriba y atrás para atacar a la presa en el aire.*

MORTAL COMBINACIÓN DE VELOCIDAD Y SORPRESA

La velocidad a la que cae del cielo el halcón peregrino para atacar a su presa lo convierte en el animal más rápido de la Tierra. La velocidad normal de crucero de esta ave es de 65 km/h, pero llega a más del doble cuando baja en picado a 160-240 km/h para atacar a la presa.

El halcón peregrino tiende una emboscada en el cielo para interceptar a su presa. Espera entre las nubes, a alrededor de 1.6 km sobre el suelo, hasta que divisa su blanco. Entonces sale al sol, pliega las alas y se abalanza en picado. Como salido de la nada, reduce a su presa de un solo golpe, traza un círculo y baja otra vez, a recuperar su comida. El peregrino habita en todo el mundo, en tierra firme y en las costas.

EL VELOZ INSECTO QUE AVENTAJA A SU PRESA

Los escarabajos tigre están entre los animales de seis patas más veloces. La velocidad de un escarabajo tigre de América del Norte en un recorrido de 30 cm puede llegar a los 50 cm por segundo —lo que equivale a 54 veces su longitud— este dato permite afirmar que este escarabajo es 10 veces más rápido que el campeón de los velocistas humanos.

Voraz depredador, el escarabajo tigre utiliza su velocidad para atrapar insectos, como hormigas, arañas y otros escarabajos, del suelo. La persecución es entrecortada, ya que el escarabajo corre tan rápidamente que no capta luz suficiente para formar una imagen en sus grandes ojos. Debe detenerse, mirar alrededor, verificar la posición de la presa y seguir avanzando. Aun así es tan veloz que puede dar alcance a su presa y capturarla con sus mandíbulas afiladas como dagas.

AVANCE A PASO DE ESCARABAJO *Los ojos grandes, las mandíbulas potentes y las largas patas permiten al escarabajo tigre de América del Norte perseguir a sus presas a gran velocidad.*

EN LA CAZA, EL CONTROL TÉRMICO MANTIENE ALERTA AL TIBURÓN

El tiburón más veloz del océano, el marrajo, es capaz de mantener una velocidad de 50 km/h en 800 m. Puede acelerar aún más en arranques cortos. Para esto posee un truco fisiológico del que no gozan otros tiburones.

Aunque todos los tiburones son animales de sangre fría, el marrajo mantiene la temperatura de sus músculos natatorios, ojos y cerebro unos 5 °C más caliente que el agua del mar que lo rodea. Esto le asegura el estar siempre alerta a cualquier oportunidad de alimentarse y preparado para una persecución a alta velocidad.

El marrajo habita en todo el mundo, tanto en aguas tropicales como templadas, y sus presas son otras especies veloces, como el atún, el pez vela y el tiburón azul.

LA ORCA EN INTENSA PERSECUCIÓN

Cuando persigue a su presa, la **orca viaja entre 64 y 80 km/h, lo que la convierte en la más veloz de la familia de los delfines.** Se impulsa con el movimiento hacia arriba y abajo de su poderosa cola. Cuando no está cazando, su velocidad crucero es de 10 a 13 km/h y puede recorrer hasta 160 km al día.

Su poderosa aceleración la convierte en una eficaz depredadora de los rápidos delfines y focas.

CAZADOR DE INSECTOS AL VUELO

La libélula australiana es uno de **los insectos voladores más veloces que se conocen.** Puede bajar en picado a 98 km/h, pero con más frecuen-

ATAQUE EN LA PLAYA *Las orcas de la costa de la Patagonia han aprendido a utilizar su velocidad para sorprender y robar a los leones marinos de la playa.*

cia recorre su territorio a unos 58 km/h. Activa cazadora, intercepta a otros insectos en vuelo.

Puede ser que las libélulas sean los insectos más veloces, pero mueven las alas con relativa lentitud, a unos 30 aleteos por segundo (en comparación con un sírfido, que mueve las alas a 200 aps, o una abeja, a 300 aps). La temperatura del cuerpo varía de acuerdo con la temperatura del aire. Si tienen fríos los músculos, no pueden volar, de modo que antes se calientan al sol o hacen temblar sus músculos.

Una vez en el aire, las libélulas tienden a calentarse, lo que las obliga a planear durante unos 15 segundos para enfriar el

cuerpo. También pueden desviar sangre desde el tórax (parte del cuerpo donde están las alas) hacia el abdomen.

EL VENCEJO Y SU RITUAL DE CORTEJO DE ALTA VELOCIDAD

Durante sus exhibiciones de cortejo, **el vencejo de garganta blanca desarrolla la mayor velocidad de vuelo de todas las aves conocidas.** Con sus largas y angostas alas en forma de medialuna, puede volar a 170 km/h y remontarse aprovechando las corrientes térmicas.

A bajas velocidades este pájaro, que vive en Japón y el sur de Asia, captura insectos en el aire para alimentarse. Pasa la mayor parte de su vida en el aire, incluso para dormir y aparearse, y baja a tierra sólo para criar a sus pichones.

A SUS ANCHAS EN EL AGUA

Los animales se encuentran en la superficie del agua o cerca de ella, donde lucha por la comida es feroz, y otros viven en la parte más profunda, donde la competencia es menor. Para sobrevivir han desarrollado maneras de flotar y moverse.

LAS ESPECTACULARES ZAMBULLIDAS DEL CORMORÁN EN BUSCA DE ALIMENTO

Los cormoranes son fuertes aves zambullidoras capaces de nadar hasta a 55 m de profundidad y permanecer bajo la superficie durante más de un minuto.** Bajo el agua se mueven con las patas, que utilizan como si fueran remos, y sus musculosos muslos. Habitantes de océanos, mares e islas de todo el mundo, cazan activamente bajo el agua lenguados, anguilas, camarones y calamares; alcanzan profundidades de 10 m, aunque con redes de arrastre se han capturado especímenes a profundidades de 37 m.

POR QUÉ EL CACHALOTE PUEDE ZAMBULLIRSE HASTA LAS PROFUNDIDADES OCEÁNICAS

El cachalote es el mamífero que se sumerge a mayor profundidad en los océanos del mundo.** Es la más grande de las ballenas dentadas y puede zambullirse hasta a una profundidad de 1,000 m a una velocidad de 170 m por minuto. Es posible que este gigantesco animal deba esta habilidad a la estructura y el contenido del órgano de spermaceti (o esperma de ballena) que ocupa casi toda su enorme cabeza y contiene una red de tubos llenos de este aceite. Haciendo circular agua de mar por ese órgano, la ballena puede hacer que el aceite se solidifique, lo que la ayuda a sumergirse. En las profundidades, el calor generado por los músculos licua el aceite, facilitándole el ascenso a la superficie.

El cachalote se alimenta de tiburones, calamares y pulpos; come alrededor 1,000 kg (1 tonelada) por día.

GRANDES FOCAS QUE DORMITAN BAJO EL MAR

Cuando se zambullen a grandes profundidades, los elefantes marinos árticos duermen durante el viaje.** Descienden de 330 a 800 m, donde permanecen durante 20 minutos o más comiendo peces y calamares. Algunos elefantes marinos alcanzan los 1,500 m de profundidad, donde permanecen hasta dos horas.

A medida que descienden, sus pulmones trabajan de forma más lenta, los latidos del corazón disminuyen de 55-120 latidos por minuto en la superficie a 4-15 en las profundidades, y duermen breves siestas mientras bajan y suben.

ATLETA SUBMARINO *Un cormorán de cuello blanco se sumerge en el lago Tanganica, en África, donde atrapa peces de agua dulce, como tilapias.*

BUZO DEL HIELO *Una foca de Weddell bucea bajo el hielo en la isla Signy, en los océanos del Sur. Se alimenta de peces como la merluza antártica, que habita las profundidades.*

EL BUZO DE LAS PROFUNDIDADES ANTÁRTICAS

La especial constitución de la foca de Weddell le permite nadar a grandes profundidades bajo el hielo de la Antártida en busca de carne o pescado. Uno de estos ejemplares fue seguido hasta una profundidad de 600 m en un trayecto que duró 73 minutos.

Tras sumergirse varias veces durante 15 minutos, explorando la zona en busca de presas, la foca desciende los primeros 70 m en línea recta, con pocos pero potentes movimientos. Puede permanecer tanto tiempo bajo el agua gracias al alto contenido de oxígeno de su sangre, hasta cinco veces superior al promedio del ser humano adulto.

EL PINGÜINO QUE BUCEA CON UN «CINTURÓN DE PLOMO»

El pingüino emperador tiene pequeñas piedras en el estómago que lo ayudan a bucear, como a un buzo su cinturón de plomo. Con este peso extra, el ave puede descender de 18 a 21 m para capturar veloces calamares y peces. Es capaz de permanecer bajo el agua durante más de 20 minutos. En la superficie, los pingüinos emperador viajan saltando fuera del agua como los delfines, a 11 km/h. Se impulsan con sus aletas en forma de remo y utilizan la cola como timón.

PROPULSIÓN A CHORRO PARA HUIR DEL PELIGRO

Para huir velozmente, los calamares dependen de la propulsión a chorro, controlada por un sistema nervioso compuesto por las células más grandes de entre todos los animales. Un sifón parecido a una manguera, situado bajo la cabeza, lanza chorros de agua a presión, propulsando al calamar a velocidades de hasta 33 km/h. Los calamares recién nacidos utilizan de forma instintiva la propulsión a chorro cuando son sobresaltados. Al comienzo de su vida atraviesan un periodo crítico en que deben aprender a no huir así de todo lo que ven.

DISEÑADO PARA FLOTAR

Las sustancias de que están compuestos los animales –tejidos del cuerpo, huesos o espinas, cartílagos, valvas, músculos y piel– son más densas que el agua, de modo que tienen tendencia a hundirse. Para combatir este problema acuático los animales han desarrollado varias características que les permiten flotar y utilizar la energía mínima para mantener su posición en el agua.

Los tiburones poseen aletas pectorales aerodinámicas que los elevan mientras avanzan. En las ballenas y el tiburón peregrino –los dos peces más grandes del mar– el hígado saturado de aceite, que ocupa la mayor parte de la cavidad del cuerpo y representa hasta el 25 % del peso total, les permite flotar en la superficie sin moverse. Los celacantos y los peces linterna se mantienen a flote por medio de materiales cerosos del cuerpo. La mayoría de los peces con espinas tienen una vejiga llena de aire que se ajusta para mantener la flotabilidad.

La fragata portuguesa posee un flotador púrpura que flota en la superficie mientras sus tentáculos la siguen en el agua hasta a 9 m de distancia.

El nautilo perlado mantiene la flotación ajustando la relación entre el gas y el líquido contenidos en las cámaras de su concha. Los peces con espinas tienen una vejiga natatoria llena de un gas rico en oxígeno. Un pez puede variar la cantidad de gas que hay dentro de la vejiga regulando su flotabilidad.

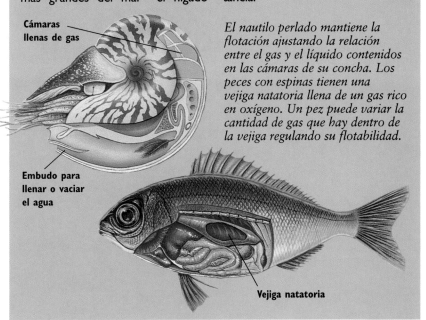

Cámaras llenas de gas

Embudo para llenar o vaciar el agua

Vejiga natatoria

CÓMO SE MUEVEN LOS ANIMALES BAJO EL AGUA

Los animales acuáticos utilizan todos los métodos posibles para abrirse paso en el agua, como paletas y hélices, ondulaciones del cuerpo y propulsión a chorro.

Las medusas y las larvas de las anémonas de mar se mueven con una campana pulsátil, los pulpos y los calamares expulsan un chorro de agua por un embudo, las vieiras golpean las valvas, y las langostas y las gambas escapan de los depredadores curvando y flexionando la cola y precipitándose hacia atrás: todas ellas son formas de propulsión a chorro.

Los peces con esqueleto, los tiburones y las serpientes de mar se mueven con ondulaciones en forma de S de la cabeza a la cola, que los propulsan hacia delante. Algunos animales microscópicos se desplazan mediante un flagelo en forma de látigo que también funciona como una onda en S que va de la base al extremo. Rayas, calamares y sepias forman ondas en S en sus aletas laterales. Otros peces, como las rubias voladoras, se «arrastran» por el fondo del mar sobre aletas pectorales modificadas, y el pez diablo «salta».

Entre los anfibios, los tritones utilizan su cola plana para moverse como los peces, pero las ranas y los sapos lo hacen con sus fuertes patas traseras y sus pies palmeados. Algunas aves acuáticas, como los cormoranes, poseen patas palmeadas que mueven alternativamente cuando están en la superficie o conjuntamente cuando se hallan sumergidos. Los cocodrilos tienen una potente cola que mueven de lado a lado. Los mamíferos marinos, como las ballenas y los delfines, avanzan moviendo el cuerpo de arriba abajo, manteniendo las aletas caudales en posición horizontal, lo que les da un mayor empuje.

Las tortugas y los pingüinos vuelan literalmente bajo el agua. Los movimientos de sus aletas son similares al aleteo de un pájaro, salvo en que hacen fuerza tanto en los movimientos hacia arriba como hacia abajo.

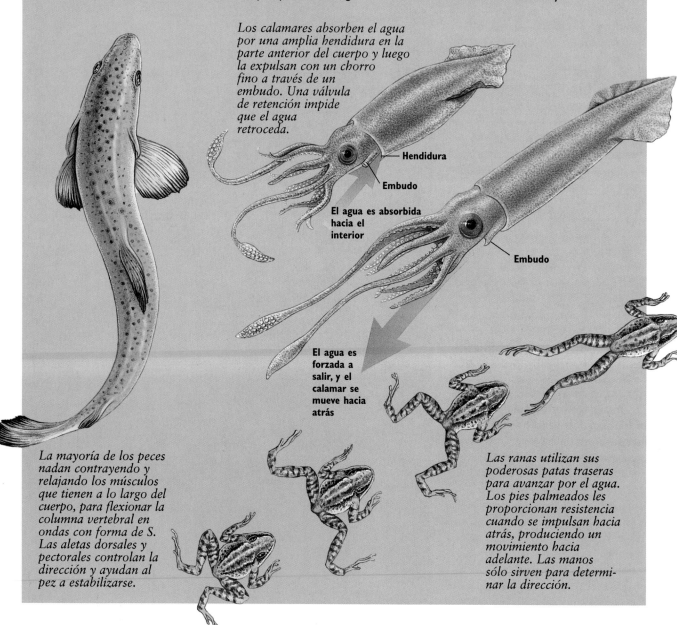

Los calamares absorben el agua por una amplia hendidura en la parte anterior del cuerpo y luego la expulsan con un chorro fino a través de un embudo. Una válvula de retención impide que el agua retroceda.

Hendidura

Embudo

El agua es absorbida hacia el interior

Embudo

El agua es forzada a salir, y el calamar se mueve hacia atrás

La mayoría de los peces nadan contrayendo y relajando los músculos que tienen a lo largo del cuerpo, para flexionar la columna vertebral en ondas con forma de S. Las aletas dorsales y pectorales controlan la dirección y ayudan al pez a estabilizarse.

Las ranas utilizan sus poderosas patas traseras para avanzar por el agua. Los pies palmeados les proporcionan resistencia cuando se impulsan hacia atrás, produciendo un movimiento hacia adelante. Las manos sólo sirven para determinar la dirección.

es un mamífero terrestre, el hipopótamo se ha adaptado a la vida en el agua. Sus orejas, ojos y fosas nasales se sitúan en una línea sobre la parte superior de la cabeza, de modo que puede oír, ver y respirar mientras el cuerpo está sumergido. Sus patas ligeramente palmeadas le permiten moverse en el agua y en el barro blando, y cuando se zambulle puede cerrar las ventanas de la nariz y las orejas, lo que le posibilita resistir hasta seis minutos bajo el agua. El hipopótamo puede nadar, pero más frecuentemente camina con lentitud sobre el fondo, con sus cortas patas semejantes a pilares. Si se le molesta, puede «galopar» por el fondo del río.

CAZADORES EN EL HIELO *Los osos polares pueden viajar hasta 1,000 km cada año en busca de comida. Han sido vistos saltando hasta 2 m para capturar una foca.*

EL OSO POLAR ES UN GRAN NADADOR

El oso polar es un verdadero **mamífero marino, que puede nadar hasta 100 km entre témpanos sin detenerse a descansar.** Además puede zambullirse hasta 4.5 m durante más de 2 minutos.

Las patas delanteras, de casi 30 cm de diámetro y dedos parcialmente palmeados, le permiten nadar como los perros a 10 km/h. Gruesas capas de piel y grasa lo aislan y lo ayudan a flotar. El oso cierra las ventanas de la nariz y las orejas cuando se zambulle, pero mantiene los ojos abiertos; es capaz de divisar una foca a casi 5 m de distancia.

INSECTO REMERO ESPERA TRANQUILO A SU PRESA

Depredador rapaz, el insecto **nadador de espalda espera echado patas arriba en el agua para atacar a otros insectos y renacuajos.** Con los dos pares de patas delanteros y la punta del abdomen tocando la superficie, responde al instante a la más mínima vibración y rema rápidamente hacia la causa de la perturbación con su tercer par de patas. Éstas están modificadas con filas de pelos similares a remos. Perfora la piel de su presa con la boca, en forma de pico, le inyecta enzimas digestivas y sorbe el líquido resultante.

CÓMO EL HIPOPÓTAMO CONSERVA SU FRESCURA

El hipopótamo africano es un **mamífero anfibio.** Pasa la noche en tierra alimentándose de vegetación, pero durante el día regresa al agua, donde descansa sumergiendo la mitad del cuerpo en forma de barril. Su suave piel pierde agua con rapidez en el aire seco, de modo que necesita refugiarse en un ambiente húmedo o acuático durante el día para no deshidratarse. Si permanece expuesto al sol, el hipopótamo «suda sangre», exudando una secreción que lo protege de las quemaduras solares. Aunque

CABALLO DE RÍO *El hipopótamo se mantiene fresco en el agua durante el día. Camina con gracia por el fondo, como una bailarina de ballet con exceso de peso.*

UNA SERPIENTE QUE PREFIERE EL OCÉANO

La serpiente de mar de vientre **amarillo habita los océanos Índico y Pacífico.** Su hidrodinámico cuerpo, de hasta 1.20 m de largo, está adaptado a la vida en el mar; la parte inferior tiene forma de huso, como la quilla de un bote, y la cola, plana como un remo, la ayuda a avanzar a nado. Unas válvulas que tiene en las fosas nasales le permiten permanecer sumergida durante más de 90 minutos.

Como un cazador furtivo, este reptil yace inmóvil en el agua como si fuera un tronco. Sin advertirlo, peces como el mújol o el damisela se congregan debajo. En una rápida arremetida, la serpiente captura a sus presas.

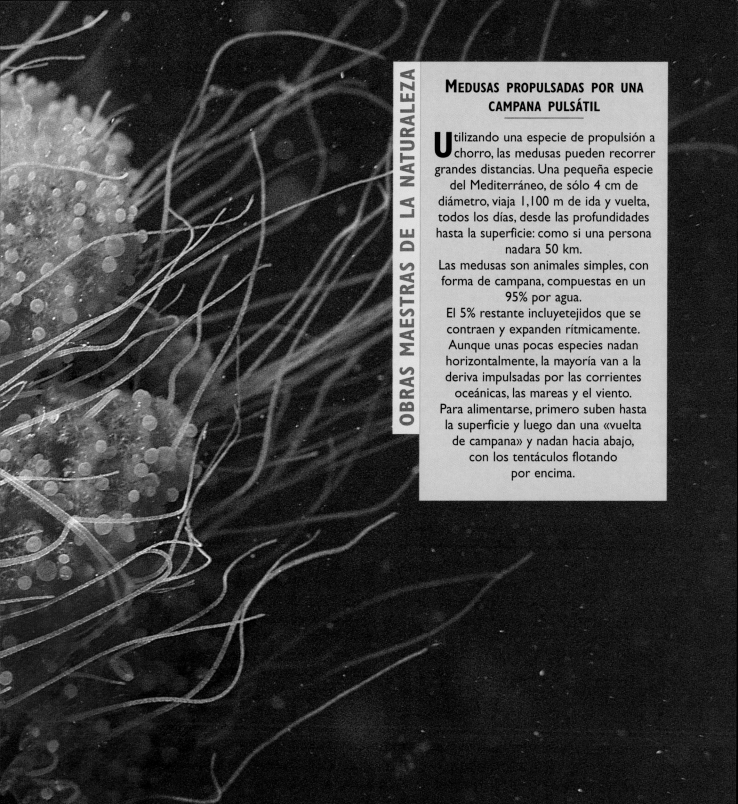

MEDUSAS PROPULSADAS POR UNA CAMPANA PULSÁTIL

Utilizando una especie de propulsión a chorro, las medusas pueden recorrer grandes distancias. Una pequeña especie del Mediterráneo, de sólo 4 cm de diámetro, viaja 1,100 m de ida y vuelta, todos los días, desde las profundidades hasta la superficie: como si una persona nadara 50 km.

Las medusas son animales simples, con forma de campana, compuestas en un 95% por agua.

El 5% restante incluyetejidos que se contraen y expanden rítmicamente. Aunque unas pocas especies nadan horizontalmente, la mayoría van a la deriva impulsadas por las corrientes oceánicas, las mareas y el viento. Para alimentarse, primero suben hasta la superficie y luego dan una «vuelta de campana» y nadan hacia abajo, con los tentáculos flotando por encima.

ASES VOLADORES

Los primeros animales que colonizaron el aire fueron quizá los insectos. Los auténticos voladores son las aves y los murciélagos. Todas estas especies vuelan para encontrar alimento o pareja, así como para escapar de los depredadores.

EL MISTERIOSO VUELO DEL ABEJORRO

Las alas del abejorro parecen demasiado pequeñas para mantener su cuerpo en vuelo; sin embargo, es un gran volador. El insecto, que bate las alas entre 130 y 200 veces por segundo, consigue volar a una velocidad de 3 m/s. El secreto de las abejas radica en que sus alas no son rígidas. Se doblan y tuercen, por lo que generan una elevación hacia arriba y hacia abajo en todas las acometidas, y además su irregular sección transversal las convierte en eficientes superficies de sustentación. Las cuatro alas son accionadas por músculos torácicos.

ABEJA ATAREADA *Un abejorro de las piedras en busca de polen y néctar para alimentar a los vástagos de su colonia vuela de una flor de jacinto silvestre a otra.*

A diferencia de los demás insectos, el abejorro puede aumentar su temperatura corporal haciendo vibrar los músculos para producir calor. Esto le permite volar en las bajas temperaturas de las latitudes más alejadas del ecuador y en las montañas altas.

LAS LIBÉLULAS VUELAN SOBRE TURBULENCIAS DE AIRE

La libélula se mantiene en el aire debido a los remolinos y torbellinos que forma en él. Tiene cuatro alas; ambos pares, anterior y posterior, se mueven alternativamente. Cada ala puede moverse de ocho maneras diferentes, lo que hace que el aire circundante forme torbellinos y remolinos que mantienen al insecto en el aire. Valiéndose de su configuración de cuatro alas, la libélula puede volar en cualquier dirección sin girar el cuerpo y permanecer suspendida en el aire. Cuando gira, las alas delanteras y traseras tienden a chocar entre sí, lo que produce un chasquido seco. Estas alas son casi idénticas a las de las libélulas que volaron hace 320 millones de años.

EL ALCA VUELA POR ENCIMA Y POR DEBAJO DE LAS OLAS

Este alca tiene unas alas demasiado grandes para volar y demasiado pequeñas para sumergirse en el agua. En el aire su vuelo se caracteriza por un rápido batir de alas, que también agita para «volar» bajo el agua. Esta ave, que habita en el Ártico y en el Atlántico Norte, se asemeja a un pequeño frailecillo. Persigue bajo el agua a sus presas, como pequeños camarones, y se las lleva a sus crías en una bolsa que tiene en la garganta.

EL VENCEJO VIVE EN EL AIRE

El vencejo común pasa más tiempo en el aire que cualquier otra ave. Come, bebe, duerme, se limpia las plumas, junta materiales para el nido y se aparea en el aire. Los polluelos que acaban de abandonar el nido pueden permanecer en el aire casi sin parar hasta tres años. Abandonados por los padres apenas empluman, migran desde el sur de Europa

CÓMO VUELAN LOS INSECTOS

Las alas de los insectos se han adaptado a través de millones de años hasta convertirse en eficaces superficies de sustentación. En un principio eran meras extensiones laterales del cuerpo, delgadas como láminas, que permitían planear a los insectos. Gradualmente, la capacidad de torcerlas y, más adelante, de batirlas permitió la evolución hasta los potentes vuelos que realizan hoy día.

Las alas de los insectos actuales están formadas por dos membranas, sostenidas por un armazón de venas que transportan sangre, nervios y oxígeno. La vena del borde anterior es más gruesa que el resto, para dar la rigidez necesaria para cortar el aire.

Las alas están unidas al tórax (sección central del cuerpo) por articulaciones esféricas. El movimiento lo dan dos conjuntos de grandes músculos del tórax: un par se mueve verticalmente en sentido dorsoventral, y el otro se mueve longitudinalmente. Los músculos de las alas actúan cambiando la forma de las paredes torácicas. Cuando los músculos verticales se contraen, el techo del tórax es atraído hacia abajo y las alas suben. La contracción de los músculos longitudinales eleva el techo del tórax y las alas bajan. Las paredes torácicas son gruesas pero elásticas, capaces de volver como un resorte a su posición original, de modo que se necesita poca potencia muscular para hacer funcionar las alas.

Los músculos pueden moverse a gran velocidad: más de 1,000 veces por segundo en las moscas pequeñas. Las alas poseen también pequeños músculos que las tuercen a medida que se mueven, de manera que cada una cambia continuamente de forma durante el vuelo. El borde anterior del ala se inclina hacia abajo en el aleteo descendente y hacia arriba en el ascendente, con fuerza ascensional en ambas batidas. El movimiento de las alas flexibles produce remolinos a su alrededor, y son estas perturbaciones del aire las que mantienen al insecto en vuelo.

La mayoría de los insectos posee cuatro alas, aunque en algunas especies el par anterior está modificado. Los escarabajos y las tijeretas tienen las alas anteriores endurecidas, adaptadas como cubiertas protectoras o élitros. Vuelan con sus translúcidas alas posteriores. Las alas anteriores de las moscas se han convertido en órganos del equilibrio, que funcionan igual que los giroscopios.

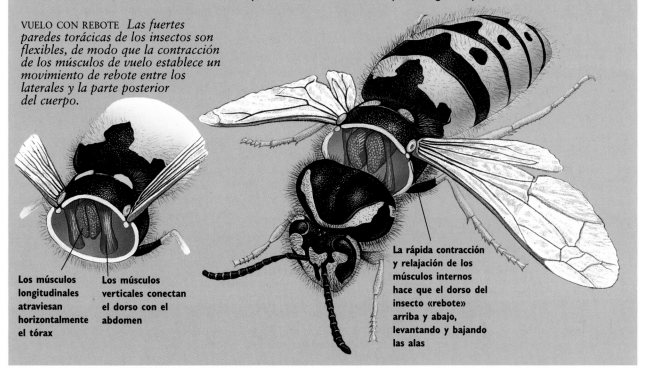

VUELO CON REBOTE *Las fuertes paredes torácicas de los insectos son flexibles, de modo que la contracción de los músculos de vuelo establece un movimiento de rebote entre los laterales y la parte posterior del cuerpo.*

Los músculos longitudinales atraviesan horizontalmente el tórax

Los músculos verticales conectan el dorso con el abdomen

La rápida contracción y relajación de los músculos internos hace que el dorso del insecto «rebote» arriba y abajo, levantando y bajando las alas

hacia África. Los vencejos vuelan a unos 40 km/h y pueden llegar a África central en unos pocos días. Allí pasan el invierno en continuo vuelo. Pueden volver a Europa ese mismo verano, o al siguiente. Su primera parada la realizarán para buscar un lugar donde anidar, pero estarán en tierra durante un breve período, para nuevamente emprender un épico vuelo. De modo que pueden pasar varias temporadas de vuelo continuo hasta que el joven vencejo encuentre pareja y se detenga al fin a hacer el nido y criar a sus polluelos.

EL VUELO DEL CÓNDOR

El cóndor andino compite con el marabú africano por el título de «ave con las alas más grandes». Aunque el albatros posee las alas más largas, las del cóndor son anchas –de unos 75 cm– y tienen una envergadura de hasta 3.20 m, que les da una mayor superficie. El ave vuela a lo largo de las cadenas montañosas, aprovechando las corrientes ascendentes de aire cálido para remontarse sin mover las alas durante decenas de kilómetros. Este animal carroñero otea desde el aire en busca de animales muertos o agonizantes para alimentarse.

DESAYUNO DE MARIPOSA A la salida del sol, la fritilaria plateada baja de su percha nocturna en los árboles hasta las zarzas y cardos de abajo.

de las alas y gira de lado para perder altura con rapidez. Para trazar una curva cerrada, se inclina hacia un lado y bate un ala más rápidamente que la otra.

VELOCES PIRATAS AÉREOS

Las aves fragata son voladores **tan veloces y acrobáticos que pueden robar la comida directamente de la boca de otros pájaros marinos.** Con una envergadura de hasta 2.50 m y un peso de apenas 1.5 kg, son las aves marinas más rápidas, ya que alcanzan velocidades de hasta 145 km/h.

Cuando cazan, las aves fragata pasan rozando la superficie del mar a toda velocidad. Con su pico afilado y curvo pueden atrapar peces o calamares que naden muy superficialmente y, con un esfuerzo extra, capturar peces que salten del agua. En las playas donde anidan las tortugas, de una sola bajada en picado arrebatan a las crías recién salidas del cascarón que cruzan la arena en dirección al mar.

AVES ACRÓBATAS

Los colibríes pueden volar hacia **delante, atrás, a los lados, en línea recta hacia arriba y abajo, e incluso cabeza abajo.** También pueden cazar insectos a toda velocidad o revolotear frente a una flor para probar su néctar. Todo esto es posible porque la articulación dorsal de estos pájaros, donde se insertan las alas, se mueve en todas direcciones.

La mayoría de las aves se mueven hacia arriba o hacia abajo con la fuerza de sustentación que producen las alas al bajar, pero el colibrí mueve las alas hacia delante o atrás, produciendo elevación con ambos movimientos. Las alas se mueven con excepcional rapidez: a 80 golpes por segundo durante el vuelo horizontal y hasta a 200 por segundo en las demostraciones acrobáticas propias del cortejo.

CONFUSIÓN DE ALAS *Un colibrí garganta de rubí, atraído por los colores, revolotea frente a una flor de hibisco, alimentándose de su néctar.*

VIAJERAS DEL MUNDO QUE TOMAN BAÑOS DE SOL ANTES DE PARTIR

Las mariposas rivalizan con mu**chas aves como viajeras internacionales.** Las mariposas migratorias recorren largas distancias y a veces vuelan a gran altura. Las mariposas blancas de la col han sido vistas en los Alpes a más de 3,650 m, y las mariposas tortuga se han avistado a 5,800 m en el Himalaya.

Las mariposas poseen dos pares de finas alas sostenidas por venas y cubiertas de pequeñas escamas. Las alas anteriores suelen ser más grandes que las posteriores y se superponen ligeramente. Durante el vuelo, las alas de cada lado trabajan juntas como una sola. Una mariposa de mediano tamaño bate las alas de 8 a 12 veces por segundo, impulsándose a unos 14 km/h.

Todas las mañanas las mariposas deben elevar la temperatura de su cuerpo hasta 30 °C antes de poder volar.

LOS CISNES APROVECHAN LOS VIENTOS PARA RECORRER GRANDES DISTANCIAS

El 9 diciembre de 1967, una ban**dada de 30 cisnes partió al amanecer de la costa de Islandia.** Se dirigían al sur, a las Islas Británicas,

esquivando el crudo invierno. Sobre las Hébridas, un avión civil los avistó volando a 8,230 m de altura. Los controladores de tráfico aéreo de Irlanda del Norte confirmaron la altura y establecieron su velocidad en 139 km/h. Las aves habían realizado el viaje montadas sobre los fuertes vientos de una corriente asociada con una cresta de alta presión. En la actualidad se cree que los cisnes y los gansos utilizan continuamente estos vientos de la baja estratosfera para recorrer grandes distancias con el mínimo esfuerzo.

LOS VOLADORES DE ALTA PRECISIÓN DE LA NATURALEZA

Los murciélagos que se alimen**tan de pequeños insectos son voladores de extraordinaria precisión.** En un experimento, se encerró a un murciélago de herradura —con una envergadura de 25 cm— dentro de un estrecho espacio de 1 m de anchura, 80 cm de profundidad y 30 cm de altura, y se comprobó que era capaz de volar sin tocar ninguno de los lados. Los murciélagos pequeños necesitan técnicas de precisión para rastrear y capturar en vuelo a los pequeños y veloces insectos que poseen una gran capacidad de maniobra.

Cuando caza, un murciélago puede dejarse caer desde lo alto: ajusta el ángulo

FUERA DE SU ELEMENTO

Para obtener ventajas, algunos animales dejan su elemento y viajan por otro. Volar es un método para huir de los depredadores, de modo que algunos peces, lagartos, serpientes y ardillas han desarrollado medios para volar.

PECES QUE VUELAN SOBRE EL MAR

El **pez volador, que se encuentra en los mares tropicales y subtropicales, escapa del peligro volando sobre la superficie del agua.** Para ello utiliza sus desarrolladas aletas pectorales. Cuando es perseguido por depredadores, como delfines, peces vela y tiburones, nada rápidamente hasta la superficie a unos 32 km/h, con las aletas pegadas al cuerpo; luego se lanza fuera del agua, abre las aletas como si fueran alas y planea. A medida que pierde fuerza y cae a la superficie, utiliza otra ala: haciendo vibrar la cola a 50 golpes por segundo, despega de nuevo a través de la superficie a velocidades de 65 km/h. Por lo general, el pez planea entre 40-50 m, pero uno de los vuelos más largos observados duró 42 segundos y cubrió 600 m. Se han encontrado peces voladores en cubiertas de grandes barcos a 9 m de altura sobre el nivel del mar. Es probable que al levantar el vuelo se hayan montado en una ráfaga de viento que los transportó por el aire.

Algunos depredadores han encontrado un modo de capturar peces voladores. Se han visto delfines que anticipan el recorrido del vuelo, avanzan velozmente y atrapan a sus infortunadas víctimas cuando vuelven a penetrar en el agua. Las acrobáticas aves fragata bajan en picado desde lo alto y los roban en el aire.

ANFIBIOS QUE PLANEAN ENTRE COPAS DE ÁRBOLES TROPICALES

Las **ranas voladoras utilizan la membrana que tienen entre los larguísimos dedos de los pies para planear entre los árboles.** Para escapar de los depredadores, como las víboras que suben a los árboles, las ranas se lanzan al aire con sus poderosas patas. Separan las extremidades, estiran las membranas que poseen entre los dedos, achatan el cuerpo al que dan forma de plato para aumentar al máximo su superficie, y

PEZ FUERA DEL AGUA *Al comenzar a salir del agua, el pez volador se impulsa arrastrando la punta de la cola en el mar. Una vez lanzado, abre las alas pélvicas para elevarse y planear.*

ARDILLA AEROTRANSPORTADA
*La ardilla voladora
de América del Norte extiende
los pliegues de piel que posee
en cada lado del cuerpo
y planea de árbol en árbol.
Esta especie mide
entre 25 y 31 cm de longitud.*

vuelan —o planean— hasta 45 m
entre los árboles.

Estas ranas viven en lo alto de las selvas
tropicales de América Central y el sudeste de Asia, y los largos dedos de sus patas
están bien adaptados para trepar por la
corteza y las ramas de los árboles.

LA ARDILLA VOLADORA
SE PROTEGE SALTANDO

La mayoría de las ardillas deben
bajar al suelo para alcanzar los
árboles distantes. Pero la ardilla voladora utiliza un método alternativo: planea por el aire con su membrana de vuelo, unas extensiones de piel que tiene
entre los miembros anteriores y posteriores. Cuando trepa por las ramas, pliega la membrana bajo el vientre para no
tropezar con ella.

Si es perseguida entre el follaje por un
depredador, como por ejemplo una mar-
ta, la ardilla voladora salta al espacio, despliega sus membranas de vuelo y cae
como con un paracaídas en el árbol siguiente. La membrana puede ser ajustada
si se varía la posición de los miembros; su
tupida cola actúa como timón, manteniendo la dirección adecuada.

A medida que se acerca al lugar de aterrizaje, la ardilla eleva el cuerpo y la cola,
para frenar antes de llegar al árbol. Luego puede trepar por el tronco y ganar
altura para despegar de nuevo. De esta

manera, es capaz de avanzar por la selva planeando. La ardilla voladora
gigante mide 60 cm de longitud y
puede volar hasta 100 m de distancia,
mientras que las especies más pequeñas,
como la ardilla voladora del sur, que mide
de 23 a 25 cm, sólo puede recorrer distancias mucho más cortas.

SERPIENTES QUE VUELAN
DE UN ÁRBOL A OTRO

En las selvas tropicales del sureste de Asia, las víboras des-
pegan de una rama alta y planean
hasta el árbol siguiente. Usan sus
músculos para separar las costillas, lo
que les aplana el cuerpo, y atraviesan el
aire ondulándose con un controlado
movimiento natatorio en forma de S; así
pueden recorrer hasta 20 m en un solo
vuelo. Aunque la serpiente voladora es
una hábil trepadora, volar le resulta una

manera mucho más eficaz de viajar por la
selva, pues gasta menos energía. También
es más efectivo para sorprender a sus
presas —lagartos, ranas, pájaros y murciélagos— y para escapar de los depredadores, como aves de presa, monos y otras
serpientes arbóreas.

DRAGONES PLANEADORES ELUDEN EL PELIGRO EN LOS TRÓPICOS

Los lagartos voladores son muy comunes en las selvas tropicales del sudeste de Asia. El dragón volador posee una delgada membrana de piel en ambos lados del cuerpo que puede estirar y tensar con sus costillas alargadas y móviles, y planea de esta manera hasta 18 m entre los árboles. De igual modo, la lagartija voladora tiene una franja de piel a los lados y un tejido semejante a una cincha entre los dedos de las patas.

EL CALAMAR UTILIZA POTENTES CHORROS PARA HUIR DE LOS DEPREDADORES

Cuando es perseguido por depredadores veloces, como delfines o tiburones, el calamar volador escapa levantando el vuelo. Para ello utiliza la propulsión a chorro. Absorbe agua dentro

LAGARTO EN EL AIRE *Los coloridos pliegues de la piel del dragón volador le permiten planear y también impresionar a una potencial pareja.*

de la cavidad del manto para lanzarla en un chorro de alta presión a través de un sifón situado en la parte inferior de su cuerpo. El calamar alcanza velocidades tan altas, hasta 32 km/h, que puede salir del agua por completo y valerse de sus «alas» laterales para planear por espacio de varios metros.

El calamar volador habita en aguas tropicales y templadas de todo el mundo, acercándose más a las costas en verano y alejándose en invierno. Durante el día permanece en las profundidades, y de noche migra hacia la superficie para alimentarse. Es allí donde corre el riesgo de ser devorado, porque, aunque escape al aire, hay aves que se alimentan de calamares, como el albatros, siempre listo para cazarlos. Sin embargo, como los calamares nadan y vuelan en grandes grupos,

siempre se salvan algunos. Pueden alcanzar una altura sobre el mar de 1.5 m.

VOLADORES PELUDOS DE LAS SELVAS AUSTRALIANAS

Algunas especies de zarigüeya planean de árbol en árbol para ampliar su área de alimentación y para eludir a los depredadores en tierra. En el aire, las zarigüeyas voladoras y las planeadoras (sus parientes) parecen cometas rectangulares con cola peluda. Unos pliegues membranosos cubiertos de piel que se estiran entre las alargadas extremidades anteriores y posteriores les permiten planear 90 m desde la cima de un árbol hasta la parte inferior del tronco de otro. La cola le sirve de timón, aunque las especies de mayor tamaño, como la zarigüeya voladora grande, de 50 cm, tienen poco control sobre su vuelo. Las planeadoras de menor tamaño, como la planeadora de vientre amarillo, pueden maniobrar para evitar las ramas y otros obstáculos.

ATLETAS Y GIMNASTAS

Los animales son capaces de hacer atletismo sin el menor esfuerzo y muchas especies marcan sin saberlo récords en su vida diaria. En la lucha por la supervivencia, un óptimo estado físico suele significar la diferencia entre la vida y la muerte.

LOS MAGNÍFICOS ARRANQUES DE VELOCIDAD DE PEZ VELA

Sus hidrodinámicos cuerpos permiten a los peces vela nadar a velocidades superiores a 110 km/h. Con sus aletas dorsales y pectorales pegadas al cuerpo, estos peces emplean su velocidad para capturar otros peces rápidos, como la caballa y el arenque. La afilada boca, parecida a un estoque, se clava en las presas cuando los peces vela se abalanzan contra un cardumen. Luego vuelven a recoger a las víctimas. Cuando el pez vela ataca, su cuerpo plateado cambia de color y le aparecen franjas oscuras sobre los laterales. La causa de este cambio es desconocida. Cuando es atrapado por pescadores deportivos este espectacular pez, de hasta 4.60 m de longitud, salta repetidamente en el aire, llegando a alcanzar los 3 m, hasta que se cansa.

LAS CHOVAS VUELAN EN EL «TECHO DEL MUNDO»

El récord de mayor altura sobre la tierra lo tiene la chova. Este miembro de la familia de los cuervos vuela comúnmente entre los 3,500 y 6,250 m en el Himalaya; en una ocasión una expedición británica vio volar una bandada a 8,235 m. La chova es un pájaro carroñero, pero si no hay carroña disponible cava en busca de insectos.

LOS QUE VUELAN MÁS ALTO *Una bandada de chovas de pico amarillo vuela en círculos a gran altura bajo el monte Lhotse de la cordillera del Himalaya, en la frontera entre Nepal y China.*

EL BERRENDO SALTA POR SEGURIDAD

Cuando los depredadores están cerca, la gacela, de Sudáfrica, se empeña en un curioso comportamiento conocido como «pronking». Si está parada, salta en el aire como si rebotara con las cuatro patas estiradas y al caer golpeará el suelo con todas las pezuñas al mismo tiempo. Cuando salta, eriza el abanico de largos pelos blancos que tiene en el dorso y las ancas, y agacha la cabeza hasta casi tocar las patas delanteras. Junta las pezuñas y se arquea dorsalmente. En el instante en que el antílope toca el suelo, vuelve a saltar. Puede hacerlo directamente hacia arriba, hacia adelante o moverse nervioso hacia un lado. Luego baja el abanico de pelos, levanta la cabeza y sale disparado a toda velocidad.

El «pronking» se contagia. Comienzan uno o dos animales y en seguida se les une el resto del rebaño. Los saltos sirven para comunicarle a un depredador –como un león– que la gacela está preparada y será capaz de dejar atrás al perseguidor.

SALTADORES DE ARBUSTOS *Empleando sus tácticas de «pronking» la gacela confunde a los depredadores, que encuentran difícil elegir un animal en apariencia tan fácil de matar.*

ESTRATEGIA DE RELEVOS DE TENACES CAZADORES

Los perros africanos salvajes son famosos por su determinación y vigor: cuando comienzan la cacería, nunca se dan por vencidos. Los perros cazan en grupos que se van relevando durante las horas frescas del amanecer o del crepúsculo, pero pueden estar activos todo un día nublado o en una noche de luna. Son perros de llanura y confían en la vista para detectar a su presa.

Primero aíslan su blanco, por ejemplo una cebra joven, un antílope o una gacela adulta, y después la persiguen dos perros. El resto de la jauría los sigue al trote en segundo plano, al tiempo que se abren en abanico; si el primer par de perros se cansa, un segundo par toma a su cargo la caza. Esta conducta puede repetirse muchas veces, mientras persiguen sin piedad a la presa a velocidades de hasta 70 km/h.

Finalmente el terror o la fatiga debilitan a la víctima, que aminora el paso. Ésta es la señal para que los perros comiencen el ataque definitivo. Los dos perseguidores saltan a los laterales y al abdomen, y el resto de la jauría arranca trozos de carne del cuerpo de la víctima.

EL ANTÍLOPE QUE DEJA ATRÁS A SUS RIVALES

El berrendo o antílope americano es el campeón en carreras de larga distancia de entre todos los mamíferos. Puede correr con facilidad a 70 km/h un trecho de 6,4 km. Puede acelerar rápidamente hasta alcanzar los 86 km/h.

Todo esto es posible debido a las útiles modificaciones que ha sufrido su cuerpo. Sus pulmones son excepcionalmente

grandes. Además, el corazón bombea más sangre oxigenada a los músculos de las patas y tiene muchas más mitocondrias (pequeños orgánulos celulares que convierten el oxígeno en energía) en cada célula muscular que cualquier otro antílope. Confiado en su habilidad para escapar, el berrendo inspecciona cualquier cosa que se mueva –incluso un depredador– y luego huye. Sus ojos abultados le permiten una visión de 360 grados y están provistos de largas pestañas negras que los protegen del sol.

UN PRIMATE PRIMITIVO, CAMPEÓN DE SALTO DE ALTURA

El indri, de Madagascar, es capaz de saltar 10 m de un árbol a otro, en posición vertical. Puede hacerlo gracias a sus fuertes patas, sus ojos orientados hacia delante, sus largos brazos, y sus pies y manos prensiles. El indri, el más grande de los lemures, se aferra a los troncos de los árboles y se impulsa hacia el

LEMUR SALTARÍN *El indri calcula con sumo cuidado su salto volador. El animal elude el follaje enmarañado y aterriza limpiamente sobre el tronco de un árbol.*

aire con sus miembros traseros. Cuando vuela, abre los brazos y recoge las piernas bajo el cuerpo, listo para el aterrizaje. El indri está activo durante todo el día, recolectando frutas y hojas. Pasa la mayor parte de su vida en los árboles.

GRANDES VIAJES

Para vivir y reproducirse, los animales necesitan maximizar el consumo de alimentos ricos en energía. Algunos viajan miles de kilómetros hasta lugares donde la comida abunda en determinadas épocas del año.

LOS FESTINES DE REAPROVISIONAMIENTO DE LAS AVES MIGRATORIAS

En las migraciones largas, algunas aves costeras, como el correlimos gordo, el correlinos tridáctilo o el vuelvepiedras, se congregan siempre en lugares tradicionales para reaprovisionarse. Organizan su llegada para que coincida con la disponibilidad estacional de alimentos. Si en una migración larga se quedan cortos de energía podrían agotarse algunos tejidos del cuerpo para mantener el vuelo, por lo que a la primera oportunidad se detienen para alimentarse y descansar.

Una parada intermedia de primavera en Estados Unidos es la bahía de Delaware, sobre la costa atlántica. Allí 1.5 millones de zancudas que se dirigen volando hasta el Ártico para reproducirse, descienden para darse un festín con los huevos del cangrejo herradura. Miles de cangrejos —que no son verdaderos cangrejos, sino parientes acuáticos de las arañas— emergen del mar y cada uno deposita 80,000 huevos en la arena húmeda. Cuando parten, bandadas de zancudas y gaviotas —entre 100,000 y 250,000 en una playa— se amontonan ruidosamente para recoger los huevos, que poseen un alto valor nutritivo. Estos pájaros dependen de los huevos para mantener su energía durante el viaje. Se hartan durante una quincena, período durante el cual duplican su peso. Se ha calculado que 50,000 correlimos comen 6,000 millones de huevos, que pesan un total de 27 toneladas.

UN CRUCERO DE LARGA DISTANCIA PARA BUSCAR ALIMENTO

Los padres del albatros viajero atraviesan grandes distancias, cruzando el océano austral, en busca de alimento para su único polluelo. En una sola incursión en busca de calamares, un ave puede recorrer hasta 14,500 km, a razón de 900 km por día, volando día y noche, con pocas paradas y a una velocidad de 80 km/h. El albatros, más un planeador que un volador activo, puede atravesar el océano casi sin mover las alas. Su ruta de vuelo aprovecha los vientos dominantes y las corrientes que se elevan de las olas. Cuando hace una picada, el albatros se vuelve hacia el viento a

medida que se acerca al agua; adquiriendo elevación para planear nuevamente hacia arriba. Un polluelo de albatros necesita aprender a volar con eficiencia, ya que pasará en el aire los primeros siete u ocho años de su vida antes de regresar a su lugar de origen para encontrar pareja.

EL VIAJE DE LAS TORTUGAS EN LAS AUTOPISTAS DEL MAR

Las tortugas laúd son reptiles que respiran aire, aunque utilizan vías marítimas profundas para viajar en largas e inesperadas migraciones. Las tortugas que anidan en

FRENESÍ DEVORADOR *Una enorme bandada de correlimos, en la costa este de Estados Unidos, continúa su migración de primavera tras darse un festín de huevos de cangrejo herradura. Las gaviotas de la región limpian las sobras.*

las playas tropicales de Surinam, en el norte de Sudamérica, con frecuencia descubren las costas de Escocia en su viaje al Ártico, a 6,960 km de distancia. Seguimientos por satélite han revelado que realizan esta migración hacia el norte con regularidad, en busca de medusas para alimentarse.

Estos animales siguen los contornos de los cañones y montañas submarinas, y cada individuo de una población sigue casi la misma ruta. Viajan alrededor de 60 km por día y bucean con frecuencia, a veces más de 1,000 m, conteniendo la respiración y permaneciendo sumergidas hasta 40 min. A esas profundidades conservan calientes los músculos, con lo que mantienen la temperatura del cuerpo varios grados más alta que la del agua de mar circundante.

Muchas de las leyendas sobre serpientes marinas de la costa occidental de Escocia bien podrían ser consecuencia de avistamientos de estas tortugas laúd, que son las más grandes del mundo, y cuyo cuerpo mide 2 m de longitud.

LOS VIAJES MÁS LARGOS

● **En el aire,** los charranes árticos (véase pág. 182) tienen el récord de las aves migratorias, ya que viajan de un extremo al otro del mundo. Pero no son las únicas viajeras de larga distancia. Los chorlitos dorados y los correlimos tridáctilos vuelan todos los años 20,000 km entre Canadá y la costa sureste de Sudamérica.

Los pájaros bobos migran desde el sur de Canadá hasta Paraguay y vuelven, atravesando de isla en isla los 2,000 km de mar abierto y pasando por las Antillas, desde Florida hasta América del Sur.

El pequeño colibrí rufo hace un viaje redondo de 6.000 km entre la costa noroeste de América del Norte, donde se reproduce, y México, donde pasa el invierno.

● **En el mar,** muchas especies de peces vertebrados, tiburones, delfines, ballenas y tortugas de mar emprenden largas migraciones. En el Atlántico, el tiburón gris se aventura hasta el norte de Massachusetts en verano, pero en otras épocas se puede encontrar a 3,200 km de distancia, en el Golfo de México.

El atún de aleta azul abandona el Mediterráneo y atraviesa el estrecho de Gibraltar para llegar a los lugares en los que se alimenta, frente a las costas de Noruega. Las tortugas verdes del Atlántico ecuatorial viajan 2,200 km desde las costas de Brasil hasta la isla de Ascensión para reproducirse.

● **En tierra,** el antílope saiga migra 350 km desde los terrenos de alimentación invernal, cerca del mar Caspio, hacia el norte, donde se hallan sus sitios tradicionales de reproducción. Desde allí recorren 400 km hacia el suroeste para pastar durante el verano, y luego al este, de regreso a las tierras bajas donde pasan el invierno.

MIGRACIÓN ANUAL DE LOS GIGANTES DEL MAR

Todas las primaveras, las ballenas grises de la costa del Pacífico de América del Norte inician un viaje redondo de 20,400 km. Abandonan sus lugares de reproducción, en las protegidas lagunas de la Baja California, para dirigirse a los lugares de alimentación, en el Ártico.

La procesión es conducida por las hembras gestantes, ansiosas de disponer del máximo de tiempo de alimentación para sus crías en desarrollo. Los machos adultos y las hembras sin cría van detrás, seguidas por las ballenas inmaduras y, al final, las hembras con cría.

Toman el camino cercano a la costa, rozando los fondos de algas donde pueden ocultarse de las orcas merodeadoras, cuyas presas son las ballenas más jóvenes. Nadan a 8 km/h, pero pueden acelerar hasta alcanzar los 20 km/h cuando son perseguidas. Las ballenas grises salen a la superficie cada 3 ó 4 minutos y soplan una corta bocanada doble de vapor antes de levantar la cola y volver a sumergirse.

GUARDERÍA Y ESCUELA NÁUTICA PARA CRÍAS DE BALLENA

Las ballenas francas del Atlántico sur migran todos los años desde sus sitios de reproducción hacia la Patagonia. En verano se alimentan de plancton y kril de la superficie del mar polar. Al comenzar el invierno regresan al seguro puerto de la península Valdés, en la costa de la Patagonia Argentina, para aparearse, parir y criar a sus crías lejos de las orcas.

A medida que se acerca el verano, el entrenamiento reemplaza a los juegos. Las madres y las crías van y vienen por la bahía a toda velocidad, con el fin de que las crías desarrollen sus músculos para el largo viaje hasta la Antártida.

LA LARGA MARCHA DEL RENO

Los viajes épicos son un modo de vida para el reno del Ártico canadiense. Cientos de miles de renos hacen un viaje de 1,000 km en cada dirección entre sus territorios de reproducción, en la tundra, y sus refugios invernales, en los grandes bosques de coníferas de la taiga.

A principios del invierno la tundra se cubre con una capa de hielo que impide a los renos apartar la nieve para acceder a la vegetación que se encuentra debajo. De modo que se mudan a los bosques, donde la nieve no se ha solidificado. En primavera, entre febrero y abril, miles de animales regresan juntos a la escabrosa tundra, siguiendo los senderos marcados. Un solo rebaño puede extenderse 300 km.

Cuando llegan a los sitios de reproducción, en mayo, las hembras preñadas paren inmediatamente, los terneros crecen con rapidez y cuando pueden pastar por su cuenta, el rebaño se muda otros 200 km, hacia pastos más bajos y verdes.

En julio, pequeños grupos comienzan a partir lentamente hacia el sur, hacia la línea de vegetación, y llegan a los bosques en septiembre, preparados para pasar el invierno.

EN CAMINO *Vastos rebaños de renos pueden tardar una semana en pasar por una sola localidad en su viaje por la inhóspita tundra del Ártico.*

ÉPICOS VUELOS A LA TIERRA DEL SOL DE MEDIANOCHE

Los charranes árticos emprenden uno de los viajes más largos de los que hacen las aves. Los que anidan en el Ártico vuelan a la Antártida y vuelven todos los años, en un viaje redondo de más de 40,000 km. Esto significa que las aves vuelan ocho meses por año y que en ambos destinos tienen luz diurna perpetua.

Las golondrinas adoptan varias rutas. Cuando se dirigen al sur, en otoño, las aves escandinavas y británicas abrazan la costa atlántica de Europa y el noreste de África. Algunas cruzan el Atlántico hasta Brasil, aprovechando los vientos del este,

REGISTRO DE UBICACIÓN *Los charranes árticos jóvenes sobrevuelan sus zonas de reproducción para familiarizarse con el terreno y poder encontrar el camino a casa en el futuro.*

y luego siguen la costa de Sudamérica, mientras que otras o cruzan a la cordillera central del Atlántico o siguen a lo largo de la costa africana.

Las aves de Canadá o Groenlandia viajan con los vientos del oeste hasta Europa y allí siguen la misma ruta que los charranes europeos.

Estas aves se alimentan durante el viaje, zambulléndose para capturar peces cerca de la superficie. Las 24 horas de luz en ambos extremos del mundo les permiten maximizar su tiempo de alimentación cuando tienen crías en el norte y mudan las plumas en el sur.

LAS PARDELAS COLACORTA SIGUEN LOS VIENTOS DEL PACÍFICO

Estas aves viajan **32,000 km al año en su migración alrededor del océano Pacífico.** Tienen crías en las islas del estrecho de Bass, entre Australia y Tasmania, y cuando los polluelos empluman, parten hacia el Pacífico en busca de alimento, empujadas por los vientos dominantes.

Vuelan hacia el este, rumbo a Nueva Zelanda, luego al norte, hacia Japón y más al norte aún, pasando por Kamchatka, hasta el mar de Bering. Después, con los vientos del oeste, continúan hasta Alaska y siguen la costa de América del Norte hasta California, donde toman los vientos del este que las llevan de nuevo a Australia.

EL EXTRAORDINARIO Y LARGO VIAJE DE LA ANGUILA

Las anguilas comunes emprenden **una migración poco usual, nadando miles de kilómetros desde el río hasta el mar, para desovar.** Las anguilas viven en los ríos de Europa y Norteamérica, pero cuando llega el momento de reproducirse, migran hacia el mar. Durante el viaje se transforman en las aerodinámicas «anguilas plateadas». La meta es el mar de los Sargazos, donde desovan y mueren.

Los huevos se desarrollan y transforman en larvas que son arrastradas por las corrientes. En el caso de las larvas europeas, la corriente del Golfo las lleva hasta las costas atlánticas de Europa.

Cuando entran en aguas claras, las larvas se transforman en «anguilas de vidrio», o angulas. A medida que nadan corriente arriba, su color se intensifica y se convierten en «anguilas amarillas» que se alimentan en los ríos durante seis o siete años antes de embarcarse en un viaje de regreso al mar de los Sargazos.

MONARCAS MIGRATORIAS EN BUSCA DE ÁRBOLES DE MARIPOSAS

Las mariposas monarca, de 10 cm **de envergadura, viajan miles de kilómetros en su corta vida de hasta ocho meses.** Las mariposas adultas abandonan el sur de Canadá y el norte de Estados Unidos en julio y vuelan hacia el sur en un viaje de entre 2.000 y 3.000 km hasta California y México, donde pasan el invierno sobre los oyameles o «árboles de mariposas».Se aparean en primavera, y en marzo las primeras ya están volando hacia el norte, poniendo los huevos a medida que parten. Cuando terminan de desovar, mueren. La descendencia de las puestas tempranas continúa su viaje al norte.

UN PLATO DIFÍCIL *Las alas de intensos colores de las mariposas monarca advierten a los depredadores que las intrépidas viajeras de larga distancia son intocables.*

EN BUSCA DEL CAMINO

Los animales utilizan toda clase de pistas para encontrar su camino a través del mundo y regresar otra vez. Diferentes lugares, la posición del sol y las estrellas, y hasta el campo magnético de la Tierra, son sus puntos de referencia.

LAS LANGOSTAS DEL DESIERTO SIGUEN UNA TORMENTA

El primer indicio de la llegada de un enjambre de langostas del desierto es una nube borrosa en el horizonte. A medida que se acerca, el cielo se oscurece y todo queda sumergido en un ruidoso mundo de insectos que vuelan y saltan. Se han registrado enjambres de 4 km de altura y una extensión de 250 km². Cada langosta se guía por el sol con el objetivo de encontrar un lugar don-

ENJAMBRE DE LANGOSTAS *Langostas del desierto descienden sobre Mauritania, África Occidental, causando alboroto y devorando cosechas a su paso.*

de esté lloviendo. Un instinto avasallador hace que cada individuo vuele hacia el interior del enjambre, y no hacia afuera, y el enjambre, a su vez, tiende a volar hacia abajo, transportando las langostas hacia áreas de baja presión, que es donde se concentra la lluvia. El viento es importante para estos insectos, pero también puede resultar destructivo: se han visto enjambres de langostas arrastradas hacia el mar, sobre el Atlántico, a 2,200 km de la costa oeste de África.

LA ASOMBROSA MEMORIA DEL PEZ FUERA DEL AGUA

En las Antillas hay una especie de góbido, un pequeño pez de las charcas que se forman entre las rocas, que tiene una memoria increíble. A medida que la marea retrocede, a veces el pececillo queda atrapado en una pila de piedra a cierta distancia del mar. Para evitar hervir bajo el sol ardiente, salta de una pila a otra hasta que llega al mar.

Este góbido calcula de una manera tan precisa la distancia entre una pila y otra que nunca aterriza en las rocas cae siempre dentro de las pilas. De alguna manera memoriza la posición de las charcas a medida que sube la marea y traza un mapa mental de su territorio.

LOS SALMONES UTILIZAN LAS «EMANACIONES» DEL RÍO PARA ENCONTRAR EL CAMINO A CASA

Algunas especies de salmón dependen de una memoria química para encontrar el camino a casa después de un largo viaje. Los salmones rosados del Pacífico norte viajan 4,000 km mar adentro desde el estuario que abandonaron cuando eran jóvenes e

VOLVIENDO A CASA *Un cardumen de salmones rosados deja el mar y se dirige a su lugar de desove en el río Chiniak, en la isla Kodiak, Alaska.*

inmaduros. Sin embargo, varios años después encuentran sin problemas el mismo río cuando van a desovar.

Se cree que el campo magnético de la Tierra controla el mecanismo para encontrar la dirección desde el mar.

CÓMO NAVEGAN LAS HORMIGAS EN EL DESIERTO

La mayor parte de los animales evita el sol abrasador del desierto, pero una pequeña hormiga del Sahara estaría perdida sin él. Hace su nido bajo la tierra y realiza cortas excursiones para buscar alimentos.

La hormiga tiene ojos que ven la luz polarizada en los rayos del sol. El ángulo a la que ésta vibra depende de la posición del sol. Una vez que ha encontrado comida, la hormiga no sigue un rastro de olor para regresar, sino que utiliza su mapa de luz polarizada para volver directamente al nido, que puede hallarse a 140 m de distancia; de este modo minimiza su exposición a la temperatura de la superficie que alcanza los 70 °C.

EL TIBURÓN MIGRATORIO SIMPLEMENTE SE GUÍA POR SU NARIZ

Para encontrar su camino, las hembras del tiburón azul utilizan el campo magnético terrestre y la información geomagnética de las rocas del fondo del mar. Los tiburones azules se aparean en la costa este de

CÓMO ENCUENTRAN SU CAMINO LOS PÁJAROS

Como los transbordadores espaciales de la NASA, los pájaros cuentan con varios sistemas de navegación y orientación que los respaldan.

Los lugares son muy importantes. Con frecuencia los pájaros marcan los nidos antes de partir, para recordar la geografía del lugar.

Observan la posición del sol y la verifican con sus relojes biológicos. Si el sol está detrás de las nubes, pero se puede ver un pequeño fragmento de azul, son capaces de detectar el cambiante ángulo de luz polarizada a medida que cruza el

Estados Unidos y cruzan el Atlántico hacia Europa para parir allí sus crías. Mientras migran, descienden a profundidades de 200 m cada 2 ó 3 horas. Se cree que así verifican el magnetismo de las rocas del fondo mediante las ampollas de Lorenzini, pequeños receptores que tienen esparcidos por el hocico, capaces de detectar actividad eléctrica y magnética.

cielo, y se orientan con estos datos. Los pájaros que vuelan de noche se orientan por las estrellas, y los pájaros migratorios nocturnos del hemisferio norte se guían por la posición fija de la estrella polar para encontrar el camino.

Si el cielo está cubierto, poseen otro sistema seguro. Gracias a unas pequeñas partículas magnéticas que tienen en la cabeza y en el cuello, los pájaros detectan las líneas de fuerza del campo magnético terrestre. Las líneas forman un ángulo con la superficie, de modo que, al percibir el ángulo de intersección con la superficie, un pájaro puede señalar su posición en el planeta con considerable precisión.

POR QUÉ LOS ELEFANTES NUNCA OLVIDAN UN LUGAR

Los elefantes se desplazan recordando la ubicación de los lugares. Se embarcan en largos trayectos, frecuentemente en busca de agua, cruzando de un lado a otro una superficie de hasta 500 km². En Botswana, durante la estación seca, desde junio hasta octubre, los elefantes abandonan la sabana reseca para buscar el agua a lugares donde no escasea por

PROCESIÓN DE ELEFANTES *Un rebaño viajero de elefantes, de hasta 500 ejemplares, comprende hembras y crías. Los elefantes machos viajan solos.*

completo. Cada rebaño es guiado por una matriarca, la hembra más vieja y sabia, que es la que recuerda las rutas tradicionales y reconoce los lugares de abastecimiento (véase pág. 225). Avanzan a velocidades de entre 4 y 56 km/h, siguiendo las «rutas de los elefantes», senderos marcados tan directos como una vía romana. Los elefantes regresan en las estaciones de lluvias, de octubre a diciembre y de marzo a junio.

LAS BALLENAS RETORNAN A CIERTAS «AUTOPISTAS» DEL OCÉANO

Las ballenas jorobadas pueden viajar hasta 6,400 km desde y hasta sus sitios de reproducción. Paren durante el invierno en aguas tropicales y en los meses de verano regresan a sus lugares de alimentación en aguas templadas y polares.

Se cree que las ballenas encuentran el camino por el rebote de ondas de baja frecuencia contra lugares conocidos. También pueden obtener claves visuales del sol, la luna y las estrellas cuando salen a respirar a la superficie. Pero el descubrimiento de material magnético en sus jorobas sugiere que también pueden detectar, orientarse y navegar con la ayuda del campo magnético terrestre.

ESCALA AUSTRALIANA *Las ballenas jorobadas se detienen en las aguas calientes de Queensland para alimentarse durante su migración hacia la Antártida.*

8

MANTENIENDO EL CONTACTO

SENTIDOS Y COMUNICACIÓN

La transmisión de mensajes es una prioridad para los animales. Ya sea para llamar a un miembro del sexo opuesto, atraer una presa o desalentar o engañar a un enemigo; los mejores consiguen lo que quieren emitiendo señales claras.

LAS BALLENAS JOROBADAS SUELEN CAMBIAR DE MELODÍA

Las cantoras ballenas jorobadas **cambian de canción cuando oyen una balada nueva y pegajosa.** Cada grupo tiene un patrón de chillidos, bramidos y gritos que constituyen su canción y que les informa sobre la ubicación de cada individuo y su disposición para aparearse.

Mediante el estudio de grabaciones de canciones de ballenas, realizadas en el Pacífico en la década de los noventa, se descubrió que a lo largo de un período de dos años una serie de armonías había sido reemplazada por otra. La nueva canción era similar a la de las ballenas jorobadas del océano Índico. Los dos grupos se habían mezclado y las ballenas del Pacífico habían adoptado el canto de las recién llegadas.

AUMENTO DE VOLUMEN PARA ENCONTRAR EL CAMINO

De la misma manera que los murciélagos, el pez navaja del Ama-

CARGA ELÉCTRICA *El pez elefante de África tiene un sentido eléctrico bien desarrollado, que utiliza para reconocer amigos, enemigos o alimento.*

zonas y el pez elefante de África utilizan un radar para orientarse. Pero, en lugar de emitir impulsos acústicos, utilizan electricidad. Generando un débil campo eléctrico alrededor del cuerpo, estos peces pueden interpretar cualquiera de los impulsos que rebotan contra una roca, una planta u otro obstáculo, lo que les permite hacerse una imagen detallada de su entorno.

El pez navaja del Amazonas tiene una aleta parecida a una cinta a lo largo de todo el abdomen. El pez elefante emite impulsos mediante unos músculos modificados que posee en la base de la cola.

LAS FOCAS DE GROENLANDIA PREFIEREN LOS CLÁSICOS

Para estas focas, las antiguas melodías son las mejores. Al contrario que las ballenas jorobadas, las orcas y los delfines mulares, que varían sus canciones, las focas de Groenlandia se atienen a las que conocen.

Las focas de Groenlandia viven en los hielos flotantes del Ártico y en invierno viajan hacia el sur, hasta Noruega y Terranova. Se reúnen en enormes grupos de reproducción de hasta 250,000 individuos, cada uno de los cuales llama para atraer pareja. Como

son tantos, las potenciales parejas podrían ignorar a los machos que entonen canciones nuevas o cambiadas. Atenerse a la misma melodía podría ser una manera de que su voz no quede «ahogada».

LA RATA TOPO DESNUDA EMPLEA MENSAJES QUÍMICOS PARA MANTENER LA LEY Y EL ORDEN

Entre las ratas topo desnudas, la reina gobierna su colonia con un **cóctel de mensajes químicos.** En el momento en que se convierte en reina esparce sus feromonas, probablemente mediante la orina, para asegurarse de que ninguna otra hembra pueda reproducirse.

Con una corte de trabajadoras que no se reproducen, gobernadas por una sola reina reproductora, las ratas topo desnudas son los únicos mamíferos cuyo sistema social se parece al de las abejas y hormigas. Viven en grandes colonias subterráneas en el este de África. Cuando la reina muere, varias hembras empiezan a mostrar signos de actividad sexual. Sólo una llega a convertirse en soberana; esparce entonces su propia sustancia supresora hormonal.

EL INTRINCADO LENGUAJE DE LAS CANCIONES DE LOS PÁJAROS

La gama y la calidad de los cantos de las aves son extraordinarias. Los carboneros cabecinegros, de América del Norte, poseen docenas de llamadas, cada una de las cuales significa algo diferente.

La mayoría de los cantos proclama el territorio del macho cantor, duramente ganado. La simple llamada de dos notas de las palomas macho deja claro a otros congéneres que esa parte del bosque es suya y que está llamando a una compañera.

Los pájaros cuentan con una gama de cantos relativamente simples para pedir comida, dar alarmas, mantenerse en contacto o expresar miedo o dolor. Sólo algunas especies, como los ruiseñores y los canarios, entonan verdaderas canciones. Las hembras prefieren a los machos que modulan los cantos más complejos, ya que una hermosa melodía suele señalar a un cantor saludable.

LA CANCIÓN DEL RUISEÑOR *Aunque el canto del ruiseñor es uno de los más elaborados, su mensaje es tan simple como el de otras aves.*

UN PERFUME CON UNA PENETRANTE ADVERTENCIA

El lemur de cola anillada levanta su vistosa cola blanca y negra y lanza una maloliente advertencia a sus rivales. Los lemures sólo viven en la isla de Madagascar. Si se encuentran dos grupos contrarios de lemures de cola anillada, los machos se yerguen, pasan la larga cola por entre los muslos y untan el pelo con las glándulas odoríferas que tienen en las muñecas. Luego vuelven a ponerse a cuatro patas, doblan la cola sobre la cabeza y se dirigen hacia los intrusos, liberando ráfagas de perfume de guerra, destinado a hacer retroceder al otro grupo.

LA PERFECTA SOCIEDAD DE LOS AMANTES DE LA MIEL

El alimento preferido del pájaro indicador es un panal de miel y las larvas de abejas silvestres. Pero la comida está encerrada en una fortaleza impenetrable: el panal. El ave no puede romper el nido y pide ayuda a otra especie: el tejón mielero, o ratel, pariente del zorrillo.

Para llamar la atención del tejón, el indicador se lanza a un excitado parloteo, acompañado por vuelos en picada. El tejón, que conoce la rutina, sigue al pájaro hasta el panal. Protegido de los aguijones de las abejas por su tupido pelaje, rompe la estructura del panal. Mientras el tejón engulle la miel, el indicador se da un festín con los pedazos de panal y las larvas.

CÓMO ENFRENTAN LOS BABUINOS A SUS RIVALES

Los movimientos de párpados entre los babuinos indican a los rivales que deben retirarse. Los babuinos viven en toda la región de África por debajo del Sahara, en grupos de numerosos machos, 100 o más individuos. Los machos luchan constantemente por su posición social, ya que los dominantes tienen más acceso a las hembras. La complejidad de sus relaciones sociales exige señales visuales y vocales.

Si un macho quiere expresar amenaza o dominio, clava en su rival una mirada pro-

SEÑAL DE ADVERTENCIA *La competencia por las hembras entre los babuinos ha provocado el desarrollo de largos y afilados caninos, que este ejemplar ostenta en un «bostezo de amenaza».*

longada y dura, que intensifica enarcando las cejas y retrayendo el cuero del cráneo para desplegar los párpados de contrastantes colores. Luego parpadea rápidamente.

Para ostentar sus armas dentales, bosteza de forma exagerada. Los babuinos Gelada doblan hacia atrás el labio superior para exhibir sus afilados dientes.

EL CUIDADOSO KRIL PRACTICA EL NADO SINCRONIZADO

El kril se desplaza en una curiosa formación escalonada porque de esta manera, los individuos pueden detectar y evitar a los que nadan delante. Estos animales diminutos del océano, parecidos a los camarones, se congregan en apretados cardúmenes. Se impulsan hacia adelante con los pleópodos, que son apéndices parecidos a remos, pero este movimiento produce un chorro de agua que dificulta la natación a los que van detrás.

Unos sensores que poseen en las antenas detectan, mediante los cambios en la presión del agua, los golpes de los pleópodos de los individuos que van delante, lo que les permite adoptar una posición que reduzca su esfuerzo al nadar.

TRABAJO EN EQUIPO *El indicador del desierto de Kalahari, en África, utiliza una llamada especial para reclutar a un tejón mielero (ratel) que le abra un panal de abejas, rico en calorías. El tejón responde con un gruñido.*

CÓMO SE COMUNICAN LOS ELEFANTES

El lenguaje de los elefantes es tan rico y complejo que hasta el momento los humanos sólo comprenden una parte de la extensa variedad de expresiones faciales, ruidos de panza, punzantes olores, suaves caricias y fuertes bramidos que utilizan estos animales para comunicarse entre sí.

Apretones de manos y besos

La piel correosa del elefante es sumamente sensible, ya que posee abundantes nervios. De modo que el contacto físico —mediante la trompa, la cola, la planta de las patas y toda la piel— desempeña un importante papel en el fortalecimiento de los vínculos sociales.

El mayor contacto ocurre entre la madre y su cría; la hembra guía constantemente a su cría, tanteando tras de sí con la cola para verificar que la sigue, permitiéndole apoyarse contra su vientre cuando descansan, envolviéndola tranquilizadoramente con su trompa y tocándole los genitales cuando está asustada.

Todos los elefantes, cualquiera que sea su relación, utilizan el tacto para comunicarse: se frotan uno contra otro cuando toman baños de barro o practican simulacros de lucha en la adolescencia.

COLMILLOS AMISTOSOS *Dos machos prueban su fuerza. Para mostrar que la pelea no es en serio, se dan mutuamente señales auditivas y visuales.*

TOCAR Y SENTIR *Los elefantes son animales sociales y táctiles. Pronto se forman fuertes lazos de amistad, basados en un cercano contacto durante el juego.*

Ruidos y bramidos

Los elefantes también hablan mucho entre ellos, utilizando sonidos de baja frecuencia capaces de recorrer considerables distancias; esto permite la comunicación entre animales que están a 1 km de distancia uno del otro. Tienen un repertorio de aproximadamente 30 sonidos, incluido uno de saludo para cuando se encuentran. Si la matriarca está lista para proseguir la marcha, emite un ruido para indicar la partida. Hay una llamada para hacer contacto y responderla, una para cuando se pierden, una para amamantar, un ruido para tranquilizar y un sonido para anunciar el celo. El barri-

to o bramido de un elefante es audible para los oídos humanos. Lo emiten por la trompa, que es como un instrumento de viento que produce una gran variedad de sonidos, incluido el bramido de amenaza de un macho agresivo.

Olores y hedores

Los elefantes utilizan mucho los rastros químicos, y el olfato es su sentido más desarrollado. La trompa les sirve a la vez de «dedo» y de nariz. Usan la punta para investigar los genitales o la boca de un congénere con el fin de averiguar su identidad, sexo, edad y estado reproductivo.

Para seguir una pista, el elefante pasa la trompa por el suelo como un detector de metales. Para percibir olores a larga distancia, hace girar la trompa de un lado a otro como un periscopio.

Lenguaje corporal

Los elefantes poseen buena visión a corta distancia y pueden ver algunas señales visuales a 50 m. También utilizan alrededor de 100 posiciones del cuerpo, la cabeza, las orejas o la trompa, cada una de las cuales indica algo específico a otros individuos de su especie. Un elefante enojado baja y tiende la cabeza, plegando las orejas hacia atrás en forma de V. La manera en que un elefante se para en relación con otro indica su interpretación de la posición social de éste último.

MANERAS DE VER

Aunque muchos animales tienen ojos como los seres humanos, ello no significa que vean lo mismo que éstos. Quizá algunos animales sólo distingan en la oscuridad, mientras que otros ven colores que nosotros ni siquiera podemos imaginar.

LAS ENORMES ÓRBITAS DEL TARSERO DE OJOS SALTONES

Ningún animal tiene los ojos tan grandes como el tarsero de ojos saltones. Como dos enormes platos, los ojos de este pequeño primate dominan por completo su cara.

Son tan grandes que el volumen de sus órbitas oculares excede el de la cavidad que alberga su cerebro. El trasero necesita ojos grandes porque caza de noche, para aprovechar la poca luz disponible. Sus ojos tienen grandes pupilas que se dilatan por

OJOS EN LA ESPALDA *Los tarseros, que alcanzan alrededor de 13 cm de longitud, pueden girar tanto la cabeza que son capaces de ver a sus espaldas.*

completo en la oscuridad, así como una alta concentración de bastoncillos receptores en las retinas. Estos bastoncillos receptores capturan la luz y funcionan bien en condiciones de penumbra.

Los ojos sobresalientes miran hacia adelante y están muy juntos, para permitir una buena visión binocular. Son tan grandes que casi no se mueven en las órbitas, pero el tarsero compensa esta desventaja con su capacidad para girar la cabeza 180 grados.

EL CALAMAR GIGANTE Y SU POTENCIA OCULAR PROYECTORA DE DIAPOSITIVAS

El calamar gigante mide hasta 18 m de largo y sus ojos son como pelotas de fútbol. Sus ojos están entre los más grandes del mundo.

Al igual que los de otros cefalópodos, incluidos los pulpos y las sepias, los ojos del calamar gigante están mucho más desarrollados que los de cualquier otro invertebrado, lo que le permite ver con gran detalle y distinguir el más ligero movimiento a distancia.

Los calamares, que viven y cazan en aguas abiertas, necesitan buena visión para divisar presas desde lejos. Los pulpos, por su parte, se ocultan en grietas y deben ser capaces de distinguir una presa potencial cuando pasa. Ciertos experimentos han demostrado que un pulpo puede discriminar visualmente objetos de 5 mm desde 1 m de distancia. Complementa la información de los ojos con su sentido del tacto, altamente desarrollado.

La visión de los cefalópodos es similar a la de los humanos en cuanto a que la imagen es enfocada a través del cristalino y enviada a la retina, en la parte posterior del ojo. Sin embargo, en los humanos la imagen se enfoca cambiando la forma del cristalino, mientras que los cefalópodos mueven el cristalino hacia adelante y atrás para enfocarla, de manera similar a un proyector de diapositivas.

LOS SOFISTICADOS OJOS DEL CAMARÓN APUNTAN A LO SEGURO

El camarón mantis o galera posee en la cabeza dos segmentos móviles únicos, que llevan los ojos y los apéndices córneos llamados anténulas. Como son cazadores carnívoros, necesitan calcular a qué distancia está su presa y a qué velocidad se está moviendo. Para ello tienen los ojos compuestos más sofisticados de todos los crustáceos.

No sólo detectan objetos en movimiento, sino que, a juzgar por la precisión con que estos camarones pueden nadar hacia su presa y atacarla con sus pinzas, también son capaces de calcular profundidades. Las

VISTA DE CAMARÓN *El camarón mantis de Indonesia tiene buena visión, pero los quimiorreceptores de sus anténulas también le resultan útiles para detectar presas.*

galeras son seres belicosos. Esperan a la entrada de su guarida, en el fondo del mar, a que pasen pequeños caracoles, cangrejos, almejas o peces, y entonces atacan rápidamente con su segundo miembro, grande y flexible, para atravesar o aplastar a la presa. Algunas son tan fuertes que, en cautiverio, pueden romper el vidrio del acuario.

Las 350 especies de camarón mantis varían en tamaño desde 5 cm hasta los gigantes, de más de 36 cm de longitud. La mayoría vive en aguas tropicales.

LA FLEXIBILIDAD DA VISTA PANORÁMICA AL BÚHO CORNUDO

El **gran búho cornudo puede girar la cabeza casi 270 grados para mirar detrás de él.** Esta capacidad aumenta sus probabilidades de divisar a distancia presas como ratas, musarañas y otros mamíferos pequeños.

Los búhos deben calcular con exactitud el tamaño de su presa y la distancia a la que está. Obtienen el efecto tridimensional que necesitan mediante su visión binocular: ambos ojos miran hacia delante, de modo que el campo de visión de los dos ojos se superponen. Esto significa que el búho puede ver con los dos ojos simultá-

neamente dentro de un arco central de 60 a 70 grados, lo que le permite bajar en picada sobre su presa con suma precisión.

Para mantener la vista fija en un objeto que se ha movido del campo de visión central tridimensional, el gran búho cornudo gira la cabeza, algo que puede hacer mejor que cualquier otro animal.

La mayoría de los búhos y lechuzas caza al anochecer, pero unas 50 de las 135 especies son verdaderamente nocturnas. Sin más luz que la de la Luna y las estrellas, han desarrollado enormes ojos para aprovechar al máximo la poca iluminación disponible.

Sus ojos son tan grandes que apenas pueden moverlos en las órbitas. El giro del cuello compensa esta restricción.

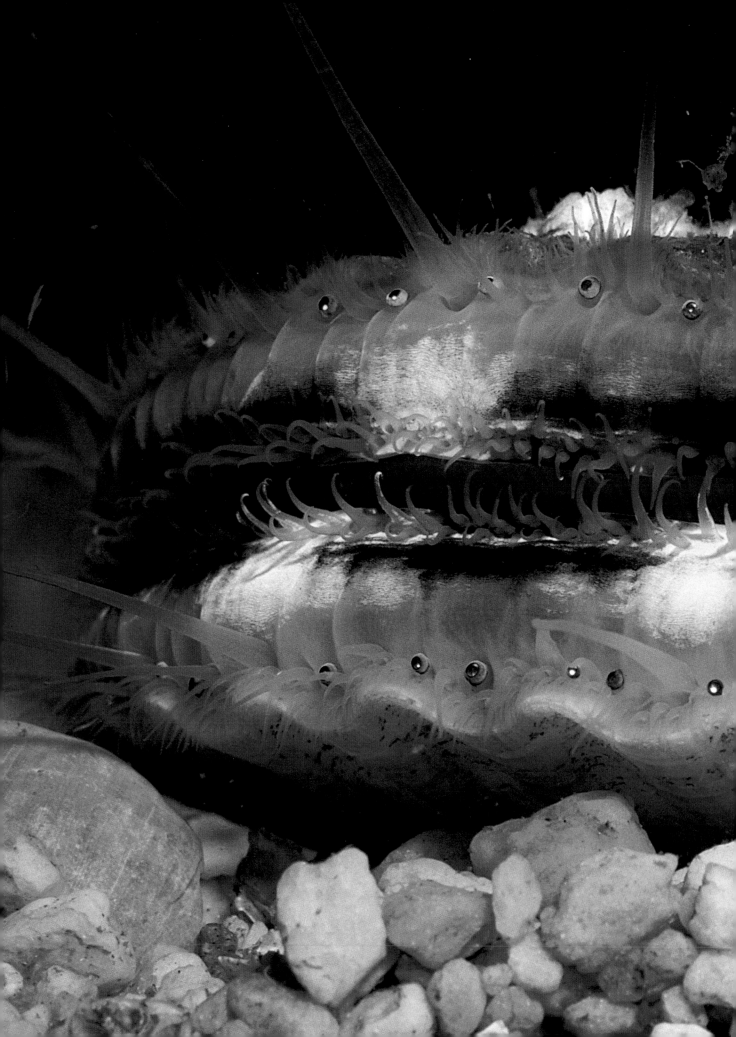

ALMEJA AL ACECHO

La almeja gigante tiene hasta 200 ojos. La causa por la que necesita tantos podría tener que ver con su estilo de vida móvil. Al contrario que otros moluscos, como los mejillones y los berberechos, la almeja gigante se desplaza mucho y nada expulsando chorros de agua desde un punto cercano a la bisagra de su caparazón. Si se ve amenazada, se aleja del peligro propulsándose hacia adelante y arriba mediante saltos. Sus ojos pueden ver sólo luz y oscuridad. Cada uno de ellos, ubicados en las dos hileras de pequeños puntos azules que festonean los bordes de su caparazón, posee dos retinas. Una es sensible a los grados de luz decreciente, y la otra a los aumentos de luz.

LA VISIÓN TITILANTE DE LA LIBÉLULA

Los enormes y abultados ojos de la libélula cubren más o menos toda su cabeza. Gracias a ellos, este insecto puede buscar presas casi de forma panorámica, mientras se mantiene alerta a la presencia de aves hambrientas que pretendan alimentarse de ella.

Sus ojos compuestos consisten en más de 20,000 diminutas facetas hexagonales, cada una de la cuales posee su propio cristalino y retina. Las minúsculas facetas son estimuladas cada vez que algo se mueve en su campo de visión, lo que le da a la libélula una especie de visión titilante que le permite detectar hasta los más mínimos movimientos posibles.

TODO OJOS *Los enormes ojos compuestos permiten a la libélula ambulante del sur detectar y atrapar sus esquivas presas aéreas en pleno vuelo.*

PISTAS PARA INSECTOS CUBIERTAS CON «LUCES DE ATERRIZAJE» ULTRAVIOLETAS

Para los seres humanos, la flor alpina arnica parece una salpicadura de luz amarilla. Una abeja, sin embargo, ve pétalos color púrpura con líneas carmesí que llevan a un centro carmesí. Esto se debe a que, al contrario de los seres humanos, la abeja ve el mundo a través del extremo ultravioleta del espectro.

Muchas plantas dependen de insectos para la polinización. Los atraen con una nutritiva recompensa: el néctar. Para alcanzar el néctar, los insectos deben rozar los órganos sexuales de la planta; de esta manera cargan polen en su cuerpo y luego lo dejan en la siguiente planta que visitan.

Las plantas han desarrollado flores coloridas para atraer a los polinizadores, pero las señales a menudo son ultravioletas e invisibles para los seres humanos. Estas señales sirven para dirigir a los polinizadores hacia el centro de la flor.

EL REPTIL RELIQUIA DE TRES OJOS

La tuatara, un reptil primitivo que vive en islas cercanas a Nueva Zelanda, tiene un raro «tercer ojo». Desde fuera no parece más que un

PANTALLAS QUE AYUDAN A LOS DAMANES DE EL CABO A ESCRUTAR EL CIELO

Para mitigar el resplandor del sol africano, los damanes de El Cabo tienen «gafas de sol» incorporadas. Esto aumenta sus probabilidades de divisar atacantes aéreos como las águilas de Verreaux. Durante el día, estos animales, del tamaño de un conejo, toman el sol sobre salientes rocosos. Para mantenerse alerta a la presencia de atacantes sin que los ciegue la intensa luz solar, los damanes han desarrollado en los iris unos escudos en forma de pantallas (umbráculas) que les dan sombra a las pupilas.

LA VISIÓN DE LOS PÁJAROS DE CENTELLEANTE BRILLANTEZ

Según lo ven las aves, el mundo abunda en imágenes mucho más detalladas y nítidas que las que pueden ver los seres humanos. La retina de un ojo humano contiene 120,000 células sensibles a la luz, llamadas bastoncillos, que transfieren al cerebro la información recibida. Cuantos más bastoncillos posee la retina, más clara es la imagen que se forma. Un gorrión tiene 400,000 bastoncillos y un halcón peregrino, hasta un millón, lo que le da una agudeza visual extraordinaria.

Las aves tienen también una soberbia visión cromática, gracias a una profusión de células cónicas sensibles al color, y fotorreceptores sensibles a la luz ultravioleta. Pueden ver tonos que nadie puede imaginar.

Además, los ojos de las aves poseen una frecuencia mayor de «fusión titilante», lo que les permite ver detalles como los movimientos de las alas de una mariposa, que son invisibles para nosotros.

POR QUÉ ALGUNOS MONOS VEN EL COLOR ROJO

Entre los mamíferos, sólo los monos de África y Asia pueden ver los colores rojo y verde, además del azul y el amarillo que ven la mayoría de los demás mamíferos. Poder ver los rojos y verdes los ayuda a encontrar frutos maduros, de modo que parece extraño que algunos monos sudamericanos sean ciegos al color.

Investigaciones realizadas con tities de Geoffroys, que viven en Brasil, han mostrado que el cromosoma X de sus células lleva el gen de uno de los tres pigmentos posibles en su retina. Cada pigmento es sensible a un color diferente, de modo que estos tities ven colores muy diferentes de un individuo a otro, y algunos no pueden ver el verde y el rojo.

puntito en lo alto de la cabeza, pero por debajo de un pequeño agujero en el cráneo hay un «ojo» interno completo, con cristalino, retina y nervios que conectan con el cerebro. La tuatara no puede ver con este ojo, aunque está conectado con la glándula pineal, que produce la hormona melatonina, y es importante para controlar los ciclos de sueño, apareamiento e hibernación. También puede detectar cambios en los niveles de luz natural e indicar a la tuatara, por ejemplo, cuándo ha llegado el momento de hibernar.

FÓSIL VIVIENTE *La tuatara no ha sufrido cambios desde hace 140 millones de años. Su «tercer ojo» era una característica común en los reptiles antiguos.*

MENSAJES SOBRE LAS ALAS DE MARIPOSAS

Las alas de las mariposas son la **señal visual más elaborada que existe.** Los colores y dibujos provienen de «verdaderos» pigmentos o de los efectos de microscópicas estructuras físicas de las escamas, que desintegran la luz que cae sobre ellas y reflejan sólo una parte, en forma de color.

Algunas mariposas tienen marcas ultravioletas en las alas, que actúan como una tinta invisible, ya que la mayoría de los vertebrados no puede ver los rayos ultravioletas. De modo que, mientras una mariposa se anuncia a su pareja –sus alas revelan a simple vista su sexo, su estado físico y su disposición para aparearse–, puede evitar atraer la atención de numerosos depredadores.

Cuando la mariposa de madre de Dios, ya visualmente asombrosa con su color azul metálico, es filmada en vuelo con una cámara sensible a la luz ultravioleta, sus alas se transforman en deslumbrantes y parpadeantes faros.

FAROS DESLUMBRANTES *Las escamas de color de las alas de una mariposa, como las de esta ala de pájaro de Australia, son pelos modificados.*

CÓMO VEN EN LA OSCURIDAD LOS PINGÜINOS REY

Gracias a sus ojos especializados, **el pingüino rey caza con facilidad en las oscuras aguas de la Antártida.** Puede encoger las pupilas hasta convertirlas en puntos pequeñísimos mientras aún está en tierra, minimizando así la cantidad de luz que penetra en sus ojos. De este modo se acostumbra a la oscuridad aun antes de salir a cazar.

Cuando el pingüino rey se sumerge en el agua, sus pupilas se expanden 300 veces, alcanzando más de 1 cm de diámetro. La mayoría de las aves puede expandir sus pupilas sólo 16 veces. A velocidades de 1.4 m por segundo, el pingüino se sumerge hasta 300 m, y pasa, en términos terrestres, de la intensa luz del sol a la oscuridad en 70 segundos. Aunque caza en la oscuridad, puede zambullirse du-

rante 4 ó 5 minutos, encontrar y comer unos 2,000 peces linterna (que miden unos 8 mm de longitud) en un período de 24 horas. Los peces linterna tienen unas células productoras de luz, de manera que, cuanto más grande es la pupila del pingüino rey, más fácil le resulta distinguir los reveladores puntos luminosos.

DOS OJOS QUE VALEN POR CUATRO

El pez «cuatro ojos» del Amazonas puede ver tanto a través **del aire como del agua al mismo tiempo, porque tiene dos ojos que funcionan como cuatro.** Situados en lo alto de su cabeza, cada ojo está dividido en una sección superior y una inferior. La luz de fuera del agua pasa a través del ancho del cristalino, en forma de huevo, lo que da una buena visión de larga distancia. Mientras nada superficialmente, este pez puede, simultáneamente, vigilar el mundo de fuera en busca de depredadores, como aves, y escrutar la superficie y las profundidades en busca de alimento.

OÍDOS AGUDOS

Hay sonidos que los seres humanos no resisten pero que son esenciales para los animales. Su mundo sensorial es extraordinario y a menudo lo exploran de maneras extrañas, desde escuchar con las rodillas hasta respirar con sonidos.

EL MUNDO SECRETO DEL ULTRASONIDO DE LAS AVES

Algunas aves son capaces de detectar sonidos de frecuencias ultrabajas, que están fuera del alcance del oído humano. Los seres humanos pueden oír frecuencias de sólo 20 a 30 Hz o más, mientras que algunas aves, como las palomas, responden a frecuencias tan bajas como 0.05 y hasta 10 Hz. Estos ruidos de baja frecuencia, conocidos con el nombre de infrasonido, viajan cientos de kilómetros a través de la atmósfera y pueden ayudar a las aves a orientarse por la noche o en una nube.

SISTEMA DE SONIDO *Los seres humanos pueden percibir el canto de un pavo del monte, pero inflando su gran tráquea el ave es capaz de producir un sonido de baja frecuencia demasiado grave para el oído humano.*

Los urogallos grandes o pavos del monte que habitan en el norte de Europa, emiten parte de su canto en una frecuencia claramente audible para los humanos, pero que sólo alcanza a desplazarse 500 m. Para compensar, el canto de esta ave tiene un componente de infrasonido que puede ser oído por otras potenciales parejas y rivales a una distancia de 1,000 m.

SAPO CON UN INSÓLITO OÍDO INTERIOR

El sapo vientre de fuego oriental puede oír con los pulmones. La mayoría de los sapos y ranas tienen un oído medio interior para recibir y transmitir sonidos al órgano sensorial del oído interno, que se conecta con el cerebro, pero

CUIDADO CON EL SAPO *El sapo vientre de fuego oye por los pulmones, mientras que su vientre, intensamente coloreado, advierte a los depredadores de que su piel es venenosa.*

algunas especies cuentan con otros medios para detectar sonido. En el caso del sapo vientre de fuego, las ondas sonoras viajan a través de la boca y resuenan en los pulmones, situados justo debajo de la piel. Luego las ondas son transmitidas a través de tejidos blandos al oído interno del sapo.

Esta insólita disposición habría permitido a los anfibios ser capaces de oír sonidos tanto bajo el agua como en tierra.

LOS GRILLOS ESCUCHAN CON LAS EXTREMIDADES

Los grillos poseen en las patas anteriores una membrana de piel estirada que actúa a modo de oreja. Los saltamontes tienen una membrana similar, llamada tímpano, pero en la mayoría de las especies se halla en la parte inferior del abdomen.

La membrana reacciona al sonido vibrando y, a su vez, estimula receptores que envían un mensaje de sonido al cerebro del insecto. De esta manera, los grillos y los saltamontes pueden oír llamadas de posibles parejas ocultas entre las malezas.

SONIDOS EXTRAÑOS

El mundo natural nunca está en silencio. Algunos ruidos que resultan irritantes a los humanos son música para la futura pareja de un animal. Otros cantos son más hermosos que cualquier melodía compuesta por un ser humano.

EL ACROBÁTICO CORO DE LOS GIBONES AL AMANECER

Todas las mañanas las selvas del **sureste de Asia resuenan con los duetos musicales de las parejas de gibones.** El clímax es un gemido de estrecha frecuencia de la hembra, destinado a atravesar la tupida vegetación (los seres humanos usan una frecuencia más amplia, que no transmite tan bien las voces).

Cuando el sol se eleva sobre el horizonte, el aire por encima de las copas de los árboles se vuelve levemente más cálido que abajo, y cualquier sonido que se filtre hacia arriba a través del follaje vuelve a bajar por efecto de la capa de aire más cálido. Así, cuando llaman al amanecer desde los árbo-

LA LLAMADA DE LA JUNGLA *Cantando desde las copas de los árboles, la hembra del gibón de manos blancas, de Tailandia, informa sobre su tamaño, edad, sexo e identidad.*

les más altos, los gibones se aseguran de ser oídos hasta a 3 km de distancia. Las llamadas suelen ir acompañadas por espectaculares exhibiciones acrobáticas que ejecutan estos animales al balancear con gracia su esbelto cuerpo por las ramas, valiéndose de los largos brazos; son capaces de recorrer hasta 12 m de un solo salto.

El dueto anuncia que esa parte de la selva está ocupada. Es probable que sirva también para reforzar el vínculo de pareja entre adultos.

LA CANCIÓN DE LA BALLENA JOROBADA

Las cautivantes canciones que **producen las ballenas jorobadas macho son más complejas que cualquier otro sonido de la Naturaleza.** Ecos resonantes, gruñidos graves y penetrantes, y notas altas componen la melodía que reverbera en los océanos de todo el

mundo. Los sonómetros muestran que los cantos de las ballenas jorobadas están sumamente estructurados, con notas diferenciadas y temas líricos que se repiten y varían cada 12 minutos aproximadamente y, en algunos casos, hasta 35 minutos. La ballena puede repetir el canto completo durante varias horas seguidas.

Las ballenas jorobadas hembra que escuchan esta ópera pueden evaluar la condición física del macho. Ciertas partes de las canciones, o llamadas, ayudan también a los individuos y poblaciones a identificarse entre sí y coordinar viajes durante la migración anual hacia y desde los sitios de reproducción. Cuando las condiciones de transmisión del sonido son favorables, las notas graves recorren miles de kilómetros.

SINTONÍA CON UNA PAREJA CONVENIENTE

Las antenas del mosquito macho son las más sensibles que se conocen entre los insectos. Le permiten elegir una hembra de la misma especie de entre docenas de mosquitos e insectos que vuelan en las cercanías (hay más de 3,000 especies de mosquitos).

Unos pelos largos y tupidos que tiene en las antenas vibran en respuesta a las ondas de sonido y transmiten la información a lo largo de cada antena hasta el órgano de Johnson, situado en la base. La frecuencia de sonido que provoca que los pelos vibren más vigorosamente es idéntica al zumbido producido por las alas de una hembra de la

DISPOSITIVO PARA LA ESCUCHA *Una microfotografía electrónica de barrido de la cabeza de un mosquito macho muestra sus antenas plumosas agudamente sensibles.*

misma especie. Con sus antenas vibrando a la frecuencia máxima, el macho sabe que ha sintonizado con un mosquito de la especie y el sexo adecuados.

Para evitar confusiones, los machos tienen un tono de vuelo diferente, y las hembras inmaduras, un tono de vuelo que se halla fuera del alcance auditivo de los machos, para no atraer pretendientes. Se han conocido casos de mosquitos machos que han volado directamente al interior de la boca de cantantes de ópera que articulan una nota crucial.

CANCIÓN A TRAVÉS DE LAS OLAS

El barquero de agua aprovecha la energía del agua para reforzar el alcance de sus mensajes de amor. Este minúsculo insecto acuático, que nada por debajo de la superficie de los charcos, frota entre sí las patas anteriores para generar un ruido de alrededor de 40 decibelios capaz de desplazarse unos 40 m a través del agua. Si una hembra receptiva responde a la llamada, el macho nada hacia ella y se lanza en una estridente serenata de cortejo. Los machos cercanos estallan también en cantos y a veces se acercan para luchar por la hembra. El macho que logra montarla produce un agudo grito de victoria.

MONOS CON UN LENGUAJE PROPIO

La manera en que los monos verdes africanos se advierten del peligro es uno de los ejemplos más cercanos que se conocen de animales que usan palabras como los seres humanos. Los monos verdes tienen «palabras» específicas para diferentes tipos de peligro. Su vocabulario de alarma incluye términos para leopardo, ave de presa y serpiente.

Los monos verdes abundan en toda la sabana africana. Si uno de ellos detecta un peligro, da la alarma.

Pero los diferentes depredadores atacan de distintas maneras, de modo que el que da la alarma «describe» el peligro. En respuesta a un ladrido fuerte, los monos corren hacia lo más alto de los árboles: se trata de un leopardo. Si oyen una alarma que suena a una risa entrecortada, miran hacia arriba, en busca de águilas cazadoras,

PALABRAS DE ADVERTENCIA *Un mono verde ha subido a un árbol para advertir del peligro. Tienen un gran vocabulario de llamadas de alarma.*

y se zambullen en los matorrales más cercanos. Si oyen un parloteo agudo, los monos verdes se yerguen de inmediato sobre las patas traseras y registran los pastos en busca de una serpiente.

PERCUSIONISTAS DEL MUNDO DE LOS INSECTOS

Las cigarras son los insectos más sonoros de todos, y cuando muchas cantan al mismo tiempo su sonido puede resultar ensordecedor. Abundantes en toda la amplitud de los trópicos, las cigarras macho se posan en las ramas altas de los árboles para llamar a sus parejas.

Cada insecto produce su canto con un par de «timbales» (placas endurecidas a cada lado del tórax), que hace vibrar rápidamente. Los timbales producen un chasquido al curvarse hacia dentro y otro al curvarse hacia fuera, como una tapa de lata. La mayor parte del abdomen detrás de las placas es hueca y forma una caja de resonancia que amplifica el sonido, de modo que puede oírse hasta a 0.8 km de distancia.

CORO DE CIGARRAS *La cámara de resonancia de esta cigarra contiene una fina membrana que, según se piensa, amplifica el canto del insecto.*

Cada una de las 3,000 especies de cigarra tiene su particular frecuencia de chasquido. La mayoría emite entre 200 y 600 chasquidos por segundo. Los chasquidos se funden en un largo zumbido que a menudo alcanza 112 decibelios. Cuando una cigarra comienza a cantar, los machos de los alrededores se unen al coro.

LA MORTAL ADVERTENCIA DE LA SERPIENTE DE CASCABEL

El sonido característico de una serpiente de cascabel anuncia la proximidad de uno de los reptiles más mortíferos de Norteamérica. El veneno de la mordedura de un crótalo diamantino occidental puede matar a un hombre de 100 kg en una hora. Cada vez que la serpiente de cascabel cambia de piel, la vaina córnea de la cola permanece intacta y agrega un nuevo segmento al cascabel. Cuando se ve

amenazada, esta serpiente frota cada segmento contra el siguiente, lo que produce un zumbido siniestro.

EL ESTRUENDO ENSORDECEDOR DE LA BALLENA AZUL

El sonido emitido por las ballenas azules es más fuerte que el de la artillería pesada a corto alcance o el rugido de un cohete. Las ballenas azules, que habitan todos los océanos del mundo, son los animales más grandes que han vivido jamás sobre la Tierra, pues llegan a alcanzar entre 20 y 33 m de longitud.

Su vasto cuerpo contiene una enorme laringe y un inmenso par de pulmones, que le permiten producir una estruendosa llamada, grave e intensa, que puede durar más de 30 segundos. Los impulsos de baja frecuencia alcanzan hasta 188 decibelios y pueden ser detectados a, por lo menos, 850 km de distancia, probablemente mucho más. Nadie lo sabe con certeza, pero es posible que la llamada guarde relación con el cortejo.

ESTRIDENTE CASCABELEO *El ruido del crótalo diamantino refleja la edad de su dueña: cuantos más segmentos tiene el cascabel, más vieja es la serpiente.*

LLAMADA DE LARGA DISTANCIA

Cuando grita fuertemente, un mono aullador puede comunicarse con otros monos que estén hasta a 16 km. Desde la distancia, los espeluznantes gemidos de un grupo de monos aulladores –los animales terrestres más ruidosos de Sudamérica– suenan como el rugido de una carretera muy transitada; más cerca, el ruido es ensordecedor.

Los monos aulladores son primates que se alimentan de hojas. Viven en grupos de alrededor de 20 individuos. Como los hábitats de los diferentes grupos se superponen, los aulladores deben dar a conocer su presencia para evitar enfrentamientos con otros grupos. Y lo hacen gritando.

Tanto machos como hembras aúllan, pero el sonido de los machos es más fuerte, gracias a un hueso de la garganta especialmente adaptado, el hioides, en forma de jaula, que, junto con el grueso cuello y la papada doble y caída, actúa como caja de resonancia para amplificar el sonido. Otros aulladores les responden. Si hay

LLAMADAS DESPERTADORAS Los monos aulladores de capa, que habitan en Costa Rica, emiten casi todas sus llamadas poco después del amanecer y antes del atardecer.

una disputa territorial, los dos grupos entablan una prolongada batalla vocal y el problema suele resolverse sin que recurran al contacto físico.

CAMARONES QUE PRODUCEN CHASQUIDOS Y ESTALLIDOS

Las aguas subtropicales poco profundas de todo el mundo burbujean con los constantes chisporroteos y estallidos que generan los camarones pistola. A veces la cacofonía es tan intensa que los submarinos la utilizan para escapar de la detección por sonar. Los camarones, más finos que un dedo índice, producen estos ruidos con una serie de pequeñas explosiones.

El agua de mar contiene minúsculas burbujas de aire. Cuando el camarón pistola cierra sus pinzas, produce un chorro de agua lleno de burbujas que se desplaza

a 110 km/h. Cuando las microburbujas salen de las pinzas, se hinchan y estallan con violencia. Este proceso de cavitación es lo que genera el sonido efervescente. No se conoce ningún otro animal que produzca burbujas de cavitación.

EL AVE QUE HACE RUIDO DE NOCHE

Los machos del kakapú, que habitan en las montañas de Nueva Zelanda, pueden llamar durante siete horas cada noche; de ahí su nombre de «loro búho». Los kakapús son loros exóticos terrestres reservados. Excavan una serie de ruedos en forma de cuenco en lugares prominentes de las laderas para atraer a las hembras proyectando sus llamadas por todas partes. Para emitir su potente reclamo, el macho infla todo el cuerpo y produce cada 3 segundos un grito de hasta 45 segundos de duración.

Un saco inflable de aire que tiene en el tórax amplifica el sonido, que puede llegar a las hembras que se encuentren hasta a 5 km de distancia.

SENTIDO DEL TACTO

Todos los besos, abrazos, caricias y cosquillas del mundo natural tienen una finalidad. El tacto está cargado de información. Los animales lo usan para comunicarse, establecer identidad, reforzar vínculos e incluso para «ver» y «oír».

LOS BESITOS RÁPIDOS DE LOS PERROS DE LA PRADERA

Los perros de la pradera de cola negra se saludan con un beso: **un contacto rápido entre extraños y un abrazo más prolongado entre los que se conocen mejor.** Luego se inspeccionan mutuamente las glándulas anales, para una verificación de identidad.

Si los dos perros de la pradera no se conocen, seguirán su camino o pelearán. Si pertenecen al mismo círculo, un grupo unido de alrededor de 30 perros, se saludan con entusiasmo, con un beso con la boca abierta, y luego pastan amistosamente uno junto al otro. Estos perros viven en las llanuras del oeste de Estados Unidos.

LOS SAPOS Y LAS RANAS NO SUELTAN A SU PAREJA

Los machos de ranas y sapos **sujetan a las hembras fértiles en un fuerte abrazo denominado amplexus.** Cuando el macho ha encontrado una hembra, la agarra desde atrás y no la suelta hasta que ella desova (produce huevos para que él los fertilice). Sólo entonces aflojará su abrazo amoroso.

La duración del amplexus depende de la temperatura: cuando hace frío, las reacciones corporales tienden a ser más lentas. En Europa, los sapos y ranas comunes suelen completar el amplexus en un día. Las ranas venenosas de Sudamérica tropical terminan mucho más rápido, pero las ranas hembra de los fríos Andes pueden tener que cargar con su pareja durante más de un mes.

SALUDO FAMILIAR *Los perros de la pradera de cola negra se identifican con un beso. De este modo pueden saber si son rivales o amigos.*

ABRAZO INELUDIBLE *El sapo común europeo aferra con firmeza a la hembra por debajo de las axilas y espera a que ella desove.*

EL AYE-AYE «OYE» CON SU DEDO

El aye-aye usa su dedo medio, **largo y arrugado, a modo de antena para escuchar ecos.** Este animalillo nocturno vive sólo en Madagascar (véase pág. 306). Con su extraño dedo golpetea la madera mientras escucha con sus enormes orejas echadas hacia delante. Al detectar un hueco y oír los débiles movimientos de una larva escondida, el aye-aye desgarra la corteza y abre la cavidad, en la cual inserta el dedo medio, semejante a una ramita, para enganchar y extraer la larva.

LOS BIGOTES DAN UNA SEGUNDA VISIÓN A LOS ANIMALES

Los bigotes de un gato son **tan sensibles que el animal los usa para «ver» un objeto sólido en la total oscuridad.** Estos pelos largos y duros están dispuestos en cuatro hileras a cada lado de la nariz del gato y encima de los ojos. Los gatos pueden mover voluntariamente estos bigotes para calcular distancias y vacíos, y detectar así cómo fluyen las corrientes de aire alrededor de un objeto.

También la morsa tiene un delicado bigote, que utiliza para buscar almejas y mejillones en las profundidades lodosas. Hasta puede sujetar a su presa con los bigotes.

POR QUÉ EL ACICALAMIENTO AYUDA A LOS MONOS A RELAJARSE

El acicalamiento es el cemento social que une a los individuos y refuerza las relaciones existentes. Es tan importante para los primates que algunas especies le dedican hasta una quinta parte de cada día. Todos los monos y primates se acicalan unos a otros; se revisan el pelo, se arrancan parásitos, como piojos y garrapatas, y se quitan escamas de piel muerta y restos de vegetación.

Mientras un animal es acicalado por un congénere, se relaja. Se piensa que el leve dolor que se produce al tirar del pelo libera endorfinas (analgésico orgánico natural), que suprimen la producción de hormonas del estrés y hacen que el animal se sienta tranquilo.

Si, por ejemplo, una mona subordinada es atacada por una dominante, su cuerpo libera hormonas de estrés, y es frecuente que se dirija a una hembra amiga que la calme con sus atenciones. Los elevados niveles de estrés reducen la fertilidad de las hembras, de modo que esta conducta también resulta importante para la supervivencia.

TERAPIA ANTIESTRÉS *Los macacos de cola larga, de Tailandia, son acicaladores compulsivos. A menudo utilizan este comportamiento para obtener favores, como alimento.*

LOS DELFINES UTILIZAN EL TACTO PARA ADVERTIRSE DEL PELIGRO

Los delfines son seres muy táctiles, ya que constantemente se empujan, se rozan con el hocico, se tocan, se acarician y se besan entre ellos. Cuando los delfines manchados se enfrentan con amenazas potenciales, como un ataque de orcas, trabajan en conjunto para apartar a las crías, preparándose para

MOMENTOS DE CONTACTO *Los delfines, incluidos estos individuos manchados del Atlántico, tienen una piel con muchas terminaciones nerviosas, muy sensible al tacto.*

rechazar la agresión. Después de alimentarse, los delfines pardos se tocan y acarician con las aletas, y a veces nadan vientre contra vientre o empujándose con el hocico. Los contactos son más intensos cuando se encuentran dos subgrupos que han permanecido separados durante varias horas.

LOS SUAVES MORDISQUEOS DE LOS CHACALES

Para los chacales dorados, como para los caninos en general, casi todos los aspectos de la interacción social están relacionados con el tacto. Los chacales dorados, que habitan en Asia y África, están constantemente lamiéndose, oliéndose y acicalándose unos a otros para reforzar los vínculos sociales. En el cortejo, las sesiones de mordisqueos recíprocos pueden durar hasta media hora. Un macho, por ejemplo, puede empezar a mordisquear a la hembra en la pata delantera y luego proceder a acicalarle el lomo, el cuello y el vientre.

SENTIDO DEL OLFATO

La ventaja que tienen los olores es que persisten. Utilizando un determinado olor, un animal puede dejar importantes mensajes químicos para que otros los descifren. Por esto, el sentido del olfato es tan significativo en el reino animal.

LA BATERÍA DE MENSAJES ODORÍFEROS DEL ORIBÍ

El oribí posee seis glándulas odo-**ríferas diferentes, y puede pro-ducir más olores con su cuerpo que cualquier otro animal.** Para el oribí, uno de los antílopes menores de África, el olor comunica una importante informa-ción. A pesar de estar ocultos por los altos pastos, los individuos siempre mantienen un contacto olfativo entre ellos.

La mayor de las seis glándulas odoríferas del macho es del tamaño de un globo ocular y está situada debajo de la oreja. También tienen glándulas en un surco por delante del ojo, en la ingle, debajo de los mechones de pelo largo de las patas delanteras y los mechones más cortos de los corvejones, y en la abertura de las pezuñas.

Los machos marcan sus grandes territorios mordiendo un tallo de hierba y pasándoselo por la glándula del ojo. Se cree que la glándula de la ingle se usa para dejar rastros relacionados con el apareamiento y señales de alarma, mientras que las secreciones de alrededor de las orejas producen una señal olorosa que identifica a cada individuo. Las glándulas de las patas y las rodillas probablemente dejen un rastro de olor que sirve para delimitar el territorio.

UNA LENGUA QUE HUELE ADEMÁS DE SABOREAR

Las serpientes no olfatean en busca de sus presas; saborean **el aire con la lengua.** Las serpientes poseen un órgano químico especial en el paladar, el órgano de Jacobson, a través del que pueden analizar las moléculas suspendidas en el aire y localizar a sus presas. Una serpiente recoge las molécu-

LENGUA BÍFIDA *Algunas víboras, como la serpiente jarretera común, tienen un sistema auditivo muy pobre, pero pueden «saborear» su presa en el aire a cierta distancia.*

las suspendidas en el aire metiendo y sacando repetidamente su lengua fina, húmeda y bifurcada. Luego el animal transmite los elementos químicos al órgano de Jacobson presionando la punta de la lengua contra unas fosas que tiene en el paladar y que están recubiertas por unos pelos finos que recogen los mensajes químicos y los envían al cerebro de la serpiente, que los descifra.

La capacidad de «oler-saborear» el aire está tan bien desarrollada en las serpientes, que pueden localizar con precisión una rata o un ratón para comer, reconocer un depredador o encontrar pareja, incluso en completa oscuridad.

CÓMO EL PLANCTON LLEVA LAS AVES MARINAS HACIA SUS PRESAS

Los paíños o petreles de Wilson usan su extraordinario sentido **del olfato para darse festines de kriles.** Estos pequeños crustáceos, parecidos a los camarones, comen plancton (minúsculos organismos flotantes) que, al ser deglutido, libera una sustancia química denominada sulfuro de dimetilo (DMS).

Estas aves cazan durante la noche, de modo que no pueden usar la vista para encontrar a su presa. Olfatear el DMS también las ayuda a orientarse, al detectar los esquemas variables de ese elemento químico.

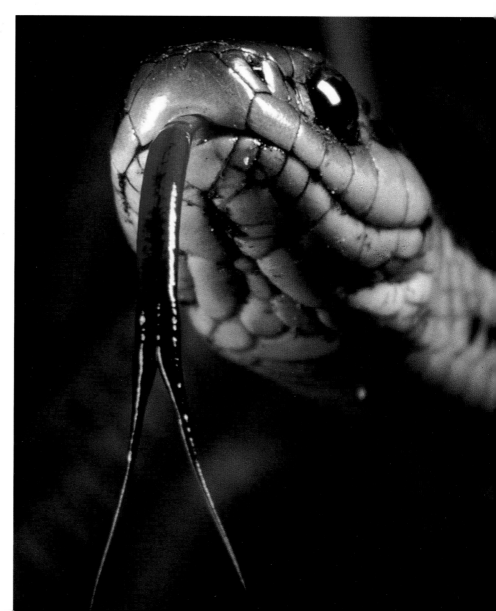

LAS HIENAS DEJAN SU MARCA POR DONDE PASAN

Al frotar con la parte posterior del cuerpo los pastos de todo su territorio, las hienas dejan clara su identidad. El olor proviene de un saco situado entre el ano y la base de la cola que tiene la extraordinaria capacidad de darse la vuelta.

Las glándulas que recubren el saco producen gran cantidad de una pasta grasa y maloliente, que es químicamente única en cada individuo. El olfateo de la secreción de otro animal transmite mucha información sobre su identidad, su rango e incluso lo que ha hecho recientemente. Todo esto es de vital importancia para las hienas, cuyo sistema social está considerado como uno de los más complejos que se conocen entre los mamíferos.

El saco de olor es particularmente grande en las hienas cafés, que producen dos secreciones distintas con las glándulas que lo recubren: una secreción blanca, seguida por una negra. Además de servir para marcar con olor, el saco también puede volverse de adentro hacia afuera durante las interacciones sociales. Para mostrar su sumisión, las hienas de bajo rango, tanto cafés como rayadas, presentan la glándula invertida a sus superiores.

OLER Y SABER *Una sumisa hiena manchada de Masai Mara, Kenya, presenta su trasero y sus glándulas anales a un animal más dominante.*

EL OLOR DEL MILPIÉS REPELE A LOS PARÁSITOS DEL LEMUR

Los lemures negros de Madagascar han descubierto un excelente repelente para insectos: las secreciones de los milpiés. Cuando están heridos o amenazados, los milpiés liberan un mezcla de sustancias químicas tóxicas, que incluye cloro, yodo y cianuro de hidrógeno. Se han observado lemures negros mordiendo estos milpiés para luego restregar el cuerpo herido del insecto sobre toda su piel, con el fin de protegerse de los parásitos.

CIERVOS ASIÁTICOS CON UN POTENTE PERFUME

Un solo gránulo de almizcle de un venado almizcleño perfuma más de 50,000 m³ de aire. La secreción cerosa de color fango, que produce el venado almizcleño macho con una glándula que tiene en el vientre, es un potente perfume natural y tiene un valor comercial entre tres a cinco veces superior (por gra-

mo) que el oro. Probablemente su principal función sea atraer hembras.

Los venados almizcleños viven en los bosques altos del centro y el noreste de Asia. La pequeña bolsa en la que el macho almacena el almizcle no contiene más de 28 g. La gran demanda de esta sustancia tan especial está poniendo en peligro de extinción las poblaciones salvajes de venado almizcleño.

ALAS QUE DISPERSAN RÁFAGAS DE OLOR A ENAMORAMIENTO

Cuantas más orina, saliva y secreciones genitales almacene un murciélago de alas membranosas macho, mayores serán sus probabilidades de encontrar pareja. Los machos tienen unas aberturas grandes y blancas en los antebrazos, una especie de sacos. Hasta hace poco se creía que las glándulas contenidas en estas bolsas secretaban los olores que las hembras encontraban tan atrayentes. Una colonia de Costa Rica reveló la verdadera explicación. Todos los días a la misma hora el macho llena sus sacos con sus secreciones corporales, luego busca una hembra y revolotea frente a ella, echándole en la cara nubes de su perfume de cortejo hasta que ella sucumbe a sus olorosos encantos.

MARCAS CON OLORES

Una marca de olor es como un currículum vitae actualizado, pues revela a un animal que informa su identidad, su sexo y, probablemente, su edad, sus movimientos y a veces incluso su estado físico (si está o no sano, o listo para aparearse, o si se siente territorial o no).

A menudo los excrementos y la orina se reciclan en materiales de marcación odorífera. Los rinocerontes defecan en el mismo sitio una y otra vez para reforzar sus fronteras, y extienden el excremento pateando hacia atrás. Los hipopótamos agitan la menuda cola mientas defecan, esparciendo una lluvia de estiércol fresco hacia su rival.

Otros animales utilizan la orina. Los integrantes de la familia de los perros rocían con un poco de orina árboles y rocas. Los pottos, del oeste de África, orinan en sus patas anteriores y posteriores antes de salir a patrullar los alrededores de su guari-

MARCADOR TERRITORIAL Los machos de rinoceronte blanco sudafricanos defecan formando entre 20 y 30 montones de estiércol, que luego esparcen con las patas traseras.

DUCHA DE ESTIÉRCOL Los marcadores olfativos con estiércol y orina son más frecuentes entre los animales más dominantes.

da; cada uno de sus olorosos pasos deja así una «huella» que persiste mucho después de que el potto ha pasado. En Madagascar, los lemures ratón utilizan la orina como método de control sexual. La orina del macho dominante contiene productos químicos que vuelven estériles a los demás machos, haciendo descender sus niveles de testosterona.

Muchos animales han desarrollado glándulas odoríferas con las que pueden fabricar su propia «firma» química. Estas glándulas se sitúan en la cabeza, el pecho, el abdomen y alrededor del ano y los genitales. El lemur de cola anillada tiene una glándula odorífera en cada muñeca; el tigre, entre las garras. Además de marcar territorios, los animales se marcan con olor entre ellos para establecer una identidad de grupo. Los gatos domésticos se frotan contra las personas para depositarles un rastro de su perfume.

SEÑALES DE COLORES

Los animales usan el color para atraer pareja, asustar enemigos e identificar individuos. Desde la emisión de rápidos destellos hasta transformaciones más prolongadas, algunos animales cambian su aspecto por completo.

CALEIDOSCOPIOS VIVIENTES

Los cefalópodos, incluidos los pulpos y las sepias, se comunican mediante el destello de vivos y cambiantes colores en todo el cuerpo. Un pulpo macho, por ejemplo, puede adquirir un color carmesí si ve a una hembra o si está enojado o asustado.

El pulpo puede complementar el cambio de color con extrañas alteraciones de textura haciendo brotar pequeñas protuberancias en toda la piel. Si trata de esconderse, puede usar el color y la textura como camuflaje, fundiéndose perfectamente con su entorno.

En los cefalópodos el control del color exterior es nervioso, las células elásticas de pigmento de su piel, conectadas con las fibras musculares, pueden expandirse (para diluir el color) y contraerse (para concentrar el color), lo que permite al ani-

CHARLA COLORIDA *Los machos de jibia o sepia gigante, del mar de Andamán, intercambian información mostrándose colores cambiantes.*

mal producir complejas combinaciones de rayas, franjas o puntos en toda la superficie de su cuerpo.

EL ROJO ES EL «BLANCO» DE LOS POLLUELOS DE CANARIO HAMBRIENTOS

Cuando un polluelo de canario tiene hambre, las paredes interiores de su boca se vuelven de color carmesí y de esta forma les muestra a sus padres el lugar donde deben depositar la comida. La boca de los polluelos hambrientos es de un color carmesí más intenso que la de los polluelos que han sido alimentados recientemente, para que los padres sepan a cuáles dar de comer primero.

Los canarios habitan en las islas Azores, Canarias y Madeira. Una boca roja es una señal auténtica, ya que los polluelos no mienten para obtener más comida. Si uno está digiriendo alimento, su provisión sanguínea estará dirigida al vientre, por lo que la boca tendrá menos color; pero un

polluelo con el estómago vacío tiene más sangre disponible para colorear su boca.

EL CAMALEÓN TIENE UN COLOR PARA CADA OCASIÓN

Los camaleones son expertos en camuflaje, pero también cambian el color de su piel para amenazar a rivales o cortejar a parejas. Durante un encuentro agresivo, los camaleones pantera de Madagascar, por ejemplo, colorean su cuerpo con violentos e intimidantes tonos rojos y amarillos.

Otra especie anuncia su disponibilidad sexual con color. En la temporada de celo, los machos, de color verde intenso, buscan hembras de color verde olivo. Pero si una

MANTO MULTICOLOR *Los camaleones son animales de movimientos lentos, por ello no tienen que cambiar de color con tanta rapidez como otros. Este camaleón pantera, que habita en Madagascar, tardó medio minuto en alterar el color de su piel.*

hembra está muy oscura, significa que no está dispuesta a aparearse. El macho ignora este rechazo arriesgando su integridad, pues si persiste, ella puede asestarle una poderosa mordida.

Una hembra que ya se ha apareado avisa que está preñada y ya no busca pareja; más o menos al segundo o tercer día después de la copulación, cambia de color, desarrollando unas rayas amarillas o puntos negros sobre un fondo turquesa.

FALSOS OJOS QUE ENGAÑAN A LOS DEPREDADORES

La súbita aparición de un enorme par de «ojos» puede engañar a los pájaros hambrientos, haciéndoles creer que no estaban acosando a una sabrosa mariposa, sino a otro animal mucho más grande y peligroso. Las manchas, que parecen ojos, pueden encontrarse en una amplia variedad de insectos. Algunas son simples manchones oscuros y redondos, pero las más sofisticadas comprenden círculos concéntricos que imitan verdaderos iris y pupilas. Las mejores imitaciones de ojos, como las de la mariposa búho, incluyen manchas pequeñas y más claras a un costado, que semejan el efecto de la luz reflejada en la superficie húmeda de un ojo real. La polilla emperador zigzag tiene un excéntrico par de «ojos» en las alas interiores, cada uno con una «pupila» negra rodeada de círculos concéntricos de color naranja, rosa y marrón. Cuanto más separadas estén estas manchas, mejor: ojos muy espaciados indican un animal mucho más grande. Las manchas suelen presentarse en insectos que poseen buen camuflaje y por lo tanto pueden utilizar el efecto sobresalto: si un depredador se acerca demasiado, el insecto abre de pronto las alas, exponiendo un par de aterradores «ojos».

FÁCIL DE VER *Las marcas características de la ballena asesina ayudan a los individuos a seguir los movimientos de otros miembros de su grupo bajo el agua.*

SUS DIBUJOS CARACTERÍSTICOS AYUDAN A LAS ORCAS

El diseño blanco y negro de las orcas no es sólo ornamental; las ayuda a distinguir a sus congéneres. Tienen una mancha blanca encima del ojo, una fina mancha blanca que se extiende hacia arriba en los laterales y una montura gris detrás de la aleta. Las orcas cazan en grupo (véanse págs. 86 y 99) y necesitan ver a sus compañeras para poder coordinar sus movimientos en el acoso de cardúmenes. El llamativo dibujo en blanco y negro es una de las claves de su éxito en las cacerías.

EL SALTAMONTES QUE ESCAPA COMO UN RAYO

Muchos insectos ganan tiempo para escapar de un depredador utilizando el «efecto sobresalto»: un súbito estallido de color. El saltamontes europeo *Oedipoda miniat,* por ejemplo, en reposo parece una piedra jaspeada, pero si un depredador se le acerca demasiado expone las alas posteriores, de un color rosa intenso, en una súbita exhibición de color. Mientras el depredador se recobra de la sorpresa, el saltamontes huye rápidamente.

LOS ATUENDOS CHILLONES DIVULGAN EL EXTRAÑO SABOR DE LAS BABOSAS DE MAR

Con sus vivos colores y sus dibujos espectaculares, las babosas de mar se cuentan entre los seres más hermosos de los océanos. Esos colores pueden servir para advertir a los depredadores que la carne de la babosa de mar tiene mal sabor e incluso es venenosa, pues muchos de estos animales tienen en la piel glándulas especiales que producen ácido sulfúrico.

Algunas babosas de mar pueden apropiarse de las defensas de sus presas. Cuando una babosa se alimenta de una anémona, parte de las células urticantes de ésta pasan al cuerpo de la babosa sin alterarse y acaban en el manto del molusco, listas para ser disparadas.

VESTIDA DE GALA *Las blandas babosas de mar, como la babosa marina de Kunei, disuaden a los depredadores con un alarmante despliegue de brillantes colores.*

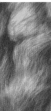

LENGUAJE CORPORAL

Desde complejas exhibiciones y pasos de danza hasta «semáforos» y actitudes sexuales, el lenguaje corporal llama la atención de los demás. Los animales han desarrollado una vasta gama de signos y señales para transmitir mensajes.

LOS CANGREJOS VIOLINISTAS HACEN SEÑAS A LAS HEMBRAS

Cuando hay marea baja, el cangrejo violinista macho se para en la entrada de su arenosa cueva y agita en el aire su gran pinza delantera. Trata así de llamar la atención de alguna hembra que pase. Ésta es la única finalidad de la pinza, ya que no le sirve para alimentarse.

Antes de ver a cualquier hembra, el macho ejecuta la denominada «exhibición lateral»: levanta la pinza delante de la cara y luego la balancea abierta hacia atrás, haciéndola rotar hacia arriba y hacia atrás hasta volver a la posición inicial.

Mientras agita la pinza, el cangrejo violinista mueve también el cuerpo de arriba abajo. Si ve a una hembra, sus movimientos se hacen mucho más enérgicos; el cangrejo se mueve frenéticamente, subiendo y bajando la pinza con un gesto simple pero vigoroso.

EL CUIDADOSO ABORDAJE DE LA ARAÑA LOBO

Para que la hembra conozca sus deseos de aparearse, el macho de la araña lobo se yergue todo lo que puede sobre las patas posteriores. Así puede agitar convulsivamente los palpos (apéndices del aparato bucal), evitando que ella lo devore.

Los palpos tienen unos dibujos en blanco y negro que los identifican. Si capta el mensaje, la hembra sacude sus patas anteriores. En cuanto el macho ve estos movimientos favorables, sabe que puede acercarse a la hembra sin correr riesgos.

EL LENGUAJE SEXUAL DE LOS BONOBOS

Para los bonobos, el sexo significa algo más que reproducción; es también un importante medio de comunicación. Mientras que otros primates se comunican mediante actitudes de acicalamiento, vocalizaciones y gestos, los bonobos utilizan el sexo para expresarse. Estos primates, llamados a veces chimpancés pigmeos (pues son ligeramente más pequeños que los chimpancés comunes), viven sólo en las densas selvas de la cuenca del Congo, en África central.

CORTEJO DEL CANGREJO *El cangrejo violinista macho impresiona a las hembras con el vigor de los movimientos de su pinza. Para atraer a una pareja, los machos más grandes y sanos hacen más señas cuanto más avanzada esté la temporada de reproducción. Es posible que esto se deba a que, de esta manera, ahorran energía para el momento en que las hembras que no se han apareado se muestren menos difíciles.*

En la exhibición lateral el macho balancea su gran pinza hacia afuera, en posición abierta

Luego la hace rotar hacia arriba...

...luego hacia abajo...

...y retorna a su posición inicial

LA DANZA DE LAS ABEJAS A LA HORA DE COMER

En el panal, las abejas utilizan la danza como medio de comunicación. Cada uno de sus estremecimientos, movimientos, giros y pasos está cargado de información. El baile de una exploradora cuando vuelve para dar detalles de una fuente de alimento es el más sofisticado y complejo que existe en la naturaleza.

Las abejas tienen tres danzas características. En la «danza en redondo», que sirve para informar de que se ha encontrado comida en un radio de 25 m del panal, la abeja camina en círculo, cambiando regularmente de dirección. Sus compañeras la miran con atención mientras la tocan constantemente con las antenas. La frecuencia con que cambia de dirección y la fuerza de la danza indican la calidad del alimento.

Cuando dejan el nido, las abejas vuelan alrededor del panal en círculos de diámetro creciente y descubren rápidamente el alimento por su cuenta. Si éste se encuentra a más de 100 m de distancia, la bailarina describe con exactitud su ubicación mediante la «danza de coleteo».

La coreografía de esta danza es un movimiento que describe, más o menos, un ocho, con un trayecto recto seguido de un giro a la derecha y luego de otro giro a la izquierda. Cuanto más largo sea el trayecto recto entre los dos óvalos y más numerosos los movimientos del abdomen de la abeja («coleteos»), más lejos estará la comida. ¿Pero hacia qué lado? Para enviar a sus compañeras en la dirección correcta, la bailarina se convierte en brújula. El ángulo de su caminata recta desde la vertical (ya que baila sobre un listón colgante vertical) es el mismo que el que hay entre el sol (según se ve desde la entrada del panal) y la comida. Valiéndose de su reloj interno, la abeja puede compensar el movimiento del sol. Además, cuanto más alta sea la frecuencia de su zumbido y más entusiastas sus acciones, más nutritivo será el alimento.

El tercer tipo de «baile», intermedio entre la danza en redondo y la danza de coleteo, lo emplean para señalar el alimento situado a distancias de entre 25 y 100 m.

PUNTOS DE BRÚJULA *Una danza que describe una especie de ocho con una línea recta en el medio indica alimento distante. El ángulo del coleteo de la abeja indica a las demás la dirección que deben seguir.*

Todos los bonobos, jóvenes y viejos, machos y hembras, tienen contactos sexuales frecuentes, con todas las combinaciones posibles de parejas, incluidos los más pequeños. Las interacciones sexuales comprenden desde contactos breves y casuales de los genitales hasta el acto sexual propiamente dicho. Estos animales usan el sexo para jugar, resolver conflictos, saludar, expresar dominio y sumisión, aplacar la tensión, reconfortarse y relajarse. Hasta lo aplican en negociaciones e intercambios: un macho, por ejemplo, puede querer compartir su comida con una hembra sólo después de que ella haya accedido a un contacto sexual. Los bonobos presentan una curiosa característica común con los seres humanos: a menudo mantienen relaciones sexuales cara a cara. No se sabe con claridad cuál es el motivo, pero podría tener algo que ver con el hecho de que las relaciones de los bonobos suelen ser muy intensas e íntimas y al mirarse durante el contacto sexual los integrantes de la pareja pueden ver la cara del otro en busca de indicios sobre la receptividad de su pareja.

LA CONVINCENTE ACTUACIÓN DEL CHORLITO ANILLADO

El chorlito anillado emplea su talento de actor para fingir que tiene un ala rota, con el fin de defender su nido terrestre de un depredador que se aproxima. A una distancia segura del enemigo, este pájaro realiza una actuación extraordinaria, extendiendo con torpeza una de las alas y arrastrándola lastimosamente por la tierra mientras emite un quejumbroso grito de angustia.

El ardid es simple pero eficaz. El depredador desviará la vista del nido camuflado para ver qué ocurre. Si decide que un ave lastimada es un bocado fácil, seguirá al chorlito cada vez más lejos del nido. Cuando el pájaro considera que su nido ya está a salvo, levanta el vuelo, curada el ala supuestamente «rota» mientras el depredador lo mira anonadado.

TÁCTICA DE DISTRACCIÓN *Un chorlito anillado del norte de Europa escapa súbitamente de su nido camuflado. Su objetivo es distraer a un depredador.*

LOS LAGARTOS ENARBOLAN LA BANDERA

Cuando están dispuestos a aparearse, muchos lagartos machos desarrollan «banderas» faciales de intensos colores. A los lagartos anolis de América del Sur y Central les crece una gran papada, una especie de bolsa de piel brillante coloreada que les cuelga debajo de la garganta. Para exhibirla, los machos mueven la cabeza con energía, como si hicieran flamear ante los rivales las espléndidas banderas de su cuello. Algunos machos inflan esos sacos especiales para exhibir sus radiantes tonos.

MANCHÓN DE COLOR *Un lagarto anolis de ojos azules, de Costa Rica, despliega su refulgente papada para desafiar a un rival.*

LAS TIESAS AMENAZAS DEL TIBURÓN GRIS DE ARRECIFE

El tiburón gris de arrecife utiliza todo el cuerpo para transmitir un claro y agresivo mensaje si percibe que están invadiendo su territorio. Con las aletas pectorales estiradas y apuntando hacia abajo, este tiburón de 2 m de longitud, común en la Gran Barrera de Coral de Australia, se encurva dorsalmente, levanta el hocico y comienza a nadar con movimientos exagerados, flexionando la cola de un lado a otro. Cuanto más amenazado se siente, más intenso es su despliegue.

Si ahuyenta la amenaza, el tiburón aprovecha la oportunidad para escapar. Pero los que ignoren su mensaje serán víctimas seguras de un feroz y rápido ataque.

LOS CHIMPANCÉS LLEVAN LOS SENTIMIENTOS ESCRITOS EN LA CARA

Mediante sutiles cambios de expresión facial los chimpancés pueden comunicar una enorme variedad de estados de ánimo y sentimientos. Para llamarse entre ellos usan un sonido mezcla de jadeo y silbido, acompañado por una de dos caras de «llamada». La «cara de exhibición», de labios apretados y mirada fija y dura, es señal de agresividad; ésta es la expresión que se manifiesta cuando uno de ellos ataca a otro individuo.

Los chimpancés subordinados o muy alterados responden con muecas de miedo: los labios levantados dejando las encías al descubierto y los dientes bien separa-

CARAS DE MONO *Los chimpancés tienen muchas expresiones faciales. Llaman a otros grupos con un sonido mezcla de jadeo y silbido (foto superior). Un animal sumiso adopta una mueca de miedo, con los dientes apretados (arriba); si está relajado, cierra la boca o deja el labio inferior colgando (derecha).*

dos. Una expresión similar, pero con los dientes apretados, indica también sumisión y la utilizan los animales de bajo rango al acercarse a uno de mayor jerarquía.

En la «cara de juego» que adoptan los más pequeños, los dientes superiores quedan cubiertos, tal vez para mostrar que no tienen intención alguna de hacer daño. Los «pucheros» acompañados por un gimoteo comunican insatisfacción: el animal desea ser alimentado o acicalado.

MACACO NIÑERO *Para calmar una situación potencialmente agresiva, los macacos de Berbería machos suelen entregar a una cría como ofrenda de paz.*

LOS MONOS DE GIBRALTAR SON LOS PADRES PERFECTOS

Los macacos de Berbería o monos de Gibraltar machos desempeñan un importante papel en el cuidado de sus crías. Estos machos cuidan crías que no son suyas, y a menudo tienen una cría predilecta que siempre llevan consigo: la acicalan, juegan con ella y se la enseñan a otros machos.

Estos monos viven en grupos de machos y hembras de entre 10 y 30 individuos en Argelia, Marruecos, Túnez y Gibraltar. Cuando llega el momento del apareamiento, la hembra busca un macho que aparente tener buenas habilidades como padre.

LOS SALTARINES DEL FANGO SE LUCEN CON ACROBACIAS

Cuando un saltarín del fango macho está listo para exhibir sus relucientes colores de apareamiento, hace acrobacias. El saltarín del fango es un pez de alrededor de 15 cm de longitud, con aletas grandes y largas, que vive en estuarios tropicales cerca de los océanos Índico y Pacífico. Cuando el macho está dispuesto a aparearse, los colores de su cuerpo se intensifican y el mentón y la garganta se vuelven dorados.

Exhibe sus colores alzándose ante una hembra mediante sus aletas pectorales. Para llamar su atención, salta en el aire, y despliega las coloridas aletas dorsales.

LAS GACELAS DE GRANT FLEXIONAN LOS MÚSCULOS

Las demostraciones de amenaza y dominio de las gacelas de Grant, del este de África, son mucho más elaboradas que las de la mayoría de sus congéneres. Incluyen pavoneos, brincos y movimientos rituales de la cabeza en una serie de posturas arrogantes.

Su actitud más característica son los movimientos de cabeza, únicos entre las gacelas. Dos rivales se paran de costado, mirando en direcciones opuestas. A medida que se acercan apartan la cara, con el mentón levantado. Luego, en el mismo instante, voltean la cabeza para mirarse,

CABEZA A CABEZA *Cuando la ostentación ritual no logra establecer un vencedor, las gacelas de Grant macho entrelazan los cuernos y pelean. Es muy raro que se hieran.*

exhibiendo sus magníficas cornamentas. Estos cabeceos suelen ayudar a dos rivales a demostrar cuál es el más poderoso. Pueden pasar 15 minutos en uno de estos duelos, que incluyen hasta 20 exhibiciones. En general, la contienda termina sin que haya habido contacto físico, pero si el enfrentamiento se intensifica, los machos bajan la cabeza y combaten entrelazando los cuernos en un duelo singular.

LOS GORGOJOS DE LA CAÑA DE AZÚCAR DESECHAN A LOS DÉBILES

Las hembras del gorgojo de la caña de azúcar, de África, tienen un método único para cerciorarse de que se aparean con los machos más fuertes: fingen ser machos. Cuando una hembra monta a otra, los machos se acercan a ellas. Los machos grandes suelen interrumpir a la pareja «acoplada» e intentan desalojar al «macho» para aparearse ellos mismos con la «verdadera» hembra. Los machos que «interrumpen» a las hembras apareadas tienden a ser los gorgojos más grandes, ya que los más pequeños no se atreven.

Parece ser que, al actuar como macho y aparearse con otra hembra, las hembras convocan a los mejores machos.

APRENDIZAJE Y MEMORIA

La capacidad de recordar incidentes, lugares o resultados ofrece una clara ventaja. Si una especie aprende de estos recuerdos y adapta su comportamiento según las consecuencias de una experiencia anterior, obtiene enormes beneficios.

LA MUSARAÑA ELEFANTE LLEVA UN MAPA DE CAMINOS EN EL CEREBRO

La musaraña elefante africana memoriza cada centímetro de su territorio, lo que le facilita la huida si percibe algún peligro. Todas las mañanas este animalito recorre al trote su territorio, retirando de los senderos ramitas, hojas y otros desperdicios con un activo movimiento lateral de las patas anteriores. El propósito de este ejercicio es mantenerlos despejados, así como refrescar su mapa mental del área donde vive, incluidas las relaciones espaciales entre senderos y refugios.

El mapa mental es mucho más grande que el camino que recorre en su caminata

PASO SOBRE PASO *La musaraña elefante, del desierto de Kalahari, África, conoce tan bien su territorio que sigue sus pasos exactos cuando sale de patrulla.*

matutina habitual; pero si lo considera necesario, la musaraña elefante se desvía de las sendas más familiares y toma un atajo que memorizó en el pasado.

MONOS CREATIVOS QUE APRENDEN OBSERVANDO

Los macacos japoneses aprenden unos de los otros y se han conocido algunos que inventaron nuevos y útiles comportamientos. Para estudiar a los macacos de una playa de la isla de Koshima, al sur de Honshu, les colocaban regularmente camotes dulces para alentarlos a salir al descubierto.

Los camotes quedaban cubiertos de arena, pero aun así los monos se los comían. En una ocasión una hembra joven llevó su camote dulce hasta el borde del agua, lo sumergió sosteniéndolo con una mano mientras que con la otra le quitaba el barro y la arena, y luego se lo comió. Se supone que el sabor de la comida mejoró, porque desde entonces hizo lo mismo con todos los camotes que recogió.

Al cabo de un mes, otro mono joven la imitó y en pocos meses casi todos los integrantes del grupo, excepto los macacos más viejos, habían aprendido a lavar los camotes.

LAS FOCAS ÁRTICAS RECUERDAN A SUS PARIENTES PERDIDOS

Una foca ártica puede recordar a otros individuos, incluso si no los ve desde hace varios años. Mientras amamantan, las focas árticas hembras que viven en las islas Pribilof, en Alaska, dejan que sus crías salgan al mar y permanezcan allí hasta una semana en busca de peces. A su regreso, utilizan una mezcla de visión, olfato y pistas sonoras para encontrar a sus crías en la colonia, compuesta de cientos de crías más. El reconocimiento por la voz perdura más allá de la temporada de cría. Se sabe de madres y crías que responden mutuamente a sus voces aunque no se hayan visto durante cuatro años.

EL PULPO QUE SOPESA SUS OPCIONES

Uno de los cerebros más inteligentes del océano se encuentra en la enorme cabeza del pulpo. Si se le presentan dos opciones diferentes, una que conduce a una recompensa de alimento y otra a un ligero shock eléctrico, el pulpo puede aprender a elegir la opción «correcta».

También es capaz de aprender a diferenciar objetos por el tacto, utilizando los sensibles receptores táctiles de sus ventosas para distinguir no sólo entre una superficie áspera y una lisa, sino también entre superficies con diferentes grados de aspereza.

Comportándose independientemente, un pulpo aprendió a tirar del tapón de una botella para alcanzar un camarón que había dentro, y otros, en laboratorio, han esperado hasta la noche para atrapar peces de acuarios cercanos y regresar a los propios antes de la mañana siguiente.

POTENCIA CEREBRAL *Los pulpos pueden recordar sucesos durante varias semanas y poseen una notable habilidad para solucionar problemas de deducción.*

PÁJAROS PRUDENTES QUE AHORRAN PARA EL FUTURO

Algunos pájaros ahorran para épocas difíciles, acumulando raciones de emergencia. Todos los otoños, los cascanueces de Clark, que se reproducen en las montañas del oeste de Estados Unidos y del suroeste de Canadá, entierran hasta 33,000 piñones o avellanas. Meses más tarde, cuando los bosques se hallan sumidos en el crudo clima invernal, el cascanueces rompe una de sus despensas ocultas, cada una de las cuales contiene sólo cuatro o cinco semillas. En primavera también los polluelos se benefician de esas provisiones, ya que el alimento restante ayuda a complementar su dieta.

Hay otras especies de pájaros que acumulan comida. Los carboneros sibilinos ostentan el récord: un individuo puede

GOLOSINA PARA EL CASCANUECES *El cascanueces de Clark puede llevar hasta 90 piñones en el buche, sin que ello perjudique su capacidad de cantar y comer.*

almacenar más de 1,000 semillas en un día. Estos previsores pájaros memorizan puntos de referencia (árboles, troncos caídos, montículos y postes, por ejemplo) para poder recobrar su tesoro enterrado, incluso cuando el suelo está cubierto de nieve.

Los pájaros recuerdan la totalidad de sus depósitos escondidos; estos depósitos constituyen una ventaja para el futuro, ya que algunas de las semillas ocultas germinan y se convierten en jóvenes árboles, con lo que suministran alimento a la siguiente generación de aves.

LOS MACACOS RHESUS APRENDEN A «HACERSE LOS TONTOS»

Entre los macacos Rhesus, que habitan en Asia, los desvalidos no son estúpidos: sólo fingen serlo para mantener la paz. Los monos dominantes parecen más competentes para aprender nuevas tareas, mientras que los miembros de menor rango del grupo dan la impresión de ser lentos en su aprendizaje. Recientes investigaciones han demostrado que los macacos subordinados aprenden con la misma rapidez, pero deben esforzarse por no sobresalir.

A varios macacos Rhesus cautivos se les presentaron pruebas (que consistían en aprender cuál de dos cajas de diferentes colores contenía alimento), con el fin de observar cómo se veían afectados los individuos de bajo rango por la presencia de monos dominantes. Cuando esos monos subordinados hacían la tarea solos, la realizaban mucho mejor que cuando se hallaban presentes los individuos dominantes. Cuando todo el grupo se enfrentó a la tarea de forma conjunta, los macacos Rhesus dominantes daban la impresión de aprender enseguida, mientras que los subordinados parecían más lentos. La presencia de monos de alto rango no afecta la capacidad de aprendizaje de los subordinados, pero sí se inhiben para no revelar lo que saben. Los más humildes aprenden a «hacerse los tontos», para evitar agresiones.

AVISPAS SOLITARIAS QUE ENCUENTRAN EL CAMINO A CASA

Una avispa de arena hembra es capaz de encontrar el camino a

su nido con ayuda de puntos de referencia locales, como la aguja de una iglesia, una cumbre montañosa, un grupo de árboles o, incluso, guijarros en el suelo. Antes de partir en busca de jugosas orugas u otros alimentos para sus larvas, la avispa describe varios vuelos cortos alrededor de su madriguera para memorizar la posición de pistas visuales, como ramitas y piedras, en relación con el orificio de entrada.

Luego se marcha, utilizando la posición del sol para orientarse. Aunque esté nublado la avispa solitaria puede detectar la luz polarizada y utilizar el sol a manera de brújula. Luego, ya llevando entre las patas una oruga u otra presa paralizada, vuela de regreso a su nido. El sol puede haber cambiado de posición, pero gracias a un reloj interno, ella sabe compensar este obstáculo.

RUMBO A CASA *Una avispa de arena hembra pondrá sus huevos en esta oruga, para facilitar alimento a sus larvas en cuanto hagan eclosión.*

LAS ELEFANTAS ANCIANAS SON UNA FUERZA ORIENTADORA

Aunque ya no sea capaz de reproducirse, una elefanta vieja puede hacer aún algo por la supervivencia de su familia, gracias a su memoria. La experiencia acumulada de la matriarca y su exhaustivo conocimiento de la región donde vive le permite guiar a su familia a fuentes de agua estacionales y alejarla de las zonas de peligro.

Puede recordar, por ejemplo, un sitio donde, después de un chaparrón aislado, crece una exuberante parcela de hierba,

y es capaz de conducir a su familia a una distancia de 30 km para llegar al lugar siguiendo pistas marcadas en el camino. Si hay sequía, la matriarca recuerda el distante fondo de un río donde podrán encontrar agua excavando un poco en el barro seco con los colmillos.

Los elefantes adultos necesitan beber entre 70 y 90 litros de agua al día, de modo que la capacidad de recordar la ubicación de fuentes de agua es de vital importancia para su supervivencia.

Su territorio comprende unos 750 km² en lugares donde abundan el alimento y el agua, y unos 1,600 km² en zonas más secas. Los elefantes, tanto africanos como asiáticos, suelen usar durante generaciones la misma ruta para ir y venir de las fuentes de provisión, formando senderos denominados «sendas de elefantes» a través de los tupidos bosques.

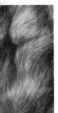

RESOLUCIÓN DE PROBLEMAS

La inteligencia es una aptitud de supervivencia. Algunos animales tienen una capacidad limitada para resolver problemas, pero han desarrollado conductas que imitan la inteligencia o han encontrado soluciones a una variedad de desafíos.

AVES PLAYERAS QUE DEBEN DOMINAR UNA DIFÍCIL HABILIDAD

Los ostreros euroasiáticos han concebido varios métodos de alimentación, algunos de los cuales son más difíciles de aprender que otros.** Durante la marea baja, bandadas de ostreros bajan a las marismas para alimentarse. Algunas familias se concentran para cazar gusanos y lombrices; las crías observan y, al cabo de seis semanas, aprenden a descubrir las cabezas que asoman del barro y a extraerlas a picotazos.

Otras familias comen moluscos de caparazón: caminan por las marismas sondeando con el pico para sacar mejillones. Pero hacerse con el contenido del interior de la concha es una habilidad difícil de dominar, y las aves adultas necesitan a veces hasta un año de pacientes demostraciones para que los polluelos aprendan la técnica. Algunos ostreros simplemente dejan el mejillón en

HABILIDADES DE ALIMENTACIÓN *Mientras que los vuelvepiedras picotean delicadamente entre los guijarros, un ostrero aplica la técnica de «romper y agarrar».*

el lodo hasta que la concha se rompe. Los individuos que poseen un pico particularmente afilado aprenden a insertarlo entre las dos valvas para abrir el caparazón, ahorrando de esta manera mucha energía.

LOS CUERVOS HACEN AÑICOS EL PROBLEMA CON LAS NUECES

Los cuervos americanos que se alimentan de nueces han adquirido nociones de física elemental.** Han aprendido a romper las nueces de cáscara más dura arrojándolas desde grandes alturas.

Varias especies de aves solucionan el problema con las nueces y otros alimentos difíciles de abrir lanzándolos desde el aire para partirlos, pero los cuervos urbanos de América del Norte parecen tener una comprensión más profunda del tema. Además de evaluar el espesor de la cáscara, han aprendido qué superficies son más o menos aptas para romper los distintos tipos de cáscaras. Saben que si arrojan las nueces contra asfalto y cemento no necesitan hacerlo desde mucha altura, mientras que si las arrojan sobre tierra blanda,

deben elevarse más antes de soltar la nuez. Y si en las cercanías hay otras especies que puedan robarles el alimento, estos cuervos muestran la astucia suficiente para volar bajo, con el fin de evitar que otros les arrebaten la nuez partida antes de que ellos puedan comérsela.

LOS GORILAS DE MONTAÑA NO TEMEN A LA ORTIGA

Las ortigas están cubiertas de pelos urticantes, pero los gorilas de montaña han encontrado el modo de alimentarse de estas plantas sin lastimarse.** Los pelos cubren sobre todo los pecíolos y los bordes de las hojas de la ortiga, pero no representan problema alguno para los gorilas de montaña, siempre que agarren la planta con delicados, precisos y bien coordinados movimientos de la mano.

Primero el gorila coge el pecíolo de la planta de ortiga cerca de la base, luego quita varias hojas deslizando el puño hacia arriba con un suave movimiento. Para comerse las hojas, las sostiene en una mano y con la otra quita todos los pecíolos restantes (donde están la mayoría de los pelos urticantes) de una sola vez.

Luego dobla el manojo en un paquete, que introduce entre las hojas, para no herir sus sensibles labios.

ESTRICTO VEGETARIANO *Los gorilas de montaña se alimentan casi exclusivamente de vegetales. Luego descansan durante el prolongado proceso de digestión.*

LAS PUNTADAS DE SEDA DE LAS HORMIGAS TEJEDORAS

Las hormigas tejedoras, que habitan en África, son expertas en hacer nidos con hojas unidas con un hilo de seda que fabrican ellas mismas. La construcción del nido es un asunto familiar: las hormigas más grandes doblan las hojas, juntan los bordes y las sostienen en posición con ayuda de las mandíbulas y las patas, mientras que las más pequeñas recogen algunas de las larvas de la colonia que producen un hilo de seda pegajoso. Para asegurar las costuras, las hormigas aprietan el abdomen de las larvas como si fueran tubos de pegamento, y van moviéndolas arriba y abajo entre los bordes de la hoja.

HORMIGAS QUE AYUDAN A RESOLVER UN PROBLEMA URTICANTE

Muchas aves han descubierto que pueden obtener de las hormigas un insecticida natural. Se trata del ácido fórmico, que las aves utilizan para eliminar los irritantes parásitos

UNIÓN FIRME *La seda que utilizan las hormigas tejedoras para unir las hojas es la misma sustancia que producen sus larvas para formar los capullos.*

que viven en sus plumas. Algunas hormigas, cuando son molestadas, secretan chorros de este ácido por el abdomen. Los estorninos, por ejemplo, toman uno de estos insectos con el pico y se lo pasan por las plumas de las alas y la cola, distribuyendo el ácido fórmico que produce la alterada hormiga. Este comportamiento se conoce con el nombre de «hormigueo». Otros pájaros toman varias hormigas con el pico de una sola vez y alcanzan una especie de estado de éxtasis mientras las hormigas corren furiosas por sus plumas.

ASTUTOS CUERVOS QUE ATRAPAN LARVAS CON AYUDA DE HERRAMIENTAS

En la isla Nueva Caledonia, en el Pacífico, los cuervos utilizan tres herramientas diferentes para cazar gruesas larvas de las copas de las palmeras. La primera consiste en utilizar

un tallo afilado, que el cuervo mete en la hojarasca con el objeto de empalar alguna larva. Pero estas aves han aprendido que, provocando a la larva con pinchazos fuertes, ésta muerde el tallo y así pueden atraparla con mayor facilidad. La segunda herramienta, más elaborada, es una ramita de extremo curvo.

MOHO QUE ENCUENTRA CÓMO SALIR DEL LABERINTO

El moho del cieno sabe orientarse en un laberinto. En una etapa de su vida este moho es un plasmodio viscoso y reptador que se alimenta de vegetación en descomposición. En un experimento en el que se colocó un plasmodio en un laberinto con copos de avena en cada extremo, el moho emitió filamentos que se extendieron por todos los pasadizos.

Al tocar los copos de avena, el moho del cieno recibió mensajes químicos en toda su longitud. Los filamentos del plasmodio que habían llegado a «callejones sin salida» se encogieron. En ocho horas, el plasmodio consistía en un solo filamento que unía ambas fuentes de alimento.

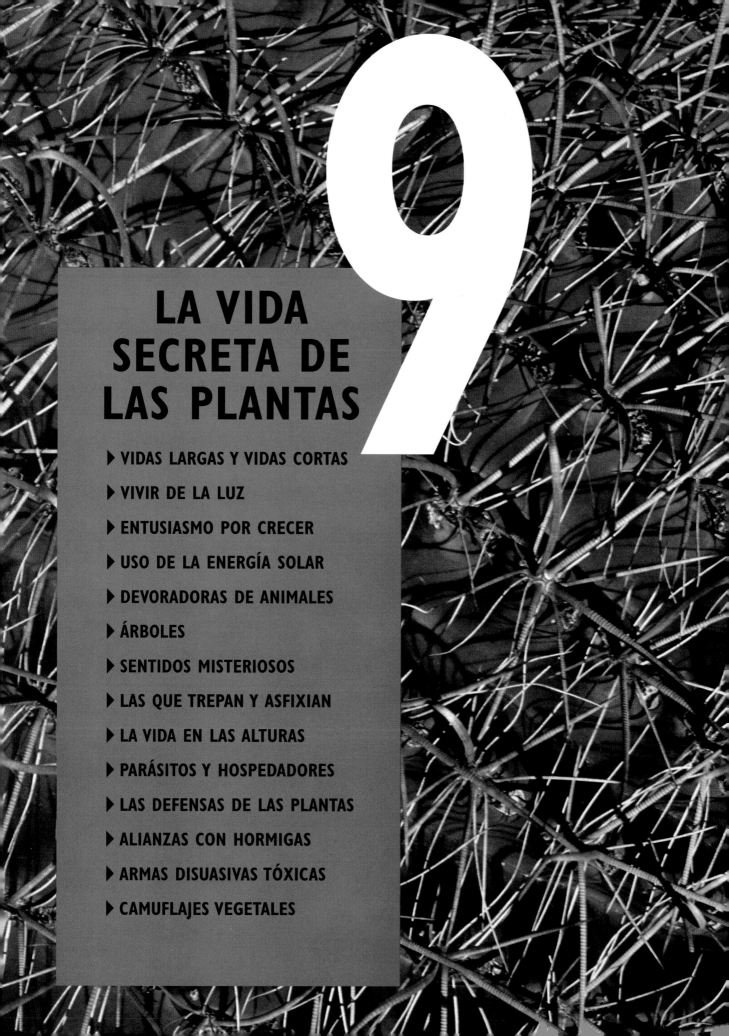

9

LA VIDA SECRETA DE LAS PLANTAS

VIDAS LARGAS Y VIDAS CORTAS

Algunas plantas prolongan la vida hasta sus límites absolutos. Unas viven miles de años, pero crecen tan lentamente que casi no parecen vivas. Otras llevan una existencia más ajetreada y cumplen su ciclo vital completo en unas pocas semanas.

EL YERMO DESIERTO SE CONVIERTE EN UNA ALFOMBRA DE FLORES

Cuando llueve en el desierto, el suelo normalmente árido se transforma en una alfombra de color. El intervalo entre lluvias puede durar un año o más, y la humedad es como un disparo de salida que desencadena una carrera de reproducción. En pocos días algunas pequeñas plantas germinan por millones. Sus semillas tal vez han permanecido años en la tierra esperando que una rara tormenta sobre el desierto las devuelva a la vida. Pronto el suelo se cubre de capullos exóticos que, fertilizados por los insectos, forman semillas propias.

LA PLANTA DE MACETA MÁS VIEJA DEL MUNDO

La mayoría de las plantas sobreviven unos años en maceta, pero

EXUBERANCIA FLORAL *En los desiertos del suroeste estadounidense, las amapolas de California estallan en flor después de una lluvia invernal.*

en los jardines Kew, de Londres, hay un espécimen que va ya por su tercer siglo. Es una cicada *Encephalartos altenstenii,* que fue llevada de Sudáfrica a Londres en 1775.

Las cicadas o cicas son plantas tropicales o subtropicales que ya existían antes de que los dinosaurios poblaran la Tierra. Habitan en bosques o en lugares secos y abiertos y se parecen a las palmeras, con un solo tronco y un único penacho de hojas, pero producen piñas macho y hembra en lugar de flores y semillas.

ARBUSTO INMORTAL DE GOBERNADORA

En los desiertos de América del Norte crece un arbusto que, en teoría, puede vivir eternamente. La «gobernadora», conocida por este nombre por su penetrante olor, crece muy lentamente. Florece y produce semillas como la mayoría de las plantas, pero también genera plantas nuevas desde las raíces. Estos «clones» se esparcen alrededor del arbusto madre en forma de anillo. Luego brotan nuevas plantas de sus raíces, de modo que el círculo va aumentando constantemente

de diámetro, a razón de aproximadamente 1 m cada 500 años.

El espécimen más viejo que se conoce, «Rey Clon», en el desierto de Mojave, California, existe desde hace más de 11,000 años. La planta original murió hace mucho tiempo, pero sus clones, que comparten sus mismos genes, continúan viviendo convertidos en una planta potencialmente inmortal.

SEMILLAS QUE VIAJAN EN EL TIEMPO

Cuando se encontró un frijol de 3,400 años de antigüedad en la tumba del rey egipcio Tutankamón, pocos creyeron que germinaría y crecería. Sin embargo, para las semillas ni siquiera 3,000 años son un récord. Las simientes vivas más viejas del mundo fueron descubiertas en 1954 por un minero del Ártico canadiense, que encontró una reserva de semillas congeladas de lupino ártico en una red profunda de madrigueras de lemmings. Una vez descongeladas, las semillas, de 10,000 años de antigüedad, germinaron y produjeron perfectas plantas de lupino.

PINOS ANTIGUOS AZOTADOS POR EL VIENTO

Las plantas individuales (es decir, no productoras de clones) más viejas del mundo pueden vivir cinco milenios. En lo alto de las montañas Rocosas de Canadá y la Sierra Nevada de California hay pinos retorcidos y nudosos que se aferran a las laderas de las rocas erosionadas por la escarcha.

La lentitud del crecimiento es el secreto de su larga vida. Cuando son jóvenes parecen árboles de Navidad, con tronco recto y hojas con forma de aguja (aciculares). Pero al cabo de 1,000 años los vientos gélidos y el sol abrasador de la montaña han dejado sus marcas, quitándoles ramas a medida que crecen. Sus anillos de crecimiento brindan un panorama detallado del clima local de hace hasta 8,000 años.

ANTIGUO MONUMENTO *La forma retorcida de este pino, muerto hace mucho tiempo, da testimonio de que el árbol pasó toda su vida expuesto a potentes vientos.*

VIVIR DE LA LUZ

Al contrario que los animales, las plantas no extraen su energía del alimento, sino de la luz del sol, que convierten en energía mediante la fotosíntesis. Son expertas en autosuficiencia y sobreviven con poco más que luz natural, agua y aire.

ALGUNAS PLANTAS PUEDEN VIVIR EN UNA BOTELLA

Si se coloca una planta en un invernadero, crecerá durante meses, o incluso años, mientras tenga luz suficiente. Sin embargo, si un animal se queda sin aire fresco, se sofoca. ¿Cómo sobreviven las plantas?

Durante el día, cuando realizan la fotosíntesis (véase pág. 233), usan el anhídrido carbónico del aire y liberan oxígeno. Por la noche el proceso se invierte: toman oxígeno y producen anhídrido carbónico como desecho. De este modo el aire del interior del invernadero se recicla constantemente. En mayor escala,

COMPETENCIA POR LA LUZ *En el bosque tropical de Australia, árboles y plantas trepadoras rivalizan para obtener la luz solar que necesitan para sobrevivir.*

así es como los árboles del planeta contribuyen a que la atmósfera de toda la Tierra sea respirable.

LA INCANSABLE CIRCULACIÓN DE AGUA DE LAS PLANTAS

Las plantas acumulan grandes volúmenes de agua circulante en un proceso invisible en el que no participa ninguna parte móvil. Absorben agua a través de los microscópicos pelos absorbentes de las raíces, que la impulsan hacia los tallos y nervaduras de las hojas, donde es usada en la fotosíntesis o se evapora. El flujo de agua es continuo; un árbol puede absorber más de 2,500 litros de agua por día. La evaporación del agua por la superficie de las hojas se llama transpiración y forma parte del ciclo integral del agua.

CÓMO HACEN LAS ALGAS DE AGUAS PROFUNDAS PARA ATRAPAR LA LUZ

Las algas marinas necesitan luz para sobrevivir; no obstante, cerca de las Bahamas hay una especie de alga roja que crece a la extraordinaria profundidad de 268 m. A esta profundidad la luz es mil veces más débil que en la superficie.

Analizando muestras de esta alga en la superficie, se descubrió cuál era el secreto de su supervivencia. Las algas rojas poseen pigmentos (ficoeritrina y ficocianina) que atrapan la luz y que son particularmente aptos para interceptar la luz verde azulada que se filtra hasta esas profundidades, de modo que el alga roja tiene una capacidad cien veces mayor para utilizar la energía de

FOTOSÍNTESIS

Las plantas obtienen su energía directamente de la luz solar, que es capturada mediante un pigmento llamado clorofila, de color verde intenso, que se acumula en el interior de las hojas. Cuando la luz del sol cae sobre una hoja, la clorofila la absorbe y luego transmite la energía para que pueda usarse para sintetizar glucosa (el oxígeno se produce como un subproducto y es liberado a través de las hojas).

Las plantas utilizan la glucosa como combustible y también pueden transformarla en otras sustancias, como azúcares pegajosos, almidón harinoso y los materiales que

componen algunos tipos de madera, como el ébano y la *caoba*, casi tan duros como metales. A lo largo de muchos años, algunas plantas crecen 140 m de alto y alcanzan un peso de 1,000 toneladas, gracias a la energía que toman del Sol.

Los animales no puede efectuar la fotosíntesis, pero dependen de ella para su supervivencia. Esto se debe a que la fotosíntesis permite que las plantas crezcan para convertirse en alimento de los animales herbívoros, que a su vez son alimento de las especies carnívoras. Sin fotosíntesis la cadena alimentaria se rompería.

La energía de la luz solar alcanza la hoja

El agua entra en la planta a través de las raíces y llega hasta el interior de la hoja

El anhídrido carbónico entra en la hoja desde el aire

El anhídrido carbónico se produce como un subproducto de la liberación de energía y vuelve al aire

Los azúcares y el almidón se descomponen cuando hace falta

La glucosa se forma y almacena en las células de la planta en forma de azúcares y almidón

La energía es liberada para procesos vitales

Se forma gas de oxígeno, que escapa de las células de la hoja hacia el aire

la luz que las algas que viven cerca de la superficie o las plantas que crecen en tierra. Como gasta tan poco de lo que toma, puede vivir en perpetua penumbra muy por debajo de las olas.

POR QUÉ LAS PLANTAS MIRAN HACIA EL SITIO MÁS SOLEADO

Las plantas crecen siempre hacia la luz, valiéndose de una sustancia química llamada hormona del crecimiento, que las guía. La hor-

mona del crecimiento se acumula siempre en el lado de la planta que está a la sombra. Por ejemplo, si una planta crece en ángulo, y no directamente hacia arriba, la hormona de crecimiento se acumula en la parte inferior. Esto hace que las células de esa parte crezcan más rápidamente, doblando la planta hasta que vuelve a crecer hacia arriba.

Armadas con este simple pero ingenioso sistema, las plantas buscan lentamente la luz. Aunque no pueden «ver» la luz del sol, siempre saben con exactitud hacia dónde crecer.

ENTUSIASMO POR CRECER

Las plantas no se mueven como los animales, pero son muy activas. Algunas crecen rápidamente y ascienden deprisa en su búsqueda de luz. Otras son tan eficientes para crecer y multiplicarse que se convierten en un problemáticas malezas.

MASAS QUE BLOQUEAN RÍOS Y LAGOS

Una de las malezas más problemáticas es el jacinto acuático, que ha obstruido ríos del Lejano Oriente y algunos lagos africanos. Esta planta se reproduce cuando desarrolla pequeñas partes que se convierten en plantas independientes. Se extienden sobre la superficie del agua y duplican cada dos o tres meses el área que cubren; sofocan así la vida que se desarrolla por debajo y obstruyen las hélices de las embarcaciones.

El jacinto acuático es originario de Sudamérica, donde crece en estanques y lagos, controlado por insectos que se alimentan de plantas. Durante el siglo XIX los coleccionistas de plantas repararon en sus hermosas flores lilas y comenzaron a

BALSAS VIVIENTES *El jacinto acuático tiene unos flotadores llenos de aire en los pecíolos, que lo ayudan a esparcirse por la superficie de ríos y lagos.*

usarlo como planta acuática ornamental en lugares tan lejanos como África y el norte de Estados Unidos. Desde entonces se ha difundido enormemente e invadido sus hábitats.

Se están estudiando diversas maneras de controlar el jacinto acuático, una de ellas es el uso de uno de sus enemigos naturales, un escarabajo que se alimenta de sus raíces.

LOS PEQUEÑOS ORÍGENES DE UN GRAN BOSQUE SUBMARINO

Cerca de las costas de California, los fondos de algas marinas gigantes forman uno de los «bosques» subacuáticos más grandes del mundo. El alga gigante es el alga marina más grande y de crecimiento más rápido, a veces crece hasta 40 m por año. A plena velocidad puede crecer 60 cm por día. La planta se aferra al lecho del mar y crece hacia la superficie, manteniéndose a flote mediante «boyas» llenas de gas que tiene en los frondes.

MEDIO PROTECTOR *Los fondos de algas gigantes crean un ambiente acogedor para los animales marinos, pues la masa de frondes verdes les ofrece un acogedor refugio.*

Aunque alcanza enormes proporciones, esta alga gigante comienza su vida como una microscópica espora, que se convierte en una plantita minúscula llamada gametofito. Los gametofitos producen células macho y hembra que, cuando se encuentran, comienzan a formar plántulas.

El alga gigante sólo crece en determinadas condiciones. La profundidad del agua debe ser de entre 5 y 40 m, y su temperatura no debe exceder los 20 °C. Pero en el ambiente adecuado crece tan tupidamente que se puede ver con facilidad desde el aire.

EL SUPREMO ESFUERZO DEL RÁPIDO CRECIMIENTO DEL BAMBÚ GIGANTE

Los brotes jóvenes de un bambú gigante crecen 90 cm en 24 horas. Esta tasa de crecimiento es cientos de veces más rápida que la de muchas otras plantas, y unas 3,000 veces más rápida que

dios de líquenes encontrados sobre lápidas. Los líquenes no pueden ser más antiguos que la piedra en sí, y los especímenes más grandes deben de haber iniciado su vida poco después de que se colocara la lápida en la tierra, de modo que, al medir el diámetro de las manchas mayores, se puede calcular la tasa de crecimiento.

EL CHAMAL SE TOMA LA VIDA CON CALMA

El chamal crece 50 veces más despacio que las uñas humanas, es decir, alrededor de 1 mm al año, una de las tasas de crecimiento más lenta de cualquier planta de la Tierra. Aunque lo parece, el chamal no es una palmera, sino una variedad de cicada que vive en bosques de robles tropicales secos de América Central.

Tal vez sea su lento crecimiento lo que hace que la mayoría de las cicadas viva tanto. Una cicada cultivada en un jardín logró crecer 10 cm en sus primeros 120 años. A ese ritmo, una planta totalmente desarrollada de 1.5 m de altura tendría casi 2,000 años.

Incluso la reproducción es un proceso largo para esta planta. Produce piñas masculinas y femeninas, que pueden tardar 50 años en desarrollarse. Las piñas hembra forman luego las semillas, que tardan unos años más antes de estar preparadas para ser dispersadas.

la del «estirón» del crecimiento en la adolescencia de los seres humanos. Habitante del sur y el sureste de Asia, este enorme integrante de la familia de las gramíneas alcanza hasta 30 m de altura.

El bambú gigante tiene tallos huecos, que parecen gruesas lanzas verdes cuando comienzan a emerger del suelo. Cuando el tallo alcanza aproximadamente 15 m de altura, el ritmo de crecimiento empieza a decrecer. Los tallos nuevos echan ramas laterales con hojas plumosas y poco a poco se vuelven duros y adquieren un color pardo dorado. Los tallos maduros son duros como troncos de árbol, pero huecos y asombrosamente ligeros.

MARCADORES DEL TIEMPO *Los líquenes, de crecimiento lento, son el producto de apariencia vegetal de la interacción entre hongos y algas. Prosperan en climas húmedos y frescos.*

EL PERDURABLE EPITAFIO DE LOS LÍQUENES

Los líquenes crecen con lentitud: se extienden a razón de 1 mm al año. Pueden sobrevivir sobre rocas desnudas, en colonias que forman manchones en relieve. Para determinar su tasa de crecimiento, se han realizado estu-

USO DE LA ENERGÍA SOLAR

Las hojas son como paneles de energía solar que absorben la mayor cantidad de energía posible. En los lugares fríos o con mucho viento, las hojas pueden ser del tamaño de una uña, pero en los climas cálidos pueden ser gigantes.

PLANTAS MINÚSCULAS QUE ROBAN LUZ EN LOS BOSQUES TROPICALES

En las selvas pluviales tropicales, unas minúsculas plantas llamadas epifitas se adhieren a las hojas húmedas de los árboles y plantas para poder robarles la luz. Sin embargo, algunas plantas tienen un modo de combatirlas: sus hojas poseen puntas agudas, de modo que el agua de lluvia se seca pronto sobre ellas y las epifitas no pueden usarlas como hospedador.

Todas las plantas compiten en cierta medida con las plantas adyacentes por la luz del sol. Los árboles se valen de su altura, mientras que las plantas trepadoras suben como pueden por encima de las que las rodean.

VIVIR SOBRE LAS HOJAS *Las epifitas viven sobre otras plantas, pero no causan ningún beneficio a su hospedador. En este sentido son verdaderos parásitos.*

LAS HOJAS DE LA PALMERA RAFIA PARECEN VELAS

La palmera rafia de Madagascar posee las hojas más largas del mundo. Miden 20 m y crecen en un penacho gigante en la parte superior del tronco, cada una dividida en docenas de folíolos estrechos y puntiagudos, que salen lateralmente del tallo central. Los folíolos solos pueden medir más de 1 m de longitud.

Las hojas gigantes son muy eficientes para capturar luz, pero generarlas consume mucha energía. Además necesitan tallos fuertes para mantenerse en su lugar, ya que hasta una suave brisa puede hincharlas como velas gigantes. Para combatir estos problemas la palmera rafia mantiene siempre sólo alrededor de 12 hojas desarrolladas. Los árboles de hojas mucho más pequeñas —como los robles— pueden tener más de un cuarto de millón de hojas.

LAS ENORMES HOJAS DEL TARO SON PARAGUAS NATURALES

Las hojas del taro silvestre (u orejas de elefante) son tan grandes que la gente las usa como paraguas en los chaparrones tropicales. La hoja de taro silvestre más grande que se ha medido tenía una superficie total de alrededor de 3 m², es decir, más o menos el tamaño de una cama doble. La planta, que posee las mayores hojas indivisas del mundo, crece en selvas pantanosas y junto a vías de agua del sureste de Asia.

EL ÁRBOL DE SEDA
SE CIERRA POR LA NOCHE

Al atardecer, las hojas del árbol de seda dan la impresión de moverse. Cada una de las hojas está dividida en 12 folíolos, cada uno de los cuales se subdivide a su vez en otros 30. Cuando se pone el sol, el árbol comienza a cerrarse y cada par de hojas se dobla como si éstas fueran dos manos que se juntan. Otras plantas de crecimiento lento cierran también sus hojas para protegerlas y conservar la humedad.

CAMAS DE AGUA FLOTANTES
EN EL RÍO AMAZONAS

Con el aspecto de enormes platos verdes dispuestos sobre el agua, las hojas del lirio del Amazonas miden 2 m de diámetro. Cada «plato» cuenta con un borde de unos 15 cm de altura, con profundas muescas que dejan escapar el agua de lluvia depositada, pues así se impide que las hojas se hundan bajo el peso del agua.

Estas hojas gigantescas se mantienen a flote con ayuda de las acanaladuras espon-

FOLLAJE FLOTANTE *El lirio del Amazonas puede crecer tanto porque tiene acceso ilimitado a la luz solar directa y se sustenta en el agua.*

josas de su parte inferior, que contiene bolsas de aire. Los bordes están cubiertos con afiladas espinas que impiden que los peces y los caracoles acuáticos los mastiquen. Cuando estas gigantescas plantas acuáticas fueron descubiertas por cazadores, en 1801, causaron sensación, pues pueden soportar el peso de un ser humano adulto, aunque sólo en posición acostada.

DEVORADORAS DE ANIMALES

De la misma manera que los seres humanos necesitan vitaminas y minerales de los alimentos, las plantas necesitan nutrimentos. La mayoría los obtienen del suelo, pero algunas atrapan animales vivos y luego absorben los nutrimentos de su cuerpo.

FÁBRICA DE PRODUCTOS QUÍMICOS IRRESISTIBLE PARA LAS MOSCAS

Para muchas especies de moscas el olor a carne en descomposición es un indicador de un buen lugar donde desovar. Por eso las sarracenias o plantas de jarra de América del Norte emanan tan mal olor. Como sus semejantes orientales, emplean trampas llenas de líquido para atrapar a sus presas, pero estas trampas crecen en el suelo, en lugar de en el extremo de las hojas.

Tienen una especie de jarras que pueden medir hasta 90 cm de altura, parecidas a cuernos alargados con bordes ondulados. Cada una de estas jarras es una perfecta fábrica de productos químicos, que sintetiza sustancias destinadas a hacer funcionar la trampa. Además de sus potentes olores, estas sustancias incluyen ceras resbaladizas, sustancias químicas que marean a los insectos y otras que digieren sus cuerpos una vez que han caído dentro. Al cabo de varias semanas de funcionamiento, una jarra puede contener cientos de cadáveres, apilados en su tanque de líquidos.

UN LUGAR DONDE LOS INSECTOS ENCUENTRAN UN FINAL PEGAJOSO

Relucientes sobre la superficie oscura de una ciénaga de turba, las hojas carnosas de la drosera dan la impresión de estar cubiertas de gotas de lluvia. Las pequeñas gotas son en realidad glóbulos de una sustancia viscosa que actúa como pegamento para atrapar insectos desprevenidos. Esta sustancia es producida por cientos de minúsculos pelos que cubren la superficie de las hojas. Cuando un pequeño insecto se

AUDACIA MORTAL
Atraída por el olor, una mariposa investiga una sarracenia norteamericana. Si cae en la trampa, los pelos dirigidos hacia abajo le impedirán volver a subir.

BIEN PEGADA *Esta mosca ha cometido el error de posarse en una hoja de drosera. Atrapada por los pelos viscosos, no tiene posibilidad de escapar.*

posa en uno de ellos, el pegamento lo inmoviliza de inmediato. Mientras el insecto trata de escapar, toda la hoja comienza a reaccionar, y es así como los pelos más cercanos se doblan hacia la víctima. Muy pronto el insecto queda irremediablemente atrapado y sumergido en los jugos digestivos de la drosera. El cuerpo del insecto empieza a romperse, permitiendo que la planta absorba los nutrimentos líquidos.

Las droseras necesitan este tipo de suplemento alimentario porque viven en lugares cenagosos donde el suelo, ácido y siempre encharcado, contiene muy pocos nutrimentos.

LAS MANDÍBULAS MORTALES DE LA ATRAPAMOSCAS DE VENUS

La atrapamoscas de Venus reacciona instantáneamente cuando un insecto aterriza en una de sus hojas.
La hoja se cierra de golpe a lo largo de su bisagra central, en menos de medio segundo. Cuando se

juntan las dos partes de la hoja, un grupo de dientes que se superponen se cierran formando una especie de jaula, que asegura que el insecto no pueda escapar. Las hojas de la atrapamoscas son extremadamente sensibles al tacto, pero la planta dispone de un sistema que garantiza que no se accionen por accidente. En cada mitad de la hoja hay tres pelos sensibles al tacto, que accionan su mecanismo. Si se toca uno o dos de estos pelos, la hoja permanece abierta, pero si se tocan los tres, aunque sea ligeramente, se cierra de pronto.

LAS TRAMPAS SUBACUÁTICAS DE LA UTRICULARIA

Estas plantas se mantienen a flote mediante una maraña de tallos y atrapan presas con numerosas trampas subacuáticas. Cada trampa o vejiga, del tamaño de un alfiler, tiene una válvula equipada con diminutos pelos, pero si una pulga de agua u otro insecto diminuto toca los pelos, se abre de golpe y el animal es absorbido hacia el interior. La válvula vuelve a cerrarse rápidamente para que la víctima no pueda escapar. Cuando la vejiga ha digerido su presa, la trampa subacuática vuelve a prepararse de manera automática.

LA NEPENTHES ES UNA RESBALADIZA PENDIENTE HACIA EL PELIGRO

En los bosques del sureste de Asia, las nepenthes o plantas de copa de mono emplean una trampa bien diseñada para capturar insectos. Desarrollan elaboradas jarras en la punta de las hojas, que están llenas de un líquido de olor dulce. Atraídos por el olor, los insectos se posan en el borde de la planta, donde pueden encontrar gotitas de un líquido parecido a la miel que la planta secreta para que se queden. Una vez que el insecto empieza a explorar, pronto pierde el equilibrio y cae en el líquido. Las paredes empinadas y resbaladizas de las hojas aseguran que no huya. El insecto se ahoga y es digerido por el líquido de la jarra.

ATRACCIÓN FATAL *Algunas nepenthes se encuentran en los bordes de ciertas ramas, pero en la planta de la foto, las jarras crecen sobre el suelo.*

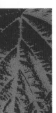

ÁRBOLES

Los árboles son también la respuesta definitiva en la lucha por la luz que se libra en el mundo de las plantas. Existen decenas de miles de especies, algunas tan raras que sólo se las ha descubierto y catalogado en tiempos recientes.

LOS PESOS PESADOS DE LA NATURALEZA

Las secoyas gigantes pesan alrededor de 5,000 toneladas y crecen hasta alcanzar más de 90 m de altura. Son probablemente los seres vivientes más grandes y pesados que hayan existido nunca sobre la Tierra. Algunas tienen más de 3,000 años de edad, y sus troncos pueden medir 12 m de diámetro en la base, mientras que sus raíces abarcan más superficie que un campo de fútbol.

En la actualidad, estas imponentes coníferas están reducidas a 75 arboledas que subsisten en las montañas de la Sierra Nevada, al norte de California.

En la época de la colonización, hacía falta un equipo de cuatro leñadores trabajan-

ÁRBOL SUPREMO *Una secoya gigante del Parque Nacional de las Secoyas, en California, pesa aproximadamente 6,000 toneladas.*

GENERAL SHERMAN

do durante 22 días para cortar uno de estos árboles, capaz de proveer madera suficiente para construir un pequeño pueblo. Hoy en día las secoyas gigantes están protegidas dentro de parques nacionales y bosques de las zonas donde habitan.

LOS ÁRBOLES MÁS ALTOS DE LA TIERRA

Las secoyas siempreverdes son los árboles más altos que existen en la actualidad; las más grandes miden 110 m de altura. Viven en el neblinoso litoral del norte de California y en el sur de Oregón, donde la humedad constante las ayuda a crecer. Pero aunque actualmente son los árboles más altos del mundo, probablemente esto no haya sido siempre así, ya que en Australia y Tasmania los eucaliptos pueden alcanzar alturas todavía mayores.

En el siglo XIX se encontró un árbol caído que medía aproximadamente 144 m, es decir, una vez y media la altura de la estatua de la Libertad.

LOS TRONCOS MÚLTIPLES Y EXTENDIDOS DEL ÁRBOL BANIANO

Con más de 1,000 troncos, no es de sorprender que los árboles banianos desarrollen las copas más grandes de todos los árboles de la Tierra. Algunas abarcan una superficie de más de 1 hectárea, equivalente al espacio que ocuparían 30 canchas de tenis. Un solo espécimen parece un grupo de árboles cuyos troncos se elevan muy juntos.

Los banianos son así debido a su extraordinario crecimiento: las ramas de estos árboles echan raíces especiales, semejantes a cuerdas, que al llegar al suelo se abren paso a través de la tierra. Mientras tanto, la parte colgante de la raíz se engruesa gradualmente, convirtiéndose lentamente en un nuevo «tronco».

En su hábitat nativo, en la India y Sri Lanka, los banianos se consideran sagrados y se los encuentra en los terrenos cercanos a templos y santuarios.

SOSTÉN ESPECIAL *Los árboles banianos suelen crecer más en anchura que en altura, gracias al sostén de sus troncos extra.*

ELEVADOS HACIA EL CIELO *Con sus esbeltas proporciones, las secoyas siempreverdes son casi tan altas como un edificio de 20 pisos.*

BOSQUES SEPTENTRIONALES QUE SE MUEVEN CON LAS ESTACIONES

En los bosques de Alaska, cuando los inviernos son muy crudos, hay árboles que se inclinan hacia todos lados. La causa de este fenómeno es el permafrost o capa de suelo permanentemente congelada que se extiende aproximadamente un metro por debajo de la superficie de la tierra.

Las raíces de ciertos árboles no pueden penetrar esta capa, de modo que no consiguen fijarse profundamente al suelo. En invierno, cuando la tierra está congelada y solidificada, los árboles se mantienen erguidos sin dificultad, pero en verano, cuando se deshiela la superficie, la tierra suele ceder, y los árboles se inclinan con el movimiento de ésta.

EXCEDIDOS DE PESO Y CABEZA ABAJO

Los baobabs africanos son probablemente los árboles más gruesos del mundo. Algunos tienen un diámetro superior a 50 m, mucho mayor que su altura. Según una antigua tradición africana, el baobab es un árbol que crece al revés, y resulta fácil comprender por qué: sus ramas son cortas y terminan en ramitas que parecen raíces, mientras que el tronco suele ser más ancho en el medio que a la altura del suelo. Los baobabs utilizan sus enormes troncos para almacenar agua.

Aunque parecen sólidos, los troncos son sorprendentemente blandos, y en la temporada de sequía los elefantes pueden abrir la madera con los colmillos para obtener la humedad que contienen. Estos árboles de forma extraña atraen también a otros animales: los murciélagos, por ejemplo, acuden en bandadas a los baobabs en flor, para alimentarse de su néctar azucarado. Los baobabs suelen perder sus hojas en la temporada de sequía, y siguen creciendo hasta alcanzar una edad avanzada; algunos tienen más de 2,000 años.

ANTIGUO ÁRBOL QUE PROSPERA EN LA CIUDAD

La historia del ginkgo se remonta a más de 50 millones de años. Sus parientes vivos más cercanos son las coníferas, pero, a diferencia de éstas, posee hojas en forma de abanicos ondulados, que en otoño se vuelven de un amarillo intenso y luego se caen.

Los ginkgos, originarios del Lejano Oriente, son muy raros en ámbitos silvestres. En China y Japón son objeto de reverencia, por lo que se han encontrado siempre en los jardines de los templos, lo que ha contribuido a la supervivencia de la

EL QUE AÚN RESISTE *Las hojas verde lima del ginkgo tienen una forma única que no ha cambiado en millones de años y la especie todavía subsiste.*

especie. Los occidentales descubrieron el ginkgo hace unos 200 años y plantaron especímenes en parques europeos. La gran capacidad que muestra este superviviente de un remoto pasado para adaptarse al mundo moderno es excepcional. Crece en el aire contaminado de las ciudades y no suelen afectarlo las enfermedades. En consecuencia, actualmente se pueden observar en Londres, Nueva York y calles ajetreadas de todo el mundo.

EL ÁRBOL MÁS RARO LLEVA UNA EXISTENCIA SOLITARIA

El *Dendroseris neriifolia* es una especie rarísima: existe un único espécimen en estado silvestre. Crece en la remota isla de Robinson Crusoe, en el Pacífico Sur. Con hojas largas y caídas y pequeñas flores color crema, apenas llama la atención y nunca se ha cultivado en parques y jardines. Pero, al igual que otros árboles en peligro de extinción, podría encerrar utilidades aún no descubiertas, así que esta especie está siendo protegida con la esperanza de que sobreviva.

LOS ANILLOS, UNA VENTANA AL PASADO

En las partes del mundo con estaciones climáticas cambiantes, los árboles generan un registro de su vida. Cada primavera y verano sus troncos crecen, en longitud y de dentro hacia fuera, agregando nuevos anillos. Cuando se corta un árbol, esos anillos indican su edad y su crecimiento anual.

Los dendrocronólogos, expertos en el estudio de los anillos de crecimiento, los utilizan como una ventana al clima del mundo en épocas pasadas. Pues el crecimiento de cada año depende del clima. En los años buenos, con abundante calor y humedad du-

rante la temporada de crecimiento, los árboles crecen bien y sus anillos son anchos, mientras que en los años malos crecen poco; en estos casos los anillos son particularmente finos.

Al estudiar los anillos de árboles de larga vida, como ciertos pinos, y los restos semifosilizados de robles, los dendrocronólogos han creado un registro que se remonta a 7,000 años. Esto permite calcular con precisión hechos sucedidos en tiempos muy lejanos de la historia humana, como breves períodos glaciares.

CÍRCULOS DE TIEMPO *Los árboles crecen más rápidamente cuando son jóvenes, por ello los anillos más anchos son los del centro.*

LA SECOYA ROJA ARRAIGÓ EN LA PREHISTORIA

En 1944 se descubrió que algunas hojas y piñas recogidas en una remota aldea de China eran idénticas a unos fósiles de varios millones de años de antigüedad. Pertenecían a un árbol, la secoya roja, que se creía extinto desde hace millones de años.

Las secoyas rojas crecen hasta 40 m de alto y son parientes cercanos de las secoyas siempreverdes de California. Al contrario que el resto de las coníferas, todos los años se despojan de sus pequeñas y afiladas hojas.

Hace alrededor de 90 millones de años, las secoyas rojas eran comunes en Europa, América y China, pero los cambios climáticos las obligaron a replegarse. Hoy en día sólo existen unos cuantos miles en estado silvestre, aunque, gracias a la repoblación, están creciendo muchas más en parques y jardines de todo el mundo.

PINOS GIGANTES SALEN DE SU ESCONDITE

Al escalar un escarpado desfiladero montañoso en 1994, un biólogo australiano descubrió unos árboles que ningún botánico había visto hasta entonces. Lo más insólito es que el desfiladero se hallaba a sólo 150 km de los suburbios de Sydney. Los árboles poseían hojas puntiagudas y corteza nudosa, y algunos medían casi 40 m de altura, lo que hacía aún más asombroso el hecho de que hubieran permanecido tanto tiempo escondidos.

Fueron llamados pinos Wollemia por el parque nacional en que fueron encontrados. Pertenecen a la misma familia que el pino de Chile o araucaria *(Araucaria aurana)*, que tiene el mismo tipo de hojas. Pero mientras que estos últimos son bastante comunes, los pinos Wollemia son increíblemente raros.

TESORO ESCONDIDO *Antes de que se descubriera su existencia, en Australia, el pino Wollemia se conocía sólo por fósiles de 2 millones de años de antigüedad.*

SENTIDOS MISTERIOSOS

Las plantas muestran una gran variedad de reacciones. Pueden responder al tacto, los traslados, la agitación del viento y los cambios climáticos. Hasta perciben cambios en la extensión del día que les indican cuándo florecer.

LA PLANTA QUE PRESIENTE LAS DIFICULTADES

La bien llamada **planta sensitiva reacciona con rapidez ante la amenaza de ser comida.** Si la tocan, pliega de inmediato sus hojas, dando la impresión de que éstas han desaparecido. Las hojas pueden tardar horas en recuperarse, por lo que, para entonces, el animal que las tocó se habrá marchado en busca de otro alimento.

Este movimiento súbito, que se produce en menos de un segundo, lo provocan unas pequeñas hinchazones altamente sensibles al tacto. Algunas se ubican en la base de cada pecíolo, y hay otras en la base de cada folíolo. Un leve roce hace que se plieguen sólo unas pocas hojas, pero si algo tira fuertemente de la planta –por ejemplo, una vaca hambrienta– reaccionan todas.

Las rápidas reacciones de la sensitiva no son muy frecuentes en el mundo vegetal y tal vez es lo que haya contribuido a que esta especie se difundiera tanto.

CÓMO APRENDEN LAS PLANTAS A PERCIBIR LOS VIENTOS

Las **plantas pueden adaptar su ritmo de crecimiento al ambiente.** Por ejemplo, en los lugares con mucho viento, las plantas altas pueden sufrir daños o incluso ser desarraigadas, por ello las plantas que crecen en lugares muy expuestos al viento tienden a ser cortas y robustas. Diversos experimentos demuestran este «sentido del viento» en acción. En uno de ellos, todos los días se tocaban suavemente ejemplares de la hierba Arabidopsis Thaliana, imitando al viento. Al cabo de varias semanas las plantas eran mucho más cortas de lo normal en su especie: un cambio que les facilitaba soportar la brisa. En otro experimento se cultivaron plantas de maíz en bandejas que eran sacudidas periódicamente para mecer y zarandear las plantas. Cuando completaron su crecimiento, sus tallos eran más gruesos de lo normal, pero sus semillas eran más pequeñas.

Este «sentido del viento» explica por qué los cultivos crecen mejor en lugares protegidos.

FLORACIÓN Y DETECCIÓN DE LA DURACIÓN DEL DÍA

Un «detector de oscuridad» que **percibe la duración cambiante de la noche es crucial para la supervivencia de una planta.** Las plantas necesitan florecer en el momento adecuado del año para garantizar que sus flores sean polinizadas. Las reacciones químicas relacionadas con un pigmento llamado fitocromo, contenido en las hojas, aseguran que las plantas puedan detectar el momento apropiado.

Por ejemplo, el crisantemo florece en otoño, cuando las noches comienzan a alargarse. Si crecen en un invernadero con disponibilidad de luz durante las 24 horas, no florecen nunca. Es posible impedir el florecimiento de plantas que necesitan noches largas para ello suministrándoles un solo minuto de luz en medio de la noche.

Con otras especies ocurre exactamente lo contrario: florecen en primavera, cuando las noches comienzan a acortarse. Mantenerlas iluminadas por la noche las alienta a florecer.

REACCIONES RÁPIDAS *Las hojas de la sensitiva se abaten si se las toca. Si se tira de ellas con fuerza, todo el pecíolo se repliega, dando a la planta un aspecto marchito.*

final del verano y quedan latentes durante el otoño. No se abren hasta que han experimentado varias semanas de clima frío. Este sentido es vital para los castaños y otros árboles, porque les impide crecer en invierno si el clima es más templado de lo normal.

CÓMO HACEN LAS RAÍCES PARA CRECER HACIA ABAJO

Las plantas poseen un sentido de la gravedad y lo usan para hacer crecer sus raíces hacia abajo y aumentar así las posibilidades de encontrar agua. Nadie sabe cómo perciben las plantas la atracción de la gravedad. Una explicación tiene que ver con unas minúsculas partículas de almidón que suele haber en sus células. Aunque estas partículas pesan muy poco, van cayendo lentamente en la parte basal de las células radiculares; esto podría hacer que las raíces se dirijan hacia abajo.

SEÑAL DE PRIMAVERA *Una vez que estos capullos de castaño han hecho eclosión no pueden dar marcha atrás. En consecuencia, es vital para la supervivencia del árbol que no se abran antes de tiempo.*

LOS CAPULLOS SABEN CUÁNDO ABRIRSE

Los árboles de las regiones templadas nunca comienzan a crecer demasiado pronto, porque un «sentido» especial les indica cuándo ha pasado el invierno. En lugar de reaccionar al calor, ese sentido funciona detectando el frío. Los capullos pegajosos del castaño, por ejemplo, se forman al

LAS QUE TREPAN Y ASFIXIAN

Algunas plantas trepan por encima de otras en su búsqueda de luz, ahorrando tiempo y energía al no desarrollar largos tallos y troncos propios. La mayoría causa pocos perjuicios a sus hospedadores, pero algunas tienen efectos mortales.

LAS LIANAS, LAS «PARÁSITAS» ORIGINALES

Las lianas son unas plantas con aspecto de cuerdas que cuelgan de las copas verdes de la selva y suelen ser centenarias. Comienzan su vida trepando a árboles jóvenes y luego les siguen a medida que esos árboles van creciendo hacia la luz. Cuando una liana llega a las copas, se extiende por el follaje y forma una enmarañada masa de tallos en la parte superior.

Cuando la liana ha alcanzado su estado maduro, los árboles a los que trepó originalmente han muerto o caído derribados.

MARAÑA DE CUERDAS *Lianas colgando de las copas de los árboles en un bosque tropical de Costa Rica. Sus hojas están ocultas en lo alto del follaje.*

En consecuencia, el tallo de la liana queda colgando en el aire. También puede echar raíces aéreas, que bajan hasta penetrar en la tierra. Estos tallos y raíces pueden medir más de 40 m de longitud y algunos pueden ser tan gruesos como el muslo de un hombre.

LA MONSTERA ESTÁ SIEMPRE EN MOVIMIENTO

La monstera que se encuentra en hogares y oficinas es una versión cautiva de una planta que se abre paso serpenteando por los bosques pluviales tropicales. En América Central y del Sur, esta planta comienza brotando de una pequeña semilla en el suelo de la selva. La esbelta plantita de pequeñas hojas crece en las sombras, en busca de un árbol sobre el que pueda trepar. A medida

TREPADORA PASEADORA *Trepando por el tronco de un árbol, una monstera crece hacia la luz. Puede que ya haya subido y bajado varias veces.*

tos de las aves. Cuando una semilla germina, produce un racimo de ramas frondosas y un manojo de raicillas. Al principio, éstas suelen colgar, pero pronto se agarran al tronco del árbol hospedador y comienzan su largo viaje hacia el suelo.

Cuando alcanzan el suelo de la selva, entra en acción la parte letal del ciclo del ficus estrangulador. Extrayendo agua del suelo, comienza a crecer mucho más rápido que el hospedador. Sus ramas hacen sombra a las hojas del hospedador y sus raíces, cada vez más tupidas, estrangulan el tronco. Sin nutrientes ni luz, el árbol muere. El estrangulador se eleva sobre el cadáver de su víctima, que se pudre lentamente.

LA QUE TREPA ALTO CON ZARCILLOS DE RESORTE

Las pasionarias, como muchas otras trepadoras, utilizan zarcillos finos como hebras para sustentar su peso. Los zarcillos son equivalentes a dedos para las plantas: delgados pero extraordinariamente fuertes y dotados de un asombroso sentido del tacto.

A medida que crece, la pasionaria echa de su tallo zarcillos que buscan un apoyo sólido. Tras aproximadamente una hora palpando un objeto conveniente, el zarcillo empieza a reaccionar. Las células de la parte exterior crecen más rápido que las de la zona interior, lo que hace que la punta se enrosque. Luego la parte media comienza a

ENROSCADOS *Los zarcillos permiten que las pasionarias trepen sobre otras plantas. Gracias a su forma de resorte, los zarcillos pueden estirarse sin romperse.*

retorcerse como un resorte, acercando a la pasionaria a su anclaje. Una vez que la planta ha crecido por completo, miles de zarcillos la mantienen firme en su lugar.

LA PALMERA DE RATTAN SE APOYA EN PUNTALES

Con troncos de 180 m, las palmeras de rattan son los árboles más largos del mundo. Pero no son los más altos, porque se van desplomando bajo su peso a medida que crecen. Esta palmera, oriunda del sureste de Asia, tiene troncos flexibles y esbeltos.

Sus hojas, que poseen espinas orientadas hacia la parte posterior y que se enganchan en las ramas de otros árboles, la ayudan a mantenerse en su lugar. De lo contrario estas palmeras serpenteantes caerían al suelo.

que sube va cambiando de forma. El tallo se ensancha y echa hojas en forma de moneda que se adhieren al árbol. A medida que la planta va ascendiendo, sus hojas se hacen más grandes y desarrollan unos tallos largos. Cuando llegan a la copa, las hojas son del tamaño de grandes platos, con agujeros como los del queso Gruyère.

Pronto la planta desciende otra vez. Sus hojas disminuyen de tamaño y cuando llega al suelo encuentra otro árbol. Entonces el ciclo se repite: la parte más vieja de la planta muere mientras que la más joven continúa creciendo.

EL ABRAZO MORTÍFERO DEL FICUS ESTRANGULADOR

El ficus estrangulador oprime a su hospedador hasta matarlo, negándole luz y nutrientes. Las semillas de esta planta se esparcen por las copas de los árboles tropicales mediante los excremen-

SUDARIO VACÍO *Desde el suelo, esta red de raíces de ficus estrangulador parece un tubo tejido. En otros tiempos las raíces estaban adheridas a un árbol que ha muerto.*

LA VIDA EN LAS ALTURAS

Las plantas epífitas se han adaptado de diversas maneras para poder sobrevivir sin suelo. En lugar de crecer en el suelo, viven a cierta altura; su hábitat son árboles, tejados e incluso cables telefónicos o eléctricos.

LA PLANTA QUE VIVE EN EL AIRE

Algunas plantas aéreas parecen vivir sobre la nada. Originarias de Centroamérica y Sudamérica, algunas crecen sobre árboles o grandes cactos, pero otras lo hacen sobre cables telefónicos, asiéndose a ellos con sus pequeñas raíces.

La principal ayuda para la supervivencia de estas plantas aéreas está en sus estrechas hojas, cada una de las cuales está cubierta por microscópicas escamas y pelos, que absorben agua. El agua es canalizada hacia pequeños reservorios, desde donde es gradualmente absorbida, permitiendo a las plantas sobrevivir bajo el fuerte calor del sol. Algunas especies usan también sus hojas para permanecer en su espacio: las curvan alrededor de ramas y cables, haciendo más difícil el desalojo.

MANTENIÉNDOSE EN EQUILIBRIO *Colgada por sus raíces, una planta aérea permanece posada sobre unos cables eléctricos. Estas plantas colectan toda el agua con sus hojas.*

ARBUSTO SOBRE EL TEJADO QUE SE EXTIENDE A TRAVÉS DE LA CIUDAD

La Buddleia puede extenderse sobre paredes y tejados gracias a sus semillas transportadas por el viento. Este arbusto de flores púrpuras fue descubierto hace un siglo en China. También es capaz de crecer sobre terrenos abandonados, vías y edificios, y se ha extendido por algunas ciudades del mundo. Sus pequeñas semillas se introducen en grietas húmedas y envían largas raíces al interior de los muros.

OASIS EN LA COPA DE LOS ÁRBOLES

Las bromelias gigantes de los bosques húmedos tropicales americanos son las plantas aéreas más grandes. Están formadas por una roseta de hojas afiladas. Algunas pueden tener más de 1 m de diámetro, y pesar tanto como un hombre adulto. Las bromelias necesitan

UN JARDÍN EN LA COPA DE LOS ÁRBOLES *En los bosques lluviosos, las bromelias pueden ser tan abundantes que las ramas de los árboles llegan a romperse bajo su peso.*

grandes cantidades de agua, y la estructura de sus hojas asegura que la planta no esté nunca seca; estas hojas canalizan el agua de lluvia hacia el centro de la planta, donde se forma un estrecho tanque de agua. Las plantas levantan sus tanques durante las tormentas y luego absorben lentamente el agua. Los tanques pueden contener hasta 5 litros de agua, que es utilizada como bebida y como charco para la reproducción por ranas arborícolas e insectos.

ORQUÍDEAS QUE CRECEN EN EL CIELO

De las 18,000 especies de orquídeas tropicales silvestres que existen, la mitad vive colgada de troncos y ramas de árboles, por encima del suelo del bosque. Algunas de estas plantas son cultivadas por expertos en orquídeas, pero otras son poco conocidas, y la mayoría carece de nombre común.

Las orquídeas sobreviven en la altura, lejos del suelo, recogiendo el agua de lluvia con sus raíces que se extienden sobre

las ramas como trozos hinchados de espaguetis. Las raíces tienen superficies encargadas de absorber el agua y los nutrimentos que son arrastrados por la lluvia de la corteza de los árboles y de las hojas que están pudriéndose.

EL HELECHO DE ASTAS Y SU PROPIO MONTÓN DE TERRENO

El helecho de astas soluciona el **problema de no tener suelo fabricándose uno propio.** Vive sobre los troncos de los árboles, en el bosque húmedo tropical del norte de Australia y Nueva Guinea, y debe su nombre a sus grandes hojas parecidas a las astas o cuernos de un ciervo; pero tiene un segundo grupo de hojas, las cuales se extienden alrededor del tronco y fijan al helecho en su sitio, además de formar una copa con la que colectan hojas y otros «escombros» que caen del árbol. Estos escombros se acumulan dentro de la copa, convirtiéndose en un «suelo» rico en nutrimentos.

DULCE ABRAZO *Algunas plantas epifitas necesitan una «percha» elevada, pero el helecho de astas puede abrazarse a los troncos de los árboles con sus hojas adaptadas o frondes.*

PARÁSITOS Y HOSPEDADORES

Las plantas parásitas toman de otras plantas lo que necesitan para sobrevivir sin dar nada a cambio. La mayoría de ellas entran en sus hospedadores desde fuera, pero otras acechan en su interior, y sólo son visibles cuando florecen.

LA «PLANTA ESPAGUETI» QUE ROBA SU SUSTENTO

La cuscuta vive por encima del suelo pero no tiene hojas y, cuando ha completado su crecimiento, tampoco raíces. En su lugar, se enrollan alrededor de otras plantas como si fueran espaguetis vivos, robando todo lo que necesitan para sobrevivir.

La cuscuta se agarra a sus plantas hospedadoras con pequeños abultamientos succionadores que aparecen a intervalos en su tallo, y que fuerzan lentamente a la cuscuta a introducirse en los tejidos de la planta hospedadora, hasta que contacta con los conductos que llevan agua, nutrimentos minerales y alimento, y empieza a succionarlos. La cuscuta crece tanto que se transforma en una masa desparramada que puede estallar en el interior del tallo de algunas plantas hospedadoras.

La cuscuta común se encuentra a menudo sobre brezos, aulagas y ortigas, pero

LA PLANTA VAMPIRESA La cuscuta envía sus tallos estranguladores que literalmente succionan las sustancias aprovechables de su planta hospedadora. Luego se muda a otra planta.

muchas de las especies de cuscutas del mundo atacan a una gran variedad de hospedadores.

La cuscuta desarrolla racimos de pequeñas flores rosadas, que dejan caer sus semillas al suelo. Cuando brota, la planta desarrolla raíces, pero se secan cuando la cuscuta encuentra una planta hospedadora y acepta el parasitismo como modo de vida.

EL ROBO SUBTERRÁNEO MANTIENE VIVAS LAS RAÍCES PARÁSITAS

Las orobanches viven bajo tierra, obteniendo el agua y nutrimentos que necesitan de las raíces de otras plantas. Encontradas en todo el mundo, sólo rompen su cubierta cuando están preparadas para florecer. Hay más de 100 especies de orobanche. Algunas atacan las malas hierbas mientras que otras infestan tréboles y alfalfa, causando graves problemas en las granjas. Como muchos parásitos, son exigentes con respecto a sus hospedadores: cada especie de orobanche suele atacar a un solo tipo de planta, a la que puede identificar entre las infestadas plantas hospedadoras.

HACIA LA LUZ *Las flores de orobanche suelen ser de un color amarillo oscuro o pardo herrumbroso, adaptando colores para plantas que pasan la mayor parte de su vida ocultas en el suelo.*

LOS PÁJAROS DISEMINAN PEGAJOSAS SEMILLAS DE MUÉRDAGO

El muérdago común roba toda el agua y minerales que necesita creciendo hacia en interior del sistema transportador de agua de sus árboles hospedadores, exactamente debajo de la corteza. El muérdago depende de su propio árbol de hoja perenne para poder utilizar la luz solar, pero podría no sobrevivir sin la ayuda de los

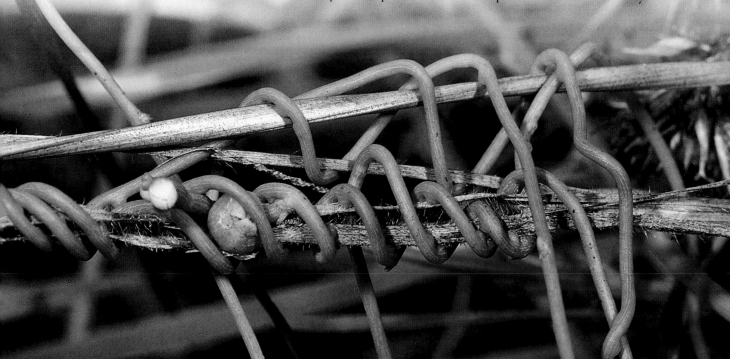

LADRÓN FURTIVO *Si las plantas que están a su alrededor se quitaran, el árbol de navidad australiano moriría pronto y revelaría su estilo de vida parásito.*

gracias a su latrocinio subterráneo, éstos raramente se secan.

De las más de 1,000 especies de la familia de las lorantáceas, ésta es una de las pocas especies que se desarrolla en un árbol, pudiendo alcanzar los 10 m de altura. A comienzos del verano, tiempo de navidad en Australia, producen flores de un color amarillo dorado.

PLANTAS PARÁSITAS QUE RARAMENTE SON VISTAS

Las **rafflesias viven dentro de sus hospedadores durante meses o años y se alimentan de sus víctimas sin ser vistas.** Cuando llega el momento de la reproducción, las flores parásitas brotan saliendo de sus hospedadores como una especie de alienígena.

Las rafflesias, procedentes del sureste de Asia, no son las únicas plantas que viven de esta manera: en la región mediterránea de Europa, la batatilla ataca los rosales silvestres y produce flores amarillas rodeadas de vivos tonos rojos.

PLANTA INVASORA *Este alegre racimo está compuesto por las flores de la batatilla, un parásito que pasa casi toda su vida en el interior de su planta hospedadora.*

zorzales y otros pájaros. Los pájaros se alimentan de bayas de muérdago, que son muy pegajosas, por lo que éstos necesitan limpiar sus picos; lo hacen contra la rama de un árbol y plantan de esta manera alguna de las semillas que se pegan firmemente a la corteza. Así el muérdago es capaz de esparcirse. Las semillas brotan y una gran raíz principal construye un túnel hacia el interior de su nuevo hospedador.

EL ÁRBOL DE NAVIDAD AUSTRALIANO ROBA AGUA SUBTERRÁNEA

Visto **desde arriba, el árbol de navidad parece una planta autosuficiente.** Pero por debajo del árido suelo sus raíces rompen el interior de las raíces de plantas cercanas para robar su agua. Pueden utilizar árboles de hasta 150 m, y

LAS DEFENSAS DE LAS PLANTAS

Las plantas necesitan contar con protección contra sus enemigos. Algunas defensas consisten en venenos (véanse págs. 258-259), pero muchas otras hacen difícil o doloroso que los animales hambrientos se alimenten de sus flores u hojas.

LA DOBLE DEFENSA DE LA TUNA DE NOPAL

Los tallos carnosos de la tuna de nopal están cubiertos con racimos de agudas espinas para impedir que se acerquen los animales hambrientos.** Pero esta planta posee unos mechones de pequeños pelos de color café dorado en la base de las espinas. Estos pelos de puntas afiladas se desprenden con facilidad al rozarlos y penetran lentamente en la piel del animal, causando una sensación muy desagradable que dura varios días. Después de haberse enfrentado a estas espinas y pelos, los mamíferos —como los ciervos— que buscan alimento rehúsan acercarse a estas tunas.

LA PUNTIAGUDA DEFENSA DE LA ACACIA BREVISPINA

Cualquier animal o persona que se enrede en esta planta africana descubrirá que tarda mucho en liberarse.** Es un árbol que posee espinas orientadas hacia atrás y ramas parecidas a látigos. Si un antílope o un búfalo intenta alcanzar sus nutritivas hojas, las espinas se le enganchan en la piel y cuando trata de liberarse se le clavan cada vez más profundamente.

La acacia brevispina es originaria de las llanuras de África, una parte del mundo donde abundan los mamíferos herbívoros, por ello esta acacia necesita de estas formidables defensas para sobrevivir.

LAS TRAMPAS ACUOSAS DE LA CARDENCHA

La espinosa cardencha utiliza pequeños fosos para proteger sus flores y hojas de los insectos.** Estas

BARRERA IMPENETRABLE *Los «alfileteros» ovales de la tuna de nopal se rompen fácilmente y echan raíz.*

SOPA DE INSECTOS *La cardencha crece en suelos áridos y secos. Sus «fosos» ayudan a acumular y conservar el agua de lluvia, al tiempo que atrapan insectos que al descomponerse liberan valiosos nutrientes.*

plantas tienen hojas largas y lanceoladas que crecen en pares a lo largo de sus tallos espinosos. Cada par de hojas está unido a la base, formando un hueco estanco del tamaño de una pequeña taza de café. Cuando llueve, el agua gotea de las hojas y llena la concavidad, que rodea el tallo de la planta como un foso. Cuando los insectos trepan por la planta se encuentran con estos fosos y tienen dos opciones: marcharse o morir ahogados.

PARA LOS INSECTOS, LOS GORDOLOBOS SON UN PLATO CON PELOS

Los gordolobos, plantas que suelen crecer al borde de los caminos, rechazan a los insectos con una tupida capa de pelos. Esta especie está muy difundida en Europa y Asia. A distancia sus hojas y tallos parecen cubiertos de felpa blanca, pero al microscopio se ve que la «felpa» es una superficie cubierta de pelos. Para llegar a las hojas, un insecto debe atravesar antes esta maraña. Si luego trata de alimentarse, los

pelos se le adhieren al interior del aparato bucal, haciendo de esta comida un «plato» muy indigesto.

LOS LADRONES DE NÉCTAR NO TIENEN MODO DE PASAR

El clavel lanudo, que se encuentra en el centro y el sur de Europa, tiene pelos con puntas pegajosas en los tallos de sus flores rojas. Si algún insecto trepador trata de llegar a las flores con la intención de libar el néctar sin esparcir polen a cambio, se encuentra con esos pelos y queda adherido a ellas.

Mientras tanto, por encima de esa viscosa barrera, las abejas y mariposas polinizadoras pueden ir y venir con libertad. Este sistema ha sido adoptado por los fruticul-

tores, que ponen pegamento alrededor del tronco de los árboles frutales para impedir que los insectos trepadores lleguen a las flores y frutos.

DURA POR FUERA PARA MANTENER A RAYA A LOS COMEDORES DE HOJAS

Además de ser espinosas, las hojas del acebo tienen bordes gruesos, que disuaden a las orugas. Éstas prefieren empezar a comerse las hojas por los bordes para ir avanzando hacia adentro; sin embargo, como las hojas del acebo poseen unos bordes tan duros, a la mayoría de las orugas les resulta difícil masticarlas y evitan este árbol.

ALIANZAS CON HORMIGAS

A menudo plantas e insectos dependen unos de otros, lo que explica por qué los insectos visitan las flores. Las hormigas mantienen relaciones especiales con los vegetales y a veces actúan como guardianas protectoras, a cambio de un hogar.

PÚAS AL VIENTO *Las protuberancias formadas por la acacia de púas se endurecen como madera, por lo que constituyen un hábitat ideal para las hormigas.*

LOS AYUDANTES OCULTOS DE LA PLANTA DE HORMIGAS

La planta de hormigas, del sureste de Asia, parece una pelota de fútbol con verrugas, con un solo tallo frondoso que crece en un lado del tronco de un árbol. Al estar lejos del suelo, le cuesta recoger nutrimentos y depende de las hormigas para sobrevivir.

El hinchado tallo de esta planta está lleno de cavidades, cada una de las cuales se conecta con el exterior a través de un estrecho túnel. Estas cavidades albergan una colonia completa de hormigas, desde la reina, que deposita huevos en su cámara real, hasta las jóvenes larvas, que se desarrollan en «guarderías» especiales. Las hormigas

INTERIOR SEGURO *Un corte longitudinal de una planta de hormigas revela las cámaras-nido de los insectos dentro de las paredes protectoras del tallo.*

viven del néctar azucarado que fabrica la planta, y que es recolectado por las obreras para alimentar a la reina y a las crías.

A cambio, la especie vegetal recibe los excrementos de las hormigas, que se acumulan en sus cámaras huecas y que contienen valiosos nutrimentos que la planta puede absorber, en lugar de tener que extraerlos del suelo.

ACACIA DE PÚAS EN LAS LLANURAS AFRICANAS

Hay una especie de acacia africana que utiliza tanto afiladas espinas como hormigas mordedoras para impedir que los animales se coman su sabroso follaje. Si, pese a sus púas protectoras, una jirafa trata de arrancar las hojas, las hormigas corren a atacar el sensible aparato bucal del animal.

La acacia de púas da alimento y vivienda a las hormigas guardianas. En la base de las

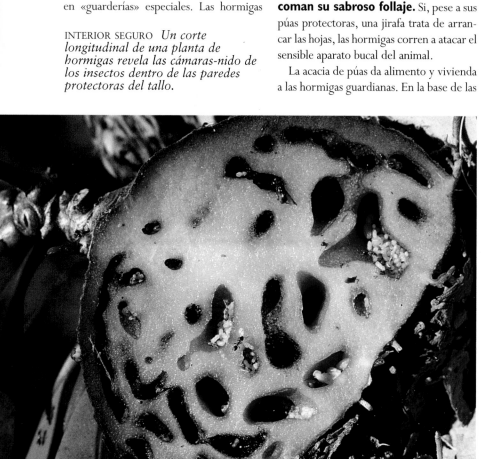

espinas hay unas protuberancias huecas, del tamaño de una uva grande, que las hormigas abren con las mandíbulas, para convertirlos en «guarderías» para sus crías. Cuando sopla el viento a través de la abertura, hace un sonido parecido a un silbido; es por eso que en algunos lugares este árbol se llama «púa silbadora».

En la Sudamérica tropical también existen algunas especies de acacia protegidas por hormigas. Pero en Australia, donde hay muy pocos mamíferos, las acacias no necesitan este tipo de defensa.

UN HOGAR ESCONDIDO BAJO UNA HOJA DE CANDELILLA

La candelilla, o planta de cera —una trepadora de Filipinas e Indonesia—, tiene una manera ingeniosa de albergar a sus insectos aliados. Sus tallos son estrechos y carece de espinas, de modo que usa para ello sus hojas.

Las plantas de cera trepan por los árboles. Al principio sus hojas crecen en pares, pero luego una se marchita y se aplana contra el tronco, en forma convexa (como un plato dado vuelta), con lo que queda un espacio entre ella y el tronco. En ese hueco

viven las hormigas, listas para acudir en defensa de la candelilla ante la menor provocación.

EL ESCUDO VIVIENTE DEL ÁRBOL CECROPIA

Si se roza un árbol cecropia, aunque sea levemente, cientos de hormigas azteca se arremolinarán sobre sus hojas. Nativo de América Central y del Sur, este árbol brinda a las hormigas un hogar y una constante provisión de alimento. A cambio, los insectos lo protegen de los intrusos. Una horda de hormigas soldado puede vencer o repeler a pequeños mamíferos y aves.

Las hormigas viven en las ramas huecas y el tronco del árbol, donde entran perforando pequeños agujeros. Se alimentan de la secreción nutritiva que mana de la base de las hojas, que recolectan de la misma manera que otros insectos hacen con el néctar de las flores. Los guardianes del árbol cecropia son tan eficientes que nada

puede permanecer en contacto con él mucho tiempo. Los animales que lo rozan, como ciervos y tapires, se marchan muy pronto, en particular si intentan comer los brotes tiernos del árbol, de los que las hormigas extraen la mayor parte de su alimento. Las plantas trepadoras son literalmente cortadas por las hormigas con sus mandíbulas.

En consecuencia, los árboles cecropia suelen ser muy resistentes y brotan con rapidez en zonas que se han despejado. Pero si sus hormigas se marchan, con frecuencia enferman y mueren.

LAS HORMIGAS PROSPERAN DONDE OTROS INSECTOS PERECEN

La vida en el interior de una trampa mortal puede parecer peligrosa, pero para algunas especies de hormigas de las selvas de Borneo forma parte de una sociedad de supervivencia. Estas hormigas

COME MUERTOS *Nadando en los fluidos digestivos de una planta de jarra, esta hormiga se dispone a llevarse el cadáver de un saltamontes.*

viven en una planta de jarra carnívora y se comportan como profanadores de tumbas. Al igual que otras plantas de jarra (véanse págs. 238-239), la hospedadora de estas hormigas atrapa insectos, utilizando trampas parecidas a jarros para ahogarlos y luego digerirlos. Sin embargo, si atrapa un insecto demasiado grande, le cuesta acabar con los restos de su presa y el cadáver se descompone lentamente, estropeando la jarra hasta inutilizarla.

Allí es donde entran en acción las hormigas. En una trampa que significa la muerte segura para la mayoría de los insectos, las hormigas están totalmente seguras y pueden bajar hasta los jugos y arrastrar cualquier cosa demasiado grande para que la planta la digiera. Llevan su botín hasta el borde de la jarra, donde lo rompen y lo devoran, dejando caer algún trozo para que lo digiera su hospedadora.

ARMAS DISUASIVAS TÓXICAS

La guerra química constituye la primera línea de defensa de muchas plantas. Algunas son tan letales que pueden matar a cualquier ser que trate de comérselas, mientras que otras emplean venenos para mostrar que es peligroso tocarlas.

EL VENENO PEGAJOSO Y PERDURABLE DE LA HIEDRA

La hiedra venenosa es la más **famosa de las plantas tóxicas de Norteamérica.** Sus hojas triples están cubiertas por un aceite nocivo que, si entra en contacto con la piel o la parte interior de la boca de un animal, puede provocar una reacción grave y a veces muy dolorosa.

Los venenos que actúan al tacto suelen perder su efecto rápidamente, porque se evaporan en el aire. Pero esto no ocurre en el caso de la hiedra venenosa. Su veneno, llamado urushiol, es pegajoso y se transporta con facilidad en la ropa e incluso en las pequeñas partículas de ceniza que componen el humo. Si la ropa no se lava, puede

PELIGRO: NO SE ACERQUE *El aceite tóxico de la hiedra venenosa surte un rápido y potente efecto en la piel, impidiendo que los ciervos y otros animales del bosque se coman sus hojas.*

causar una reacción en quien la vista incluso meses después de haber rozado la planta.

BATERÍAS DE AGUJAS QUE MANTIENEN A RAYA A LOS ANIMALES

Las ortigas están armadas con **pelos puntiagudos que funcionan como agujas hipodérmicas en miniatura.** Si algo los toca, la punta se rompe e inyecta ácido fórmico en la piel del intruso. El ácido es el mismo que producen las hormigas, y sus efectos pueden durar varias horas.

Un roce con ortigas nunca es agradable, pero un encuentro con el árbol de ortiga, u ongaonga, de Nueva Zelanda, puede resultar extremadamente peligroso. Esta especie es un arbusto o pequeño árbol del doble de altura que un hombre adulto, y sus aguijones inyectan grandes cantidades de toxina. Enredarse en un árbol de ortiga

puede tener resultados fatales, de modo que no es de sorprender que el ganado y otros animales herbívoros lo eviten.

LOS CRISTALES TÓXICOS DE LA CAÑA MUDA

Un animal que pruebe una vez las **hojas de la caña muda jamás volverá a acercársele.** Esta planta tropical suele cultivarse por sus vistosas hojas verdes y amarillas, pero en su hábitat natural vive en el suelo de los bosques de América Central y del Sur, donde dispone de un amplio espacio para atacar. Para su protección, las hojas y el tallo están cubiertos de afilados cristales de oxalato de calcio, un veneno de acción rápida.

Si un animal, como un ciervo, trata de comerse las hojas, sufre efectos casi inmediatos. Los cristales penetran en su aparato bucal y el veneno comienza a actuar, inflamando la parte interior de la boca y la lengua, provocándole al animal dificultades para respirar. El que ha sufrido una vez esta experiencia rehúye la planta para siempre. También los seres humanos cometen el error de probar las hojas de la caña muda. Las desafortunadas víctimas quedan sin poder hablar durante muchas horas; de ahí el nombre de la especie.

ADMISIÓN DIFERENCIAL *Las dedaleras acogen a las abejas que las polinizan, pero sus hojas venenosas garantizan que los mamíferos no se les acerquen.*

LAS DEDALERAS ATACAN AL CORAZÓN EN DEFENSA PROPIA

Algunas plantas mantienen lejos a los animales provocándoles un ataque al corazón. Las dedaleras, igual que muchas asclepias, emplean esta forma de defensa. Los venenos de ambas, llamados glucósidos y de efectos paralizantes para el corazón, se almacenan en toda la planta, pero particularmente en las hojas.

Estos venenos garantizan que las dedaleras y las asclepias se exluyan de la dieta de los mamíferos, como ciervos y ganado. No obstante, su sistema de defensa presenta algunos fallos. Los insectos poseen gran capacidad para sobreponerse a los venenos de las plantas, y algunos pueden tomarlos «prestados» para protegerse. Una de las más conocidas de estas especies de insectos es la mariposa monarca, que crece sobre hojas de asclepia. Las monarcas y sus orugas contienen altas concentraciones de toxinas paralizantes del corazón, de modo que los pájaros han aprendido a ignorarlas.

EL LÁTEX VENENOSO DEL ÁRBOL DEL HULE

Si un animal muerde un árbol del hule se lleva una desagradable sorpresa. En lugar de manar savia, el árbol produce látex, un líquido lechoso abundante en venenos, que le da un desagradable sabor. Al igual que la leche de verdad, el látex contiene miles de millones de gotitas microscópicas suspendidas en un fluido insustancial. Cuando queda expuesta al aire, esa parte fluida se evapora pero las gotitas permanecen, creando grumos pegajosos que obstruyen la boca y las plumas o la piel de los animales que intentan comerla.

Los árboles del hule no son las únicas plantas que poseen este método de defensa. En el este de África, la euforbia de candelabro tiene unas ramas suculentas que prometen ser un alimento ideal, pero, protegidas por el látex, este y otros miembros de la familia de las euforbias son casi inmunes a los ataques de los animales.

LA ANTIGUA ARMA DE LAS CONÍFERAS

Mucho antes de que aparecieran en la Tierra las primeras plantas con flores, las coníferas ya utilizaban la guerra química para defenderse de los insectos. Su arma es la resina, un líquido pegajoso y aromático que protege a las coníferas del ataque de hongos y de larvas de escarabajos, y además convierte las hojas en un alimento indigesto.

Si su corteza se daña, la conífera exuda resina, que al cabo de un tiempo sella la herida. La sustancia, que se vuelve dura y vidriosa, forma una protuberancia traslúcida en el costado del árbol. Si estas protuberancias quedan enterradas al morir el árbol se convierten en ámbar, una sustancia parecida al vidrio.

PEGADA SIN REMEDIO *Atrapada en la resina, esta desafortunada hormiga está condenada a un final lento y pegajoso.*

CAMUFLAJES VEGETALES

Los animales utilizan el camuflaje para ocultarse de los depredadores, pero esta estrategia es rara en el mundo vegetal. Las plantas camufladas habitan en los desiertos, donde algunas especies se esconden tan bien que resultan imposibles de ver.

FRUTOS OCULTOS *Estos pequeños objetos son los frutos de una euforbia africana, encaramados sobre su tallo carnoso, firme pero levemente gomoso.*

LOS COLORIDOS CAPULLOS DE LAS PLANTAS DE PIEDRA

Las plantas de piedra parecen **rocas y guijarros del paisaje desértico que las rodea.** Estas plantas del sur de África suelen medir menos de 5 cm de altura y tienen un «tronco» ancho, bajo y aplanado formado por un par de hojas carnosas.

Las hojas, de color marrón o gris verdoso, poseen en la cara superior vetas y dibujos que imitan las manchas de las piedras. Entre ambas hojas existe una estrecha hendidura, donde se ocultan los capullos.

Este camuflaje ayuda a las plantas de piedra a evitar que los animales del

TANQUES SECRETOS *Las extrañas hojas de las plantas de piedra actúan como depósitos de agua: una razón por la que necesitan protegerse de los animales del desierto.*

desierto se las coman. Pero después del período de lluvias, al final del largo verano del desierto, dejan de lado el disfraz durante unas semanas para florecer.

CACTOS INCREÍBLES QUE SE ENCOGEN

Algunos cactos evitan que los **detecten y se encogen hasta desaparecer de la vista.** El cacto marino, de Texas y México, es fácil de ver después de las lluvias, porque parece un erizo de mar posado en el suelo del desierto. Sin embargo, al cabo de varios meses de sequía se convierte en un disco plano, difícil de distinguir.

El raro cacto de Winkler, de Utah, se encoge dentro del suelo una vez que ha terminado de florecer y a menudo queda cubierto de polvo y tierra. Tal camuflaje reduce considerablemente las probabilidades de que los animales lo encuentren y lo muerdan.

EUFORBIAS AFRICANAS QUE PARECEN PELOTAS DE BÉISBOL

El curioso tallo sin hojas de la **euforbia africana es exactamente del mismo tamaño y forma que una pelota de béisbol:** sólo su color, verde azulado, revela que en realidad es una planta. Originaria de Sudáfrica, su rara forma la ayuda a no llamar la atención. Cualquier animal que trate de comérsela se llevará una sorpresa, pues está rellena de un látex lechoso de sabor muy desagradable.

10

PARA VERDECER EL PLANETA

▶ MARAVILLAS FLORALES

▶ POLEN EN MOVIMIENTO

▶ POLINIZACIÓN ANIMAL

▶ HISTORIAS DE SEMILLAS

▶ SEMILLAS EN MOVIMIENTO

▶ ANIMALES QUE ESPARCEN SEMILLAS

▶ POLIZONES EN SEMILLAS

MARAVILLAS FLORALES

Para un cuarto de millón de vegetales, reproducirse es desarrollar flores, que pueden ser tan grandes como una mesita o tan pequeñas como un grano de arena, pero todas cumplen con la tarea de permitir que las plantas generen semillas.

LA FLOR MÁS GRANDE DEL MUNDO

La flor simple más grande del mundo pertenece a una planta que pasa la mayor parte de su vida sin ser vista. Ello se debe a que esta especie, llamada rafflesia *(Rafflesia arnoldii)*, es parásita. Vive en las selvas de Malasia, dentro de las raíces de las enredaderas tropicales, y sólo es visible cuan-

FLOR AMENAZADA *En las selvas tropicales del sureste de Asia, las flores de rafflesia se abren sólo durante una semana, una vez por año.*

do florece, una vez por año. La primera señal de la flor de una rafflesia es un capullo carnoso que luego se va abriendo poco a poco hasta formar un inmenso cuenco rojizo, rodeado de pétalos gomosos manchados de blanco. La flor puede medir hasta 1 m de diámetro y pesar 7 kg. Tiene un potente olor a carne en estado de putrefacción, que atrae a miles de moscas.

Una vez polinizada, la flor de la rafflesia forma un fruto voluminoso y blando, con semillas, que debe ser aplastado por un animal grande, como un rinoceronte o un elefante. Cuando esto ocurre, el fruto estalla

y las semillas se adhieren a las patas del animal. Cuando el animal avanza por la selva, las semillas de la rafflesia tienen muchas probabilidades de caer cerca de las raíces de otra enredadera hospedadora para que el proceso de su vida parásita pueda volver a comenzar.

EL ESPECTACULAR FLORECER DE LA PALMERA TALIPOT

La palmera talipot, del sureste de Asia, produce una única y gigantesca floración, al final de la cual muere. El árbol tarda 60 o 70 años en alcanzar el punto adecuado para florecer. Su inflorescencia brota del extremo del tronco y puede medir hasta 6 m de longitud, alrededor de un cuarto de la altura original de la palmera. Parece un gran penacho de plumas que se eleva por encima del follaje y contiene hasta 60 millones de flores, más que ninguna otra inflorescencia del mundo.

Este estupendo despliegue dura varias semanas, hasta que al fin todas las flores se marchitan y el árbol está listo para echar semillas. Cuando lo hace, sus reservas se van agotando y poco a poco la palmera muere, tras haber completado su ciclo de reproducción de manera tan espectacular.

MICROFLORACIONES CON FLORES SIN PÉTALOS

Las plantas de floración más pequeñas del mundo son las lentejas acuáticas, que parecen pequeñas motas verdes que flotan en la superficie de las aguas estancadas. Tienen un tallo redondeado, sin hojas, y en general una sola raíz que cuelga en el agua por debajo de la lenteja. Existen muchas variedades de esta planta, y algunas son tan pequeñas que pueden pasar por el ojo de una aguja. La especie más pequeña procede de Australia; no tiene raíces y en su estado adulto mide 0.33 mm de diámetro, demasiado pequeña para poder distinguirla a simple vista.

Las lentejas acuáticas producen las «flores» más pequeñas de la Tierra. Se forman dentro de sacos microscópicos y son muy simples, sin pétalos. Son tan pequeñas que un ramo de una docena podría abarcar fácilmente la punta de un alfiler.

EL IRRESISTIBLE OLOR DE LA FLOR CADÁVER GIGANTE DEL DIABLO

La flor cadáver gigante del diablo tiene una inflorescencia enorme y rarísima, con un intenso olor a pescado putrefacto. Este olor tan repugnante ha provocado el desmayo de más de una persona, pero las moscas reaccionan de manera diferente.

La planta crece en los bosques tropicales de Sumatra. Su flor, que puede ser más alta que un ser humano, consiste en una especie de asta amarilla, parecida a una sombrilla plegada, que se eleva verticalmente desde el interior de una enorme corola color malva. Aunque el olor es nauseabundo para los seres humanos, atrae a sus polinizadores: las moscas que se alimentan de carne en descomposición. Varias docenas suelen acudir a la flor, atraídas por la aparente promesa de una suculenta comida.

DENTRO DE UNA FLOR

Muchas flores tienen pétalos de colores intensos que les ayudan a atraer a los insectos. Pero la parte más importante de cualquier flor está en su porción media, donde se encuentran sus órganos masculinos y femeninos. Los masculinos, llamados estambres, producen el polen, una especie de polvillo que contiene células sexuales masculinas. Los órganos femeninos, llamados carpelos, sirven para almacenar el polen, para poder formar las semillas. Cada carpelo tiene una "plataforma de aterrizaje", o estigma, donde se junta el polen, y una cámara u ovario que contiene un óvulo femenino. La mayoría de las flores no utilizan su propio polen para hacer semillas; el polen es transportado de flor a flor por los insectos, el viento o el agua. Esto asegura que las plantas se mezclen entre sí al reproducirse, lo que contribuye a una buena combinación de genes y aumenta las probabilidades de supervivencia.

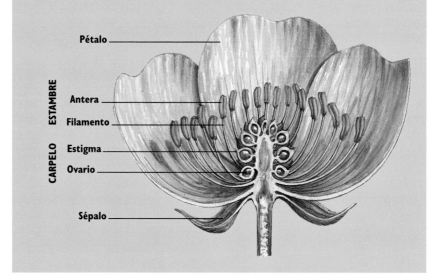

Pétalo

ESTAMBRE

Antera

Filamento

CARPELO

Estigma

Ovario

Sépalo

FLORES QUE SE ABREN PASO DERRITIENDO LA NIEVE

La col apestosa, de América del Norte, posee un extraordinario sistema de calefacción. La planta florece al final del invierno o comienzos de la primavera, y a menudo brota cuando la nieve aún cubre el suelo. Para abrirse paso a través de la alfombra helada, las flores de esta planta generan su propio calor en una serie de reacciones químicas que queman un combustible azucarado. Aumentan así su temperatura hasta 25 °C más que el ambiente que las rodea, lo que les permite derretir con bastante facilidad una vía hacia la superficie.

SEÑAL DE PRIMAVERA *Al principio, la col apestosa es de color granate, pero cuando ha agotado su combustible se vuelve verde y su desagradable olor se desvanece.*

POLEN EN MOVIMIENTO

Antes de que una planta produzca semillas necesita intercambiar polen con otras de su especie. Algunas han desarrollado notables maneras de garantizar que su polen alcance la meta, con animales, el viento o el agua como transportadores.

EL POLEN DEL PINO VUELA ALTO CON ALAS DIMINUTAS

El polen del pino tiene un par de alas especiales, llenas de aire, que lo ayudan a desplazarse por el medio aéreo. También el polen de diversas hierbas se transporta en el aire, pero sus granos son redondos y lisos. La diferencia de estructura tiene que ver con la manera en que el polen se desprende. El del pino se libera de lo alto de los árboles, en lugar de hacerlo cerca del suelo (como el de la hierba), y baja «planeando» con ayuda de las alas.

Los pinos liberan polen cuando el clima es seco, pero si luego se vuelve tormentoso pueden ocurrir cosas interesantes. Las nubes, cargadas de electricidad, forman a su alrededor columnas de calor, elevando

NUBE VIVIENTE *La nube amarilla que flota sobre un pinar consiste en miles de millones de granos vivos de polen que flotan lentamente en el aire.*

el aire, que absorbe más aire procedente de zonas cercanas al suelo. Ese aire va acompañado de polvo y de granos de polen, que en ocasiones se elevan a más de 15 km de altura. Algunos granos vuelven a la tierra en las gotas de lluvia, pero el resto puede flotar a la deriva a lo largo de cientos de kilómetros.

EL INCREÍBLE VIAJE DEL POLEN DE HIERBA

Existen más de 9,000 especies de hierbas en el mundo, y todas utilizan el viento para diseminar su polen. Una sola planta de hierba puede producir decenas de millones de granos de polen, formando nubes que son liberadas en el aire durante las mañanas ventosas de principios del verano.

El polen, llevado por la brisa, flota a la deriva sobre campos y espacios abiertos. Sus granos son extremadamente pequeños y casi no poseen reservas energéticas, de

EL MOMENTO PERFECTO *Las hierbas no liberan su polen a menos que el clima sea seco, de modo que los granos puedan esparcirse con el viento.*

modo que, si no aterrizan en otra flor de hierba en 24 horas, mueren. Eso es exactamente lo que ocurre con la mayoría de estas diminutas partículas: más del 99 % viajan sólo unos pocos metros antes de caer al suelo. Otras son transportadas por el viento a un destino hostil, donde acaban en el agua, el cemento o el asfalto. Y algunas terminan en el aparato respiratorio de los seres humanos, donde pueden provocar fiebre del heno o rinitis alérgica (alergia al polen).

Para una reducida minoría el viaje termina en éxito. Esos granos se posan en las partes femeninas de otras flores de hierba, donde empiezan a crecer. Producen un hilo microscópico que se extiende a través de la flor hacia un receptáculo donde hay semillas inmaduras que han de ser fertilizadas. Luego las simientes pueden desarrollarse; entonces la función del grano de polen se ha cumplido.

LAS HIERBAS MARINAS PRODUCEN POLEN «ESPAGUETI»

Gracias a su peculiar polen, las hierbas marinas consiguen echar semillas y florecer bajo las olas. Se cuentan entre las pocas plantas capaces de florecer bajo el agua.

Las hierbas marinas tienen los «granos» de polen más grandes y extraños del mun-

POLEN BAJO EL MICROSCOPIO

Los granos de polen son maravillas de ingeniería microscópica, diseñados para funcionar de diferentes maneras. Los granos de polen de los pinos, transportados por el viento, suelen ser planos y secos. Aquellos que son transportados por los animales son más grandes y cuentan con una superficie pegajosa capaz de «engancharse» en la piel. Otra variante es el polen de las orquídeas, cuyos granos están encerrados en paquetes especiales, llamados *pollinia*, destinados a adherirse a las patas y antenas de los insectos, o incluso al pico de los colibríes.

A pesar de su pequeño tamaño, los granos de polen son extraordinariamente resistentes. Su envoltura exterior es de esporopolenina, un material duro de compleja microestructura, capaz de soportar el calor, el frío e incluso fuertes ácidos. Cada clase de planta produce granos de polen de una forma particular —como los granos cubiertos de púas del girasol—, con dibujos característicos en su superficie. Como los granos de polen se fosilizan fácilmente, pueden ser utilizados para saber qué tipo de plantas crecían en un determinado lugar hace miles de años.

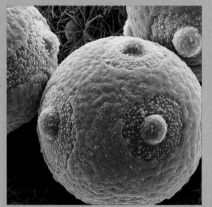
Grosellero

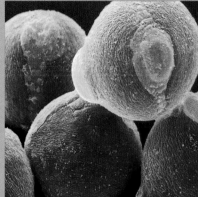
Rosa de jardín

Malva real

Abeto plateado

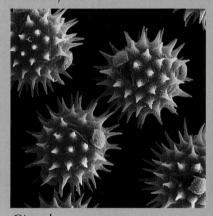
Girasol

Lirio atigrado

do; cada uno parece un pequeño espagueti, de hasta 3 mm de longitud. Las hebras son de la misma densidad que el agua, lo cual significa que no flotan ni se hunden. Los granos comunes de polen, sin embargo, tienden a impregnarse de agua, lo que les impide producir semillas.

Una vez que el polen es liberado por las flores masculinas, va a la deriva empujado por la corriente hacia la costa, enredándose con lo que se encuentre. Las flores de las hierbas marinas poseen unas puntas carnosas que penetran en el agua: una forma perfecta para atrapar el polen que pasa a su lado.

EL POLEN DE LA VALISNERIA SE HACE A LA MAR PARA FERTILIZAR

La valisneria, que vive en agua dulce, posee un notable sistema de polinización. Libera su polen en la superficie de pequeños «botes».

Al igual que muchas hierbas acuáticas, esta especie tiene flores femeninas y masculinas. Cada flor femenina está sujeta a un largo tallo enroscado, que permanece así hasta que el capullo se halla listo para florecer. Entonces se desenrolla, para que la flor se eleve a la superficie. Mientras tanto se desarrollan las flores macho, cerca de la base de la planta, dentro de unas corolas carnosas. Cuando están maduras, se desprenden de la corola y suben flotando, cargadas de polen repelente al agua.

Una vez que las flores macho alcanzan la superficie entra en acción la parte más ingeniosa del sistema. El agua forma un hoyuelo alrededor de la flor femenina flotante. Si uno de los botes de polen llega junto al hoyuelo, se desliza hasta la flor y transfiere su polen, para que la flor pueda producir semillas.

POLINIZACIÓN ANIMAL

Las flores que son polinizadas por animales son como escaparates vivientes, diseñados para llamar la atención de sus visitantes, que diseminan el polen como recompensa por un sabroso alimento. Pero algunas plantas engañan...

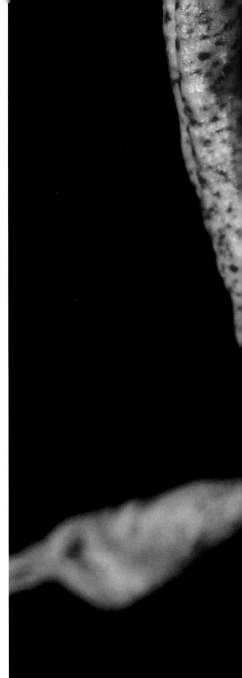

UN OLOR TERRIBLE ATRAE A LOS PORTADORES ALADOS DE POLEN

Las flores de carroña, de plantas como el cacto, en las zonas secas de África atraen moscas gracias a su apariencia y olor a carne podrida. Las flores, con forma de estrella, se abren en el suelo, y tienen pétalos carnosos de color beige y bordes velludos. Los pelos tiemblan con los vientos más ligeros, como lo haría la piel de un cadáver en descomposición.

Para las moscardas, las flores de carroña son el sitio perfecto para depositar sus huevos: se sitúan en sus carnosos pétalos y los prueban menor mientras se mueven a su alrededor. Cuando una mosca se acerca al centro de la flor, pequeños paquetes de polen se enganchan en sus patas. Una vez que ha relajado las patas, la

PACTO DESIGUAL *A diferencia de la mayoría de las flores, que producen néctar, la flor de carroña no ofrece nada a cambio a los insectos que la polinizan.*

mosca despega en busca de otra flor, donde los paquetes de polen son retirados por estigmas estriados. La flor envía su polen con éxito, pero para los huevos de la mosca, la historia no acaba bien: las larvas no encuentran comida cuando eclosionan y mueren de inanición.

LA MARIPOSA NOCTURNA BEBE DEL FONDO PARA AYUDAR A LA FLOR

En el bosque de Madagascar, una extraordinaria orquídea atrae a un visitante con una lengua extra larga. La orquídea tiene flores de un color blanco cremoso que producen un néctar azucarado al final de un delgado tubo, que puede medir más de 30 cm de longitud, pero tan estrecho como una mina de lápiz, lo que significa que el néctar es casi imposible de alcanzar.

Cuando la noche cae, otra clase de insecto polinizador llega para alimentarse. Se trata de una clase de mariposa esfinge, de Madagascar, dotada con la que es, probablemente, la lengua de insecto

más larga del mundo, de 32 cm. La mariposa aletea frente a las flores y extiende su probóscide, empujándola dentro de los tubos como si fuera un «popote» para beber. Mientras se alimenta, se impregna con polen que transporta de flor en flor.

LA ABEJA Y LA ORQUÍDEA DE CUBETA

Las flores de la orquídea de cubeta de Centroamérica tienen un ingenioso método para atrapar abejas y colocar polen sobre ellas. Las flores parecen mariposas nocturnas, con alas multicolores amarillas o naranjas, y una cubierta fluida debajo de una

UNA ABEJA EN UNA CUBETA *Trepando fuera de la cubeta de una flor de orquídea, esta abeja tiene dos paquetes de polen firmemente sujetos al dorso.*

especie de cubeta. Se abren al amanecer y su agradable olor impregna rápidamente el aire de la selva tropical. Una abeja puede dirigirse a estas flores desde una distancia de 8 km. Aterriza en una plataforma sobre la cubeta desde donde es arrastrada abajo por una sustancia cerosa hasta caer en el fluido.

Una vez inmersa en él, sólo hay una forma de escapar: mediante un túnel que atraviesa la parte delantera de la flor. Mientras la abeja trepa a través del túnel, es mantenida en su sitio por una abrazadera. Un

paquete de polen se coloca en la zona dorsal de la abeja, que después es liberada para que vuele lejos. Cuando la abeja visita la siguiente orquídea de cubeta, repite el proceso, pero esta vez, el paquete de polen es hábilmente retirado con un gancho en la salida del túnel.

LA CLEMÁTIDE ARRESTA A LOS VISITANTES

Una planta llamada clemátide recluta animales para que transfieran su polen. Reclama con engaños a los visitantes de sus flores con una puerta de una única dirección, y luego los apresa dentro.

Esta planta procede de Europa, y sus flores son unos tubos pequeños y amarillos con una base bulbosa recubierta por una «chimenea» volada. Su olor atrae a mosquitos, que vuelan impacientemente dentro. Los mosquitos entran en el tubo por la base, donde ellos mismos quedan atrapados por pelos que apuntan hacia abajo. Su prisión contiene las partes reproductivas de la flor, y una ventana translúcida los impulsa a introducirse más profundamente en su intento por escapar. La planta apresa a los mosquitos durante algunos días y los alimenta de néctar. Mientras, el polen de las flores «empolva» a los cautivos. Al fin los pelos del tubo se marchitan y liberan a los prisioneros para que vuelen a otra flor.

PERCHA TENTADORA *Los colores rojos y anaranjados de la flor del ave del paraíso resultan particularmente atractivos para los pájaros, que actúan como polinizadores.*

SU ABANICO PLUMOSO AYUDA A LA PLANTA AVE DEL PARAÍSO

La planta ave del paraíso es polinizada con la ayuda de las patas de los pájaros. Hasta donde se sabe, es la única planta del mundo que solicita la ayuda de aves de este modo.

La especie, procedente del sur de África, produce sus flores en el extremo de altos tallos. Cada flor posee un conjunto de sépalos verticales de color naranja, que contienen un tentador depósito de azucarado néctar. Una «percha» horizontal, cercana a los sépalos, alberga los órganos productores de polen, que casi siempre permanecen ocultos dentro de un surco especial, protegidos de la lluvia.

Cuando un ave se posa para alimentarse del néctar, lo hace sobre la «percha», que se dobla bajo su peso; de esta forma, se abre el surco y el polen queda expuesto al aire. El ave acumula parte del polen en sus patas mientras se alimenta, y luego lo lleva a la siguiente flor de ave del paraíso que visita.

UN CASO DE ENTRADA FORZADA

Las flores cargadas de néctar del penstemon, de América Central, atraen a un ave especializada en robos florales. El lustroso mielero tiene el pico corto y afilado, pero en lugar de introducirlo en las flores para alimentarse, hace agujeros en la base de la flor, es decir, accede al néctar desde fuera. El mielero no acumula polen cuando se alimenta, de modo que roba el néctar sin ofrecer nada a cambio.

LOS VOLADORES PELUDOS SE CONGREGAN ANTE EL CAÑÓN

Para los murciélagos que se alimentan de néctar, el árbol bala de cañón resulta irresistible. Esta especie de las selvas tropicales de Sudamérica posee flores carnosas, del tamaño de un plato chico, que crecen sobre el tronco y cuya función consiste en atraer a algunos de los más grandes y menos maniobrables polinizadores aéreos del mundo.

Cuando se pone el sol, las flores del bala de cañón emiten un aroma dulzón que atrae a murciélagos desde varios kilómetros de distancia. Estos animales tienen la lengua larga, como los colibríes, pero en lugar de revolotear suelen posarse para ali-

mentarse. Usan las garras de sus alas para aferrar las flores y luego lamen el néctar. El árbol se llama así por sus frutos redondos, grandes como una cabeza humana.

LA DIABÓLICA TRAMPA ATRAPAMOSCAS DE LA PLANTA DRAGÓN MEDITERRÁNEA

La flor de la planta dragón, de Europa mediterránea, tiene una apariencia diabólica. De altura media, produce una estrecha inflorescencia central, o espádice, envuelta en un manto curvo que parece una hoja, llamado espata. La parte exterior de esta estructura es verde, pero el espádice y la superficie de la espata son de un intenso tono malva rojizo.

Las moscas, atraídas por el olor a carne en estado de descomposición, quedan atrapadas dentro de la espata por unos pelos orientados hacia abajo. Allí entran en contacto con las pequeñas flores femeninas, que se arraciman alrededor de la base del espádice a la espera de recibir el polen que transportan las moscas.

Mientras tanto, en la parte superior del espádice las flores masculinas comienzan a madurar. Al cabo de uno o dos días los pelos se marchitan y permiten a las moscas liberarse. Al salir, las moscas rozan el polen de las flores masculinas abiertas y lo llevan a otras plantas.

PRIMATES QUE HURGAN EN LA PALMERA DEL VIAJERO

La palmera del viajero de Madagascar tiene las hojas dispuestas en forma de un gran abanico, que puede medir hasta 8 m de anchura. Para su tamaño general, las flores que produce son pequeñísimas y están ocultas en la base de las hojas, dentro de vainas compuestas por duras escamas.

Los lemures cafés no encuentran ninguna dificultad para abrir esas vainas y disfrutar del néctar que contienen. Estos animales, parecidos a monos, meten en las flores su hocico puntiagudo, que se cubre de pegajoso polen, y luego lo llevan al siguiente árbol que visitan.

ÁRBOL BILATERAL *Las hojas jóvenes de la palmera del viajero comienzan su vida en la parte superior del abanico, pero luego se pliegan lentamente hacia ambos lados y caen.*

OPOSUM QUE BEBE LA MIEL DE LAS BANKSIAS

El oposum de la miel es uno de los pocos mamíferos que se alimentan de polen y néctar. Este marsupial en miniatura, poco más grande que un ratón, se encuentra sólo en los montes de Australia Occidental. Protegido por la oscuridad, trepa por las plantas de banksia para llegar a las inflorescencias, en forma de cono y ricas en néctar, y las explora con su hocico fino y puntiagudo. Su lengua tiene la punta en forma de cepillo, ideal para lamer su alimento. Mientras come, su piel se cubre de polen, que posteriormente será transportado por el animal de flor en flor. Algunas de las banksias del oeste de Australia dependen por completo de este peludo visitante y se han adaptado especialmente para ayudarlo a sobrevivir. En lugar de florecer todas al mismo tiempo, lo hacen durante todo el año, así el oposum de la miel cuenta con una constante provisión de alimento.

HISTORIAS DE SEMILLAS

Las semillas contienen todo lo que necesita una planta joven para sobrevivir, desde que se originan hasta que germinan. Dentro de cada una está el embrión de la planta y suficiente alimento para mantenerlo hasta que pueda empezar a crecer.

MICROSEMILLAS DE ORQUÍDEA QUE ENCUENTRAN SEGURIDAD EN LA CANTIDAD

Sobre las copas de los árboles de los bosques tropicales, las orquídeas producen las semillas más pequeñas del mundo y las dispersan en enormes cantidades. Las orquídeas son epifitas, es decir, plantas que viven posadas sobre otras. Estas pasajeras de las

UNA CASA EN LOS ÁRBOLES *Estas orquídeas se posan en los árboles de las selvas de Costa Rica y adornan la bóveda verde con sus flores.*

copas de los árboles utilizan el viento para esparcir sus semillas, por lo que tener semillas ligeras resulta una ventaja. Sin embargo, el viento es poco fiable, y las probabilidades de que las semillas se posen en los sitios adecuados son muy escasas. En consecuencia, las orquídeas epifitas se concentran en la cantidad, y llega a producir hasta 10 millones de semillas al año.

Estas semillas tan pequeñas no pueden verse con claridad a simple vista, pues parecen polvo café oscuro. Una caja de cerillos llena de este polvo contendría unos 7,500 millones de semillas, suficientes para que cada habitante de la Tierra tuviera una.

EL ANTIGUO ARTE DE LA PRODUCCIÓN DE SEMILLAS

El piñón o piña de pino está entre las semillas más antiguas de la Tierra. Esto es debido a que provienen de coníferas, los árboles que «inventaron» las semillas, hace más de 300 millones de años.

Si se observa una piña, es fácil comprender por qué tuvieron tanto éxito. La mayoría de las semillas está encerrada en una resistente envoltura exterior. Esto les permite sobrevivir al calor, el frío y la sequía. Cada una contiene una provisión de alimento que da a la nueva planta un buen comienzo en la vida.

En comparación con las coníferas, las plantas de flor acaban de llegar al ámbito de la producción de semillas. Evolucionaron hace 150 millones de años y ahora son las plantas productoras de semillas con más éxito del mundo.

VENENOS MORTALES PARA PROTEGERSE

Las semillas de la planta de acei- te de ricino contienen esta sus- tancia, el ricino, que es unas 5,000 veces más venenosa que el cianuro.

Este veneno letal –que está presente en la cubierta externa de la planta, no en la carne del interior y que se utiliza para pro- ducir aceite– ayuda a proteger las semillas de los animales hambrientos. Muchas especies vegetales, incluida ésta, utilizan a los animales para esparcir sus semillas, pero no pueden permitir que se las co- man. Al agregar venenos garantizan que la mayoría las evite.

Incluso algunas de las semillas que sir- ven de alimentación a los seres humanos son tóxicas si no se cuecen. Los frijoles colorados, por ejemplo, deben remojarse en agua y luego hervirse durante por lo menos 10 minutos para quitarles el veneno.

PALMERA ISLEÑA QUE PRODUCE UNA SEMILLA CAMPEONA MUNDIAL

La semilla más grande del mundo puede caber en una carretilla. Pesa hasta 20 kg y la produce la palma de coco, una palmera rara que crece en un solo lugar: el Vallée de Mai, en la isla de Praslin, en las Seychelles.

Las palmas de coco poseen gigantescas hojas en forma de abanico y, a diferencia de muchas palmeras, cada árbol tiene un sexo definido: macho o hembra. Cuando las flores del árbol hembra son poliniza- das, cada una empieza a desarrollar un colosal fruto seco de dos lóbulos, que pue- de tardar entre siete y diez años en alcan- zar la madurez. El fruto está encerrado en una cáscara verde maciza y adopta la forma de un par de nalgas.

Actualmente sólo hay unas 5,000 de estas extraordinarias palmas en la isla Pras- lin, que constituyen una interesante atrac- ción turística. Pero en épocas pasadas, cuando el valle escondido donde crecen era desconocido, los comerciantes vendían

GIGANTESCO ENIGMA *No se sabe por qué las palmas de coco tienen semillas tan grandes. Al contrario de los cocos, su densidad les impide flotar.*

las cáscaras vacías por cuantiosas sumas de dinero, como símbolos de fertilidad. Según la leyenda, los frutos vienen de un árbol que vivía bajo las olas, razón por la cual en su lugar de origen se les conoce como «coco de mar».

NUECES DURAS DE ROER

Las semillas de la palmera de do- mo africana, en forma de huevo, son tan duras que hace falta una sierra para cortarlas. Su interior está compuesto por una sustancia perlada parecida al marfil, que puede tallarse y pulirse de la misma manera que éste. Pese a su dureza, tal sustancia es la reserva de alimento de la semilla. Cuando cae en suelo húmedo y germina, la sustancia se ablanda y la semilla la absorbe.

La dureza ayuda a proteger la semilla de los animales tropicales que intentan par- tirlas para comer la carne que contienen.

SEMILLAS EN MOVIMIENTO

Para dar a sus semillas el mejor comienzo, las plantas necesitan esparcirlas todo lo posible. Algunas lo hacen con ayuda de los animales, el agua o el viento. Otras las lanzan en pequeñas explosiones o las catapultan a través del aire.

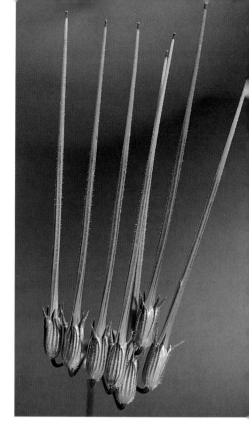

CUANDO SE CALIENTA, LA HINIESTA SE DISPARA CON UN ESTALLIDO

Cuando hace calor, los chasquidos de las vainas de la hiniesta **pueden oírse a muchos metros de distancia de la planta.** Las hiniestas, o retamas de escoba, son particularmente abundantes en algunas partes del Hemisferio Norte donde el verano es seco.

Las vainas de esta especie tienen dos lados planos, unidos por los bordes.

Cuando se acaban de formar son blancas, pero a medida que empiezan a crecer las semillas las caras se secan y se vuelven negras. Al secarse, los lados giran en direcciones opuestas, pero como están unidos, la vaina permanece intacta. Por último, la fuerza del giro se intensifica tanto que los lados se separan de pronto y arrojan las semillas al aire.

APRETADAS Y ABUNDANTES *La hiniesta puede diseminarse con rapidez, ya que cada planta dispara 18,000 semillas al año en el área que la rodea.*

PREPARADOS PARA LA ACCIÓN *Los «picos» del alfilerillo pueden ser tan largos como un dedo. Cada uno tiene en la base un racimo de semillas, preparadas para ser lanzadas al aire.*

CÁLICES LLENOS DE SEMILLAS DISPARADAS CON CATAPULTA

Los alfilerillos, de la familia de los **geranios, poseen receptáculos de semillas que parecen picos de pájaros apuntando hacia arriba.** Estas curiosas estructuras están especialmente diseñadas para esparcir las simientes.

El «pico» del alfilerillo contiene cinco semillas alrededor de la base, cada una dentro de un cáliz de consistencia similar al papel. Cada cáliz está sujeto a una larga hebra que llega a la punta del pico. Cuando las semillas maduran, esas hebras se secan y empiezan a curvarse. El pico acaba por ceder bajo la fuerza de las semillas; entonces las hebras se sueltan y arrojan las semillas hacia adelante como diminutas catapultas.

LA ARTILLERÍA DEL MUÉRDAGO EN LAS COPAS DE LOS ÁRBOLES

De todas las plantas del mundo **que esparcen sus semillas de forma explosiva, los muérdagos enanos ostentan el récord absoluto en distancia.** Los muérdagos enanos viven

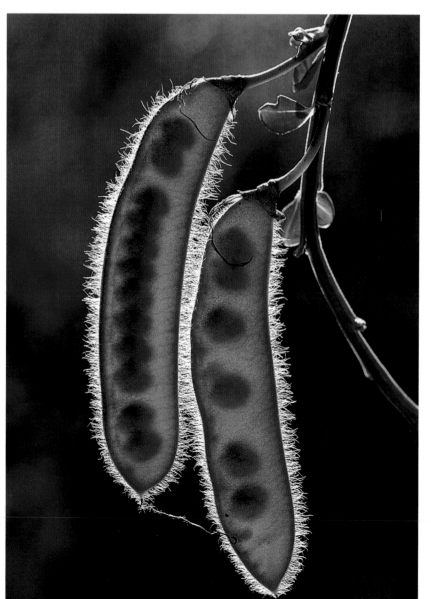

INTRUSO LADRÓN *Un muérdago enano creciendo en un pino. Los muérdagos son parásitos, ya que extraen agua y nutrientes de las plantas sobre las que viven.*

como parásitos en las coníferas, sobre todo en América del Norte, y disparan pegajosas semillas con forma de ala que las ayudan a propagarse de árbol en árbol.

Cada una desarrolla en su interior una baya de piel correosa. Al final, la presión de la producción de líquido dentro de la baya hace que estalle, disparando las semillas al aire a una velocidad de 100 km/h y a una distancia de 15 metros. Un muérdago puede arrojar entre 1,000 y 5,000 semillas al año.

PEPINO QUE ESPERA A ESTALLAR

El fruto del cohombrillo amargo **o pepino, del sur de Europa, explota como una pequeña mina terrestre para esparcir sus semillas.** Si algo roza los frutos maduros –afilados y del tamaño de un dedo–, detonan, esparciendo semillas y jugos hasta a 5 m de distancia a través del aire. Los cohombrillos cuelgan de pequeños tallos erguidos sobre la tierra, a la altura de los tobillos de un ser

BOMBA A PUNTO DE ESTALLAR *Este cohombrillo amargo se ha partido y revela las pegajosas semillas que hay en el interior de su piel carnosa, que se abren cuando el fruto cae.*

humano. A medida que maduran se producen jugos en su interior. Aunque poseen una cubierta dura, las calabacillas tienen un punto débil en la zona por donde se unen con el tallo. Si un animal golpea contra un fruto maduro, la unión se rompe, el fruto cae y se derrama su contenido.

EXPLOSIONES A LA ORILLA DEL RÍO

El bálsamo del Himalaya posee **cápsulas de semillas que estallan al menor roce.** Cuando una explota, puede iniciar una reacción en cadena, ya que las demás van explotado en tandas. Un solo ejemplar, de la altura aproximada de un ser humano, puede tener varias docenas de cápsulas listas para explotar en un determinado momento, de modo que caminar a través de un macizo de estas plantas puede desatar una descarga de semillas.

LA AVENA SILVESTRE SE SIEMBRA SOLA

Una vez que han aterrizado en el **suelo, las semillas de la avena silvestre literalmente se entierran solas y se evita así el riesgo de que algún animal las encuentre y se las coma.** Cada semilla de esta planta tiene un pelo rígido, que se enrolla cuando el clima es seco y se desenrolla cuando es húmedo. Al enrollarse y desenrollarse, lentamente va introduciendo la semilla en la tierra a una profundidad de entre 1 y 2 cm.

LOS PARACAÍDAS
DEL DIENTE DE LEÓN

De todos los métodos de que dispone la Naturaleza para hacer volar las semillas, el «paracaídas» del diente de león es uno de los más logrados. Compuesto por un penacho de pelos plumosos, con la semilla suspendida debajo, el paracaídas atraviesa el aire volando con una gran estabilidad. Una semilla de diente de león de cada cien logra desplazarse 10 km o más.

Gracias a sus paracaídas y sus raíces principales, esta especie está entre las malezas más difundidas del mundo. Cuando los europeos cruzaron por primera vez el Atlántico, llevaron las semillas por accidente en sus barcos y las plantas pronto se propagaron. En la actualidad el diente de león puede verse al borde de caminos y en parques de toda América del Norte.

DEJARSE LLEVAR *Las semillas del diente de león se desprenden de sus amarras y parten volando en sus plumosos paracaídas.*

UN VIAJE GRATIS
EN FERROCARRIL

La hierba de Santiago es una de las pocas plantas que ha conseguido diseminar sus semillas por medio del tren. Originaria del sur de Europa, se plantó en el jardín botánico de la Universidad de Oxford hace dos siglos, pero sus semillas, transportadas por el viento, la ayudaron a escapar. Poco después se construyó la red de ferrocarriles de Gran Bretaña. Las semillas llegaron por succión a bordo de los trenes, y hoy las vías de ferrocarril están bordeadas por las flores, de un color amarillo intenso, de esta hierba.

El cardo es otra planta viajera cuyas semillas se diseminan de manera similar.

LAS SEMILLAS DE CHAMIZO
VIENEN EN ROLLO

El chamizo tiene una extraordinaria manera de difundir sus semillas después de su muerte. Cuando perece, sus raíces se secan y se desprenden, y el resto de la planta es transportada por el viento. De esta manera se esparcen sus semillas.

Hay varias clases de chamizo pero todas crecen en lugares secos y abiertos. Sus semillas germinan en primavera, cuando el suelo está aún húmedo, y pronto florecen y echan semillas nuevas. Cuando la tierra se seca, las hojas se marchitan y los tallos se enroscan, formando una pelota. Las raíces acaban por desprenderse y el ovillo esférico queda liberado para rodar por el suelo.

En algunas partes del mundo, como las praderas estadounidenses y las estepas

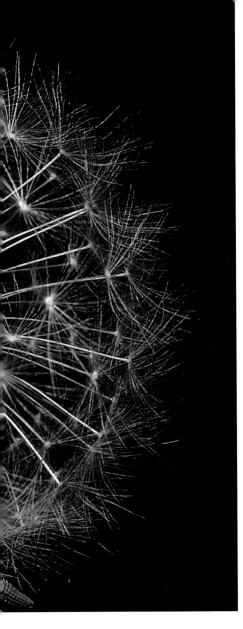

COCOS QUE HACEN SURF EN LAS OLAS DE LOS OCÉANOS TROPICALES

Para los cocos, el mar es como una cinta transportadora gigante que los lleva a costas lejanas. Cuando un coco maduro cae de un árbol, está rodeado por una gruesa cáscara que actúa como un flotador. En el centro está el fruto en sí, protegido por un caparazón muy duro, que contiene alimento y una provisión de agua o «leche» de coco. Puede sobrevivir en el mar durante aproximadamente un año y viajar a la deriva más de 5,000 km.

El viaje es azaroso, por lo que muchos cocos flotan por los mares tropicales sin llegar jamás a tierra. Pero aunque logre

EL FINAL DEL VIAJE *Tras una travesía por los mares, un coco germina en una playa tropical a través de una cavidad que se abre en el extremo «puntiagudo» de la semilla.*

y se liberan cuando los frutos se parten colgados de los árboles. Si los atrapa una súbita ráfaga de viento en su descenso, pueden viajar hasta varios metros de distancia.

llegar a una playa, el coco no se encuentra todavía necesariamente a salvo. Los cangrejos ladrones, por ejemplo, se especializan en comer cocos rompiendo la cáscara con sus enormes pinzas, y además las tormentas pueden romperlos contra las rocas o devolverlos al mar. Si escapa a estos peligros, el coco echa sus primeras hojas y raíces. En 20 años el viajero errante del océano estará a punto de alcanzar la madurez y podrá producir sus propios frutos.

CORAZONES MARINOS QUE LLEGAN DE TIERRAS LEJANAS

Entre las semillas flotantes, los corazones marinos, producto de una enredadera tropical, son tal vez los que mayores distancias recorren. Llevados por la corriente del Golfo, estos frijoles de forma acorazonada viajan desde el Caribe a través del Atlántico Norte. Algunos se abren paso hasta las playas del norte de Noruega: un viaje de 12,000 km sin sentido, ya que esta especie no consigue crecer en climas fríos.

Estas enredaderas producen las vainas más grandes del mundo, que pueden llegar a tener 2 m de longitud.

rusas, el chamizo puede constituir un problema para los granjeros, ya que miles de ellos se amontonan contra los cercos y hasta pueden bloquear caminos.

EL DESCENSO DE LAS PLANEADORAS GIGANTES

Imagine un objeto con el aspecto de un bombardero Stealth en miniatura, que cae de la copa de los árboles describiendo amplias y lentas espirales. Entre sus alas transparentes, que miden exactamente 15 cm de anchura, cuelga una preciosa carga: una enorme semilla.

Estas planeadoras gigantes, producidas por una calabaza trepadora de las selvas del sureste de Asia, son las semillas aerotransportadas más grandes del mundo. Se desarrollan dentro de los frutos, que alcanzan el tamaño de una pelota de fútbol,

ANIMALES QUE ESPARCEN SEMILLAS

Las plantas cuentan a menudo con la ayuda involuntaria de los animales, tan pequeños como las hormigas o tan grandes como los elefantes, para diseminar sus semillas. A cambio de sus esfuerzos, les garantizan alimento.

EL PERSUASIVO SEÑUELO DEL ÁRBOL DE LA NUEZ MOSCADA

El menor indicio de color escarlata atrae a las aves a probar el fruto del árbol de la nuez moscada. Pero, a diferencia de muchas plantas, este árbol tiene unas semillas duras que resultan incomestibles. Lo que atrae a los pájaros es que cada una está envuelta en una canasta de carne escarlata llamada arilo, que les resulta irresistible.

Como los arilos están pegados a las semillas de la nuez moscada, los pájaros tienen que tragárselos junto con las semillas. Los arilos son digeridos dentro del estómago del ave, pero las semillas no. Los pájaros las regurgitan y en la mayoría de los casos las arrojan al suelo lejos del árbol original.

No sólo las aves comen los arilos de la nuez moscada; en el sureste de Asia se acumulan y secan junto con las nueces en sí, y se machacan para preparar la fragante especia llamada macis (otro nombre del arilo).

LISTA PARA VIAJAR
La macis roja de una nuez moscada es su «boleto» para viajar por el bosque dentro del estómago de un ave. El pájaro come la macis y escupe la nuez.

LA PLANTA QUE SE AGARRA CON GANCHOS GIGANTES

Las semillas provistas de ganchos tienen la función de adherirse a los animales, que las llevan de un lado a otro. En lugares donde abundan los animales grandes, las semillas alcanzan un tamaño gigantesco.

Algunas de las más voluminosas son las de la espuela del diablo, una planta de África tropical. Sus semillas, albergadas en receptáculos del tamaño de un puño, están armadas con agujas de la longitud de un dedo, con tres puntas en el extremo. Estas semillas caen al suelo y cuando algún animal pisa el receptáculo de semillas de esta planta, los ganchos se fijan a sus pezuñas o zarpas. Horas o días después, tal vez al cabo de 5 o 10 km de camino cojeando, el animal logra liberarse del desagradable estorbo y las semillas encuentran un nuevo lugar donde crecer.

UN ATRACTIVO PAQUETE PARA LAS SERVICIALES HORMIGAS

De la misma manera que muchas otras plantas, los ciclaminos silvestres dependen de las hormigas para propagar sus semillas. Cuando las cápsulas maduran, curvan los tallos de sus flores, para echar las semillas al suelo, donde puedan encontrarlas las hormigas. Éstas, atraídas por el olor de las semillas, las recogen y llevan a sus nidos, donde se alimentan del revestimiento exterior, pero dejando el resto intacto. De este modo las semillas no sólo se distribuyen sino que quedan ya plantadas fuera del alcance de pájaros y roedores.

EL BAGRE SIEMBRA SEMILLAS DURANTE LAS CRECIDAS

La palmera buriti, del bosque tropical del Amazonas, utiliza los peces para diseminar sus semillas. Esta especie vegetal vive en lugares donde la selva se inunda durante varios meses al año, de modo que sus frutos aceitosos caen con frecuencia en el agua. Los bagres los tragan enteros y esparcen las semillas en las partes poco profundas. Una vez que la crecida se ha retirado, las semillas germinan y las jóvenes palmeras buriti echan raíz.

Es probable que existan más peces diseminadores de semillas en Sudamérica que en cualquier otra parte de la Tierra, muchos de

ellos tienen buen oído y encuentran alimento manteniéndose alerta para percibir el ruido de los frutos al caer en la superficie del agua.

FRUTOS ENTERRADOS PARA ÉPOCAS DE SEQUÍA

El melón del desierto desarrolla un método para hacer crecer bajo tierra sus frutos, portadores de sus semillas, para protegerlos del sol abrasador. Podrá parecer un lugar difícil para esparcir semillas, pero esta planta de Sudáfrica cuenta con un aliado subterráneo: el cerdo hormiguero.

Este animal, cuyo nombre en africano –aardvark– significa «cerdo de tierra», se parece bastante al cerdo tanto en su forma como en su comportamiento. Hurga para encontrar alimento y normalmente come termitas, pero en las temporadas secas también desentierra melones para calmar la sed con su jugo. Las semillas de estos melones pasan por el aparato digestivo del cerdo hormiguero y se plantan a través de los excrementos. Estos animales suelen dejar sus deposiciones cerca de sus madrigueras, es decir que cultivan sus propias «parcelas de melones» en el umbral de su vivienda.

EL ELEFANTE Y LA ACACIA

Los elefantes destruyen los árboles para satisfacer su inmenso apetito, pero también contribuyen a plantarlos, diseminando las semillas de sus plantas preferidas a través de su estiércol.

Un árbol africano común que depende del elefante es la acacia de Sudán o ana-

JARDINERO GIGANTE *Los elefantes mastican la comida con sus enormes dientes, pero algunas semillas pasan por su cuerpo sin sufrir daño alguno.*

boom. A los elefantes les encantan las vainas retorcidas de este árbol y utilizan la trompa para extraerlas de las ramas altas. Las suculentas vainas pronto son descompuestas en su cavernoso estómago, pero las semillas, mucho más resistentes, atraviesan intactas el aparato digestivo y salen junto con los excrementos.

El estiércol del elefante es el perfecto medio de crecimiento para estas semillas, de modo que en pocas semanas comienzan a brotar. A veces las simientes sembradas de este modo crecen en fila, marcando el rumbo de las sendas de los elefantes.

POLIZONES EN SEMILLAS

A menudo las semillas son devoradas por un animal antes de desarrollarse. Pero las plantas producen muchas más de las que necesitan y en ocasiones deben sacrificar una cierta cantidad para que los animales las ayuden a dispersarlas.

LAS MANDÍBULAS DEL GORGOJO PRACTICAN UNA CIRUGÍA MORTAL

Los gorgojos se cuentan entre los peores enemigos de las plantas, ya que dañan miles de millones de semillas cada año. El gorgojo del avellano no es más largo que una uña, pero la mitad de su longitud corresponde a un «pico» curvo, terminado en un par de minúsculas mandíbulas. El gorgojo lo usa como un instrumento quirúrgico de precisión, para practicar grandes agujeros en las avellanas y depositar sus huevos dentro. Luego las larvas se alimentan de la semilla, antes de transformarse en adultos y caer al suelo dentro de la nuez en el otoño, entonces agrandan el orificio y se marchan volando.

EL SECRETO DEL FRIJOL SALTARÍN

La planta mexicana de frijol saltarín es famosa por sus semillas «vivas». Cuando hace calor, los frijoles se desplazan por el suelo a saltos de hasta 5 cm de longitud, y pueden continuar con esta acrobacia botánica durante varios meses. El extraño fenómeno es producido por una larva que se oculta dentro de la semilla.

La polilla del frijol saltarín pone los huevos en las flores femeninas de la planta, y las orugas se alimentan de las semillas en desarrollo. Para cuando los frijoles infestados caen al suelo, no contienen más que las orugas gordas y bien alimentadas.

La oruga teje un capullo dentro del frijol y salta de un lado a otro al tirar y aflojar las hebras de seda. Los poderosos movimientos de la pequeña larva los impulsan a ella y al frijol a lo largo de grandes distancias. La oruga puede saltar docenas de veces por hora; se cree que lo hace para salir de los lugares soleados y mudarse a

sitios donde no la vean los depredadores. Al final la larva se libera, tras abrirse una salida con las mandíbulas.

POR QUÉ LA YUCA Y SU POLILLA SON INSEPARABLES

Las yucas, procedentes de los desiertos de Norteamérica, dependen por completo de una pequeña polilla blanca para sobrevivir. La polilla de la yuca revolotea de flor en flor en el fresco aire nocturno, disemina el polen y ayuda así a estas plan-

tas a formar semillas. Sin embargo, en esta sociedad hay algo más que lo que se observa a simple vista. Al contrario que la mayoría de los insectos polinizadores, la polilla de la yuca pone sus huevos en las flores que visita y sus orugas se alimentan de las semillas en desarrollo.

En general esto dañaría la planta, pero ambas especies mantienen una sociedad muy estrecha. Si bien las orugas se comen algunas de las semillas que produce cada flor, siempre dejan algunas para que germinen con normalidad.

A cambio de brindar alimento a las orugas, las yucas pueden estar seguras de que las polillas propagarán su polen. Sin su ayuda mutua, ni la polilla ni la yuca sobrevivirían.

YUCA Y POLILLA *En comparación con una planta de yuca madura, que crece hasta 5 m de altura, la polilla de la yuca es minúscula, pero su existencia es crucial para la supervivencia de la planta.*

EL MUNDO MICROSCÓPICO

11

VIDA OCULTA

En cada hábitat de la Tierra abunda la vida microscópica. Aunque algunos microbios pueden ser perjudiciales, la mayoría desempeña un papel beneficioso, al reciclar materias diversas y ayudar a plantas y animales a sobrevivir.

LOS TARDÍGRADOS SE SECAN Y ESPERAN LA LLUVIA

Los tardígrados, unos animales **microscópicos que viven en charcos y aguas estancadas, sobreviven a la sequía perdiendo casi toda el agua de su cuerpo.** Cuando su charca comienza a secarse emprenden acciones de emergencia, retraen sus cuatro pares de patas y adoptan una forma parecida a un barril. Luego se secan junto con el charco. Pueden permanecer en

CAZADOR MINÚSCULO *Trepando por una maraña de algas, un tardígrado busca alimento. La mayoría de estos organismos mide menos de 1 mm de longitud.*

este estado latente durante muchos años, hasta que la lluvia los devuelve a la vida. Los tardígrados latentes son capaces de sobrevivir en un vacío e incluso resistir temperaturas de hasta –272 °C, un frío mucho más intenso que el que existe en cualquier lugar de la Tierra.

LOS HABITANTES MÁS NUMEROSOS DEL MUNDO

Las bacterias son los seres vivos **plenamente independientes más pequeños que existen.** Si se pusiera una sola bacteria en la punta de una aguja que luego fuera aumentada al tamaño de un cohete espacial, la bacteria apenas resultaría visible a simple vista.

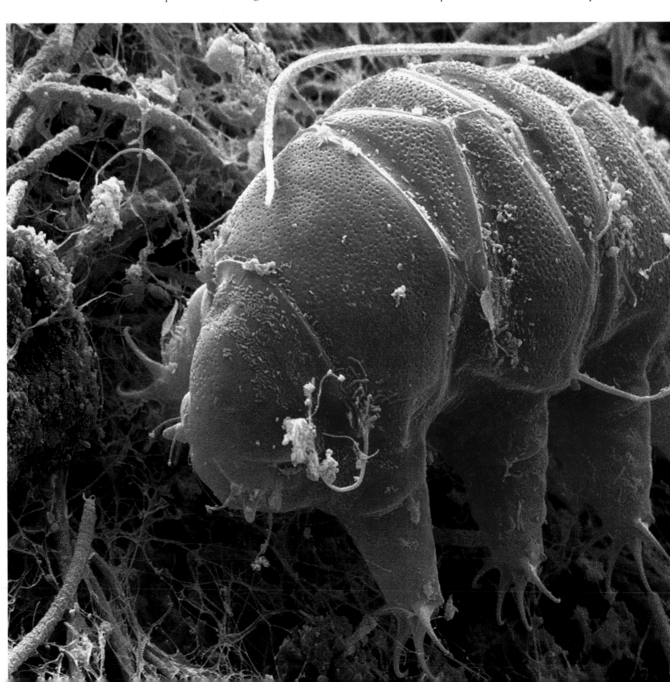

Estos organismos son además los seres vivos más abundantes de la Tierra; una cucharadita de tierra común de jardín contiene por lo menos 5,000 millones, mientras que la cantidad de bacterias que viven en la piel de una persona sana suele superar la cantidad de células de su cuerpo en una proporción de diez a uno. Por fortuna, la mayoría de las bacterias no son perjudiciales.

ALGAS MICROSCÓPICAS QUE FORMAN UN POLVO VIVIENTE

El polvo verde intenso que se ve a veces en los troncos de los árboles en realidad está vivo y formado por millones de algas mi-croscópicas. Son organismos simples parecidos a plantas que absorben la energía solar. No poseen raíces ni hojas, pero sí clorofila, la sustancia que utilizan para poder aprovechar la energía solar. El alga más común de los troncos de los árboles, llamada *Chlorella,* es tan pequeña que se perdería dentro de un punto.

Aunque existen muchas clases diferentes de algas, la *Chlorella* es poco común porque vive en una gran diversidad de ambientes. Además de crecer en troncos de árboles, puede sobrevivir en agua y en tierra. También subsiste en alguna parte interna de otros seres vivos, como en los líquenes (véase pág. 302) y unos animales simples de agua dulce llamados hidras.

SERES INVISIBLES EN UN MUNDO ACUOSO

Los rotíferos se cuentan entre los animales más pequeños del planeta; miden 0.25 mm de largo. Viven en ecosistemas húmedos o acuáticos y pueden sobrevivir hasta en la pelí-

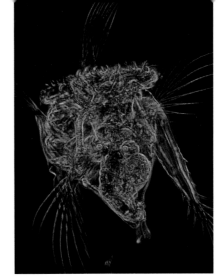

LIMPIEZA PROFUNDA *Nadando en el agua de un charco, el rotífero usa sus pelos microscópicos para barrer pequeñas formas de vida.*

cula de agua que rodea las partículas individuales de tierra. Pese a su reducido tamaño, los rotíferos comen mucho; se alimentan de bacterias y otras formas de vida microscópica. Como carecen de miembros, se mueven haciendo vibrar una corona de finos pelos que tienen en la cabeza.

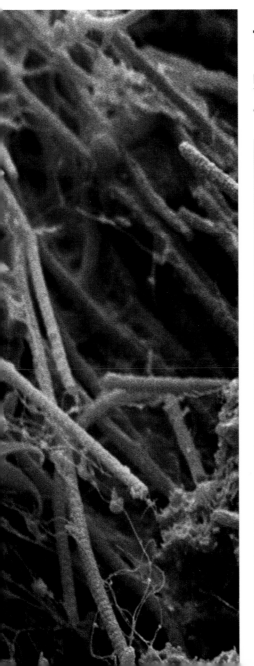

UNA CUESTIÓN DE ESCALA

Los mayores habitantes del mundo microscópico son microanimales y algas: diez de ellos puestos uno detrás del otro llegarían a alcanzar la anchura de un pelo. Los microanimales suelen ser transparentes, mientras que las algas son generalmente de un verde intenso; no obstante, aunque se tenga una vista excepcional sería imposible verlas sin ayuda de un microscopio.

Las bacterias –los microorganismos más comunes– son mucho menores; se necesitarían muchos más para cubrir la misma longitud: unas 200 bacterias de tamaño medio. Si se tratara de micoplasmas –las bacterias más pequeñas–, el total ascendería a 2,500.

Las bacterias ordinarias son fácilmente visibles bajo un microscopio óptico, pero para observar micoplasmas habría que recurrir a un microscopio electrónico, capaz de aumentar cientos de miles de veces.

Los virus, aún menores, sólo pueden verse con el aumento máximo. Algunos son tan grandes como micoplasmas, pero otros son tan pequeños que cabrían 10,000 en el diámetro de un pelo. Los virus se ubican en el límite extremo del mundo viviente: cualquier cosa más pequeña que ellos es tan simple que no puede tener vida.

EL LÍMITE DE LA VIDA *De menos de una milésima de milímetro de anchura, los micoplasmas son los seres vivos compuestos por células más pequeños que existen.*

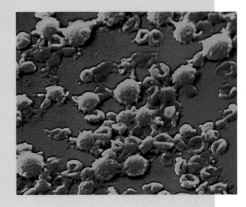

EL MISTERIOSO MUNDO DE LOS VIRUS

Los virus son partículas microscópicas que contienen ácido nucleico rodeado por proteínas y otros componentes. Estos microorganismos habitan el mundo fronterizo que separa los seres vivos de la materia inanimada.

VIRUS DE PLANTAS QUE «HACEN AUTOESTOP» A LOS ÁFIDOS

Unos pequeños insectos llamados áfidos son perfectos portadores de virus. Cuando un áfido succiona la savia de una planta, después de haberle perforado el tallo con sus piezas bucales similares a agujas, también absorbe los virus que la planta contenga. Luego vuela a otra planta, llevando los virus consigo, e inyecta algunos la siguiente vez que se alimenta.

Hasta el momento se han descubierto más de 1,000 enfermedades virales vegetales diferentes, incluidas muchas que afectan a los cultivos. Algunas causan poco daño, pero muchas retardan el crecimiento, una razón por las que los áfidos no son huéspedes bienvenidos.

EL SECRETO DE UNA LARGA VIDA LATENTE

El comportamiento de los virus es diferente al de los seres plenamente vivos: no comen, no crecen y son incapaces de reproducirse solos. Más extraordinario aún es que pueden secarse y convertirse en cristales, igual que algunas sustancias inertes como la sal. Si los virus cristalizados se mantienen secos, pueden ser guardados durante un tiempo indefinido, del mismo modo que se guarda la sal en un salero de cocina. Algunos virus, como el mosaico del tabaco, pueden reanudar su forma de vida parásita instantáneamente si son hidratados de nuevo, incluso décadas después.

HASTA LAS BACTERIAS TIENEN PARÁSITOS

Los virus T4 que atacan a las bacterias se fijan sobre ellas primero con las patas, como una nave espacial que se posara en la Luna. Estos virus T4 son mil veces más pequeños que la cosa más pequeña visible al ojo humano. Una vez que se han fijado a la bacteria, los virus T4 inyectan sus genes en ella y comienzan a invadirla. Los genes llevan instrucciones químicas que obligan a la bacteria a producir nuevos virus T4.

En un período de 20 minutos los nuevos virus pueden estar formados, en este momento la bacteria estalla y los virus salen para fijarse en otras bacterias.

Muchos virus son más pequeños y simples que el T4, pero todos actúan de manera similar, atacando las células de los seres

PORTADORES DE MICROBIOS *Para los virus, los áfidos representan la manera ideal de viajar gratis de una planta a otra. Cuando los áfidos se reproducen, transmiten los virus a sus crías.*

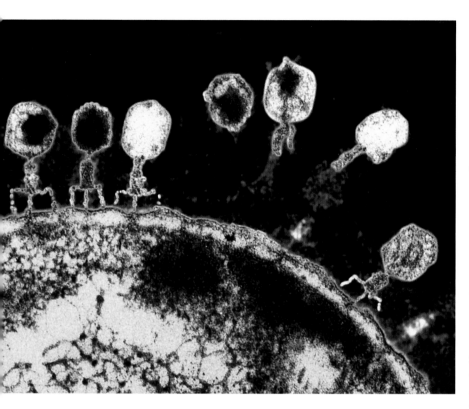

OBJETIVO ALCANZADO *Virus T4 en la superficie de una bacteria* E. coli, *un microorganismo común que vive dentro del aparato digestivo humano.*

vivos. Cuando están fuera de células vivas, se comportan como paquetes de productos químicos y no muestran señales de vida.

EL VIRUS QUE SE METE POR LA NARIZ

Un único rinovirus puede iniciar un resfriado, pero cuando ha comenzado la infección, el virus se multiplica con rapidez. Los rinovirus atacan las paredes internas de la nariz y la garganta (*rino* equivale a «nariz» en griego), haciendo que sus células produzcan copias de sí mismos. La infección provoca que las células del cuerpo secreten más mucosidad, produciéndose goteo de nariz, lo que a su vez provoca estornudos, en cada uno de los cuales son dispersadas por el aire enormes cantidades de rinovirus; así puede producirse el contagio entre personas cercanas.

Los rinovirus se cuentan entre los virus menores que se conocen y, al igual que la mayoría de los virus, son muy específicos en cuanto a las células que infectan. Aunque necesitan un ambiente caldeado, no

son aptos para sobrevivir con demasiado calor corporal. Por eso atacan la nariz y la garganta, y no las células que revisten los pulmones.

Además, se atienen a un solo huésped, otra característica de los virus en general.

Los que atacan a los seres humanos rara vez atacan a los animales, razón por la cual las personas no contagian el resfriado a sus perros y gatos. Existen más de 100 clases diferentes de rinovirus que afectan a las personas.

UN VIRUS QUE CREA HERMOSAS FLORES

Los jardineros han descubierto un virus vegetal que pueden fomentar sin problemas, por las llamativas flores a las que da lugar. Se conoce como el «virus del tulipán», ya que ataca a estas flores, en las que produce unas vetas contrastantes, muy apreciadas por los horticultores. Las flores veteadas también son comunes en las plantas silvestres, como las zarzas y las lunarias.

Las hojas jaspeadas constituyen otro signo común de ataque de virus. Las producen virus mosaico con aspecto de varillas. Algunos miden 0.001 de mm de longitud y se cuentan entre los «gigantes» del mundo viral.

VETAS GANADORAS *El «virus del tulipán» es la causa de las vetas de estas flores. Puede transmitirse a las semillas y a los bulbos nuevos.*

LAS ABUNDANTES BACTERIAS

Es probable que las bacterias hayan sido los primeros seres vivos de la Tierra. Pocas son peligrosas; la mayoría tienen un papel fundamental en la preservación de la vida, al reciclar materiales y repeler infecciones.

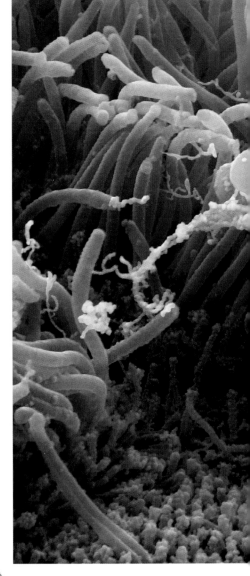

POR QUÉ LAS BACTERIAS SON QUISQUILLOSAS CON LA COMIDA

Una dieta de hierro o sulfuro es una perfecta receta de supervivencia para bacterias como la *Thiocystis.* Como hacen muchos químicos, estas bacterias toman minerales de su entorno y los hacen reaccionar en conjunto para extraer la energía liberada en el proceso. Las bacterias usan la energía para vivir y crecer, igual que usamos nosotros la energía que extraemos de nuestra comida.

Esta forma de vida data de un tiempo en que las bacterias eran los únicos seres vivos en nuestro planeta. Sin embargo, las bacterias que se alimentan de minerales no son las únicas que siguen una dieta específica; muchas otras se alimentan de sustancias producidas por seres vivos y pueden ser extremadamente exigen-

COMEDORAS DE SULFURO *Estas bacterias* Thiocystis, *con forma de renacuajo, viven en lagunas y se alimentan del sulfuro del agua. Como las plantas, también necesitan luz para sobrevivir.*

tes con lo que comen. Algunas se alimentan sólo de fango inundado, madera putrefacta e incluso piel en descomposición. Al comer estas cosas, las bacterias las descomponen y convierten en sustancias aprovechables para plantas y animales.

¿PODRÍAN APODERARSE DEL MUNDO?

En teoría, las bacterias son capaces de multiplicarse más de mil trillones de veces en apenas 24 horas. Se reproducen dividiéndose en dos, algo que pueden hacer cada 20 minutos. Si mantuvieran constantemente ese ritmo, todo el planeta estaría lleno de bacterias —y nada más— en una semana. Sin embargo, esto no ocurre así, porque cuando su alimento escasea, las bacterias dejan de dividirse y la explosión reproductiva cesa.

Las bacterias que infectan a animales, como por ejemplo las que provocan septicemia (envenenamiento de la sangre) a causa de heridas, se enfrentan a otro peligro: el sistema inmunitario de su hospedador, una defensa que ataca a las invasoras con eficiencia mortal. Suelen incapacitar o destruir las bacterias antes de que se fijen, y las «memorizan», de modo que si se produce un nuevo ataque, las bacterias serán reconocidas y destruidas al instante.

LAS BACTERIAS BENEFICIOSAS PUEDEN CONVERTIRSE EN PERJUDICIALES

El cuerpo humano alberga más de 100,000 millardos de bacterias en la piel, la nariz, la garganta y el aparato digestivo. Después de una ducha a conciencia desaparecen miles de

MICROORGANISMOS VELOCES CON ENERGÍA DE MINITURBINAS

A **pesar de su diminuto tamaño, hay bacterias que se cuentan entre los seres vivos más veloces de la Tierra.** Las espiroquetas, por ejemplo –con forma de tirabuzón–, que provocan la sífilis y la fiebre de la garrapata, son capaces de nadar 100 veces su propia longitud en un segundo. En proporción, esto equivale a que un ser humano nade a 650 km/h. Estos microscópicos plusmarquistas son impulsados por unos finos pelos que giran como hélices. Cada uno de esos pelos es movido por una «turbina» química, situada en el punto de unión entre el pelo y la pared celular de la bacteria.

La turbina puede girar a diferentes velocidades y también en una u otra dirección, lo que permite a la bacteria acelerar, disminuir la marcha o cambiar de rumbo. Estos motores rotativos son únicos.

NADADORA VELOZ *Haciendo girar sus pelos propulsados con turbinas, o flagelos, la bacteria* Salmonella *puede moverse a gran velocidad. Los pelos la siguen.*

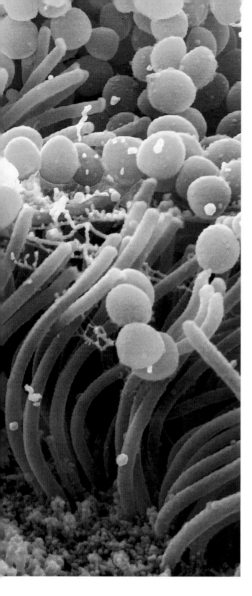

LLEGADAS POR AIRE *Las esferas amarillas son bacterias estafilococos, atrapadas por los pelos microscópicos de las paredes interiores de la nariz.*

millones de bacterias de la superficie del cuerpo, pero quedarán aún más. Las bacterias que viven en nuestro cuerpo son en general muy útiles, ya que dificultan que las bacterias nocivas encuentren un lugar donde puedan vivir.

No obstante, las bacterias útiles sólo resultan beneficiosas si se quedan en su hábitat normal, pues si logran llegar a otras partes del organismo pueden pasar de ser aliadas a enemigas. Por ejemplo, una bacteria llamada estafilococo dorado *(Staphylococcus aureus)* suele vivir de forma inofensiva en las paredes interiores de la nariz, pero si se introduce en el cuerpo –a través de una herida, por ejemplo–, puede ser peligrosa y causar infecciones del oído, envenenamiento alimentario e inflamación cardíaca.

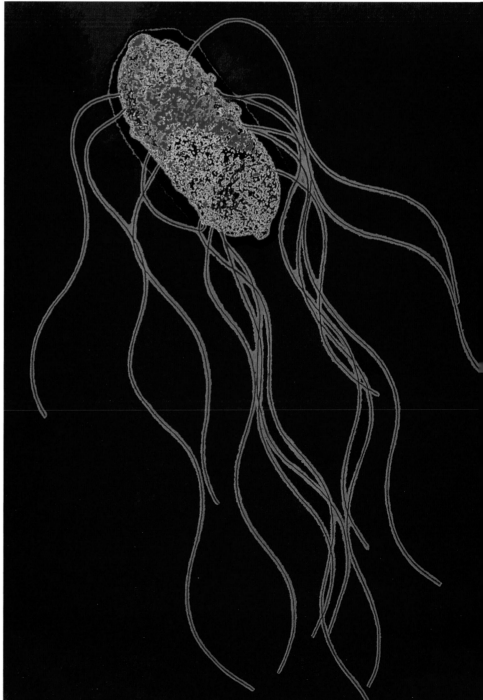

EL ANTIGUO MUNDO DE LOS ESTROMATOLITOS

La serie de montículos rocosos en **las aguas cálidas y poco profundas de la Bahía de los Tiburones, en Australia Occidental, se formó con bacterias.** Estos montículos se llaman estromatolitos y pueden tener miles de años de antigüedad. Sin embargo, son jóvenes comparados con especies fosilizadas que datan de más de 3,500 millones de años y se consideran unas de las primeras señales de vida en la Tierra.

Los estromatolitos están formados por cianobacterias, unos microorganismos de color verde azulado que crecen en hebras largas, parecidas a pelos. Las cianobacterias viven utilizando la energía de la luz solar, y las que forman estromatolitos atrapan partículas de sedimento a medida que

ACUMULACIÓN DE BACTERIAS
Estromatolitos de la Bahía de los Tiburones, Australia Occidental, expuestos a la marea baja.

crecen. Las bacterias y el sedimento van formando unas capas finas como papel, que llegan a constituir montículos duros como rocas que crecen menos que la anchura de un pelo por año.

LUCES RELUCIENTES EN LAS PROFUNDIDADES DEL OCÉANO

En la oscuridad de lo más profundo **do del océano muchos animales dependen de las bacterias luminiscentes para atraer presas o distraer a posibles depredadores.** Las bacterias luminiscentes producen luz combinando oxígeno con una sustancia llamada luciferina. Cuando se aglomeran millones de bacterias, su luminosidad se distingue desde muchos metros de distancia.

Los animales marinos, como el pez linterna, a menudo albergan sus bacterias en órganos especiales productores de luz y algunos utilizan pliegues móviles de piel para hacer que la luz parpadee, apagándose y encendiéndose.

LOS MICROORGANISMOS QUE HABITAN EN LAS ENTRAÑAS DE LA TIERRA

Se han descubierto bacterias en **rocas situadas a 2.8 km de profundidad por debajo de la superficie del suelo.** Las bacterias subterráneas viven en condiciones extremas: la presión es muy elevada, no hay luz y la temperatura de la roca podría estar cerca del punto de ebullición.

Las bacterias viven en poros microscópicos en el interior de la roca, donde se alimentan de minerales disueltos. En comparación con las de la superficie, estas bacterias enterradas tienen una vida larga aunque extremadamente frugal. Debido a su escasa provisión de alimento, se mantienen con muy poca energía y pueden reproducirse una vez cada 50 años.

El calor es la mayor amenaza para su supervivencia. En tierra seca algunas bacterias podrían sobrevivir a unos 4 km por debajo del suelo.

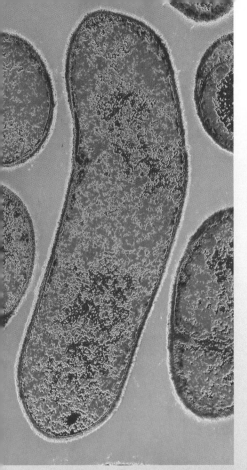

BACTERIAS MORTÍFERAS QUE EVITAN EL OXÍGENO

Una de las especies de bacterias más peligrosas es la *Clostridium botulinum,* responsable de causar el botulismo.** Produce un veneno tan potente que una ínfima cantidad –cerca de un décimo de millonésima de gramo– paraliza los músculos del cuerpo e impide respirar a sus víctimas.

Bacterias como ésta evitan el oxígeno. Viven en lugares inaccesibles para este elemento, como el lodo estancado del fondo de charcos y lagos, o tierra empapada. Allí no hacen daño, pero si penetran por accidente en un alimento, algunas pueden resultar mortales. La bacteria que causa el botulismo sobrevive en la comida enlatada porque las latas contie-

PELIGRO OCULTO *Las bacterias del botulismo causan una forma fatal de envenenamiento por alimentos, pero sólo si la comida no se ha conservado debidamente.*

nen poco aire. Para eliminarla, el contenido se hierve a 129 °C una vez que se han sellado las latas.

LOS ORÍGENES BACTERIANOS DE LOS FUEGOS FATUOS

Las fantasmales llamas azules que a veces bailan sobre la superficie de estanques y pantanos en las noches tranquilas y oscuras son producidas por bacterias.** Éstas, llamadas metanógenas, viven en las profundidades del lodo subacuático y producen burbujas de metano, un gas inflamable. Cuando las burbujas salen a la superficie, pueden arder. Las llamas espectrales emiten una luz muy débil y se apagan con la más leve brisa; a menudo desaparecen en un sitio para reaparecer en otro.

En épocas pasadas se creía que los fuegos fatuos eran un mal augurio, pero hoy en día ver este fenómeno es un suceso afortunado, porque constituye uno de los espectáculos más raros del mundo natural.

FRUTOS DEL BOSQUE

Los hongos nos rodean por todas partes, pero la mayoría suele estar oculta a la vista. A menudo reparamos en ellos sólo cuando se reproducen, porque es entonces cuando forman las setas y champiñones que han de esparcir sus esporas.

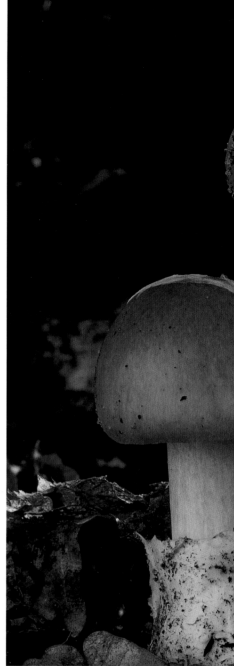

LOS INGREDIENTES VIVOS DEL PAN Y LA CERVEZA

Las levaduras son un tipo muy especial de hongo unicelular. Se alimentan de azúcar y al descomponerlo generan alcohol y anhídrido carbónico como desecho. Se usan para elaborar cerveza y vino, y para hacer pan, porque el anhídrido carbónico que liberan ayuda a leudarlo. Las levaduras se reproducen formando pequeños brotes, que al desarrollarse se convierten en nuevos hongos. Pueden hacerlo con una frecuencia de hasta dos horas.

A lo largo de los siglos, los panaderos y los fabricantes de cerveza han seleccionado sus propias cepas: *Saccharomyces cerevisiae,* que se usa en panadería, y *Saccharomyces carlsbergensis,* llamada así en honor a la cervecería danesa Carlsberg, donde fue aislada por primera vez hacia el año de 1880.

BROTES FAMILIARES *Las células de la levadura se alimentan de azúcar y, en estado silvestre, componen la cubierta «cerosa» de la superficie de las uvas y otras frutas azucaradas.*

¿LOS HONGOS SE PARECEN MÁS A LAS PLANTAS O A LOS ANIMALES?

Aunque a menudo se los confunde con plantas, recientemente se ha descubierto que los hongos están genéticamente más emparentados con los animales. No poseen raíces ni hojas y no pueden utilizar la luz para mantenerse vivos. Viven enviando filamentos microscópicos a través de la tierra o la madera para alimentarse de cualquier elemento comestible que encuentren, cubriéndolo con jugos digestivos.

Para reproducirse, un hongo desarrolla un «cuerpo fructífero», como una seta, o un talo gigante, tan grande que podría caber en un portaequipajes. El cuerpo fructífero libera esporas que flotan en el aire para comenzar la vida en otra parte.

LA SETA QUE CAUSA MUERTE ACCIDENTAL

El hongo más letal del mundo es la oronja verde; sólo 5 mg de su toxina bastan para matar a un ser

HONGO MORTAL *Una gran lámina circular recortada en el tallo distingue a una oronja verde de una seta comestible. Aparecen en los bosques al principio del otoño.*

humano. Habitan los bosques de todo el Hemisferio Norte y su apariencia no llama la atención porque poseen la forma de un hongo común y son de color verde oliva claro. Si son ingeridos, al principio no presentan efectos, pero al ser tragados la toxina comienza a actuar. Ataca los riñones y el hígado y produce síntomas entre las 6 y 12 horas siguientes a la ingestión. Si no se les aplica tratamiento, la mayoría de las víctimas muere durante los diez días siguientes.

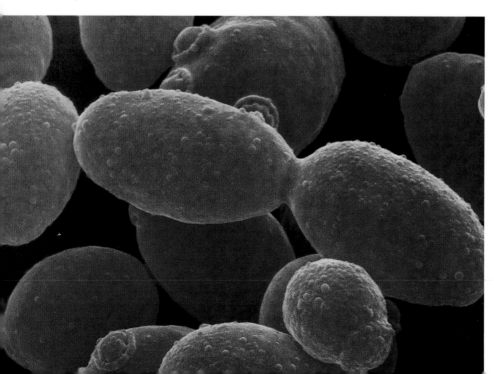

Muchos de los parientes de la oronja verde, como la pantera y la oronja blanca, son también venenosos. Se cree que sus venenos son un «accidente» natural más que una forma de autodefensa.

EL HONGO DEL ESTIÉRCOL DISPARA A LAS PLANTAS

Un hongo minúsculo que vive en el estiércol se asegura de que sus esporas alcancen provisiones de alimento fresco y las dispara a la vegetación cercana. Las esporas podrán entonces ser ingeridas por un animal que pase y acabar así en los excrementos. Este hongo, conocido como *Pilobolus,* guarda sus esporas en una cápsula transparente en la parte superior de un tallo corto. Los lados de la cápsula actúan como lentes, atrapando la luz del sol en la parte superior del talo, de modo que la cápsula apunta hacia arriba. Mientras tanto, dentro de la cápsula aumenta la presión del agua, que finalmente produce la apertura de la tapa. El paquete de esporas puede entonces dispararse hasta 2 m de distancia donde, con suerte, las esporas se fijan en una brizna de hierba a la que se adhieren hasta que se las coma un animal que pase.

Las esporas están especialmente adaptadas para atravesar el aparato digestivo y emerger en una pila de estiércol para volver a empezar la vida.

GIGANTES INVISIBLES QUE ATACAN ÁRBOLES

En 1992 se descubrió en Michigan, Estados Unidos, un hongo de miel llamado *Armillaria bulbosa,* que se extendía más de 15 hectáreas bajo tierra. Se calculó que pesaba 100 toneladas –lo mismo que una ballena azul– y tenía 1,500 años de edad. Una especie relacionada, la *Armillaria ostoyae,* encontrada en el estado de Washington, Estados Unidos, cubre 60 hectáreas de bosque. Los hongos de miel consisten en una red de filamentos de alimentación que suben y se extienden por los árboles, atacando la madera.

EL SECRETO DE LOS ANILLOS DE HADAS

En campos y parques, los hongos **suelen crecer en «anillos de hadas», como si los hubieran plantado cuidadosamente.** El anillo o círculo es en realidad el resultado natural de la forma de propagación de los hongos.

Cada anillo comienza cuando una espora cae en la hierba y germina. La espora produce una red de filamentos que avanzan por el suelo en busca de alimento. En el centro, los filamentos más viejos van muriendo a medida que se agota la comida, pero alrededor de los bordes se producen cuerpos fructíferos (setas), que forman un círculo. A medida que el hongo crece, el anillo de setas se vuelve más grande cada año. Los anillos pueden alcanzar más de 30 m de diámetro, situación en la que tendrán siglos de antigüedad.

LA SETA QUE SE DIGIERE A SÍ MISMA

La seta de tinta, o barbuda, deja **que sus esporas vuelen en una «tinta» especial.** La tinta es producida por la seta al disolverse, un proceso que comienza en el momento en que está

SOLUCIÓN DE TINTA *Las setas de tinta de la parte anterior de este grupo están nuevas e intactas; la de la parte posterior casi ha terminado de soltar sus esporas.*

CÍRCULO REVELADO *Las lluvias de otoño fomentan el brote de setas en una formación conocida con el nombre de «anillo de hadas». En otras ocasiones los anillos resultan visibles como círculos de color verde oscuro.*

madura. Los bordes del sombrero son los primeros en desaparecer, convirtiéndose en un líquido negro que contiene millones de esporas, que cae goteando en el suelo. Las esporas también pueden ser transportadas por insectos que se posan en estas setas en busca de alimento.

EL APETITO DESTRUCTIVO DE LA PODREDUMBRE SECA

El *Serpula lacrymans,* u hongo **seco, es uno de los hongos más temidos del mundo, ya que puede destruir la madera de los edificios y provocar derrumbamientos.** El secreto de su rápida propagación radica en su manera de crecer. A diferencia de la mayoría de los hongos, el hongo seco puede dar «saltos de rana» a través de sustancias indigeribles, como ladrillos, azulejos y hormigón, en busca de madera. El micelio (conjunto de filamentos de alimentación de este hongo) va sondeando hasta que consigue abrirse paso.

Los primeros signos de problemas se observan en grietas y rupturas, mientras la madera es digerida desde su interior. Semanas o meses después aparecen los hongos, cada uno de los cuales produce

millones de esporas microscópicas que germinan si caen sobre madera húmeda.

LA EXPLOSIÓN DE ESPORAS DEL BEJÍN GIGANTE

El bejín gigante es una de las **mayores fábricas de esporas del mundo de los hongos.** Se desarrolla en zonas templadas y puede llegar a medir hasta 80 cm de diámetro y pesar 20 kg. A medida que van madurando las esporas, el bejín se seca y la piel del sombrero se abre. El bejín actúa como una borla de talco que despide esporas cuando es presionado por el viento, por la lluvia o por las pisadas de personas o de animales.

VIDA QUE RENACE EN LA TIERRA QUEMADA

Algunos de los primeros signos **de vida que aparecen tras la devastación de un incendio forestal son hongos.** La razón de su rápida aparición es que sus esporas ya estaban presentes en el suelo.

Las temperaturas superiores a 40 °C hacen germinar las esporas de los «hongos de los incendios forestales», como el *Rhizina undulata,* lo que hace que esta especie tenga ventaja sobre otras. Las fogatas de los campamentos disparan las esporas a la vida, igual que el alquitrán caliente que se aplica en las carreteras.

VIDA UNICELULAR

Mayores que las bacterias, los microscópicos protistas son las especies de vida unicelular más complejas. Muchos de estos seres se alojan en elaborados caparazones, mientras que otros no poseen ninguna parte dura ni forma fija.

MILLARES DE ESCULTURAS MICROSCÓPICAS

Los exquisitos caparazones de las algas unicelulares llamadas diatomeas tienen el aspecto de finísimos cristales tallados. Están cubiertos por complejos diseños de listones y perforaciones, aunque la mayoría son demasiado pequeños para ser vistos sin ayuda de un microscopio. Constituidas por sílice –el material que se utiliza para hacer vidrio–, las conchas tienen dos partes, o valvas, que se cierran como una caja. Hay más de

MARAVILLAS EN MINIATURA *Esta colección de diatomeas marinas es sólo una pequeña selección de los miles de diferentes tipos que viven en el mar.*

5,000 tipos diferentes de diatomeas, cada una con su diseño único de caparazón.

Habitan en aguas dulces y mares de todo el mundo y suministran alimento a animales microscópicos y especies más grandes, como cierto tipo de peces. En un área del tamaño de un pequeño sello de correos puede haber hasta 100 millones de diatomeas.

ESQUELETOS EN MINIATURA EN EL FONDO DEL MAR

El fondo del océano está cubierto con una capa de lodo viscoso formado por millones de conchas y esqueletos microscópicos. Algunos caparazones son de diatomeas (algas unicelulares), pero muchos pertenecen a

unos organismos llamados foraminíferos, que viven en diminutas conchas calizas que flotan cuando sus habitantes están vivos, pero una vez muertos descienden hacia el fondo del mar.

El trayecto de descenso puede tardar más de un año en ser completado. Cuando llegan al fondo, agregan su minúsculo peso a una alfombra de lodo que puede medir 500 m de espesor. Como las diatomeas y los foraminíferos son tan pequeños, el lodo va creciendo muy lentamente, en general a razón de 1 mm cada 100 años.

SERES UNICELULARES QUE SE DEJAN LLEVAR POR LA CORRIENTE

Unos animales unicelulares llamados amebas se mueven flotando simplemente hacia delante mientras el resto de su cuerpo los va alcanzando lentamente. No tienen forma fija. La velocidad máxima de una ameba puede ser de alrededor de 2 cm/h, una gran velocidad para un ser que no tiene verdaderos músculos.

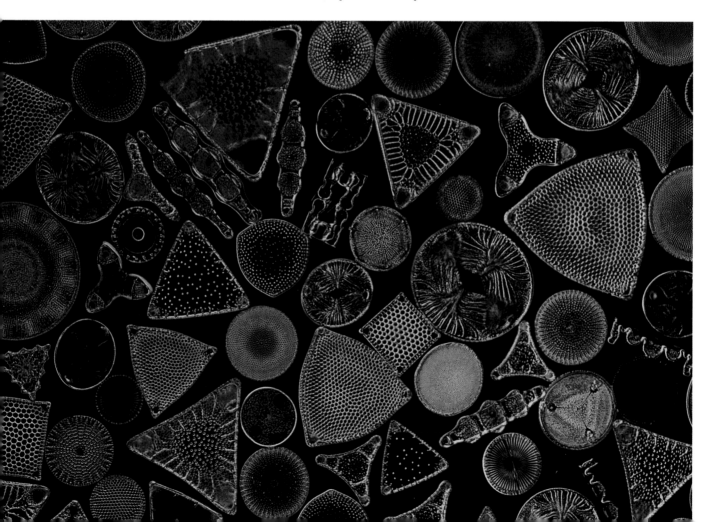

ANTIBIÓTICOS: LAS ARMAS QUÍMICAS DE LA NATURALEZA

Los microorganismos cuentan con armas muy eficaces para defenderse de sus rivales. Las más importantes son los antibióticos, unas sustancias químicas que matan a otros microorganismos, o que dificultan su crecimiento. En la tierra abundan los microorganismos, y allí se encuentra la mayoría de los antibióticos. Algunos son bacterias y otros son hongos que se alimentan de materia muerta.

Los antibióticos fueron descubiertos por Alexander Fleming en 1928, cuando un hongo contaminó y mató una placa de bacterias que se cultivaban en un laboratorio. El hongo fue identificado como *Penicillium*, y a partir de él se sintetizó la penicilina, el primero de muchos antibióticos que hoy se usan con éxito en la medicina.

MICROBIOS Y PLANTAS

Tanto para las plantas como para los animales, los microorganismos, como los hongos, pueden ser tanto útiles socios como mortales adversarios. Mientras que algunos matan árboles, otros buscan nutrientes vitales para ayudarlos a crecer.

EL HONGO MÁS CARO DEL MUNDO

La trufa negra del oeste de Europa es el hongo con mayor demanda del mundo, una exquisitez gastronómica que se vende a altísimos precios. Las trufas pueden crecer hasta adquirir el tamaño de un puño, pero como viven enterradas, los seres humanos dependen del olfato de perros o cerdos especialmente entrenados para poder desenterrarlas.

El olor característico de las trufas tiene la función de atraer a animales silvestres, como zorros y ardillas, que las desentierran y se las llevan, y ayudan así a diseminar las esporas.

TESORO OCULTO *Los cerdos poseen un agudo sentido del olfato, que ayuda a desenterrar el oculto depósito natural de trufas negras.*

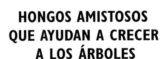

CÓMO LOS ABEDULES ECHAN «ESCOBAS DE BRUJA»

Los abedules suelen tener varias docenas de crecimientos extraños que parecen grandes nidos de pájaros formados por ramitas muy apretadas. Son provocados por hongos, como el *Taphrina turgida,* y bacterias del árbol que hacen que una rama genere cientos de brotes de más. Los brotes se convierten en ramitas, que se enmarañan más cada año que pasa. Los crecimientos pueden vencer las ramas, pero aparte de eso no causan verdadero daño a los árboles.

Este fenómeno ha recibido diversos nombres tradicionales, incluido el de «escobas de bruja». Sin embargo, cualquiera que tratara de hacer una escoba con ellos se enfrentaría a una difícil tarea, ya que las ramitas crecen retorcidas y deformadas y forman una bola muy difícil de separar.

HONGOS AMISTOSOS QUE AYUDAN A CRECER A LOS ÁRBOLES

Aunque muchos hongos son enemigos mortales de los árboles, hay otros que los ayudan a crecer procurándoles minerales. Estos hongos serviciales extienden sus finos micelios a través del suelo del bosque. Cuando encuentran las raíces de un árbol, las envuelven lentamente e incluso las penetran. Una vez que el árbol y el hongo están interrelacionados, se ayudan mutuamente a sobrevivir.

El hongo proporciona al árbol los minerales que necesita para mantenerse sano; por ejemplo cobre y cinc. El hongo puede encontrar estos minerales del suelo y acercarlos con sus filamentos desde distancias de más de 100 m. Por su parte, el árbol bombea savia azucarada a sus raíces y deja que el hongo absorba parte de este combustible de alta energía.

EXTRAÑAS ESCOBAS *En invierno, cuando los abedules pierden sus hojas, las «escobas de bruja», causadas por hongos, destacan contra el cielo como esferas erizadas.*

LA VIDA SUBTERRÁNEA DE LA ORQUÍDEA FANTASMA

La orquídea fantasma pasa la mayor parte de su vida enterrada; sólo se hace visible cuando florece, una vez cada diez años. Esta rara orquídea, de las regiones templadas del Hemisferio Norte, carece de partes verdes y sus flores pálidas, sostenidas en delgados pecíolos blancos, hacen honor a su nombre.

Como la orquídea fantasma no puede realizar la fotosíntesis, vive de los nutrimentos suministrados por un hongo que descompone la vegetación putrefacta. Después de florecer, continúa su vida escondida bajo el suelo del bosque.

Ésta no es la única especie de orquídea que consigue sobrevivir sin luz. Existe una especie del oeste de Australia *(Rhizanthella gardneri)* que puede florecer incluso debajo de la tierra, sin salir jamás a la superficie.

EL CICLO DEL NITRÓGENO

El nitrógeno, que compone casi las cuatro quintas partes de la atmósfera, es uno de los nutrimentos esenciales que necesitan las plantas para crecer.

Los vegetales no pueden usar el nitrógeno directamente del aire, por ello dependen de bacterias especiales que lo fijan en el suelo para que la planta pueda absorberlo a través de sus raíces. Sin estas bacterias fijadoras de nitrógeno, pocas especies vegetales del mundo sobrevivirían.

Los agricultores saben desde hace siglos que algunos cultivos sirven para mejorar la fertilidad de la tierra —incluidos los chícharos y el trébol—, y en consecuencia se plantan de forma rotativa. Estas plantas poseen en las raíces pequeños nódulos que contienen bacterias que capturan el nitrógeno. Las bacterias les proporcionan todo el nitrógeno que necesitan.

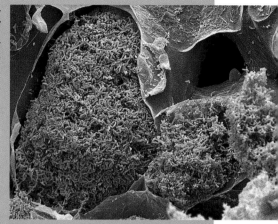

SOCIOS PERMANENTES *Partes de un nódulo radicular de una planta de trébol, a través de un microscopio electrónico. Contienen millones de bacterias fijadoras de nitrógeno dentro de una «piel» protectora.*

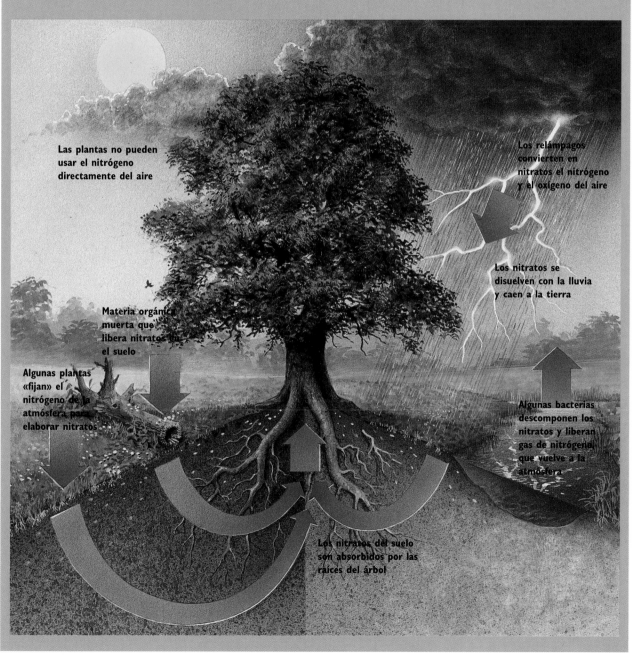

Las plantas no pueden usar el nitrógeno directamente del aire

Los relámpagos convierten en nitratos el nitrógeno y el oxígeno del aire

Los nitratos se disuelven con la lluvia y caen a la tierra

Materia orgánica muerta que libera nitratos en el suelo

Algunas plantas «fijan» el nitrógeno de la atmósfera para elaborar nitratos

Algunas bacterias descomponen los nitratos y liberan gas de nitrógeno que vuelve a la atmósfera

Los nitratos del suelo son absorbidos por las raíces del árbol

VIVIENDA EN LAS HOJAS PARA MINIMULTITUDES

Miles de millones de seres microscópicos viven dentro de las hojas de árboles y plantas. Lombrices parásitas se alimentan de la savia azucarada, absorbiéndola con su boca afilada, mientras las minúsculas orugas de las micropolillas —unos insectos diminutos cuyas alas en estado adulto tienen una envergadura de menos de 1 cm— cavan sinuosos túneles o «minas» que se ensanchan a medida que la oruga crece. Las minas se detienen en el punto por el que

COMIDA DE MINERO *El hogar de la oruga de la polilla minera de las zarzas es un túnel sinuoso, fino como el papel, que cava entre las superficies superior e inferior de la hoja.*

la oruga sale de la hoja para bajar al suelo mediante una hebra de seda. Las minas de la micropolilla son casi transparentes, por lo que resultan fáciles de ver mirando la hoja al trasluz.

CUANDO EL ÉXITO SE DEBE A UN ESFUERZO DE EQUIPO

Los líquenes constituyen una extraordinaria sociedad entre dos tipos de microorganismos. Existen más de 15,000 clases diferentes de líquenes, todos adaptados a crecer en lugares donde a otras plantas les resulta difícil sobrevivir. Muchos se extienden sobre rocas o paredes, creciendo muy despacio, y a veces llegan a vivir mil años o más.

Uno de los organismos que componen esta simbiosis es por lo general un hongo, que se une a un alga o a bacterias. El hongo absorbe agua del aire y suministra un lugar donde vivir, mientras que el otro microorganismo contribuye sintetizando alimento, al utilizar la energía solar. Los líquenes

soportan bien las sequías y el frío; es por eso que pueden existir en cumbres montañosas y cerca de los polos.

UN HONGO NUEVO PUEDE SER UN ASESINO

Cuando un hongo nuevo llega de otro lugar, puede surtir un efecto devastador en su hospedador. A principios del siglo XX el *Endothia parasitica* exterminó todos los castaños de América del Norte, y unas décadas después el *Ceratocystis ulmi,* agente de la enfermedad holandesa del olmo, arrasó con los olmos de ambos lados del Atlántico.

Estas epidemias son raras, porque los árboles desarrollan gradualmente resistencia a los hongos. Aunque algunos mueren por ataques de hongos, otros sobreviven. No obstante, si los árboles no disponen de algún tiempo para generar resistencia, puede estallar una epidemia. Esto es exactamente lo que sucedió con los castaños y los olmos cuando llegaron hongos mortales a bordo de embarques de madera.

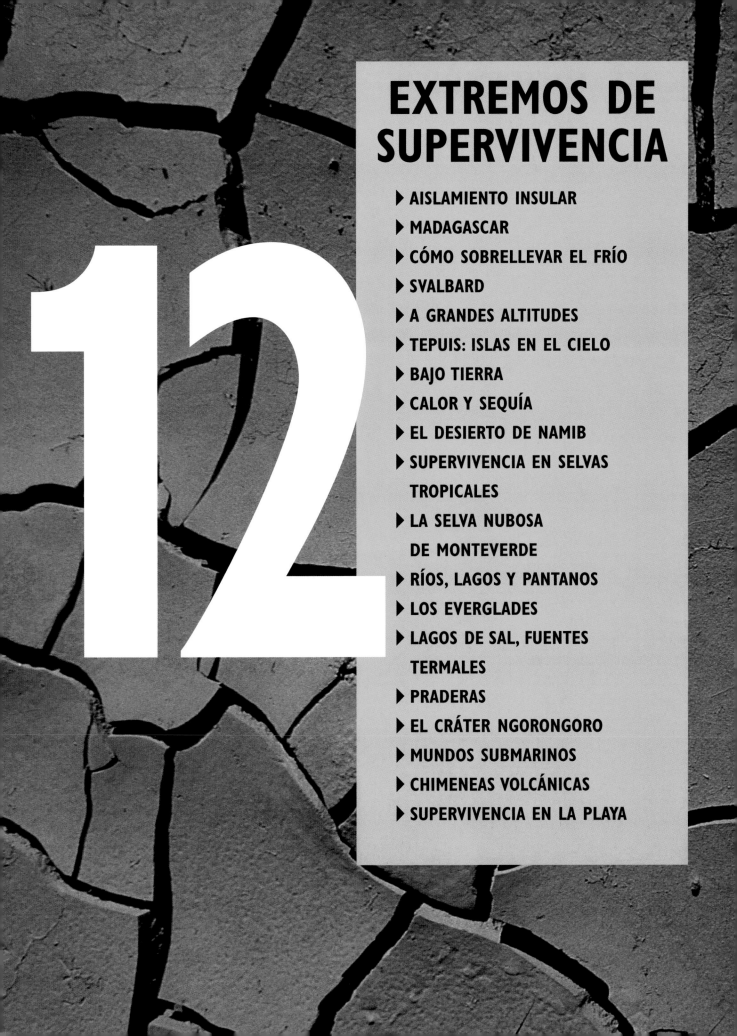

12

EXTREMOS DE SUPERVIVENCIA

AISLAMIENTO INSULAR

Las islas remotas son como balsas salvavidas arrojadas a la deriva hace millones de años. Desarrollaron su propia vida silvestre, con animales y plantas que no hay en ningún otro lugar, pero hoy algunas especies luchan por sobrevivir.

ANTIGUOS GIGANTES DE LAS ISLAS GALÁPAGOS

Con un caparazón de hasta 1.2 m de longitud, **la tortuga gigante de las Galápagos es la segunda más grande del mundo.** Nadie sabe con certeza por qué estos enormes animales, que pesan más de 300 kg, llegaron a las islas Galápagos, a 1,000 km de la costa occidental de Sudamérica, pero estaban allí mucho antes de que llegaran los seres humanos, tanto que en cada isla ha evolucionado una variedad propia, cada una con un caparazón característico. En la temporada lluviosa, las tortugas gigantes de las Galápagos suelen holgazanear en charcos profundos, pero nadie las ha visto nunca aventurarse al mar.

Otro extraordinario reptil de estas islas, la iguana marina, busca su alimento debajo de las olas. Es el único lagarto que entra en el mar; nada a profundidades de más de 10 m y es capaz de mantener la respiración durante 15 minutos. Aunque las islas Galápagos están en la línea del ecuador, el agua que las rodea es sor-prendentemente fría. La mayoría de los lagartos se abstendría en tan frías condiciones, pero la iguana marina disminuye su ritmo cardíaco cuando bucea, de modo que no pierde mucho calor por la piel. Una vez que ha vuelto a tierra, su prioridad básica es la de tomar baños de sol (véase pág. 14).

EL LAGARTO QUE VA AL MAR
Apoyada en un montículo subacuático, una iguana marina de las Galápagos se alimenta de algas que crecen cerca de la costa.

ÁRBOL CON FORMA DE TORSO

Una de las plantas más extrañas **que pueden encontrarse en una isla remota es el árbol «saco de patatas».** Es único de Suqutra, situada a unos 240 km del Cuerno de África. Crece hasta 5 m de altura y tiene ramas cortas y gruesas que sobresalen de un tronco desproporcionadamente grueso, que en algunas especies se parece mucho a un torso humano. Suqutra es un lugar muy seco, de modo que el árbol acumula agua en el tronco durante los largos meses de sequía.

EVOLUCIÓN APARTADA

¿Por qué los animales insulares son tan diferentes de los de otras partes del mundo? Uno de los principales motivos, como lo demuestran las tortugas gigantes de las islas Galápagos, tiene que ver con la alimentación. En el continente sudamericano, así como en el resto, las tortugas terrestres deben competir frecuentemente con los mamíferos por el alimento. Cuando las tortugas llegaron a las Galápagos, casi no encontraron mamíferos de tierra, de modo que casi toda la comida era para ellas solas.

Las tortugas de las Galápagos no eran tan grandes al principio, pero el hecho de que

Las islas Galápagos distan 966 km del continente sudamericano. Las tortugas gigantes se reúnen en los cráteres de antiguos volcanes para reproducirse.

no hubiera mamíferos les permitió experimentar el cambio de tamaño. Al ser más voluminosas podían obtener más alimento, y como consecuencia reproducirse más. Así continuaron creciendo, hasta alcanzar el tamaño que tienen en la actualidad.

No se sabe cómo o cuándo llegaron allí las tortugas. La explicación más probable es que hayan llegando flotando en el océano desde el continente, en troncos lanzados al mar por las tormentas. Al igual que otros reptiles, pueden subsistir sin comida o agua muchos días, lo que las habría ayudado a sobrevivir. En una época también se encontraban tortugas gigantes en islas del océano Índico, pero hoy en día quedan pocas.

VAGABUNDOS DEL OCÉANO QUE PROSPERARON EN EL PARAÍSO

Una sola bandada de pinzones aterrizó en las islas Hawai hace por lo menos 15 millones de años. Fueron de los pocos seres que lograron traspasar la casi impenetrable barrera del océano Pacífico. Con el transcurso de los milenios, estas aves pioneras han evolu-

cionado lentamente hasta generar más de 40 especies distintas, cada una adaptada a un modo de vida diferente.

Una de las aves que llamó la atención de los pobladores fue un pinzón de pico extraordinario, con la parte inferior recta y corta, y la superior larga y curva: la forma ideal para extraer insectos de la madera blanda. Lo llamaron *akiapolaau*. Su pariente, el *iiwi,* posee un pico muy poco característico de los pinzones, pues

las dos mitades son largas y curvas. Pero como se alimenta de néctar, su pico tiene un diseño perfecto para introducirlo en las flores. Los *iiwis* adultos, de un intenso color escarlata, eran los preferidos de los colonizadores polinesios para hacer mantos ceremoniales de plumas. Los *akiapolaau* han sufrido a manos de los cazadores, por lo que ahora constituyen una especie en peligro de extinción, pero el *iiwi* aún subsiste.

MADAGASCAR

La isla de Madagascar, de alrededor de 1,600 km de longitud por 500 km de anchura, se separó de África hace millones de años. Su fauna y flora distintivas incluyen árboles espinosos, diminutos lemures y camaleones de grandes ojos.

ÁFRICA

Madagascar

OCÉANO ÍNDICO

EL EXTRAÑO Y ASOMBROSO AYE-AYE

Imaginemos un animal del tamaño de un gato, con grandes orejas ahuecadas, dientes feroces y ojos bulbosos. Agreguemos un áspero pelaje gris, cola tupida y dedos finos, uno de ellos extraordinariamente largo. Así es el aye-aye, el primate más raro de Madagascar.

Su aspecto estrafalario lo ayuda en su estilo de vida arborícola y nocturna. Los ojos grandes le proporcionan buena visión nocturna. Las orejas voluminosas le sirven para localizar insectos. Las afiladas garras y los agudos incisivos le son útiles para trepar a los árboles y arrancar frutas, y el

CRIATURA DE LA NOCHE *El aye-aye caza por la noche. Tiene buen olfato, pero detecta larvas de insectos escuchando con sus enormes orejas.*

dedo medio alargado es perfecto para llegar a esos lugares «difíciles de alcanzar», como el interior de un coco.

EL PRIMATE MÁS PEQUEÑO DEL PLANETA

Aunque se creía extinto, el menor primate del mundo fue redescubierto en los bosques de Madagascar en 1993. Con apariencia de ratón y tan pequeño que cabe en una mano, el lemur rojo del este mide apenas 11 cm de longitud (sin contar la cola).

Los lemures rojos son animales arborícolas nocturnos, con ojos que miran hacia delante, como los de los seres humanos, y dedos prensiles en las cuatro patas, que les sirven para trepar. Su variada alimentación incluye frutas, hojas, flores y savia, así como insectos y ranas arborícolas.

LA CAPITAL CAMALEÓNICA DEL MUNDO

Un tercio de todas las especies de camaleones habita en Madagascar. Los camaleones pasan casi toda su vida en los árboles. Cazan insectos con su larga lengua de punta pegajosa, que disparan con asombrosa velocidad para capturar sus presas en una décima de segundo. Sus ojos

giratorios les permiten una buena visibilidad panorámica; los habitantes de la región suelen decir: «Compórtate como un camaleón: mira hacia delante y vigila atrás.»

Una de las especies más raras de Madagascar es el camaleón pantera, que utiliza una gama de vívidos pigmentos de piel rojos, verdes y turquesas para cambiar de color y atraer a potenciales parejas.

PECES QUE SON UN ANTIGUO ESLABÓN DE LA EVOLUCIÓN HUMANA

El celacanto es un pez primitivo de aguas profundas que se creía extinto hace 60 millones de años. En 1938 fue visto por un incrédulo conservador de museo en un mercado de pescado de Sudáfrica; ahora se sabe que los mares que rodean Madagascar son un importante hábitat de este fósil viviente de lentos movimientos.

La característica más extraordinaria del celacanto son sus aletas. En la mayoría de los peces las aletas salen directamente del cuerpo, pero las de esta especie tienen una base muscular, como piernas rechonchas. Es este rasgo lo que los asemeja a los primeros animales terrestres que salieron del mar hace millones de años.

RAMAS ESPINOSAS QUE NO PRESENTAN PROBLEMAS PARA LOS PRIMATES

El largo aislamiento de Madagascar del continente africano ha provocado la evolución de raras plantas. La región seca del suroeste alberga bosques espinosos que contienen especies que no se encuentran en ningún otro lugar de la Tierra.

El árbol pulpo eleva hacia el cielo una red de ramas espinosas de hasta 10 m de altura. Su tronco es grueso y de poca altura y sus pequeñas hojas caen al comenzar la sequía. El ocotillo de Madagascar es un pariente cercano, también provisto de tallos largos y ralos, armados de espinas, que sin embargo no consiguen disuadir a los lemures de saltar entre sus ramas.

BOSQUES ESPINOSOS *Aunque sus espinas pueden desgarrar la piel, los árboles pulpo son de los preferidos de los lemures de Madagascar.*

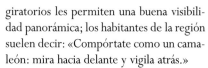

REUNIÓN REAL EN LAS MALVINAS

En la bahía de San Andrés, en las islas Georgias del Sur, más de 75,000 pingüinos rey llegan a la costa todos los años a criar. Las Georgias del Sur están rodeadas por el mar Austral, una de las regiones más tormentosas del mundo, y esta bahía es uno de los pocos lugares que ofrece refugio y fácil acceso al mar. Las hembras mantienen tibios los huevos apoyándolos en las patas y cubriéndolos con un plumoso pliegue de piel (véase pág. 32). Esta foto muestra una pequeña parte de la colonia que se congrega en diciembre, época de verano en el Hemisferio Sur. La mayoría de las aves son adultas con huevos, pero las de color café son polluelos de diez meses que salieron del cascarón el año anterior.

Las plumas velludas de las crías no son impermeables, lo que las hace depender de los padres para alimentarse hasta que alcanzan el estado adulto, alrededor de los 14 meses de edad. Para los pingüinos, como para muchas otras aves marinas, es más seguro reproducirse en enormes grupos como éste, porque eso los ayuda a defenderse de los depredadores. No obstante, valoran su espacio y mantienen la distancia entre unos y otros.

CÓMO SOBRELLEVAR EL FRÍO

En el entorno polar prosperan animales de sangre caliente.
Su secreto es el aislamiento natural: grasa, piel y madrigueras
de nieve. También existen plantas que han adaptado
su estilo de vida para florecer en entornos hostiles.

PARA LOS ANIMALES POLARES, LA GRASA ES PRECIOSA

Bajo los mares helados del Ártico y el Antártico existe un fértil mundo de alimentos. Pero para los animales de sangre caliente hasta un breve chapuzón es potencialmente mortal, ya que el agua absorbe el calor corporal casi 100 veces más rápidamente que el aire. Para sobrevivir en los mares polares, los animales de sangre caliente deben impedir que se pierda su calor corporal.

Ballenas, focas y morsas encuentran la solución en una grasa oleosa llamada «aceite de ballena» que elaboran a partir de lo que comen y almacenan bajo la piel. En las ballenas, la capa de esta grasa crece unos 20 cm por año y puede llegar a los 50 cm en los adultos. Esta chaqueta sebosa les ayuda a flotar y les sirve también como provisión de combustible en caso de emergencia, pero su papel más importante consiste en mantener el calor donde hace falta: en la parte interior del cuerpo. Cuando llega la primavera, los animales no pueden quitarse la grasa, de modo que se deshacen del exceso de calor con ayuda de los vasos sanguíneos, que pueden abrirse o cerrarse según sea necesario perder o conservar calor. Aun así, la grasa es tan eficaz que en verano, cuando la temperatura puede elevarse a 5 °C, las focas y morsas que toman el sol pueden sentirse acaloradas y tener que darse un chapuzón para refrescarse.

EL MEJOR ABRIGO DE PIEL PARA NO SENTIR EL FRÍO

Las nutrias marinas tienen la piel más tupida que cualquier otro animal del planeta. Lo necesitan, porque no tienen grasa subcutánea y pasan la vida en el mar, a lo largo de la costa norteamericana del Pacífico, desde California hasta Alaska. Incluso en California el agua es fría, y en Alaska el mar mantiene una temperatura cercana al congelamiento.

Hasta 125,000 pelos se apiñan en cada centímetro cuadrado del pelaje de esta

PROVISIÓN DE COMIDA *Las nutrias marinas recogen mariscos del fondo del mar. Para comérselos los llevan a la superficie sobre las patas delanteras.*

nutria. Algunos pelos son largos y duros, pero la mayoría son cortos y suaves, y nacen tan juntos entre sí que el agua no toca jamás la piel de la nutria. Los pelos cortos atrapan una capa de aire, que actúa como aislante.

Una provisión constante de energía es esencial para el bienestar de la nutria, que bucea en busca de moluscos y otros animales y come cerca de un cuarto de su propio peso por día: como si un humano adulto engullera 18 kg de carne por día.

LAS GARRAS LARGAS FORMAN EL EQUIPO DE INVIERNO DEL LEMMING

Lo mismo que las nutrias marinas, los lemmings tienen un pelaje tupido, pero han desarrollado una manera diferente de evadir el frío. Durante el largo invierno ártico utilizan la nieve como material aislante y cavan túneles en el suelo con unas «palas» especiales que tienen en las patas anteriores. Estas herramientas excavadoras están formadas por garras que crecen más a medida que avanza el invierno.

La nieve mantiene a los lemmings abrigados y a salvo de los depredadores. Cuando se derrite, en la primavera, los túneles dejan de ser secretos, de modo que los lemmings pasan a hacerlos bajo tierra. Para el observador entrenado, los restos de sus madrigueras de invierno resultan fáciles de identificar, porque se pueden ver en el suelo restos de los vegetales de los que se han alimentado.

CHAQUETA DE PURA GRASA
Una gruesa capa de grasa mantiene a la morsa abrigada y cómoda aunque esté echada sobre el hielo.

LAS AVES ÁRTICAS CONSERVAN EL CALOR CON SUS POLAINAS DE PLUMAS

En los climas fríos, las partes más vulnerables del cuerpo de un animal son las que más sobresalen, como es el caso de las patas. Para sobrevivir, algunos habitantes polares han desarrollado maneras de mantener abrigadas sus extremidades. Los búhos nivales y la aguililla ártica tienen las patas cubiertas de plumas, mientras que los lagópodos alpinos tienen plumas sólo en los «pies». Este «calzado para nieve» permite a los lagópodos pasar horas buscando comida en terrenos congelados y además los ayuda a repartir el peso cuando caminan por nieve blanda apilada por el viento.

Si el clima se vuelve muy frío, los lagópodos cavan hoyos en los bancos de nieve y se echan con las patas calzadas cerca del pecho. Estas aves están tan bien aisladas que pueden sobrevivir al invierno en lugares como el norte de Groenlandia, es decir, mucho más al norte que cualquier otra ave terrestre.

ROPA DE INVIERNO *Luciendo sus patas cubiertas de plumas, un búho nival aterriza junto a su nido al aire libre, en la tundra ártica.*

POR QUÉ LOS PECES POLARES POSEEN ANTICONGELANTE NATURAL

Los peces comunes correrían el riesgo de congelarse en las saladas aguas antárticas. Sin embargo, más de 260 especies de peces consiguen sobrevivir a temperaturas de hasta $-1.7\,°C$, gracias a dos maneras de vencer el frío.

Para los peces hielo de la Antártida, el secreto de la supervivencia radica en una proteína especial de la sangre, que funciona como un anticongelante natural. Ésta

SECRETO DE SUPERVIVENCIA *El pez hielo de la Antártida es tan claro porque su sangre es incolora. Nada con lentitud y tiende a vivir casi siempre muy cerca del fondo del mar.*

mantiene líquida la sangre del pez a temperaturas de $-2.5\,°C$, lo suficientemente bajas como para evitarle problemas. Muchos otros peces antárticos están «superenfriados», lo que significa que, aunque su sangre esté por debajo del punto de congelación, no se congela porque los glucopéptidos que contiene garantizan que nunca llegue a cristalizarse.

OASIS DE FLORES EN LA PENÍNSULA ANTÁRTICA

En la Península Antártica se han identificado sólo dos especies de plantas con flores, en comparación con el resto del mundo, donde se han clasificado más de un cuarto de millón y probablemente haya todavía decenas de miles esperando ser descubiertas.

El continente antártico es una región tan fría que alberga muy poca vida terrestre. Hay líquenes en todo el continente, pero las plantas con flores se encuentran sólo en la Península Antártica, donde las temperaturas de verano logran superar el congelamiento durante unas cuantas semanas al año. Una de las dos especies, el pasto de la Antártida, forma tupidas matas en los barrancos húmedos; la otra, la sajinia antártica, crece en macizos mullidos cerca de la costa. En su breve temporada

PRECIOSO REFUGIO *Matas de pasto de la Antártida, que florecen en el breve verano, ofrecen un mini hábitat fundamental para algunos animales.*

de reproducción se multiplican, de la misma manera que otras plantas, formando semillas. Aunque ninguna de estas especies ganaría un premio de belleza, ambas constituyen un valioso recurso para la vida silvestre terrestre de la Antártida.

Ocultos en el refugio de matas y macizos, pequeños animales se alimentan de otros, así como de restos vegetales. Muchos de estos seres son tan pequeños que apenas es posible distinguirlos a simple vista; el mayor de todos, una mosca sin alas, mide sólo 1.2 cm de longitud.

SUPERVIVIENTES SUPREMOS DEL HEMISFERIO SUR

Los líquenes están entre los seres vivos más resistentes de nuestro planeta. Crecen en las islas que rodean el continente antártico, y también sobreviven en algunas zonas del continente en sí. En 1965, una expedición a los remotos montes antárticos Horlick descubrió líquenes que crecían a sólo 400 km del Polo Sur. Entre esos montes y el polo en sí

LOS QUE SOBREVIVEN AL FRÍO
Líquenes y musgos tapizan el paisaje rocoso de las islas Órcadas del Sur, a 700 km al norte de la helada costa antártica.

no hay nada más que hielo, de modo que esa especie es casi con certeza la «planta» más austral de la Tierra.

A diferencia de las verdaderas plantas, los líquenes son una sociedad viviente o simbiosis entre un alga y un hongo (véase Microbios y plantas, págs. 300-302). No tienen raíces, por ello pueden trepar por las rocas y sobrevivir allí. Son capaces de subsistir con muy poca agua, algo fundamental en el continente más seco del mundo, y además soportan temperaturas inferiores a los –4 °C.

En laboratorio, los líquenes han sobrevivido en nitrógeno líquido a una temperatura de –195 °C.

LA INCUBADORA SOLAR DE LA AMAPOLA ÁRTICA

Cuando se derrite la nieve al principio del verano ártico, la

las coníferas más septentrionales del mundo y habitan en Rusia, a unos 1,600 km del Polo Norte. Muchas son deformes, a causa del viento gélido, y algunas no sobrepasan la altura de un hombre pese a tener más de un siglo de edad.

Las hojas de las coníferas son excepcionalmente duras para poder resistir el clima. En el Ártico, los bosques de coníferas se extienden hacia el norte como una gran marea verde, hasta que el frío se hace más agudo. Entonces los árboles se dispersan y se hacen enanos, hasta que finalmente dejan de crecer por completo.

ARCO IRIS EN LA NIEVE

En los picos montañosos, las manchas de nieve a veces cambian de color y adquieren tonos rojos, naranjas o verdes intensos. Si se observan al microscopio, pueden verse millones de microscópicas algas de nieve. Estas diminutas plantas unicelulares están emparentadas con las algas marinas y viven de la misma manera que todas las plantas, extrayendo energía de la luz solar.

Las algas verdes y naranjas habitan en general cerca de los árboles, mientras que las rojas prosperan en terrenos abiertos. En primavera, a medida que los días van alargándose, las algas se multiplican y el color se acentúa. Cuando se derrite la nieve, las algas viven en el agua.

tundra cobra vida durante un breve período gracias a unas plantas de poca altura. En las pocas semanas siguientes, sus flores deben atraer polinizadores rápidamente y producir semillas.

La amapola ártica utiliza sus flores de color amarillo intenso, en forma de pequeños discos satelitales, para seguir al sol en su paso por el cielo. Los pétalos de cada una reflejan la luz solar en la parte media, que es donde se producen las semillas y el lugar donde necesitan la energía.

Al cabo de unos minutos de luz, la temperatura del centro de la flor puede superar en varios grados a la del aire circundante. Este calentamiento floral presenta la ventaja de atraer insectos visitantes, como moscas y abejorros que, después de haber disfrutado del calor de la amapola y libado un poco de su néctar, transportan el polen de una flor a otra.

PLACAS SOLARES *Las amapolas árticas florecen y echan semillas en el intervalo de unas pocas semanas. Su resistencia las ha hecho populares entre los jardineros, que las conocen por el nombre de amapolas de Islandia.*

ÁRBOLES MINÚSCULOS QUE VIVEN AL LÍMITE

Para sobrevivir, la especie de alerce *Larix gmelinii* se despoja de sus agujas todos los otoños. Son

SVALBARD

Las islas Svalbard –cuyo nombre significa «costa fría» en noruego– están muy cerca del océano Ártico. En su paisaje intimidante y helado sólo son capaces de sobrevivir unas pocas especies animales especialmente adaptadas.

EL GRAN OSO BLANCO DE LOS HIELOS ÁRTICOS

En la cima de la cadena alimentaria ártica se encuentra el oso polar, el más grande y feroz de los osos del mundo en la actualidad. Caza furtivamente, utilizando sus agudos sentidos del olfato y del oído para detectar focas a varios metros por debajo del hielo. Avanzando silencioso sobre su presa, ras-

trea los respiraderos de las focas en el hielo y luego espera pacientemente el momento inevitable en que el animal sale a la superficie a respirar.

Antes de que la foca asome el hocico, el oso lanza su ataque. Las focas anilladas adultas pueden pesar hasta 95 kg, pero un oso polar las supera cuatro veces en peso, y además puede medir hasta 2.5 m a la altura de los hombros, de modo que la arrastra sin esfuerzo fuera del agua. En pocos minutos la foca está muerta y el oso inicia su banquete rico en calorías; a veces consume el cadáver de una sola sentada.

Todos los otoños, cuando el mar se congela, los osos polares salen de las islas

COMIDA FÁCIL *Un oso polar se acerca a su presa: una cría de foca anillada que yace en el hielo marino. El cachorro tiene pocas probabilidades de escapar de su diestro depredador.*

Svalbard en su larga cacería invernal. Después de la abundancia del verano pasan a los hielos oceánicos, donde permanecen durante meses, ya que allí tienen buen acceso a las focas anilladas y otras presas.

CAMBIO DE PELAJE SEGÚN LAS ESTACIONES

Los zorros árticos son famosos por su audacia y curiosidad, al contrario que sus congéneres de otros lugares. En Svalbard a veces se acercan trotando a las personas con la esperanza de encontrar comida.

Estos zorros, que viven durante todo el año en el extremo norte, son incansables corredores y buenos nadadores. Su pelaje de invierno suele ser blanco, tupido y exuberante, algo esencial para sobrevivir en sitios donde la temperatura del aire puede ser inferior a –40 °C. En verano se vuelve pardo, lo que contribuye a que los zorros puedan correr por los páramos sin ser vistos. En esta época del año se alimentan principalmente de polluelos y lemmings. A diferencia de los osos polares, el verano es su mejor estación, tanto para alimentarse como para criar. Si cazan más comida de la que pueden comer, sue-

AGILIDAD SOBRE EL HIELO *Vestido con su liviano pelaje de verano, el zorro ártico salta entre trozos de hielo marino en deshielo en busca de comida.*

len enterrarla en suelo deshelado y volver a comerla días o incluso semanas después.

Los zorros árticos se reproducen en madrigueras subterráneas, que se pasan de una generación a la siguiente; algunas pueden tener más de un siglo de antigüedad y hasta 24 entradas. Miden unos 25 m de anchura y resultan fáciles de distinguir, porque a menudo están rodeadas de plantas de un verde intenso, debido a que se han abonado con los restos de los banquetes de los zorros.

UNA VIGOROSA RUTINA DE CALENTAMIENTO

El abejorro ártico utiliza su **exterior peludo como una manta de supervivencia para mantenerse abrigado.** Antes de levantar el vuelo, agita los músculos que impulsan sus alas y el calor que generan le calienta el cuerpo a 25 °C. Entonces puede elevarse.

Comparado con otros, el abejorro ártico lleva una vida excepcionalmente dura, pese a su capacidad de adaptación al frío, pero cuenta con algo a su favor: cuando llega el verano, la luz dura todo el día, lo que le permite recolectar polen durante las 24 horas.

UN COMIENZO CÁLIDO PARA LOS POLLUELOS DEL EIDER

Los pequeños eiders disfrutan **del nido más abrigado y acogedor de todas las aves.** Estos nidos están forrados con una profunda capa de plumón mullido que las hembras se extraen del pecho. Las plumas proporcionan un magnífico aislamiento y mantienen calientes los huevos y los polluelos en temperaturas muy por debajo de cero.

Los eiders, que llegan a Svalbard todas las primaveras, se alimentan de cangrejos y otros animales de las costas marinas. En épocas pasadas la gente de la zona recogía las plumas de sus nidos para rellenar almohadas y colchas (edredones), pero actualmente las fibras artificiales han sustituido a las plumas, de modo que estos patos pueden anidar en paz.

EL LIQUEN QUE ALIMENTA A LOS ANIMALES ÁRTICOS

El musgo de reno, que crece en **el Ártico, no es en absoluto un musgo, sino un liquen tupido con frondes plumosos.** Como todos los líquenes, es extremadamente resistente y no le cuesta sobrevivir a inviernos que pueden durar más de seis meses seguidos. Esto es debido a que es más dependiente de la cantidad de horas de luz que de la temperatura del aire.

En una región donde el aire frío y el suelo anegado hacen muy difícil el crecimiento de los pastos, el musgo de reno es vital para la supervivencia de los animales árticos herbívoros, como los renos y los bueyes almizcleros.

AMBIENTE ACOGEDOR *Aislados por las plumas de la madre y su propio plumaje mullido, los polluelos de eider están bien protegidos del frío.*

A GRANDES ALTITUDES

Las aves y las especies montesas se enfrentan a dos problemas: al frío, pues la temperatura desciende 1 °C cada 200 m de altura, y la calidad del aire, que puede dejar sin aliento a los animales terrestres.

VOLADOR DE ALTURA QUE UTILIZA LA VISTA PANORÁMICA

Remontándose por encima de las **llanuras abiertas de África, el buitre de Rüpell vuela más alto que cualquier otra ave.** En 1973 una de estas aves chocó con un avión que volaba a más de 11,000 m, lo suficientemente alto como para sobrevolar el monte Everest. De esta manera, el buitre dispone de una vasta vista panorámica y recorre con facilidad más de 150 km en un día en busca de alimento. Pero a tal altitud hasta a un buitre le cuesta

ALAS GIGANTES *Las alas de un buitre de Rüpell pueden medir hasta 2.8 m de un extremo al otro. Esta enorme envergadura está sostenida por una estructura ósea ligera.*

distinguir pequeños detalles del suelo, de modo que observa a otros buitres que vuelan más bajo y los sigue con rapidez si divisan una fuente de comida. Para sobrevivir a esas altitudes el buitre de Rüpell necesita algunos de los más refinados mecanismos de la ingeniería natural. Sus pulmones le permiten tomar oxígeno suficiente para respirar y sus alas gigantes le facilitan elevarse en el aire.

LAS MARMOTAS OPTAN POR UNA LARGA SIESTA

En Estados Unidos, Europa y el **norte de Asia, las marmotas, habitantes de las montañas, pasan la mayor parte del tiempo en estado de hibernación.** Duermen durante

COSECHA ESTIVAL *Las marmotas deben engordar en verano porque el alimento es muy escaso durante su excepcional hibernación.*

casi nueve meses al año, con lo que evitan infructuosas excursiones en busca de alimento cuando la despensa de la Naturaleza está vacía. Donde viven las marmotas, sin embargo, los inviernos pueden ser crudos y muy largos. En vez de despertar antes de tiempo, siguen durmiendo hasta mayo o junio. Sobreviven gracias a sus reservas de grasa, que componen una quinta parte de su peso corporal. Cuando llega al fin el verano, deben recolectar comida, criar y engordar para la siguiente hibernación, todo en el transcurso de tres meses.

LAS VICUÑAS RESPIRAN CON FACILIDAD EN LAS MONTAÑAS

Las vicuñas viven en lo alto de los **Andes de Sudamérica, pero nunca les falta el aliento.** A unos 4,000 m por encima del nivel del mar, los seres humanos tendrían dificultades para respirar, pero las vicuñas pueden trepar sin dificultad por las laderas rocosas, y en el llano son capaces de correr a casi 50 km/h.

Estos graciosos parientes de los camellos, de pelaje color canela, poseen pulmones normales de mamífero, pero además tienen el triple de glóbulos rojos por litro de sangre que los seres humanos. Sus glóbulos rojos duran el doble y, como contienen una forma poco común del pigmento denominado hemoglobina, son más eficaces para recoger oxígeno. El conjunto de todo esto constituye un aparato respiratorio ideal para sobrevivir a grandes alturas.

UN COLIBRÍ MÁS LENTO
DE NOCHE

El chupamirto estrella hiberna todas las noches. Debido a su ritmo de vida frenético, los colibríes necesitan una constante provisión de néctar que les permita desarrollar su actividad. Para las especies que viven en las montañas, como el chupamirto estrella, la noche es un momento fundamental, pues deben reparar el calor perdido con el consumo de energía.

La solución de esta especie consiste en considerar cada noche como un miniinvierno. Cuando, al atardecer, se enfría el aire, la frecuencia cardíaca de estos colibríes desciende y su temperatura corporal disminuye, para subsistir con la menor cantidad posible de energía. Cuando sale el sol y se calienta el aire, su cuerpo vuelve a la normalidad y el pájaro levanta el vuelo para alimentarse. Gracias a este sistema puede sobrevivir en las noches frías a una altitud de 4,000 m.

PATAS FIRMES PARA TREPAR
POR LAS ROCAS

Los íbices nacen con una especie de botas de montaña que les proporciona la Naturaleza. Estas cabras montesas de Europa y Asia viven mucho más arriba de donde pueden crecer árboles y tienen una inquebrantable vocación por las alturas. Cuando se sienten alarmadas, suben o bajan a la carrera, dando saltos de 6 m en lugares donde un paso en falso podría provocar la muerte instantánea.

Sus pezuñas son pequeñas pero poseen bordes duros con una almohadilla central, que funciona como una especie de ventosa elástica para aferrarse a las rocas rotas o resbaladizas; así pueden caber las cuatro patas en un saliente del tamaño de una mano humana. Para los jóvenes íbices escalar es algo natural. Cuando sus padres se alejan para alimentarse, las crías los siguen por empinadas cuestas y por precarios rebordes rocosos con intrépida facilidad.

UN DUELO QUE MAREA *Durante la temporada de reproducción, los enfrentamientos entre íbices son comunes, pero rara vez pierden el equilibrio.*

LAS PLANTAS QUE CRECEN EN LAS ALTURAS TRATAN DE PASAR INADVERTIDAS

Para evitar ser lastimadas por el viento, las plantas de montaña suelen adoptar forma de cojín, abrazando el suelo para protegerse. El musgo florido constituye un excelente ejemplo de esta forma de vida. Es una planta de flores fucsia que vive en rocas montañosas de todo el Hemisferio Norte, aunque muchas especies emparentadas habitan terrenos más bajos. Mientras que otras plantas de la familia suelen alcanzar más de 1 m de altura, el musgo florido no supera unos pocos centímetros.

SUPERVIVIENTES DE MOVILIDAD ASCENDENTE

Durante la última era glaciar, gran parte de las plantas de montaña de la actualidad vivían cerca del nivel del mar. Para ellas los terrenos altos se convirtieron en refugio.

La más famosa de estas refugiadas de montaña es la secoya gigante, el árbol viviente más grande del mundo. En una época las secoyas gigantes vivían en gran parte de América del Norte, donde formaban los que pueden haber sido los bosques más majestuosos de la Tierra. Como es una especie que necesita humedad,

cuando comenzaron a disminuir las lluvias sólo lograron sobrevivir los ejemplares de las laderas montañosas húmedas. Hoy en día se encuentran secoyas gigantes en las laderas de la Sierra Nevada, en California.

FLORES QUE PROSPERAN EN LAS ALTITUDES

De las plantas con flores que se conocen en el mundo, los ranúnculos de montaña son las que crecen a mayor altitud. Una expedición al Himalaya que se realizó en 1955 descubrió un grupo de estas flores a 6,400 m por encima del nivel del mar. A semejante altitud, el clima es demasiado

LEJOS DEL PELIGRO *Al crecer sólo unos pocos centímetros de altura, el musgo florido evita ser dañado por el viento, una adaptación esencial para sobrevivir en montañas ventosas.*

frío para la mayoría de los animales y el aire está muy enrarecido. No existen mariposas, casi ninguna abeja y pocos insectos voladores de ningún tipo. Sin embargo, este ranúnculo consigue montar un espectáculo colorido todos los años, con el que trata de atraer a uno que otro insecto polinizador.

¿Cómo hace, entonces, el ranúnculo de montaña para que sus flores no queden sin polinizar? En lugar de utilizar polen de otras congéneres, puede producir semillas valiéndose de su propio polen. Sin esta

estrategia, las plantas más altas del mundo desaparecerían muy pronto.

LA NIEVE Y EL EFECTO INVERNADERO

Un manto de nieve ayuda a las plantas a pasar el invierno, pues funciona como una capa aislante que las protege del frío intenso. Durante todo el invierno, las especies vegetales que crecen en lugares donde nieva yacen latentes, protegidas del hielo y los vientos gélidos. Cuando el invierno va llegando a su fin, el manto níveo comienza a derretirse. En la profundidad, la intensa oscuridad invernal da paso a una claridad gradual cuando la vital luz del día comienza a filtrarse. Este constante aumento de luz indica a las plantas que la primavera no está lejana, por lo que reanudan su ciclo de crecimiento.

PROTECCIÓN NATURAL *La tupida «piel» de las lobelias gigantes refleja la luz del sol y protege así las hojas de las quemaduras. Por la noche las mantiene abrigadas.*

A medida que brotan producen una pequeña cantidad de calor, que derrite la nieve que las rodea, bajo la superficie.

ABRIGO PELUDO QUE PROTEGE DEL CALOR Y DEL FRÍO

Las lobelias gigantes sobreviven donde la mayoría de las plantas morirían abrasadas o congeladas. En el monte Kenia, en África Oriental, las lobelias gigantes crecen en valles rocosos a 5,000 m por encima del nivel del mar, casi en el ecuador. Durante el día la luz del sol es implacable, pero después del anochecer las temperaturas descienden por debajo de cero.

Las lobelias gigantes enfrentan estas condiciones con un manto peludo. Sus hojas, que crecen en un largo penacho en la parte superior de un tronco robusto, se abren en forma de roseta al atardecer. Durante el día su cubierta actúa como una sombrilla, refleja la luz e impide que la planta se queme. Cuando se pone el sol, las hojas vuelven a cerrarse, para proteger de la escarcha sus tiernos capullos.

TEPUIS: ISLAS EN EL CIELO

Como islas planas que flotan en un mar de nubes, los tepuis de Venezuela se elevan a 1,500 m por encima de la selva circundante. Constituyen el hábitat de animales y plantas que viven aislados del mundo que se extiende más abajo.

EL ESQUIVO RATÓN DEL MONTE RORAIMA

En 1929 una expedición al monte Roraima descubrió una nueva especie de ratón, que es exclusiva de ese tepui y extremadamente rara. Este pequeño roedor es el único mamífero nativo de estas cumbres que se conoce hasta la fecha. Después de la expedición no volvió a verse ninguno en 60 años, y sigue siendo uno de los ratones más esquivos del mundo. La mayoría de los tepuis es tan inaccesible que incluso en la actualidad, cuando es posible realizar el peligroso ascenso en helicóptero, resulta extremadamente difícil investigar la vida silvestre que allí se desarrolla.

EL SAPO QUE NO TIENE RENACUAJOS

En los tepuis existe un sapo que sale del huevo ya totalmente formado, en lugar de comenzar su vida en forma de renacuajo. Esta especie singular ha desarrollado un estilo de vida que se adecua a su hábitat, donde es difícil encontrar alimento. En terrenos más bajos, los charcos de agua dulce suelen contener montones de comida para que se alimenten los renacuajos, pero no ocurre así en lo alto de los tepuis, por lo que no constituyen buenos lugares de crecimiento para ningún animal.

Los sapos plenamente formados pueden encontrar alimento con mayor facilidad que los renacuajos, de manera que, al superar esta etapa, el sapo de los tepuis cuenta con más probabilidades de sobrevivir.

PLANTAS CARNÍVORAS EN LAS NUBES

Muchas de las plantas que crecen en los tepuis son carnívoras y toman sus nutrientes de los insectos, en lugar del árido suelo. Las droseras de los tepuis se especializan en cazar pequeñas moscas y otros insectos aéreos, que atrapan con unos pelos de puntas pegajosas que tienen en las hojas. Los insectos son atraídos por el color rojo fuerte de la planta, que indica una posible fuente de comida.

Las bromelias de los tepuis utilizan una técnica diferente: sus hojas crecen erectas y muy juntas, formando embudos resbaladizos llenos de líquido. Los insectos que se encaraman en el borde caen dentro, donde se ahogan y son digeridos lentamente.

TINAMÚES: LOS PEORES AVIADORES DEL MUNDO

El tinamú de los tepuis es uno de los miembros más raros de una extraña familia de aves incapaz de volar. Son famosos por chocar contra obstáculos mientras están en el aire y aterrizar con torpeza.

Los tinamúes se encuentran sólo en América del Sur, en bosques y praderas tan meridionales como los de la Patagonia. Parecen pollos pequeños y regordetes, con cola corta y patas fuertes y escamosas. Si los amenaza un peligro, prefieren correr a levantar el vuelo. De las 50 especies de tinamú, el de los tepuis es uno de los menos estudiados. Su hábitat se limita a sólo dos tepuis y la última vez que se vio uno fue hace 20 años.

Los tinamúes anidan en el suelo y ponen unos huevos extraordinariamente brillantes, que parecen de porcelana muy pulida.

CÓMO SE FORMARON LOS TEPUIS

Hace más de 170 millones de años los tepuis que vemos hoy formaban parte de una vasta meseta de arenisca, de 1,500 m de anchura. La meseta se inclinaba hacia el Atlántico, un océano que aún estaba en formación tras la separación de África y Sudamérica.

Los movimientos en el interior de la Tierra fracturaron la roca, y crearon fallas y grietas. A lo largo de millones de años éstas sufrieron la erosión de la lluvia, que redujo la meseta a una serie de «islas» de cima plana.

El monte Roraima es uno de los tepuis más grandes, con una cumbre rasa de 14 km de anchura. En el Auyan Tepui o «Montaña del Diablo» se encuentra el Salto de Angel, donde el agua de lluvia se precipita desde 1,000 m, lo que da lugar a la cascada más alta del mundo.

En los tepuis han evolucionado algunos animales y plantas de forma aislada, incluidos 40 pájaros endémicos, cientos de plantas con flores y un mamífero.

ISLAS EN EL CIELO *El imponente Salto de Angel, a la izquierda, cae desde el tepui venezolano llamado la Montaña del Diablo; abajo, el monte Roraima, un mundo dentro de otro mundo.*

BAJO TIERRA

Para muchos animales las cavernas constituyen un hábitat ideal. Aunque el alimento sea escaso y haya poca o ninguna luz, esos lugares presentan la doble ventaja de brindar un clima constante y una buena protección contra depredadores hostiles.

LOS GRILLOS Y SU TACTO PARA EL ALIMENTO EN LA OSCURIDAD

Los grillos de las cavernas, al contrario que la mayoría de sus parientes que viven al aire libre, tienen los ojos muy pequeños y no pueden volar. Pero sí poseen antenas, que pueden llegar a ser cuatro veces más largas que su cuerpo, que los ayudan a orientarse y rastrear alimento.

Hay 200 especies de grillos de las cavernas en todo el mundo. No son exigentes con la comida: se alimentan de excrementos de murciélago, mariposas en hibernación y hongos, así como de grillos cavernícolas más pequeños.

Estos insectos pasan toda su vida bajo tierra, pero sus distantes antepasados habrían vivido en la superficie. Se cree que algunos grillos de las cavernas adoptaron este modo de vida subterránea durante la última era glaciar, porque las cuevas les ofrecían abrigo del frío.

PEZ CIEGO QUE SE ORIENTA POR EL OLFATO Y EL TACTO

La mayoría de los peces poseen sentidos que los ayudan a navegar, pero los del pez ciego son especialmente agudos. Y necesitan serlo, pues este pez es ciego y habita un mundo de ríos y lagos subterráneos.

Al vivir en el submundo acuático de América Central, el pez ciego es de un fantasmal color blanco rosado, con escamas muy finas y una frente lisa sin ojos.

Estos peces son omnívoros; se alimentan de excrementos, insectos muertos y cualquier cosa. Localizan la mayor parte de su comida mediante el olfato, utilizando unas sensibles «papilas gustativas» que tienen en los labios y en la boca. Pero aun

INDIVIDUO DE TACTO *Un grillo moteado de las cavernas busca comida. Las antenas le sirven para percibir las corrientes de aire generadas por insectos que se mueven cerca.*

así deben orientarse y sortear obstáculos, lo que consiguen gracias a unos sensores de presión que poseen a ambos lados del cuerpo. Éstos van captando los impulsos de presión del pez a medida que nada y le permiten así «ver» lo que le rodea.

LA EXISTENCIA SUBTERRÁNEA DEL OLM

En las profundidades subyacentes a las montañas de piedra caliza que rodean el mar Adriático, los olms buscan comida en lagos o vías de agua. Estas raras salamandras llevan una vida fuera de lo común. Como sus ojos son muy pequeños, dependen de su buen olfato para localizar los insectos de los que se alimentan. Para respirar bajo el agua disponen de unas branquias plumosas, que pierden al llegar al estado adulto y adoptar la vida terrestre.

No mucho más grueso que un lápiz, el olm puede crecer hasta 30 cm de longitud. Su cuerpo rosa pálido tiene cuatro patas diminutas de minúsculos dedos, pero el animal jamás sale del agua y se mueve principalmente agitando su cola con forma de remo.

Los olms presentan la peculiaridad de poder reproducirse cuando aún son larvas con agallas, antes de alcanzar el estado adulto. El cortejo olfativo de esta especie se desarrolla en la oscuridad: el macho desprende su olor frente al hocico de la hembra para atraerla. Una vez que los huevos están fertilizados, la hembra los deposita entre piedras bajo el agua.

LUZ QUE ATRAE EN UN MUNDO DE OSCURIDAD

En las grutas de Waitomo, Nueva Zelanda, unos pequeños puntos de luz se esparcen en lo alto del techo rocoso como un cielo estrellado. Se trata de señuelos vivos, las larvas de otra especie habitante de las cavernas, el mosquito de los hongos.

Las larvas de estos mosquitos son depredadoras, y utilizan la luz para atrapar a sus presas. Cada una tiende una hebra de seda a través del techo de la cueva y luego hace colgar de ella entre 30 y 50 hilos de seda. La larva activa entonces sus órganos generadores de luz, que emiten un resplandor verde azulado. Otras especies de diminutos

MUERTE EN LA OSCURIDAD *Colgadas del techo de una cueva, las «líneas de pesca» de los mosquitos de los hongos son trampas mortales. Los insectos voladores quedan atrapados en gotas de pegamento que parecen perlas.*

mosquitos cavernícolas acuden atraídos por la luz y perecen enredados en los hilos. Una vez que han caído en la trampa, la larva del mosquito de los hongos recoge a su presa como lo haría un pescador con el pez que ha mordido el anzuelo.

Cuanto más exitosas son las trampas, más brillante es el esplendor de las larvas y más rápido su desarrollo hasta alcanzar el estado adulto. Los mosquitos de los hongos adultos se aparean y depositan sus huevos en cuevas, para producir la siguiente generación de espectrales pescadores en la oscuridad.

PÁJAROS CAVERNÍCOLAS QUE «VEN» CON EL SONIDO

En las cuevas de Venezuela y Trinidad el crepúsculo es la señal de un hecho extraordinario. Miles de guácharos emergen del interior de las cavernas en busca de los frutos oleosos del higo, el laurel y las palmeras. Poco antes del amanecer la bandada regresa y los guá-

charos desaparecen en las profundidades subterráneas, de vuelta a sus nidos y con sus polluelos, cargados de provisiones. Estos pájaros son una de las pocas especies del mundo que utilizan el sonido para orientarse cuando están bajo tierra. A diferencia de los murciélagos, los sonidos de ecolocación del guácharo son claramente audibles. También lo son sus llamadas, una rara mezcla de gemidos, graznidos y chillidos que llenan el aire nocturno cuando

vuelan en la altura. Los guácharos, que miden 33 cm del pico a la cola, construyen nidos en las paredes de las cuevas con sus propios excrementos. La provisión diaria de frutos de los adultos convierte a los polluelos en individuos completos.

EN LA SEGURIDAD DEL HOGAR *Los guácharos anidan en cuevas a 800 m bajo tierra. Hacen su nido con sus propios excrementos, mezclados con semillas regurgitadas.*

CALOR Y SEQUÍA

Ningún animal puede sobrevivir sin agua. Sin embargo, algunos logran sobrevivir en los sitios más calurosos y secos de la Tierra. Para ello se mantienen frescos, y saben aprovechar hasta la última gota de agua que consiguen encontrar.

UN DEPÓSITO PORTÁTIL DE ALIMENTO Y AGUA

El «barco del desierto», como suele llamarse al camello, puede desplazarse incansablemente por la arena, pero necesita agua para beber. Cuando un camello deshidratado encuentra agua, puede consumir hasta 57 litros de una sola vez.

El agua sola no lo mantiene vivo; para sobrellevar la vida del desierto necesita

FILA PARA BEBER *Los camellos árabes beben de forma ordenada y pueden utilizar agua dulce, salobre e incluso salada.*

acumular alimento también. Para esto le sirve la joroba, ya que contiene un depósito de grasa y funciona como despensa de agua y alimento al mismo tiempo.

Descomponiendo parte de esta grasa el camello libera suficiente líquido y energía para mantenerse en marcha. Puede aguantar varias semanas sin alimento y, en clima caluroso, de siete a diez días sin agua. A medida que se va agotando la grasa, su peso corporal puede disminuir una cuarta parte, aunque se recupera pronto cuando tiene comida disponible.

UNA RATA QUE NO BEBE

Una manera de superar la falta de agua consiste en dejar de beber. Las ratas canguro de Norteamérica

han adoptado esta solución extrema para afrontar el problema de la escasez de agua, lo que les permite subsistir en lugares donde las temperaturas alcanzan los 50 °C en verano. Estos roedores del desierto, de largas patas, necesitan agua como el resto de los animales, pero son capaces de sobrevivir por tiempo indeterminado sin que una sola gota les llegue a la boca.

El secreto de la rata canguro radica en su cuidadoso control del equilibrio del líquido corporal. Por un lado, pierde muy poca agua a través de la orina, altamente concentrada, y los excrementos, extremadamente secos. También pierde vapor de agua al respirar, pero lo reduce al mínimo permaneciendo bajo tierra durante la parte más calurosa de la jornada, y con su nariz, que condensa casi todo el vapor. No obstante, este ahorro resulta insuficiente: la rata canguro debe obtener agua de algún lugar para no morir deshidratada.

Parte de ella proviene de la humedad de las semillas que componen su alimentación, pero el 90 % lo obtiene del agua que forma dentro de su cuerpo, que se denomina agua metabólica y se libera durante la digestión de la comida. En lo que a los seres humanos concierne, las semillas secas serían de muy poca utilidad en el desierto, pero suponen un recurso suficiente para las ratas canguro.

RACIONES DE SUPERVIVENCIA *El alimento y el agua almacenados en la cola de un monstruo de Gila duran tres o cuatro meses y ayudan a este lagarto a sobrevivir durante el verano caliente y seco.*

Unos ratones marsupiales australianos de cola gruesa (dunarts) utilizan el mismo sistema. Poseen una cola en forma de zanahoria tan larga como el resto del cuerpo, la cual en épocas difíciles se reduce a medida que van consumiendo los depósitos de grasa.

EL TAMAÑO DE LAS OREJAS ES IMPORTANTE

Sí **es posible saber dónde vive un zorro o una liebre.** Una manera consiste en mirarles las orejas. El zorro ártico y la liebre ártica poseen orejas pequeñas, mientras que sus parientes que viven en el desierto, el feneco o zorro del desierto y la liebre americana, las tienen de un tamaño desproporcionado.

Ello se debe en gran medida al control de la temperatura corporal. Las orejas pequeñas resultan imprescindibles en el Ártico, porque unas orejas grandes podrían congelarse. En los desiertos, las orejas constituyen un buen sistema refrigerador, porque están abundantemente regadas con pequeños vasos sanguíneos situados cerca de la superficie de la piel que permiten que el calor de la sangre pueda escapar al aire. Las orejas grandes son también más sensibles, capaces de captar sonidos de presas o depredadores después del anochecer.

SOMBRILLAS FRESCAS PARA UNA SERPIENTE DEL DESIERTO

La **serpiente cornuda del desierto del Sahara tiene unas cortas proyecciones encima de los ojos.** Estos «cuernos» actúan como si fueran sombrillas cuando el reptil sale de su vivienda en madrigueras o bajo rocas.

Los desiertos son ideales para los reptiles, que necesitan el calor del sol para entrar en actividad; sin embargo, hay que ser un reptil especial para sobrevivir en las arenas cambiantes y el calor extremo.

La serpiente cornuda se encuentra cómoda en este tipo de hábitat. Su piel posee escamas muy duras que la ayudan a enterrarse en la arena para resguardarse

PERSONAJE SOMBRÍO *Cuando la vida se vuelve demasiado calurosa, la serpiente cornuda se introduce en la arena, y sólo deja la cabeza expuesta al sol.*

del calor. Además, al frotarse unas contra otras sus escamas hacen un ruido áspero que avisa a posibles atacantes que deben mantener la distancia. Es una advertencia, ya que este reptil es letalmente venenoso.

LAGARTOS DE COLA GRUESA PARA ÉPOCAS DIFÍCILES

En **el desierto de Sonora, en América del Norte, el monstruo de Gila puede vivir de la grasa de su cola.** Este colorido lagarto, una de las dos únicas especies venenosas del mundo, vive en una región donde los inviernos son fríos, y los veranos, calientes y secos. Su cola es una despensa de alimento y de agua, gracias a la cual puede sobrevivir en épocas en las que ambas cosas son difíciles de encontrar.

CACTO DURO POR FUERA PERO BLANDO POR DENTRO

Los sahuaros del norte de México y el suroeste de Estados Unidos son los reyes de los cactos. Estas extrañas y majestuosas plantas del desierto pueden vivir un siglo o más y alcanzan hasta 20 m de altura.

Como los de muchos cactos, los tallos carnosos del sahuaro, especialmente diseñados para retener agua, son acanalados y están cubiertos de racimos de afiladas espinas, que impiden a los animales acceder a sus valiosas reservas de agua. Su gruesa cobertura exterior contribuye a evitar la evaporación.

En un hábitat que carece de verdaderos árboles, los sahuaros atraen a muchas clases de animales. Los murciélagos que se alimentan de néctar visitan sus grandes flores de color amarillo cremoso en la primavera, pero más avanzado el año los animales frugívoros los ayudan a esparcir sus semillas. Los pájaros carpinteros de Gila hacen agujeros en los tallos, y cuando los abandonan su vivienda suele ser ocupada por tecolotes enanos de los sahuaros. Estas

GIGANTES DE CORAZÓN TIERNO Los cactos sahuaro tienen piel dura pero carne blanda, llena de agua. Para los mochuelos de los sahuaros (derecha), los agujeros abandonados de los pájaros carpinteros constituyen un refugio seguro de los depredadores.

lechuzas, las menores del mundo, encuentran un hogar perfecto en el cacto más grande de la Tierra.

LAS PLANTAS DEL DESIERTO RESPIRAN MÁS PROFUNDAMENTE POR LA NOCHE

En el frío de la noche, las plantas del desierto utilizan una estrategia especial que las ayuda a conservar sus reservas de agua. Todas las plantas «respiran» a través de poros microscópicos que toman el anhídrido carbónico que necesitan para efectuar la fotosíntesis. Al mismo tiempo, liberan oxígeno como desecho, pero junto con éste también se escapa el precioso vapor de agua. Para las plantas del desierto, perder agua puede tener resultados desastrosos,

de modo que, en lugar de abrir sus poros durante el día, los abren por la noche, cuando el aire fresco reduce al mínimo la pérdida de líquido. Aun así realizan la fotosíntesis durante el día, como todas las demás plantas, pero lo hacen con los poros bien cerrados, como un animal que contuviera el aliento durante todo el día.

TALLOS QUE SIRVEN DE HOJAS

Para hacer frente a la falta de agua, los cactos y otras plantas carnosas del desierto carecen de hojas. Para ellas, las hojas son un lujo prescindible, ya que, al liberar agua, cuantas más hojas tenga una planta, más grave será el problema.

En cambio, los verdes tallos de los cactos funcionan como un conjunto de hojas, ya que atrapan la energía de la luz solar necesaria para crecer. Los tallos de cactos tienen un exterior duro y encerado y un área superficial relativamente pequeña: otro medio de reducir la cantidad de humedad que se evapora en el aire.

CAVAN HONDO Y SE EXTIEN-DEN AMPLIAMENTE

Las plantas del desierto llegan a grandes extremos en su búsqueda de agua. En América del Norte, el mezquite, un pequeño árbol del desierto, tiene unas raíces entre 10 y 15 veces más largas que su tronco, que se han encontrado a profundidades de 50 m. La que batió el récord en este aspecto fue una higuera de Sudáfrica, cuyas raíces se encontraron en una caverna a 100 m de la superficie.

Otras plantas del desierto tienden una red de finas raíces fibrosas, que se esparcen a lo ancho cerca de la superficie. Como un tapete absorbente, recogen las más ínfimas cantidades de lluvia o gotas de humedad de la neblina y el rocío.

LAS EXTRAÑAS ADAPTACIONES DEL CIRIO AL AMBIENTE DESÉRTICO

De los pocos árboles del desierto, el retorcido cirio, con su copa parecida a un matorral, es el más estrafalario. Habitantes de regiones del norte de México, los cirios se han adaptado a las zonas desérticas en que viven. Poco después de las lluvias echan pequeñas ramas que se secan cuando el clima vuelve a hacerse seco.

El cirio posee un tronco con forma de huso que puede medir hasta 20 m de altura y que está erizado de pequeñas ramas débiles. Como su madera es relativamente blanda, a menudo el tronco se dobla y retuerce a medida que crece. Algunos cirios se doblan tanto que sus puntas llegan casi a tocar el suelo.

EL FLEXIBLE CIRIO *Como postes vivientes, los cirios crecen en grietas entre rocas. Algunos crecen verticalmente, pero muchos se comban.*

EL DESIERTO DE NAMIB

El Namib es una franja de desierto arenoso con uno de los climas más secos de la Tierra. Pueden pasar meses e incluso años sin que llueva. La clave de la supervivencia reside en la densa niebla que llega al anochecer desde el Atlántico.

batiendo rápidamente las alas. Aterrizan a cierta distancia del borde del agua y dedican varios minutos a observar el lugar en busca de señales de peligro, antes de acercarse a beber.

Cuando se sienten seguros se adentran en el agua hasta la altura del pecho y beben todo lo que pueden. La mayor parte de su plumaje es impermeable, pero las plumas pectorales absorben agua como lo haría una esponja. Cada adulto absorbe tres o cuatro «cucharaditas» de agua y luego vuela de regreso al nido para llevársela a sus polluelos, que la succionan de sus plumas. Los adultos prosiguen con este abastecimiento diario de agua durante casi dos meses, hasta que sus crías son capaces de volar al abrevadero.

agua disponible, razón por la cual las welwitschias subsisten en lugares donde casi ninguna otra planta logra sobrevivir.

Cuando una welwitschia cumple cien años y está lista para reproducirse, sus dos hojas parecen una pila de hojarasca reseca amontonada por el viento del desierto. Sin embargo, las plantas de un siglo son aún jóvenes. Cuando llegan a los 2,000 años de edad, su tasa de crecimiento se ha detenido casi por completo.

EL SECRETO DE LA LARGA VIDA DE LA WELWITSCHIA

Dispersos por el Namib hay grupos de welwitschias, unas extrañas plantas de 2,000 años de antigüedad. Las welwitschias tienen sólo dos hojas, que crecen a partir de un tallo agarrado al suelo del desierto. Son duras y leñosas, y están dispuestas como un peinado con raya en medio que se extiende en mechones desgreñados por la arena. Aunque no destacan por su belleza, estas hojas son muy eficaces para conservar la poca

EL FAISÁN DE ARENA TIENE UNA ESPONJA INCORPORADA

Casi todas las aves necesitan beber todos los días, por eso viven en lugares próximos al agua. Esta ave, parecida a una perdiz, recorre hasta 300 km al día para apagar la sed y tiene una manera especial de recoger agua para llevarla al nido. Al amanecer y al anochecer, parlanchinas bandadas de faisanes de arena levantan el vuelo hasta el abrevadero más cercano; sobrevuelan el desierto

FÁCIL DESPLAZAMIENTO SOBRE LAS CAMBIANTES ARENAS

El gecko de patas anchas y la serpiente namibia se mueven fácilmente por las dunas. El primero posee patas palmeadas (dedos delgados conectados con pliegues de piel), una perfecta adaptación para desplazarse corriendo por una superficie que otros animales se resisten a pisar. Este gecko pasa el día en madrigueras y después del anochecer sale a cazar insectos.

Lamentablemente para él, hay otro reptil, la serpiente namibia, que también se mueve con libertad en ese cambiante entorno. Lo mismo que otras víboras, se

FÓSILES VIVIENTES *Las welwitschias no tienen flores; para reproducirse desarrollan unas piñas con forma de huevo.*

PRECIOSAS GOTAS *Con el abdomen hacia arriba, un escarabajo del Namib acumula gotitas de humedad de la niebla.*

desplaza moviendo el cuerpo en forma diagonal sobre la arena, dejando en la superficie una serie de marcas con forma de J. Aunque no lo parezca, estas serpientes pueden ser sorprendentemente ágiles y veloces; logran avanzar a una velocidad de hasta 10 km/h.

La serpiente namibia tiene los ojos en la parte superior de la cabeza. Durante el día descansa bajo la arena con los ojos en el exterior, y espera que algún animal se ponga a su alcance para atraparlo. Por la noche sale en busca de presas, particularmente geckos.

CÓMO BEBEN LOS ESCARABAJOS LA NEBLINA NOCTURNA

En el Namib, el escarabajo *Onymacris unguicularis* **ha concebido una ingeniosa manera de beber un poco todos los días.** Esta especie, que vive en las dunas de arena, usa su cuerpo como receptáculo para recolectar agua. Al atardecer toma posición con la cabeza

ATAQUE DESDE ABAJO *Un topo dorado del desierto devora un gecko de patas anchas, al que ha emboscado saliendo de pronto de la arena.*

hacia abajo y espera la niebla que viene del mar. A medida que la niebla avanza sobre las dunas, minúsculas gotitas de humedad se condensan en el abdomen elevado del escarabajo y se deslizan hacia su boca. El escarabajo bebe las gotas, acumulando lentamente el líquido que necesita para pasar

un nuevo día en el desierto. Antes de que vuelva a salir el sol y se disipe la niebla, sale en busca de comida.

CAVADOR DE TÚNELES EN LAS DUNAS

Un habitante del Namib **viaja por las dunas de un modo muy particular.** El topo dorado del desierto «nada» a través de la arena, como un pez que caza cerca de la superficie del agua. Con su piel sedosa, color amarillo claro, su nariz roma y sus patas cortas, provistas de fuertes garras, este topo mide sólo 9 cm y pasa casi toda su vida bajo la superficie de la arena.

El topo es ciego —sus párpados están permanentemente sellados—, así que depende de su olfato y su agudo oído para localizar termitas, escarabajos y lagartijas que se mueven sobre la arena. Cuando tiene a su alcance algo comestible, el topo ataca por sorpresa, saliendo con gran rapidez de la arena y atrapando a la presa con los dientes.

Durante la temporada de reproducción los topos machos y hembras cavan profundos pozos en busca de arena firme, y allí nacen sus crías.

SUPERVIVENCIA EN SELVAS TROPICALES

Las selvas tropicales albergan la mayor variedad de vida animal y vegetal del mundo. Pero con tantas especies compitiendo por el espacio, la luz y el alimento, la lucha por la superioridad jerárquica es implacable.

LAS SEGURAS RUTAS DE LOS PRIMATES EN LAS COPAS DE LOS ÁRBOLES

En las selvas tropicales, muchos animales silvestres viven en las alturas. Pero para los animales más grandes, moverse entre las copas de los árboles es potencialmente peligroso, pues un solo error puede arrojarlos al suelo, con el resultado de un hueso roto o incluso la muerte. Para reducir el riesgo de caída, los monos y gibones tienden a seguir senderos marcados a través de la bóveda verde, de la misma manera que nosotros usamos piedras sobresalientes para cruzar un arroyo. Las ramas que constituyen esas rutas son fuertes y seguras y se mantienen limpias de desechos por el constante contacto con las patas de los primates. Como los monos y los gibones usan estos senderos regularmente, saben exactamente dónde tienen que saltar. Cuando los acecha un peligro, van a una de esas rutas comprobadas, que les aseguran una veloz huida.

PATRULLA DE HELICÓPTEROS MORTALES

Zumbando ociosa a través de la selva con sus alas transparentes, una libélula helicóptero busca desafortunadas arañas que comer. A pesar de su apariencia delicada, es una de las cazadoras más despiadadas del mundo de los

ATLETA CON AYUDA *Un gibón de manos blancas se balancea por la selva del norte de Tailandia. Sus brazos son más largos y fuertes que sus piernas.*

insectos que patrullan las selvas de América Central. Sus 19 cm de envergadura le permiten rápidas maniobras aéreas; por ello este insecto resulta muy difícil de atrapar.

La libélula helicóptero se mantiene en el aire frente a la tela de una araña, antes de abalanzarse repentinamente para matar. Curiosamente, las arañas no notan el movimiento de las alas gigantes ni los enormes ojos que las miran desde el aire. Para cuando detectan a la libélula, su destino ya está sellado. La libélula agarra a la araña con las patas, se come el suculento abdomen y dejar caer los miembros y la cabeza de la víctima al suelo de la selva.

PASIONARIAS QUE FINGEN PARA ENGAÑAR A LAS MARIPOSAS

Las mariposas heliconia, de las selvas tropicales de América Central y del Sur, se alimentan de las plantas de pasionaria, donde además ponen sus huevos. Las adultas liban el néctar de estas flores, y sus orugas tienen debilidad por las hojas, de modo que las hembras adultas deben buscar plantas de pasionaria antes de poder desovar.

Cuando una mariposa heliconia encuentra una pasionaria, revisa las hojas para ver si ya hay huevos de su especie. Si no encuentra ninguno, pone una pequeña cantidad; de este modo, cuando las orugas hacen eclosión disponen de todas las hojas para ellas solas.

Algunas especies de pasionarias han desarrollado una ingeniosa defensa que explota este aspecto del comportamiento de la mariposa. Producen en sus hojas y zarcillos pequeñas protuberancias amarillas idénticas a huevos de mariposa. Las heliconias visitantes creen que la planta ya está ocupada y vuelan en busca de otras plantas; así la pasionaria crece ilesa.

UN FESTÍN DE COMIDA CAÍDA PARA EL AGUTÍ

Para ciertos animales terrestres, como el agutí, una lluvia de restos de comida representa una oportunidad que no debe ser desaprovechada. Del tamaño de un perro pequeño, estos roedores sudamericanos se alimentan de diversos alimentos desechados por los despilfarradores monos y pericos.

Grandes grupos de monos suelen dejar en ocasiones frutos casi enteros después de haberles dado unas cuantas mordidas. Los pericos, igualmente descuidados, despilfarran carnosas cáscaras, frutos secos y semillas. Por la noche el agutí busca estos sustanciosos restos abandonados por esos y otros animales.

COMIDA CAÍDA DEL CIELO *El nocturno agutí complementa su dieta de raíces, brotes y tallos con las sobras que dejan caer los animales arborícolas.*

TEMIBLES EJÉRCITOS DE HORMIGAS Y SUS SEGUIDORES

Aunque no son más largas que un alfiler, las hormigas guerreras o marabuntas son depredadores peligrosos. Viven en grupos nómadas de 50,000 individuos y avanzan como un ejército por el suelo de la selva de la cuenca amazónica, atacando y comiendo todo lo que pueden dominar. Animales hasta del tamaño de un lagarto pequeño se apresuran a huir de tan espeluznante destino. Sin embargo, el intento de escapar de estos depredadores a menudo los arroja a las fauces de otros, pues las marabuntas atraen seguidores, que atrapan y devoran a los fugitivos en potencia.

Hasta 25 pájaros hormigueros acompañan al ejército de hormigas en su letal incursión, en la que las más grandes van al frente del escuadrón y las demás quedan relegadas a la periferia. Incluso si un animal escapa tanto de las hormigas como de las aves, nubes de moscas parásitas pueden depositar sus huevos en él y condenarlo a una muerte lenta.

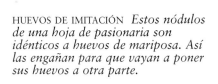

HUEVOS DE IMITACIÓN *Estos nódulos de una hoja de pasionaria son idénticos a huevos de mariposa. Así las engañan para que vayan a poner sus huevos a otra parte.*

LOS GIGANTESCOS PILARES DE LA CEIBA

Las raíces de la ceiba son algunas de las más grandes de la Tierra para fortalecer al árbol contra el viento. Habitante de los trópicos americanos, África y el sureste de Asia, inicia la vida con el aspecto de cualquier otro árbol. Entre los 50 y 75 años su forma empieza a cambiar. Unas enormes ramas salen de la copa, y la base emite unas protuberancias sinuosas, cada una de las cuales puede medir hasta 5 m de altura.

Esas protuberancias son las raíces de apoyo. Para completar esta espectacular obra de ingeniería natural, cada apoyo se une al suelo y se fusiona con una raíz ser-

PUNTALES PRIMIGENIOS *La ceiba produce semillas que contienen el kapoc, una fibra silvestre que se utilizaba en otros tiempos para fabricar un material parecido al algodón.*

penteante que puede extenderse hasta 50 m por el suelo de la selva. Como la raíz está cerca de la superficie, puede interceptar y absorber nutrientes de hojas en descomposición antes de que se los lleve la lluvia.

Fortalecida por estos contrafuertes, la ceiba se eleva por encima de los demás árboles y puede alcanzar hasta 60 m de altura. Cuando el centro del tronco se pudre, las bases continúan en pie.

INTRINCADO ROMPECABEZAS DE VECINOS SELVÁTICOS

Desde arriba, las selvas tropicales aparecen tan densamente entrelazadas que resulta imposible ver el suelo. Sin embargo, mirando desde el suelo hacia arriba es posible observar que los árboles vecinos se disponen como las piezas de un rompecabezas sin llegar a tocarse. Cada árbol está rodeado por un espacio de «tierra de nadie», de 1 m de

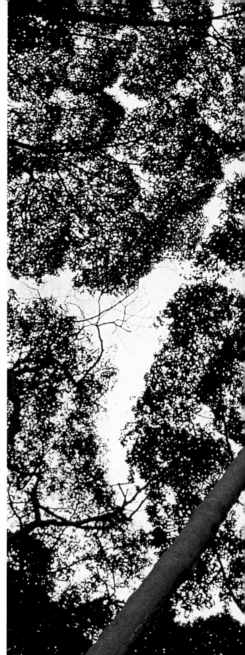

ESPACIO PERSONAL *Al mantener la distancia entre vecinos, los árboles de las selvas tropicales dificultan la propagación de enfermedades causadas por hongos.*

anchura, que destaca contra el cielo. ¿Por qué los árboles crecen así, y por qué esos espacios no se llenan? En casi todos los demás hábitats, las plantas crecen lo más rápidamente posible y a menudo se invaden mutuamente en la constante batalla por el espacio. En la parte superior de las selvas tropicales, no obstante, los árboles mantienen la distancia porque así evitan que sus ramas choquen entre sí a causa de los vientos. Además, eso impide que los insectos comedores de hojas salten de un árbol a otro.

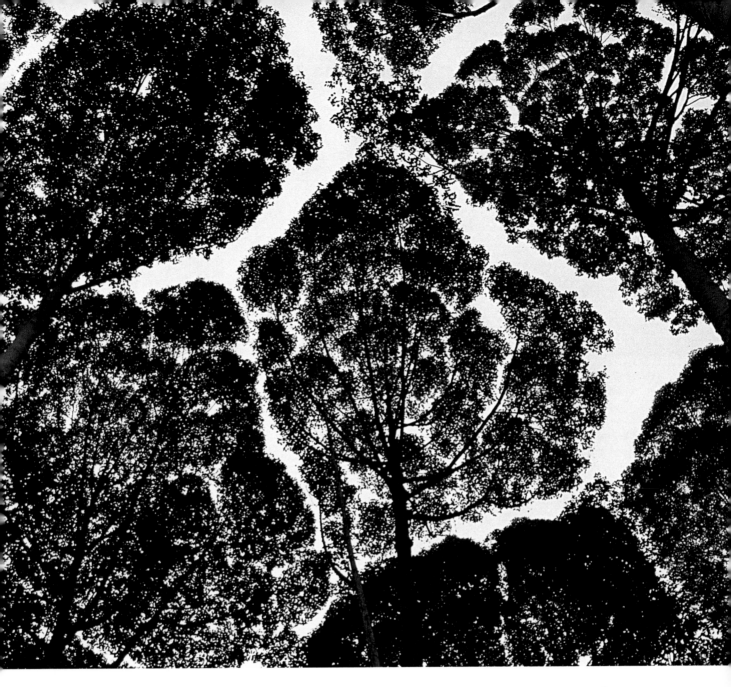

ÁRBOLES QUE ESPERAN
SU MOMENTO DE GLORIA

En las selvas tropicales dominan
algunos árboles enormes que se
cuentan entre los más altos de la
Tierra. Pero debajo de esos gigantes, en la
profunda sombra que produce la cúpula
verde, existen árboles muy diferentes que
suelen pasar inadvertidos. Son los «árboles
que esperan». Viven con una exigua ración
de luz que se filtra desde lo alto. Quizá
tengan décadas de edad; sin embargo, sus
troncos no son más gruesos que un palo de
escoba.

Para estos árboles la vida comienza
cuando un árbol gigante muere y cae;
entonces se inunda de luz su mundo sombrío y se les ofrece la oportunidad de elevarse sobre la bóveda verde y reemplazar
al gigante abatido.

LAS SUPERMUSARAÑAS
DE ÁFRICA

Ser pisado y aplastado es uno de
los riesgos que corren los animales pequeños que habitan en el
suelo. Aunque pesa un poco más que un
huevo de gallina, la musaraña de África
Central, puede sobrevivir aunque la pise
un hombre adulto.

Su resistencia radica en la columna vertebral. Las vértebras tienen trabéculas óseas
extralargas intercaladas, que hacen la
columna vertebral extremadamente fuerte.

RECICLADO EN ACCIÓN EN EL
SUELO DE LA SELVA TROPICAL

Todos los años caen de los árboles de la selva varios millones de
toneladas de hojas muertas. En las
partes frías del mundo se forman altas
pilas que contribuyen a producir algunos
de los suelos más ricos del globo, pero en
las selvas tropicales tienden a desaparecer
enseguida. En cuanto una hoja llega al suelo, las bacterias y los hongos circundantes
entran en acción. En pocos días la hoja
empieza a descomponerse y las raíces de
los árboles absorben los nutrientes libera-
dos. La mayoría de las hojas desaparece en
un mes gracias al notable sistema de reciclado que ayuda a mantener viva la jungla.

LA SELVA NUBOSA DE MONTEVERDE

En la cadena de montañas que se extienden a través de Costa Rica hay una selva tropical donde la humedad constante crea un mundo exuberante. Monteverde alberga más de 100 especies de mamíferos y 400 especies de aves.

MARIPOSAS CON ALAS DE CRISTAL

Vistas bajo una lupa, las alas de la mayoría de las mariposas revelan un mosaico de escamas de colores imbricadas, dispuestas como las tejas en un tejado. Pero en Montever-

MARIPOSA TRANSLÚCIDA *Una mariposa de alas transparentes explora una flor en busca de néctar. Curiosamente, otras especies emparentadas poseen alas muy coloridas, con llamativos dibujos.*

de hay mariposas cuyas alas son casi transparentes porque tienen muy pocas de estas escamas. Estas especies suelen volar bajo sobre el suelo de la selva, para alimentarse de insectos muertos, excrementos de pájaros y néctar de flores.

La razón más probable de la transparencia de sus alas es que estos insectos son muy vulnerables al ataque de las aves mientras se alimentan tan cerca del suelo. Poseer alas translúcidas las ayuda a pasar inadvertidas ante los pájaros, lo que les da mayores probabilidades de supervivencia.

EL FABULOSO PLUMAJE DEL DIOS PÁJARO

En la época de los antiguos aztecas, hace más de 500 años, un ave de la selva nubosa, el quetzal, era reverenciado como un dios. Las plumas de la cola del quetzal macho, fabulosamente largas y de un verde iridiscente, se usaban en ceremonias especiales, pero los nativos no mataban quetzales

para conseguir estos tesoros plumosos: los apresaban y luego volvían a dejarlos en libertad. Los machos, de 35 cm de longitud, tienen el vientre rojo, el pecho verde y un penacho de plumas verdes, si bien son las plumas de la cola las que realmente llaman la atención, dispuestas por encima de las verdaderas plumas caudales del quetzal; cuando el animal está suspendido, cuelgan hasta 60 cm en el aire.

Como si fueran conscientes de su belleza, los machos pasan parte del día posados inmóviles sobre las copas de los árboles. De vez en cuando vuelan para buscar algún fruto oleoso, y en general regresan al mismo punto de descanso para alimentarse.

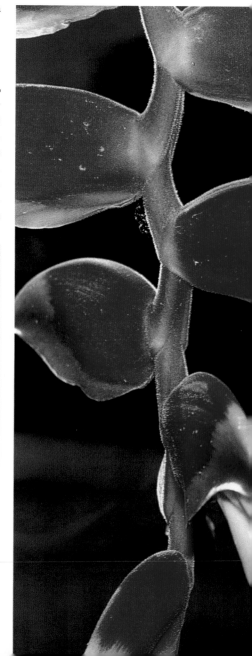

BOSQUES DE HELECHOS DE LA ERA DE LOS DINOSAURIOS

Hace muchos millones de años, cuando los dinosaurios vagabundeaban por el planeta, los helechos arborescentes eran unas de las plantas más abundantes de la Tierra. La mayoría de los helechos actuales son plantas más pequeñas y pegadas al suelo, pero en Monteverde y en las partes húmedas de los trópicos han logrado sobrevivir algunos helechos del tamaño de árboles. Presentan tupidos abanicos de exuberantes frondes de color verde intenso, que salen de troncos de hasta 12 m de altura. De la misma manera que las palmeras, crecen sólo en la parte superior del tronco: si se corta el punto de crecimiento, el helecho arborescente muere. Sin embargo, estos supervivientes del pasado difieren de los demás árboles en varios aspectos. Carecen de un sistema radicular ramificado, y su tronco es fibroso, sin una cubierta protectora de corteza. En la atmósfera húmeda estos troncos absorben agua como esponjas y a menudo se cubren de musgo y otras plantas.

EL ASTUTO SEÑUELO DE LA PLANTA PICO DE LORO

En los trópicos americanos los colibríes polinizan muchas plantas, por lo que las flores se han adaptado a sus emplumados visitantes a lo largo de millones de **años.** En Monteverde, la más espectacular de estas flores es la heliconia o pico de loro, pariente lejana del plátano. Como los colibríes no poseen buen olfato, estas plantas recurren a su forma y color para llamarles la atención. Sus flores, relativamente pequeñas, están encerradas en gigantescos «picos», de hasta 30 cm de longitud, de vivos tonos naranjas o rojos, repartidas en zigzag a lo largo de una especie de tallo en una inflorescencia multicolor. Como los colibríes visitan una cantidad de flores muy diversas, este colorido despliegue garantiza que no ignoren las de la heliconia.

¿LLENO O VACÍO? *Los colibríes deben descubrir qué flores de la planta pico de loro están vacías y cuáles están cargadas de néctar.*

RÍOS, LAGOS Y PANTANOS

Los animales de agua dulce se enfrentan a muchos desafíos. Los principales problemas para algunos son la obtención de aire y la capacidad de escapar de los depredadores; para otros, su hábitat es tan precario que puede secarse con suma facilidad.

UNA FOCA RUSA SIN SALIDA AL MAR

La foca más pequeña del mundo **vive en uno de los lugares más aislados:** el Baikal, un enorme lago de agua dulce de Siberia, a unos 1,600 km del mar. ¿Cómo hicieron las focas para llegar a un paraje tan remoto? La explicación más probable es que llegaron del océano Ártico en plena era glaciar, hace 300,000 años. A medida que los glaciares se extendían hacia el sur, los antepasados de las focas nadaban delante de ellos, hasta que al fin llegaron al lago.

La foca del Baikal, que mide sólo 1.2 m de longitud, se alimenta de peces y se comporta como cualquier foca de mar. Durante el invierno, cuando el lago se congela, sobrevive perforando respiraderos en el hielo. A comienzos de la primavera las hembras suben al hielo y paren en madrigueras bajo la nieve barrida por el viento. Las crías recién nacidas tienen un pelaje blanco, largo y sedoso, que las protege del intenso frío. Cuando están listas para dar su primer chapuzón, cerca de ocho semanas después, ya han cambiado ese pelaje para adquirir el manto gris acero de los individuos adultos.

MANANTIAL DE VIDA PARA PECES DEL DESIERTO

Un pequeño oasis de agua, perdido en el desierto de Nevada, es el único hogar del cachorrito de *Devil's Hole* (el Agujero del Diablo). Este pez, uno de los animales más raros y aislados, vive en un charco de 20 m² —el tamaño de una piscina— y su población, de 500 individuos, puede abarcarse de un vistazo.

Es probable que los cachorritos hayan vivido en *Devil's Hole* desde hace 20,000 años. Cada uno tiene el tamaño aproximado de un capuchón de bolígrafo; comen minúsculos animales y algas que crecen en las rocas del charco, que es alimentado por un manantial subterráneo, del que dependen los peces para su supervivencia. Si el nivel del agua desciende, su hábitat podría reducirse y llevarlos rápidamente a la extinción. En la actualidad este lugar está protegido como reserva de vida silvestre.

CAMINANTES BAJO EL AGUA

Las rápidas corrientes y ríos del Hemisferio Norte, Sudamérica y

RETIRO RUSO *Después del largo y crudo invierno siberiano, las focas del Baikal aprovechan al máximo el calor de la luz solar. Estas pequeñas focas pesan sólo entre 80 y 90 kg cada una.*

de sobrevivir enterrado en el barro. Si un río o lago se seca, la mayoría de los peces muere por asfixia, porque sus branquias sólo pueden extraer oxígeno del agua, no del aire. Sin embargo, para el pez pulmonar la sequía no constituye un problema.

Habitantes de Sudamérica, África y Australia, estos peces con forma de anguila, de 1 a 2 m de longitud, habitan en lagos cenagosos, donde la provisión de oxígeno suele ser escasa. Sobreviven saliendo a respirar a la superficie, y pueden hacerlo porque tienen unos órganos parecidos a pulmones conectados a la garganta. El pez pulmonar australiano posee un solo pulmón, mientras que las otras variedades tienen dos. Cuando uno de estos peces toma una bocanada de aire, éste atraviesa la garganta y llega a los pulmones, permitiendo que el oxígeno pase a la sangre.

Si el lugar donde habita comienza a secarse, el pez pulmonar se encierra en una madriguera de entre 50 y 60 cm de profundidad, con un estrecho paso de aire a través del cual respira.

África son el hogar del mirlo acuático. Es el único pájaro cantor que se ha adaptado a la vida en el agua. No tiene patas palmeadas, pero sus gruesas plumas son enteramente impermeables, y puede cerrar las fosas nasales cuando nada. También posee un tercer párpado transparente que le permite ver mientras salta sobre las piedras cubiertas de agua.

En lugar de alimentarse en la superficie, como muchas otras aves acuáticas, este mirlo camina por el fondo del río, recogiendo larvas de insectos entre las piedras. Con su cuerpo largo trata de no volver a flotar como un corcho, de modo que siempre nada contra la corriente y luego camina con la cabeza agachada y la cola apuntando hacia arriba. Así, la corriente hace presión contra su dorso y sus alas, manteniéndolo sumergido durante todo el tiempo en que el mirlo es capaz de contener la respiración.

Los mirlos acuáticos jóvenes aprenden a nadar y a bucear antes que a volar. Se zambullen en la corriente en cuanto dejan el nido, para seguir a la madre cuando ésta desaparece bajo el agua.

CÓMO SOBREVIVE EL PEZ PULMONAR A LA SEQUÍA ESTIVAL

La manera de respirar de esta especie es diferente a la de los otros peces, por ello éste es capaz

Armados con este sistema de flotación, los helechos acuáticos pueden bloquear lagos y represas, lo que dificulta la supervivencia de otras plantas.

UN DÍA EN LA VIDA DE UNA MOSCA DE PESCADORES

Un solo día de vida adulta es la máxima esperanza de vida de una cachipolla. Estos insectos comienzan su existencia como larvas de seis patas sin alas. Durante unos tres años, se arrastran por el fondo de lagos, ríos y corrientes de agua, alimentándose de pequeñas plantas. Cuando se acerca el verano, las larvas más grandes dejan de alimentarse y suben por los tallos vegetales hasta salir a la superficie. Su piel se rompe para revelar dos pares de alas muy finas; una vez que éstas se han secado, la mosca levanta el vuelo, y poco después, el insecto se desprende por segunda vez de su piel exterior y se transforma en un individuo plenamente adulto, listo para reproducirse.

La vida de la mosca de pescadores se convierte entonces en una carrera contra reloj. Su aparato digestivo ya no funciona, de modo que no puede alimentarse. En lugar de ello, se concentra en encontrar pareja y, si es hembra, en producir y depositar huevos. Miles de machos se aglomeran en torno de las hembras en un ritual de apareamiento encima del agua. Para el crepúsculo, su tarea está cumplida y la mayoría de ellas ha muerto.

SUBMARINOS VIVIENTES

El invierno es una estación difícil para las plantas de agua dulce, porque el hielo puede cortar sus hojas y tallos. La pita acuática cuenta con una extraordinaria técnica de autoconservación: después de florecer se hunde en el fondo como un submarino, para luego volver a la superficie la siguiente primavera.

La pita acuática, como los submarinos, necesita lastre para sumergirse. Lo consigue absorbiendo carbonato cálcico del agua, la misma sustancia que hace que las ollas eléctricas se cubran de sarro. Una vez que ha absorbido suficiente lastre, se hunde bajo el agua. En primavera parte del lastre se disuelve, con lo que la flotabilidad de la planta aumenta lo suficiente para permitirle emerger.

CÓMO PROSPERAN LOS MAN-GLARES ENTRE LA SAL

Los manglares prosperan en el agua salada, al contrario que otros árboles para los cuales la sal es un veneno letal. Crecen en estuarios fluviales y costas lodosas de todos los trópicos.

Los manglares se deshacen de la sal de forma muy eficiente: la bombean de sus raíces y la almacenan en las hojas de las que se van a desprender. En consecuencia, pueden absorber agua salada sin ningún

VISITANTES TEMPORALES Las pitas acuáticas aparecen en la superficie durante sólo unos cuantos meses. Sin embargo, la planta está considerada una maleza dañina en algunas partes de Estados Unidos.

efecto nocivo. Como los suelos inundados son pobres en oxígeno, los manglares cuentan con unas «raíces respiradoras» que absorben oxígeno del aire.

HELECHOS ACUÁTICOS INSUMERGIBLES

Los helechos acuáticos pasan toda su vida flotando en la superficie de lagos y estanques. Estas plantas son tan pequeñas que caben en un frasco lleno de agua, y si se tapa y agita fuertemente el frasco, se puede comprobar que siempre vuelven a subir a la superficie en la posición correcta y con las hojas perfectamente secas.

Los helechos acuáticos viven en lugares lluviosos, sobre todo en los trópicos, por lo que necesitan un follaje impermeable que les impida hundirse. Sus hojas están cubiertas de pelos microscópicos que atrapan el aire y permiten que resbale el agua.

PUNTALES VITALES Estabilizados por medio de sus raíces arqueadas, los manglares se mantienen firmes en el lodo de las orillas marinas. Cuando baja la marea, sus troncos quedan suspendidos en el aire.

EL ÚLTIMO MOVIMIENTO *Una mosca de pescadores se desprende de su piel por última vez. Vivirá una sola tarde, apenas el tiempo suficiente para encontrar pareja y reproducirse.*

LOS EVERGLADES

Los Everglades de Florida quedan empapados tras las tormentas subtropicales estivales. El terreno cenagoso y el clima húmedo los convierten en un paraíso para animales y plantas que necesitan abundante agua dulce.

GOLFO DE MÉXICO

FLORIDA

Los Everglades ●

COMENSAL EXIGENTE QUE ATRAPA PRESAS LENTAS

Algo raro en las aves de presa, los **milanos caracoleros limitan su alimentación a una sola clase de caracol acuático.** Este milano tiene una particular inclinación a comer caracoles manzana, que se alimentan de algas y desechos del agua. Cada pocos minutos este caracol debe salir a respirar a la superficie,

COMIDA DE GOURMET *Un milano caracolero se dispone a comer su alimento preferido: un caracol manzana de agua dulce.*

y es entonces cuando ataca el milano. Inclinado hacia el agua, agarra al caracol con una de sus patas y vuela a su «percha» a comérselo. Su pico largo y ganchudo está especialmente diseñado para arrancar la carne del interior del caparazón, mientras lo sostiene con las garras.

ÁRBOLES QUE RESPIRAN POR LAS RODILLAS

La mayoría de los árboles muere **de asfixia en los terrenos pantanosos, ya que éstos impiden que el agua les llegue a las raíces.** Sin embargo, el ciprés de los pantanos, que habita los Everglades, supera este problema con raíces provistas de «rodillas» nudosas que sobresalen en su parte superior para absorber oxígeno del agua.

Las «rodillas» de estos cipreses los ayudan a atrapar limo y vegetación en descomposición, que al cabo de muchos años se convierten en pequeñas islas o montículos de cipreses. Aunque éstos suelen medir menos de 1 m de altura, los árboles que crecen sobre ellos pueden alcanzar la altura de un edificio de 15 pisos. Son lugares perfectos de anidamiento para las aves acuáticas de los Everglades.

CONSERVACIONISTAS DE LOS EVERGLADES

Los caimanes americanos **son asombrosos pero eficaces conservacionistas de los Everglades.** Sin su importante trabajo, muchos habitantes de los pantanos de la región morirían durante la temporada seca invernal. Los caimanes despejan las aguas estancadas lodosas, utilizando las patas y el hocico para empujar hacia un lado barro y plantas. Lo hacen para crear depósitos de agua, que utilizan durante la sequía invernal y que proporcionan un valioso hábitat a gran cantidad de animales, como caracoles, tortugas, peces y anfibios; todos ellos sirven de comida a otros, así como a las aves de paso.

Las excavaciones de los caimanes no sólo contribuyen al característico paisaje de los Everglades, sino que ayudan a crear montones de abono natural que, con el tiempo, se cubren de hierbas y árboles jóvenes, creando un mayor hábitat para las especies silvestres de la región, como insectos y aves.

INTRUSO TROPICAL QUE ES UN PEZ FUERA DEL AGUA

El equilibrio del ecosistema de **los Everglades en ocasiones se ve comprometido por invasores foráneos.** Uno de ellos es el bagre caminante, una especie depredadora de agua

CÓMO SE FORMARON LOS EVERGLADES

Hace seis millones de años la zona que forma los Everglades yacía bajo un mar poco profundo. El sedimento del fondo marino se fue convirtiendo en piedra caliza, que se sumergía y emergía cada vez que cambiaba el nivel del mar.

Cuando se derritieron los glaciares, el mar se elevó y bloqueó las salidas del lago Okeechobee; así se crearon los pantanos cenagosos que existen hoy. El punto más alto de los Everglades está a sólo 10 m sobre el nivel del mar, lo que asegura que el agua se filtre a través de los pantanos con lentitud en su recorrido hacia el mar.

dulce del sureste de Asia que escapó de unos criaderos naturales de peces en la década de los sesenta. Haciendo honor a su nombre, puede salir del agua mediante unas fuertes espinas que tiene en el abdomen. Las noches de lluvia se arrastra de charco en charco, respirando a través de sus branquias especialmente modificadas. Su impacto en la compleja ecología de los Everglades es difícil de evaluar: aunque es un formidable depredador de otros peces, también es presa de garzas y garcetas.

LOS PROTECTORES VENENOSOS DE LA PALOMA DE LOS EVERGLADES

A la paloma de cabeza blanca de los Everglades le gustan las **bayas de la goma de cerdo.** En la época en que éstas fructifican, las palomas vuelan hacia el interior desde sus colonias de anidamiento en los pantanos costeros de los manglares, para alimentarse de las bayas venenosas. Estas aves cuentan con una defensa especial contra los depredadores; la savia cáustica de este árbol los mantiene alejados. Las palomas son inmunes al veneno de los frutos, y a cambio de alimento y protección ayudan a diseminar las semillas del árbol.

RODILLAS HUESUDAS *Las raíces aéreas de un ciprés de los pantanos crecen fuera del terreno cenagoso para absorber oxígeno, esencial para la supervivencia del árbol.*

LAGOS DE SAL, FUENTES TERMALES

En la Tierra existe vida desde hace más de 3,000 millones de años; durante ese tiempo los seres vivos se han adaptado a algunos hábitats extraordinarios. Manantiales, lagos salados y fugas de petróleo albergan sus propios tipos de vida.

BACTERIAS AMANTES DE LA SAL

Aunque un ambiente rico en sales suele ser hostil a la vida, ciertos tipos de bacterias, llamadas halófilas y halobiontes, prosperan en tales condiciones. Las especies que viven en el mar Muerto, uno de los lagos más salados de la Tierra, están tan bien adaptadas a vivir en un medio salobre que el agua dulce les resulta venenosa. Si son colocadas en agua pura, incluso durante pocos segundos, mueren.

El agua salada contiene alrededor de 3.5 % de sal, el equivalente a una cucharada disuelta en cada litro. En las partes cálidas del mundo, algunos lagos contienen hasta diez veces esa cantidad y los cristales de sal pueden verse en la orilla donde el agua se ha evaporado por efecto del sol.

VIDA EN SALMUERA *Las bacterias amantes de la sal prosperan en hábitats que matarían a casi cualquier otra forma de vida.*

LA MARCHA DE LOS FLAMENCOS ENANOS

Para los flamencos enanos, el intenso calor, el agua salada y el barro pegajoso son los elementos que componen un hábitat ideal. Estas aves viven en las salinas y lagos de sosa de África.

Los flamencos enanos se alimentan casi enteramente de cianobacterias o algas verde-azuladas, que prosperan en las aguas cálidas ricas en sosa. Para alimentarse, estas aves bajan el cuello hasta que la cabeza les queda casi boca arriba, con la punta del pico apenas por debajo de la superficie. Caminan hacia delante balanceando la cabeza de lado a lado, y filtran la comida bombeando agua por unas fibras especiales que poseen en el pico y que funcionan como un colador.

Lamentablemente para estos animales, los lugares seguros para anidar y los buenos sitios de aprovisionamiento de comida suelen estar distantes entre sí. Los flamencos no pueden volar hasta que tienen más de dos meses de edad y se ven obligados a caminar hasta la fuente de alimento.

En algunos lagos africanos cientos de miles de polluelos se abren paso por el barro en medio del calor abrasador hasta el agua, a lo largo de unos 50 km.

LA VIDA CERCA DEL PUNTO DE EBULLICIÓN

Imaginemos sumergirnos en un charco caliente a 85 °C, lleno de agua capaz de carcomer el metal. Un baño así significaría la muerte instantánea para casi cualquier forma de vida, pero no para las bacterias que habitan las fuentes termales. Una de ellas, *Sulfolobus acido-*

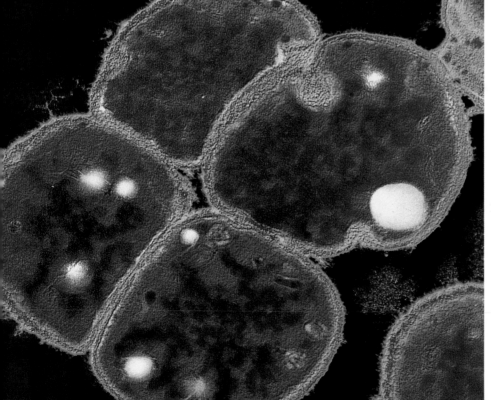

AL LÍMITE *La mosca de las termas es uno de los pocos insectos capaces de sobrevivir en los manantiales humeantes del parque nacional Yellowstone.*

caldarius, puede crecer en temperaturas cercanas al punto de ebullición y en agua más ácida que el vinagre.

En el parque nacional Yellowstone, Estados Unidos, el alga *Zygogonium* forma grandes tapetes que van y vienen con la corriente humeante. Aunque tales selvas en miniatura son demasiado calientes para la mayoría de los animales, constituyen la comida de las larvas de la mosca de las termas, que se alimentan de estas algas. No obstante, las moscas no tienen su mundo hirviente para ellas solas. Un diminuto ácaro *(Partnumiella thermalis)* se alimenta de sus huevos, mientras que otra mosca *(Bezzia setulosa)* produce larvas carnívoras que andan por las algas atacando a otras larvas que encuentren. Incluso en las fuentes termales los depredadores nunca están lejos.

HUEVOS RESECOS QUE LEVANTAN EL VUELO

Uno de los problemas de vivir en lagos salobres es que suelen secarse, lo que deja sin hogar a sus **habitantes.** Para los camarones de salmuera, esto no constituye un desastre sino la clave de su subsistencia.

Estos crustáceos del tamaño de un dedo crecen en las aguas saladas y recolectan comida con sus patas plumosas. Ponen dos clases de huevos: algunos tienen un cascarón fino y hacen eclosión poco después del desove; otros tienen una cáscara mucho más gruesa y se hunden en el barro del lago.

Si el lago se seca, todos los camarones de salmuera adultos mueren, pero los huevos de cascarón grueso pueden permanecer vivos hasta cinco años. Cuando soplan vientos fuertes sobre el fondo del lago, a menudo se elevan en el aire junto con el polvo, y así pueden viajar lejos, aunque caigan al agua en ocasiones. Si estos huevos latentes se empapan, los embriones que contienen comienzan a desarrollarse. Los huevos hacen eclosión y emergen los jóvenes camarones.

PARA CIERTAS MOSCAS EL PETRÓLEO ES UN ELEMENTO VITAL

La pequeña mosca del petróleo, de California, vive en filtraciones naturales de petróleo crudo. Se alimenta de animales que quedan atrapados en la pegajosa sustancia.

El petróleo es un elemento altamente peligroso para los animales, ya que obstruye la piel y las plumas y se adhiere con fuerza a las patas y las alas. Sin embargo, para la mosca del petróleo es vital.

Las larvas de esta especie viven dentro del petróleo y respiran a través de unos tubos microscópicos que se conectan con la superficie. Se alimentan de cualquier cosa que aterrice en su hábitat, incluidos insectos más grandes que ellas. Las larvas suelen tragar petróleo al comer, pero en lugar en envenenarlas, como ocurre con casi todos los demás animales, el petróleo pasa por su cuerpo sin causarles el menor daño.

Cuando las larvas se convierten en moscas adultas cuentan con patas segmentadas que atraen una humedad repelente al petróleo, y que pueden utilizar para caminar por la superficie de la sustancia sin miedo a quedar pegadas.

PRADERAS

Los pastos y hierbas, que cubren el 10 % de nuestro planeta, deben su éxito a su capacidad de adaptación y a su resistencia, ya que son capaces de sobrevivir al fuego, la sequía, el pastoreo, el calor y el frío, y alimentan a una gran variedad de animales.

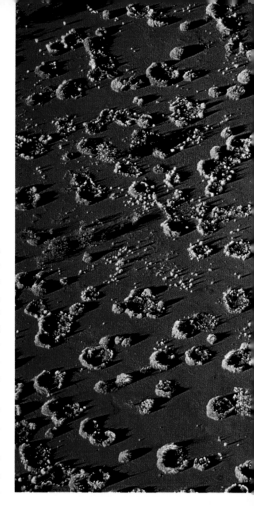

CIGÜEÑAS CARROÑERAS QUE SIGUEN EL RASTRO DEL FUEGO

Casi todos los animales temen el **fuego y corren a refugiarse a la menor señal de humo o llamas.** Pero en las praderas existen especies que aprovechan las desgracias de las otras. En África, algunas de estas especies son las grandes aves que se alimentan en tierra, como las cigüeñas. Estas aves vuelan alto para escrutar las llanuras en busca de posibles presas. Si divisan humo a distancia, planean hacia él y aterrizan cerca de las llamas. Allí se encuentran en una posición ideal para atrapar a los pequeños mamíferos que intentan escapar del incendio. Cuando el fuego se ha extinguido, las aves inspeccionan el suelo ennegrecido, recogiendo los restos chamuscados de los animales que no lograron huir.

OFRENDAS QUEMADAS *Apiñadas ante el incendio de un pastizal en Kenia, estas cigüeñas blancas esperan atrapar insectos y animales que huyen de las llamas.*

BÚHOS QUE SE REÚNEN BAJO TIERRA

Las praderas tienen pocos árbo-**les y carecen de lugares seguros donde anidar, de modo que, para sobrevivir, los tecolotes llaneros hacen su nido bajo tierra.** Estas lechuzas viven en colonias de alrededor de 12 parejas en las llanuras norteamericanas y las pampas sudamericanas, y no son exigentes en cuanto al tipo de pradera a habitar. A veces cavan sus propias madrigueras, pero en general se adueñan de las que abandonan otros animales.

Sus nidos están forrados de hierba y se ubican a 1 m bajo tierra, al final de un túnel de hasta 3 m de longitud. Cuando el nido está listo, los padres se turnan para pararse a la entrada como si fueran centinelas emplumados. Si algo se acerca a un tecolote o a sus polluelos dentro o cerca de su nido, los centinelas hacen un ruido que suena como el de la víbora de cascabel. Esto disuade a los intrusos y salvaguarda a los polluelos.

LOS JÓVENES ÑUS NACEN PARA CORRER

Muchos antílopes de África se **pasan la vida en movimiento.** Cientos de miles de ñus, habitantes de Kenia y Tanzania principalmente, migran siguiendo un sendero errático de centenares de kilómetros de longitud.

Las hembras de esta especie paren sus terneros mientras la manada avanza en busca de pastos frescos, al aire libre y rodeadas de depredadores como leones, leopardos y guepardos. Pero los jóvenes ñus son capaces de correr con la manada unas horas después de haber nacido, y como todos nacen con pocos días de diferencia, hay menos riesgo de ser elegido como víctima de un ataque.

CÓMO SOBREVIVEN LOS PASTOS AL FUEGO

Con frecuencia las praderas son **devoradas por incendios que se propagan a gran velocidad en las temporadas secas del año.** Sin embargo, tras pocos días de lluvia los pastos quemados se recuperan y sus nutritivos

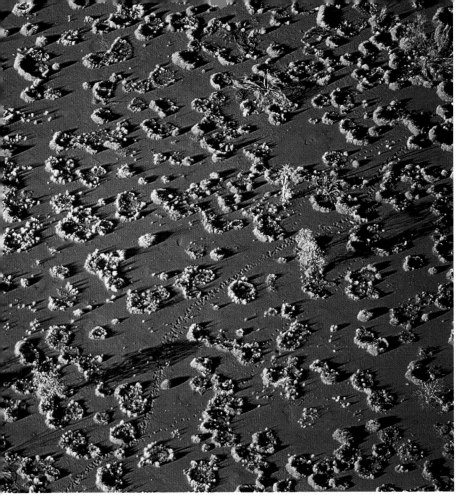

ANILLOS DE HIERBA *Las matas de pasto spinifex –cada una de varios metros de anchura– son refugios vitales para muchos animalitos de las llanuras del despoblado interior australiano.*

devorando cualquier cosa verde que se atraviese en su camino.

EL REFUGIO DE LOS SPINIFEX

Visto desde el aire, gran parte del desierto rojo de Australia parece cubierto de protuberancias de forma anillada. Son en realidad matas de spinifex, una planta exclusiva de ese continente y una de las hierbas más resistentes de la Tierra, que crece donde muy pocas plantas consiguen sobrevivir, por lo que proporciona alimento y refugio a los animales.

Las hojas de esta especie son estrechas y duras, aunque esto no impide que termitas y hormigas se las coman; éstas son a su vez presa de arañas y geckos, que cazan entre matas de spinifex durante las horas frescas de la noche.

También las aves se benefician: la paloma del spinifex, una pequeña ave semejante a una perdiz con vistosa cresta, se alimenta sobre todo de las semillas de este vegetal, que encuentra alrededor de las matas meses después de que han caído de la planta madre. A diferencia de otras palomas, ésta raramente vuela lejos: cuando se enfrenta a un peligro desaparece entre los matorrales.

brotes verdes surgen por todas partes. A diferencia de otras plantas, los pastos concentran la mayor parte de sus recursos en las raíces, bien resguardadas del peligro.

NÓMADAS DEVASTADORES QUE CONVIERTEN LA PRADERA EN DESIERTO

Las langostas migratorias tienen mala fama desde los tiempos bíblicos por arrasar vastas áreas verdes. Un solo grupo de langostas africanas puede estar compuesto de hasta 50 millones de insectos. Como necesitan la misma cantidad de comida que 30 millones de personas, su apetito suele tener consecuencias devastadoras.

Las langostas africanas habitan en lugares hermosos y secos, normalmente en grupos dispersos. No obstante, si el clima se vuelve inusualmente húmedo, como ocurre cada pocos años, el comportamiento de estos insectos cambia súbitamente.

LISTAS PARA ARRASAR *Las jóvenes langostas tienen un apetito prodigioso. En cuanto han desarrollado las alas, vuelan cientos de kilómetros para encontrar comida.*

Nutridas por una buena provisión de alimento, las hembras ponen tandas de huevos en una rápida sucesión. Pronto el suelo bulle de pequeños «saltarines», que se convierten en adultos en pocos días. Al contrario que sus padres, estas langostas son muy gregarias y se reúnen en grandes grupos. Cuando se quedan sin comida levantan el vuelo, siguiendo la lluvia y

EL CRÁTER NGORONGORO

Formado por la erupción de un antiguo volcán, el cráter Ngorongoro contiene unos 250 km2 de praderas pobladas por grandes animales. En este escenario, depredadores y presas interpretan día a día la lucha por la supervivencia.

ESCARABAJOS ESTERCOLEROS DE PATRULLA

Las praderas de África se mantienen fértiles y limpias gracias al escarabajo estercolero, que las despeja incansablemente de excrementos de animales. Estos escarabajos, también llamados peloteros, se alimentan de excrementos, tanto en su etapa de crías como en estado adulto. Utilizando las patas anteriores y la cabeza, los adultos

RUEDA QUE RUEDA *Más pequeños que su obra, estos dos escarabajos estercoleros empujan su bola de estiércol hasta suelo blando, donde la entierran.*

moldean el estiércol en bolas del tamaño de una pelota de ping-pong, que luego hacen rodar por el suelo hasta encontrar un lugar donde enterrarlas.

Durante la temporada de reproducción los machos y las hembras utilizan una bola como banquete de bodas después de haberse apareado. A continuación moldean varias más y las entierran tras haber puesto un solo huevo en cada una. La bola sirve de «guardería» y de despensa; una vez salida del huevo, cada larva crece con rapidez en su interior. Luego el escarabajo adulto sale a la superficie, listo para desempeñar su papel en el reciclado de los desechos naturales.

CAZADORES NOCTURNOS

Los leones de los pastizales del Ngorongoro aprovechan al máximo sus habilidades después de que oscurece, ayudados por su aguda visión nocturna. Los leones no pueden superar a cebras y antílopes en carreras en campo abierto, de modo que, para cazar con éxito, los leones han de explotar el

factor sorpresa. La oscuridad es su gran aliada, ya que les permite rodear a un grupo de animales antes de acercarse. Aunque su sentido del olfato es muy bueno, su visión es más aguda aún.

Los ojos de un león pueden ver en condiciones de gran oscuridad, porque tienen detrás de la retina una capa semejante a un espejo, llamada tapetum, que es una estructura que refleja la luz a través de la retina, de modo que las células nerviosas fotosensibles cuentan con una segunda oportunidad de detectar con facilidad a su presa a la luz de la luna, o incluso bajo la luz mucho más débil de las estrellas.

Muchos mamíferos carnívoros tienen tapetum, que es lo que hace relucir sus ojos cuando los enfocan los faros de un coche.

LAS MARCAS DE IDENTIFICACIÓN ÚNICAS DE LA CEBRA

Durante muchos años se ha discutido por qué las cebras tienen sus características rayas blancas y negras. Algunos creen que les sirven de camuflaje, lo que hace que las manadas de cebras resulten difíciles de divisar a distancia; otros sugieren que confunden a los depredadores cuando prepa-

NO SÓLO BLANCO Y NEGRO *Estas cebras de la pradera tienen rayas de color café claro entre sus características franjas blancas y negras.*

ran un ataque, porque les dificulta individualizar a una entre el grupo. Una teoría más plausible, basada en el hecho de que no existen dos cebras idénticas, propone que las rayas sirven como identificación, es decir, que permiten a las cebras diferenciarse entre ellas. Una cría, por ejemplo, recuerda desde el nacimiento el dibujo de su madre, por lo que puede distinguirla entre las demás del grupo. Los adultos se identifican unos a otros del mismo modo.

En las raras ocasiones en que nacen cebras sin rayas, tienden a ser relegadas por el resto del rebaño, lo que confirmaría al menos que las rayas representan un pasaporte de admisión en la sociedad de estos animales.

PRIMO DE LA HIENA QUE ATRAPA PRESAS PEQUEÑAS

Uno de los más extraños habitantes del Ngorongoro se llama **lobo de tierra y su alimentación consiste casi exclusivamente en insectos.** Sus presas preferidas son las

termitas recolectoras, que viven en la superficie del suelo o a poca distancia por debajo. El lobo de tierra posee un oído excepcionalmente agudo, por lo que puede detectar las termitas por el sonido.

Cuando este pariente de la hiena ha encontrado una colonia de termitas, se pone inmediatamente a comer. Con su lengua pegajosa absorbe miles de termitas obreras, que traga junto con puñados

CAZADOR MENOR *El agudo olfato del lobo de tierra le permite detectar con facilidad las olorosas secreciones defensivas de las termitas soldado.*

de tierra. Debe actuar con rapidez, porque las termitas soldado pronto contraatacan, liberando productos químicos tóxicos para defender su nido. Aun así, un lobo de tierra puede comer hasta 1 kg de termitas por noche.

MUNDOS SUBMARINOS

Los mares contienen muchos seres cuyas costumbres aún no se conocen del todo. Algunos forman parte del plancton, la masa de vida que va a la deriva en mar abierto. Otros viven en las profundidades de los océanos.

CANÍBALES CAMUFLADOS

Enormes masas de sargazos que flotan a la deriva en los mares tropicales conforman un perfecto coto de caza para el pez de los sargazos. Este pez caníbal, del tamaño de un dedo, es un maestro del disfraz. Su cuerpo está cubierto de protuberancias y sus aletas semejan frondas, de modo que su contorno se pierde entre las algas. También puede cambiar de color, de un café oscuro moteado cuando está inmerso entre los sargazos, a un verde amarillento claro cuando se encuentra cerca de la superficie, a la luz.

Aun así, debe estar alerta, pues la larga lista de sus enemigos incluye a individuos de su especie. Esta tendencia caníbal explica por qué este pez es tan cauteloso cuando corteja a una pareja, y prefiere mantenerse apartado de sus congéneres.

LA GENERACIÓN FLOTANTE

Cuando comienzan sus vidas, algunas criaturas no se parecen en absoluto a sus padres. Los percebes son un buen ejemplo. Cuando salen del huevo tienen un eje central plumoso y un solo ojo. Más pequeños que un chícharo, flotan en las aguas superficiales del mar y se

PELIGRO OCULTO *Acechante, un pez de los sargazos espera que una presa se ponga al alcance de sus camufladas mandíbulas.*

alimentan de otros animales y plantas flotantes. Al final se fijan en rocas, se hacen adultos y no vuelven a moverse jamás.

DIMINUTOS MARINEROS DE LARGA DISTANCIA

Hay un pequeño animal marino especialmente adaptado para aprovechar al máximo el viento y el agua. Conocido con el nombre de medusa velero, atrapa la brisa con una pequeña «vela» vertical. Utiliza la energía del viento para viajar miles de kilómetros por los mares tropicales.

La medusa velero no es una verdadera medusa sino una pariente cercana cuyo cuerpo redondo y casi plano contiene

MARINEROS *Las aglomeraciones de medusas velero del océano Atlántico y el mar Mediterráneo pueden alcanzar 1 km de longitud.*

pequeños espacios llenos de aire. Su «vela» está siempre izada para aprovechar la brisa; aunque aquélla mide sólo 2 cm de altura, el animal es tan ligero que se desplaza con facilidad.

Cuando hace mal tiempo, las medusas velero suelen acabar en las playas. Pero algunas siempre escapan, pues sus velas están dispuestas en diferentes ángulos, de modo que, aunque la mitad de la flota encalle, la otra mitad consigue retornar al mar.

LA AVISPA DE MAR Y SU RASTRO DE MUERTE

Todas las medusas poseen aguijones venenosos, y algunas infligen dolorosas heridas. Una especie, la avispa de mar o «medusa cajón», produce un veneno tan violento que si una persona roza sus tentáculos, puede morir en pocos minutos. Esta especie australiana recibe el nombre de «medusa cofre» por su cuerpo rectangular, que puede medir hasta 25 cm de anchura. Debajo penden los tentáculos, de hasta 4 m de longitud, armados con millones de células urticantes letales e hileras de diminu-

tas cápsulas que contienen una sustancia que actúa como pegamento. Si algún animal toca los tentáculos, el pegamento liberado hace que los tentáculos se adhieran con la fuerza necesaria para que los aguijones puedan cumplir su tarea.

MONSTRUO CON FORMA DE TORPEDO QUE RELUCE CUANDO LO TOCAN

Imaginemos algo que parece un tubo de ensayo opaco que avanza por el mar mediante impulsos. El tubo mide hasta 10 m de longitud y posee una abertura en la parte posterior. El organismo no tiene cabeza ni ojos ni ningún órgano sensor evidente, pero si es rozado, se detiene, una luz parpadea a lo largo de todo su cuerpo y luego se aleja nadando.

Aunque parece un solo organismo, en realidad se trata de una colonia flotante de pirosomas. Estos seres tubulares de 1 cm de longitud viajan por el mar en grupos de miles de individuos. Absorben agua a través de su cuerpo tubular y la expelen en pequeños chorros que los impulsan hacia delante.

Estas vastas colonias han sido tomadas por monstruos marinos, una reacción de pánico sumamente inadecuada para estos animalitos que se cuentan entre los más inofensivos habitantes acuáticos.

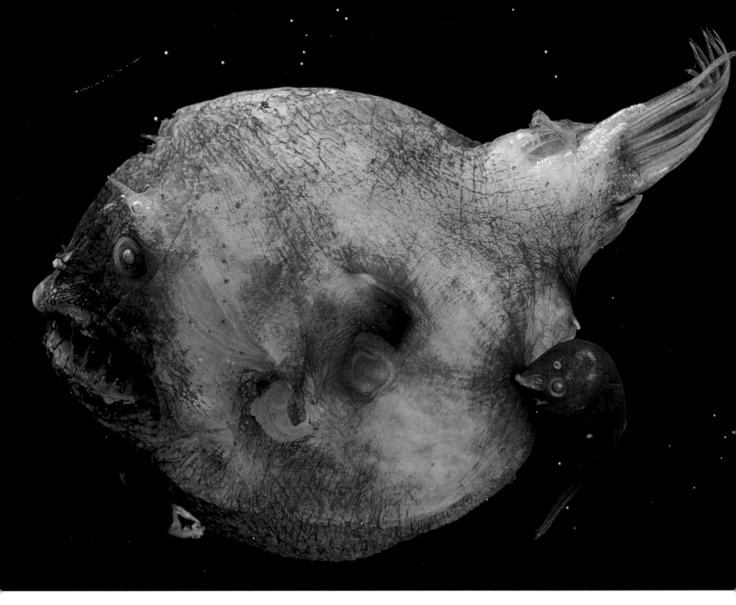

FUNDIDOS EN UN ABRAZO PERMANENTE

No sólo el alimento resulta difícil de conseguir en las profundidades oceánicas; las parejas pueden resultar aún más esquivas. El pez rana barbado macho se asegura de no perder a su compañera, en una relación insólita en la que literalmente se pega a ella.

Los machos de esta especie miden unos 2 cm, alrededor de un cuarto de la longitud de las hembras. No se alimentan y pasan todo el tiempo tratando de rastrear el olor de una hembra en el agua y localizar su atrayente luz; en cuanto lo hace, el macho le hunde las mandíbulas en la carne. Su boca acaba por fundirse con la piel de la hembra, y el flujo sanguíneo de ambos se transforma en uno. Para el resto de su vida el macho existe sólo como parásito. La hembra le proporciona alimento y él le suministra su esperma.

PAREJA INSEPARABLE *Un macho de pez rana barbado unido a su pareja, mucho más grande. A veces las hembras atraen a dos machos al mismo tiempo.*

BOCAS ENORMES Y APETITOS GIGANTES

En las vastas extensiones de las profundidades marinas, los encuentros entre animales son raros. Cuando un pez se cruza con otro debe estar preparado para devorarlo, o corre el riesgo de convertirse en la comida del adversario.

Esta regla de vida ha llevado a una especie de carrera armamentista de las profundidades, en la que los peces desarrollan bocas cada vez más grandes. La morena tragona, por ejemplo, posee aletas pequeñas y cola delgada, pero sus mandíbulas enormes abarcan más de la cuarta parte de la longitud de su cuerpo. Al igual que la mayoría de los peces de aguas profundas,

su estómago, extremadamente elástico, le permite tragar y digerir peces casi de su propio tamaño. Para sobrevivir, estos animales deben ahorrar energía, por ello poseen un esqueleto ligero y músculos pequeños. Durante semanas seguidas flotan pacientemente en las profundidades, esperando el momento crucial: una oportunidad de cruzarse con una presa.

PECES BAJO PRESIÓN

En el fondo del océano la presión del agua es intensa. Sólo 10 m de agua producen tanta presión como la atmósfera, y aumenta a medida que se desciende. En el punto más profundo del océano, en la Trinchera Mariana (véase pág. 401), alcanza alrededor de una tonelada por centímetro cuadrado, una fuerza capaz de aplastar un submarino. Sin embargo, existen peces y otros animales que sobreviven indemnes a esta presión.

Los peces lo consiguen porque su cuerpo está formado principalmente de líquido y carne aceitosa que, a diferencia del aire, no puede comprimirse. Pasan toda su vida sometidos a la misma presión del agua que los rodea, que, al ser igual dentro y fuera, no les produce efectos adversos.

Algunos tipos de peces de aguas profundas tienen vejigas de aire, una especie de tanques de flotación incorporados; como estas vejigas también sufren la presión, el pez es incapaz de sobrevivir a los cambios de profundidad. Estas especies se ven intactas en pocas ocasiones, porque si se las saca a la superficie estallan.

LA LETAL LUZ DEL PEZ RANA

En la extremada oscuridad de las **profundidades marinas, la luz es un bien precioso.** Sirve para hacerse notar y para conseguir pareja, pero también puede llevar a la muerte. Los peces rana de aguas profundas son expertos en el uso de luces para atraer presas.

Casi esféricos y provistos de dientes afiladísimos, cuentan con una columna móvil que les sobresale por la frente. En la punta tienen algo que parece comida reluciente, que cuelga cerca de su boca. Si un animal se acerca a inspeccionar el señuelo, éste se enciende, las mandíbulas del pez rana se abren y el animal es devorado.

Muchos seres de las profundidades del mar utilizan la luz como un sistema de reconocimiento. Estas fantasmales exhibiciones reúnen a miembros de la misma especie para permitirles aparearse. A veces, las luces sirven para propósitos más siniestros. La mayoría de los peces se alimenta de otros peces, de manera que acercarse a cualquier cosa que brille puede resultar fatal.

SERES DE MARES PROFUNDOS
QUE VIAJAN DE NOCHE

Cuando cae la noche en el mar, el **sonar de un barco detecta algo**

CONSUMADO ASESINO
La mayoría de los peces rana son aplanados para poder esconderse en el fondo del mar. Esta especie es un cazador de aguas poco profundas.

que se eleva del fondo del océano, algo tan grande que, en comparación, el barco parece pequeño. Al final casi alcanza la superficie, pero varias horas después el misterioso objeto se hunde de nuevo y vuelve a las profundidades al amanecer. Aunque parezca raro, esta clase de registro de sonar tiene lugar en mares de todo el mundo. El «objeto» es una acumulación de zooplancton y los depredadores que se alimentan de él, que migran hacia la superficie después del anochecer.

Dos hechos explican por qué los pequeños animales marinos ascienden desde las profundidades. El alimento es mucho más abundante cerca de la superficie, porque es allí donde las diminutas algas flotantes aprovechan la energía solar. Durante el día, debido a los depredadores, la superficie es un lugar muy peligroso. En consecuencia, al subir por la noche, estos viajeros verticales evitan a los cazadores diurnos y se alimentan antes de regresar a su refugio en lo más profundo.

VIDA EN MINIATURA *Una microscópica red de vida flota en el mar, compuesta por millones de zooplancton (animales) y fitoplancton (plantas).*

JARDINES ROCOSOS
POR DEBAJO DE LAS OLAS

Como selvas subacuáticas esculpidas en piedras vivas, los arrecifes de corales son las estructuras más espectaculares construidas jamás por un ser viviente. Aquí la «paleta» de la Naturaleza parece casi desbordarse de colores, desde los tonos intensos de los corales en sí hasta los vívidos dibujos de los peces de los arrecifes. Éste es un mundo lleno de rincones y recovecos donde se ocultan los animales: uno de los motivos por los que los corales albergan a un tercio de todas las especies de peces marinos. Los corales tienen más aspecto de plantas, pero en realidad son racimos de pequeñísimos animales llamados pólipos. Generalmente más pequeños que una uña, cada uno se protege con una cubierta dura y el conjunto de todas ellas va formando el arrecife.

Los corales contienen algas microscópicas que aprovechan la luz, y a causa de esta sociedad los corales en sí necesitan la luminosidad del sol para vivir. Sus hermosas formas tienen la finalidad de captar luz y de ayudarlos a resistir la fuerza de la corriente y de las olas.

CHIMENEAS VOLCÁNICAS

En el fondo del Pacífico, cerca de las islas Galápagos, un agua negra, cargada de minerales, brota a borbotones de la corteza terrestre a temperaturas superiores a 400 °C. Sin embargo, hasta ese difícil ambiente rebosa de animales.

SERES QUE VIVEN EN EL UMBRAL DEL PELIGRO

Si se observan bajo el haz de un potente reflector, las chimeneas submarinas parecen conductos rocosos que derraman humo líquido al mar. El agua que arrojan es tan caliente que puede derretir termómetros; sin embargo, a pocos centímetros de distancia su temperatura desciende a unos 4 °C, igual que en el resto del profundo fondo del mar. Cerca de este ambiente en apariencia inhóspito crecen animales como las almejas gigantes.

Las especies que aquí viven no pueden arriesgarse a entrar en contacto ni por un instante con el agua de las chimeneas, pero necesitan los minerales disueltos de ésta para sobrevivir. En consecuencia, viven en la estrecha zona que rodea la chimenea, próximos para utilizar sus sustancias químicas nutrientes pero no tanto como para cocerse. En este rico microambiente algunos animales alcanzan tamaños fantásticos.

EL PEZ CABEZUDO QUE CAZA EN LA OSCURIDAD

Desde 1977, cuando se descubrieron las chimeneas de las profundidades marinas, se han encontrado más de 300 clases de animales en esos remotos hábitats. Entre ellos se incluyen camarones ciegos, pulpos casi transparentes y varios peces de formas extrañas. Uno de ellos, el pez de las fumarolas, que habita cerca de las islas Galápagos, tiene cabeza bulbosa y ojos pequeños, pero su característica más rara es la forma en que se reproduce. En lugar de poner huevos, como la mayoría de los peces, pare crías vivas. A diferencia de las almejas y los gusanos tubulares gigantes, este pez no alberga bacterias, de modo que debe encontrar alimento para sobrevivir. Posiblemente caza otros animales de las chimeneas, o vive de restos muertos.

NACE UN NUEVO MAR DE CHIMENEAS

Durante un estudio de chimeneas del fondo del mar que se realizó en 1991 en el Pacífico oriental, un equipo de investigaciones presenció la creación de una nueva chimenea. El espectáculo que vieron los investigadores era de suma desolación: una inmensa erupción había acabado con la mayoría de los seres que antes se observaban en la zona. Restos de gusanos tubulares y almejas muertos cubrían el fondo del mar, cubiertos de sedimentos minerales. Los únicos signos de vida eran nubes de bacterias.

Dos años después, la misma chimenea se había transformado. Nuevas colonias de gusanos tubulares crecían con rapidez, al tiempo que cangrejos y camarones se abrían paso entre bancos de almejas. Aunque las chimeneas existentes suelen hallarse a cientos de kilómetros de distancia unas de otras, los animales se habían orientado hacia la nueva. La mayoría de estas especies produce diminutas larvas que flotan a la deriva a través de largas distancias y se desarrollan si encuentran una chimenea.

SOCIOS EN LAS PROFUNDIDADES

Como una maraña de tubos provistos de carnosos sombreretes rojos, los gusanos tubulares gigantes son los animales más extraños que habitan las chimeneas. De hasta 3 m de longitud, cada uno posee en el extremo superior un penacho de alrededor de 200,000 tentáculos de color rojo intenso que actúan como branquias, absorbiendo oxígeno del agua. Estos animales no tienen boca ni aparato digestivo. Entonces, ¿cómo se mantienen con vida?

La respuesta radica en los miles de millones de bacterias que se desarrollan dentro del cuerpo de los gusanos. Éstas procesan el sulfuro de hidrógeno del agua de las chimeneas y lo convierten en alimento, y el gusano obtiene una parte a cambio de proporcionar un hogar a las bacterias.

GUSANOS SIN BOCA *El tubo que protege a los gusanos gigantes está hecho de quitina, que también forma la dura cubierta exterior de algunos insectos.*

SECRETOS DEL FONDO DEL MAR

Para el 99 % de los seres vivos del mundo, la luz solar es la fuente de vida. Si el Sol se apagara, casi todos los animales y las plantas morirían en pocas semanas. También desaparecería la mayor parte de la vida de las profundidades marinas, que subsiste gracias al alimento que le llega desde arriba.

Sin embargo, en torno a las chimeneas submarinas la vida continuaría, porque allí depende no de la energía solar sino de la energía química del interior de la Tierra. Mientras el agua de estas chimeneas continúe fluyendo, las bacterias podrán dividirse y crecer, y los animales que se alimentan de ellas sobrevivirán. En teoría, estas especies podrían continuar viviendo por su cuenta hasta que la Tierra se enfriara y su actividad volcánica cesara.

FUMAROLA NEGRA *Agua rica en minerales mana de una chimenea.*

SUPERVIVENCIA EN LA PLAYA

Con sus arenas inquietas, sus golpes de olas y sus mareas revueltas, la orilla del mar es un hábitat exigente. Mantenerse en un mismo sitio es un desafío. Pero, para algunos animales, la costa constituye un hogar ideal.

VELOCES FANTASMAS QUE CORREN A BUSCAR REFUGIO

En las playas arenosas hay pocos lugares donde esconderse, de modo que los animales pequeños necesitan reaccionar con rapidez para sobrevivir. En las costas tropicales de todo el mundo vive un cauteloso habitante de la playa llamado cangrejo fantasma, que evita el peligro huyendo a gran velocidad y es uno de los corredores de ocho patas más rápidos que existen.

Siempre alerta al riesgo de ataque de aves marinas predatorias, este cangrejo recorre la línea de la marea en busca de animales muertos arrastrados por las olas. En comparación con otros cangrejos, tiene muy buena vista, ya que es capaz de detectar pequeños movimientos y sombras a

REUNIÓN FANTASMAL
Empujándose para obtener una parte del banquete, los cangrejos fantasmas se comen los restos de un pez que ha traído la marea.

varios metros de distancia. Además es muy sensible a las vibraciones en el aire y la arena, que podrían anunciar la llegada de un ave depredadora.

Si un cangrejo fantasma percibe problemas, reacciona instantáneamente; pronto corre por la arena a más de 1 m por segundo, esquivando y cambiando de rumbo para evitar que lo capturen.

Los cangrejos fantasma suelen merodear por la superficie durante horas, pero como memorizan los puntos de referencia de la playa, siempre saben con exactitud dónde queda su madriguera. Esto es importante, pues si un cangrejo entra en la cueva de otro, se arriesga a ser expulsado violentamente, con potenciales consecuencias fatales.

AL ACECHO DE LA MAREA

Durante unas cuantas noches por año pueden verse miles de peces azul plateado moverse en las **playas del sur de California.** Se trata de los pejerreyes californianos que, aunque suelen dar la impresión de estar varados, en pocas horas vuelven a desaparecer en la seguridad del mar. Este hecho extraordinario ocurre en las tres o cuatro noches posteriores a cada marea extra alta de primavera.

Los peces llegan a la orilla para poner sus huevos en un sitio donde se encuen-

PECES FUERA DEL AGUA *La reunión de pejerreyes en la costa californiana es todo un espectáculo. Los turistas pueden recoger los peces con la mano.*

tren a salvo de los depredadores acuáticos. Cada hembra deposita hasta 3,000 huevos, que entierra apenas por debajo de la superficie de la arena, y mientras lo hace varios machos se mueven alrededor, fertilizándolos con su esperma. Cada pez permanece apenas unos minutos fuera del agua, y todo el desove se completa antes de que se retire la marea. Los huevos quedan en la arena durante por lo menos dos semanas, hasta la siguiente marea extra alta. Cuando el mar los humedece, hacen eclosión en pocos minutos y los pequeños peces se alejan nadando.

¿CÓMO SE ADHIEREN LOS MEJILLONES?

Imaginemos un pegamento que fije bajo el agua y se convierta en filamentos sólidos que ni siquiera las olas más potentes consigan romper. O uno que actúe como cemento pero que sea mucho más resistente y que soporte las condiciones más tormentosas de la costa marina. Estos pegamentos existen; los fabrican los mejillones y las ostras, animales costeros de todo el mundo cuya supervivencia depende de la capacidad de permanecer fijos en un lugar.

Como muchos otros moluscos, los mejillones y las ostras se fijan a las rocas. Allí filtran las partículas de alimento del agua marina, abriendo su concha cuando llega la marea y cerrándola cuando baja. Eligen su lugar de residencia en su estado larval, después de una breve existencia flotando en el mar.

Para los mejillones y las ostras adultos, esta sujeción es vital, ya que no pueden alimentarse si se los lleva la corriente. Las ostras utilizan su «pegamento» para fijar una de sus dos valvas a una roca. El pegamento es tan fuerte que si se rompe la concha de una ostra, suele arrastrar consigo fragmentos de la roca.

EL «MAPA» QUÍMICO DE LOS TREPADORES DE ROCAS

Las lapas son famosas por adherirse a las rocas, pero para alimentarse se desplazan. Dos veces al día, cuando sube la marea, se arrastran por las piedras para comer algas.

Aunque rara vez se alejan más de 1 m de su base, las lapas cuentan con un ingenioso modo de encontrar el camino de regreso a su sitio: dejan un rastro químico que no se borra con el agua. Cuando la marea comienza a bajar, la lapa sigue ese rastro para regresar a su lugar.

La residencia de una lapa es un nicho donde su concha y la piedra encajan perfectamente. Como carece de grietas en su armadura, el animal está a salvo de ataques y además evita secarse. No obstante, cuando se desplaza puede arrancarla de las rocas el pico de un ostrero, un ave que se alimenta de la carne blanda del interior de este molusco.

PATRULLA COSTERA *Golpeando con el pico, un ostrero americano trata de despegar una lapa adherida a una roca de la playa.*

LA RESISTENTE SIEMPREVIVA MANTIENE UN BAJO PERFIL

En las costas templadas más tormentosas del mundo, los faros y estaciones de guardias costeros deben enfrentar vientos de enorme fuerza y el incesante rocío de las aguas salobres. Los edificios no siempre sobreviven a tan inclementes condiciones, pero algunas plantas marítimas consiguen soportarlas casi todos los días.

Una de las más fuertes de estas plantas es la siempreviva. Crece en montículos con forma de cojín. Aunque en los lugares más protegidos puede alcanzar los 30 cm de altura, en las costas su forma cambia para sobrellevar condiciones mucho más desapacibles. Manteniendo un bajo perfil, las siemprevivas pueden resistir vientos de hasta 150 km/h, intensidad suficiente para hacer pedazos a casi cualquier otra planta.

UNA NOTA DE COLOR EN LOS RISCOS
Las siemprevivas salpican de color la parte alta de las costas rocosas. Permanecen en flor desde abril hasta julio.

EL DEPÓSITO DE AGUA NATURAL DE RESBALADIZOS SUPERVIVIENTES

Las algas marinas que crecen en las costas pasan varias horas al día fuera del agua. Para sobrevivir necesitan mantenerse húmedas, porque si se secan, mueren. Una de las maneras en que las algas marinas conservan el agua consiste en crecer en lugares sombríos, pero las kelps y otras algas cafés disponen

ENTRE MAREAS *Dejadas al descubierto por la marea baja, las algas marinas cafés muestran sus tallos duros y gomosos, una adaptación para resistir las olas.*

además de un arma secreta: una sustancia llamada algina.

La algina es un material generativo, similar a la celulosa, que se encuentra en las plantas en floración. La celulosa sirve para absorber agua, pero la algina es aún mejor, ya que una sola cucharada agregada a 1 litro de agua basta para que quede espesa el agua como la miel. Con la algina de sus frondas las algas cafés retienen abundante agua y se conservan mojadas y resbaladizas.

MACIZOS DE FLORES BAJO EL MAR

En las regiones templadas el agua poco profunda es residencia de plantas que florecen bajo el mar. Estas plantas, llamadas pastos marinos, son distintas en muchos aspectos. Al contrario que las algas, tienen verdaderas hojas y raíces, y forman enormes macizos subacuáticos arraigados en arena o barro.

Existen cientos de tipos de algas marinas pero menos de 50 pastos marinos, las únicas plantas del mundo que florecen y echan semillas en el mar.

No obstante, el que vaya a nadar en un macizo de estas hierbas no encontrará flores deslumbrantes. Como viven en remolinos de aguas saladas, estas especies no pueden montar vistosos despliegues; por el contrario, sus flores son muy pequeñas y a menudo se encuentran ocultas en sacos en el interior de las hojas.

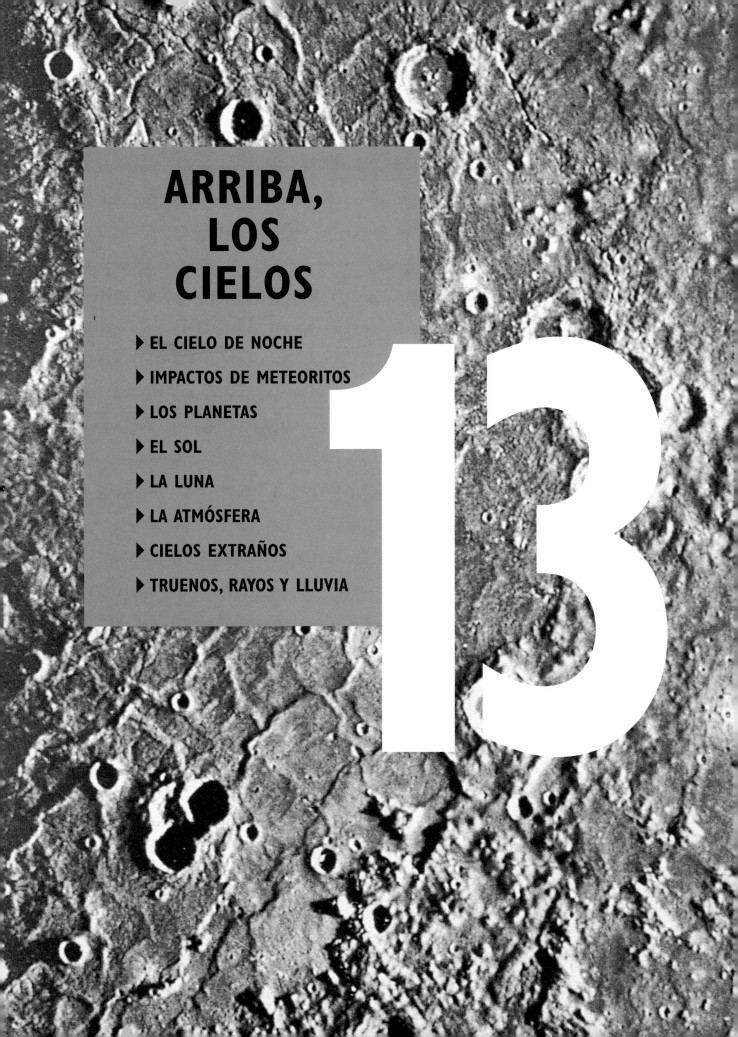

ARRIBA, LOS CIELOS

13

EL CIELO DE NOCHE

Todas las noches el cielo se cubre con un espectáculo de luces: salen las estrellas, estallan fuegos artificiales y relucen los cometas. Algunos de estos fenómenos pueden explicarse, otros siguen siendo un misterio.

LA CONSTELACIÓN MÁS PEQUEÑA ENCIENDE EL CIELO DEL SUR

La Cruz del Sur es la característica más notable del cielo nocturno al sur del ecuador, a pesar de ser la constelación más pequeña, que abarca apenas un 5 % del área de la constelación septentrional más grande, Hidra.

La Cruz del Sur, que se observa en su punto más alto en las noches de abril y mayo, es un útil indicador para orientarse en el cielo austral. Su largo eje apunta al polo sur del cielo, directamente encima del Polo Sur de la Tierra, alrededor del cual las estrellas parecen girar cada noche.

El cielo nocturno se ve de manera diferente en los hemisferios Norte y Sur, porque la Tierra gira alrededor del Sol en un plano fijo. Así, por ejemplo, la constelación Orión del cielo septentrional aparece invertida en el sur.

A diferencia de la Estrella Polar del cielo septentrional, no hay ninguna estrella brillante cerca del polo sur del cielo. Pero no muy lejos está la constelación Octans, con forma de octante de navegación. Centauro es la gran constelación de la Vía Láctea en el sur, cuya estrella, Alfa Centauro, es la tercera más brillante del cielo y la más cercana a nuestro Sol.

LA CRUZ DESDE LA TIERRA *Las estrellas de la Cruz del Sur se hallan a diferentes distancias de nuestro planeta. Vistas desde cualquier otro lugar que no sea la Tierra, compondrían una figura distinta.*

TRAVESÍA REGULAR DEL COMETA HALLEY

Los cometas se mueven en órbitas ovales a una velocidad de hasta 20 km/segundo. La primera persona que observó que los cometas se movían según un esquema regular fue el astrónomo Edmund Halley. En 1704 calculó que un cometa en particular había pasado por la Tierra aproximadamente una vez cada 76 años y predijo que reaparecería en 1758. Lamentablemente, murió 15 años antes de que el cometa volviera a verse, la Nochebuena de 1758. Desde entonces lleva su nombre.

LAS ESTRELLAS FUGACES DESPLIEGAN LOS MÁS GRANDIOSOS FUEGOS ARTIFICIALES

Todos los meses de agosto cientos de estrellas fugaces cruzan los cielos en rápidos estallidos de luz, cuando la Tierra atraviesa los desechos que deja a su paso el cometa Swift-Tuttle. Este fenómeno se conoce con el nombre de «lluvias de Perseidas», por la constelación de Perseo, de donde parecen venir.

¿QUÉ ES UN COMETA?

Imaginemos una bola de nieve gigante, de varios kilómetros de diámetro y formada con una mezcla de piedras y hielo. Esto es un cometa, y hay miles de millones de ellos escondidos en un anillo fuera de la órbita de Plutón. De vez en cuando la gravedad de una estrella que pasa arranca uno de estos cometas de las profundidades del Sistema Solar

LLAMARADA DE COLA *El cometa Halley pasa por la Tierra cada 76 años, aproximadamente, en una llamarada de hielo y polvo ardientes. Los cometas son anteriores a la formación del Sol.*

y lo deja orbitando alrededor del Sol en grandes bucles descarriados.

Cuando un cometa se acerca al Sol se calienta, despidiendo gas y polvo en una gran cabeza que puede medir miles de kilómetros de anchura, y dejando tras de sí una cola de desechos, de millones de kilómetros de longitud.

Aunque parezca estar quemándose en una breve llamarada de gloria, un cometa contiene hielo y rocas suficientes como para poder realizar cientos de viajes alrededor del Sol, a menos que se destruya chocando contra un planeta o algún otro objeto del espacio. Los cometas están entre los más antiguos vecinos de la Tierra

RARA VISITA *El Hale-Bopp resultó ser un cometa raro y excepcionalmente brillante cuando fue visto atravesando los cielos septentrionales en 1997.*

en el Sistema Solar. Son reliquias congeladas de hace 5,000 millones de años, antes de que se formaran el Sol y los planetas a partir de una gran nube de polvo y gas.

Estos cuerpos se movían por esa nube primitiva hasta que al fin fueron empujados al borde del Sistema Solar por la fuerza gravitatoria de planetas como Júpiter, Saturno, Urano y Neptuno.

Las estrellas fugaces no son estrellas en realidad, sino meteoros, haces que se forman con fragmentos de desechos celestes, a menudo de la cola de un cometa, que entran en la atmósfera terrestre.

EL PODER OCULTO DE JÚPITER

En 1933 tres astrónomos aficionados descubrieron un cometa que atravesaba el Sistema Solar. Pero Eugene y Carolyn Shoemaker, de Estados Unidos, y David Levy, de Canadá, ignoraban que el Shoemaker-Levy 9 —nombrado en honor a ellos— terminaría sus días en el cataclismo más explosivo que se haya visto nunca desde la Tierra.

Un año después el cometa se acercó tanto al campo de gravedad de Júpiter que estalló en pedazos y sus desechos emprendieron una última órbita. Luego, en julio de 1994, lo que quedaba se sumergió en Júpiter y explotó con más energía que todas las armas nucleares terrestres detonadas al mismo tiempo.

ANTIGUO VISITANTE QUE HACE UNA REAPARICIÓN ESPECTACULAR

La travesía del Hale-Bopp por los cielos del norte en 1997 constituyó uno de los espectáculos más hermosos que jamás se

hayan visto. Tenía una cabeza brillante de polvo y gases de entre 40 y 100 km de anchura, y dos colas, una blanca, de polvo, y la otra azul, de gas ardiente.

El Hale-Bopp lleva el nombre de Alan Hale, científico espacial de Nuevo México, y Thomas Bopp, astrónomo aficionado de Arizona. Ambos coincidieron en la identificación del cometa en diferentes lugares la misma noche de julio de 1995. Durante los 19 meses siguientes se pudo observar a simple vista, con lo que estableció un récord del tiempo en que un cometa puede verse desde la Tierra de ese modo. Avistar el Hale-Bopp es muy raro: los egipcios habían sido los últimos en verlo, hace 4,000 años.

DIBUJOS DE ESTRELLAS QUE SON SEÑALES EN EL CIELO

Hace mucho tiempo la gente dio nombres a las constelaciones del cielo nocturno según los dibujos que formaban sus estrellas. En el Hemisferio Norte, la constelación más fácil de encontrar en el cielo nocturno es la Osa Mayor o Carro, que también parece una olla con mango doblado.

Las siete estrellas de la Osa Mayor están siempre por encima del horizonte salvo en las proximidades del ecuador, y componen un maravilloso indicador con respecto a otras estrellas y constelaciones del poblado cielo nocturno. Además constituyen una importante ayuda para la navegación.

SIRIO BRILLA MÁS QUE SUS COMPETIDORAS

Aunque no es la mayor ni la más ardiente, Sirio es la estrella más brillante del cielo nocturno. Es la principal de la constelación Canis Mayor, y como brilla con tanta fuerza no es difícil distinguirla. Sirio irradia 26 veces más energía luminosa que el Sol, a

OSA MAYOR *Las estrellas de la Osa Mayor forman parte de la constelación del mismo nombre. Constituyen una de las formaciones que mejor se distinguen en el cielo septentrional.*

pesar de tener un diámetro de 2.7 millones de kilómetros, apenas el doble del tamaño del Sol.

El brillo aparente de Sirio se debe a su cercanía a la Tierra: está a menos de nueve años luz de distancia. Aparte de Alfa Centauro, a 8.7 años luz, es la más próxima de todas las estrellas importantes y se acerca a la Tierra a 8 km/segundo.

Sirio también da la impresión de parpadear, de donde proviene su nombre en griego, que significa «chispeante». Este efecto lo causa la inestable atmósfera terrestre.

Los egipcios adoraban a Sirio con el nombre de Estrella del Nilo, porque su primera aparición en el cielo al comienzo de cada año marcaba la crecida anual del Nilo, de la cual dependían los cultivos y las cosechas.

EL ECLIPSE LUNAR HACE SONROJARSE A LA LUNA

Aproximadamente cada seis meses pasa una sombra sobre la **Luna.** En general sólo la oscurece parcialmente, pero a veces casi la cubre por completo. En eso consiste un eclipse lunar. Ocurre cuando la Tierra pasa entre la Luna y el Sol y bloquean el camino de la luz solar hacia la superficie lunar.

Una de las curiosas características de un eclipse lunar consiste en que la Luna da la impresión de enrojecerse. Esto está provocado por la atmósfera terrestre al curvar los rayos que iluminan la superficie de la Luna, como lo haría una simple lente o prisma. Al contrario de un eclip-

SOMBRAS LUNARES *Durante un eclipse lunar, que aquí se ve en etapas, la Tierra pasa entre el Sol y la Luna, arrojando sombra sobre la superficie del satélite.*

se solar, en que la Luna pasa frente al Sol durante pocos minutos, un eclipse lunar puede durar hasta 2 horas y media.

LUZ RADIANTE A TRAVÉS DEL UNIVERSO

En el cielo nocturno se pueden observar a menudo brillantes puntos de luz. Son cuasares, los objetos más brillantes del universo. Un cuasar puede despedir la misma energía que cientos de galaxias, aunque no son mucho más grandes que nuestro Sistema Solar. Esto equivaldría a una linterna que brillara con la potencia de todas las luces de Londres.

¿Cómo puede algo tan pequeño liberar tanta energía? Se cree que cada cuasar es una galaxia con un agujero negro excepcionalmente grande en el centro, que despide formidables cantidades de energía al tiempo que engulle millones de estrellas y nubes de gas. Los cuasares son

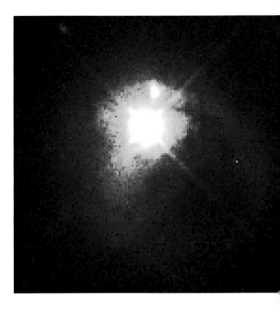

PUNTO BRILLANTE *Los cuasares fueron identificados por primera vez al final de la década de los cincuenta. Su nombre original, quasar, es la abreviatura de «quasi-stellar object» (objeto cuasi estelar), es decir, un objeto que sólo parece una estrella.*

algunos de los objetos más distantes del universo con respecto a la Tierra. Su luz tarda miles de millones de años en alcanzarnos, aunque atraviesan el espacio a enormes velocidades, en algunos casos de más de 270,000 km/segundo, una velocidad que representa el 90% de la velocidad de la luz.

LA VASTA NUBE CÓSMICA DONDE VIVIMOS

En una noche oscura la Vía Láctea se ve como una franja brumosa, cubierta por más de 200,000 millones de estrellas: ésta es nuestra galaxia. Nuestras estrellas vecinas más próximas están a cuatro años luz de distancia (su luz tarda cuatro años en alcanzarnos); las que se hallan en el otro extremo de la galaxia se encuentran a 2,500 años luz.

Algunas de las estrellas se mueven a través de la Vía Láctea como un banco de peces, apiñadas por un abrazo gravitatorio que se estableció después de su formación a partir de las mismas nubes de polvo y gas, hace miles de millones de años. Estos racimos acabarán por dispersarse, pero otros grupos, constituidos antes de la formación de la Vía Láctea, están agrupados en un halo permanente.

IMPACTOS DE METEORITOS

Los asteroides y los meteoritos son fragmentos de desechos que atraviesan el Sistema Solar como bombas descarriadas. Si un meteorito choca contra la Tierra, puede explotar y producir nubes de polvo que causan cambios climáticos.

UN PROYECTIL QUE BARRENA UN AGUJERO GIGANTE EN EL DESIERTO

No muy lejos de la carretera 99, en el desierto Pintado de Arizona, hay un extraño foso redondo de casi 180 m de profundidad y 1.2 km de anchura. No es producto de un terremoto ni ha sido excavado por seres humanos; fue provocado por un cuerpo extraterrestre. Hace unos 50,000 años un meteorito del espacio penetró en la atmósfera de la Tierra y formó un cráter al estrellarse contra el suelo.

En la actualidad se conoce como el cráter del Meteoro (aunque sería más correcto llamarlo cráter del Meteorito, ya que el volumen de roca que lo produjo fue en realidad un meteorito) y es el ejemplo de este tipo de fenómeno mejor conservado que queda en la Tierra.

El meteorito responsable de la perforación era rico en hierro. Estos cuerpos también pueden ser rocosos, y a veces contienen sustancias orgánicas y hasta diamantes y rubíes microscópicos. Están formados por materia sobrante de la creación del Sistema Solar, o por fragmentos de planetas que han estallado en el espacio al colisionar con cometas o asteroides.

INMENSO AGUJERO *El cráter del Meteoro, en el desierto de Arizona, Estados Unidos, fue provocado por un meteorito que chocó contra la Tierra hace unos 50,000 años.*

BOLA DE LLAMAS QUE ENVÍA ONDAS EXPANSIVAS ALREDEDOR DE LA TIERRA

El 30 de junio de 1908 una bola de llamas, más brillante que el Sol, pudo verse sobre Siberia. Poco después hubo una explosión masiva, que envió ondas expansivas alrededor del mundo. Un meteorito o cometa había estallado con la fuerza de una bomba nuclear, a unos 10 km sobre la superficie de la Tierra. La explosión hizo impacto en lo alto del bosque siberiano deshabitado. Sólo sufrieron daños los árboles, que quedaron aplanados dentro de un radio de 32 km.

EL ASTEROIDE GIGANTE QUE MATÓ A LOS DINOSAURIOS

Existen pruebas de que hace unos 56 millones de años un asteroide chocó contra la Tierra. Viajando a más de 200 veces la velocidad del sonido, el astro —que medía más de 12 km de anchura— desplazaba 50,000

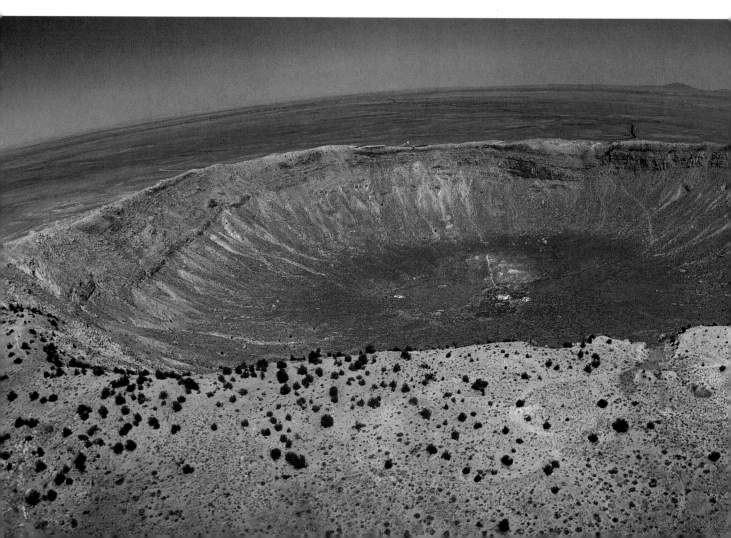

dras. Es raro que los meteoritos grandes penetren la atmósfera y choquen contra el suelo, y más raro aún que sobrevivan ilesos sin deshacerse con el impacto.

DOBLE ATAQUE A LA CORTEZA TERRESTRE

El Centro de Investigaciones Langley de la NASA, en Hampton, Virginia, se levanta al borde de un cráter subterráneo de 82 km de diámetro. Lo produjo hace 35 millones de años un meteorito que se estrelló contra la Tierra en un suceso geológico que puede haber sido el más traumático que haya sufrido toda la parte del globo que es hoy América del Norte.

Se cree que el cuerpo atravesó el agua a 80,500 km/h y vaporizó instantáneamente las rocas y sedimentos que se encontraban hasta 1 km de profundidad. Segundos más tarde una enorme columna de agua y polvo se elevó en forma de hongo, como la explosión de una bomba atómica. Se han encontrado partículas de polvo de la erupción en sitios tan distantes como el océano Índico. Todo lo que había a una distancia de 1,000 km del impacto debe de haberse destruido.

Pocos miles de años más tarde, otro meteorito cayó en Popigai, en el norte de Siberia. Los dos impactos crearon en la atmósfera un manto de polvo que bloqueó el calor del Sol y desencadenó un enfriamiento global durante los 100,000 años siguientes.

km³ de roca. La cicatriz que dejó se encuentra actualmente enterrada por acción de la sedimentación en la península de Yucatán, México, en el cráter Chicxulub, de 195 km de diámetro.

La colisión desató una tormenta de fuego y una devastadora y veloz ola oceánica llamada tsunami (véase pág. 438) de varios kilómetros de altura. Miles de millones de toneladas de desechos vola-

IMPACTO PROFUNDO *El cráter de Chicxulub, México, lo produjo un asteroide. Es casi seguro que los efectos devastadores de su impacto contribuyeron a la desaparición de los dinosaurios.*

ron por el mundo en una densa nube, lo que sumió la Tierra en la oscuridad durante un mes. Las temperaturas globales descendieron y las enormes cantidades de ácido sulfúrico suspendidas en el aire quemaron el suelo.

Al despejarse el aire, las temperaturas se elevaron. Las plantas se marchitaron y los animales murieron de hambre. Las víctimas más famosas de tal devastación fueron los dinosaurios.

EL METEORITO MÁS GRANDE DE LA TIERRA

Junto a un camino de tierra de Grootfontein, Namibia, yace un fragmento de roca tan grande como un automóvil, del que sólo aproximadamente 1 m es visible sobre el suelo, ya que el resto está enterrado. Es el mayor meteorito intacto que existe sobre la Tierra, compuesto sobre todo por hierro y níquel, con un peso de más de 60 toneladas. Permanece donde cayó hace miles de años.

Puesto que no hay rastros de cráter, se cree que el área circundante se ha erosionado lentamente y el meteorito es la única prueba del impacto.

El mundo es bombardeado continuamente por meteoritos. La mayoría de estos cuerpos cae en la Tierra sin hacer daño, en forma de polvo o pequeñas pie-

ROCA ESPACIAL *La punta del mayor meteorito del mundo puede ser vista en Namibia. Chocó contra la tierra hace aproximadamente 80,000 años.*

EL SISTEMA SOLAR

El Sistema Solar es como un pequeño oasis en el espacio, un raro sistema planetario en una galaxia donde se conocen relativamente pocos planetas. En el centro está nuestra estrella, el Sol, alrededor del que orbitan los nueve planetas y sus lunas. La poderosa atracción gravitatoria solar es lo que dirige el sistema en un vasto remolino giratorio.

El Sistema Solar podría haberse creado a partir de los desechos de la explosión de una vieja estrella, que despidió una masa giratoria de gases y polvo. Hace aproximada-mente 4,600 millones de años, la vasta nube caliente de desechos se acercó al Sol y los restos giraron en un disco a partir del que se formaron los planetas.

Los cuatro planetas más interiores —Mercurio, Venus, la Tierra y Marte— son pequeños, sólidos y rocosos. Júpiter, Saturno, Urano y Neptuno son gigantes gaseosos, compuestos sobre todo de hidrógeno y helio, cada uno con un pequeño núcleo sólido y una vasta atmósfera de gases líquidos o solidificados. Plutón es el más diferente, una rareza pequeña y congelada que tiene una órbita distinta de los demás. Algunos astrónomos creen que Plutón podría ser en realidad un asteroide más que un planeta propiamente dicho.

Entre Marte y Júpiter hay una franja de decenas de miles de asteroides rocosos, tan grandes que a veces los astrónomos los denominan planetas menores. El mayor, Ceres, tiene un diámetro de 947 km.

Más allá de Plutón hay miles de millones de cometas, que dan vueltas en los bordes exteriores del Sistema Solar.

CUERPOS CELESTES
El mayor planeta del Sistema Solar es Júpiter, con un diámetro ecuatorial de 143,884 km, más de 11 veces superior al de la Tierra. La masa de los nueve planetas juntos no llega al 1% de la del Sol.

Plutón

Neptuno

Urano

Saturno

Júpiter

Marte

Venus

Tierra

Mercurio

LOS PLANETAS

Todos los vecinos de la Tierra giran alrededor del Sol. Los planetas más próximos al Sol están desiertos; los más distantes son gigantescas bolas de gas. En la Tierra existe vida porque hay agua líquida, pero ¿hay agua y vida en Marte?

BAJO EL VOLCÁN *Maat Mons, Venus, uno de los numerosos volcanes que salpican las planicies y arrojan nocivas nubes de sulfuro.*

¿EXISTEN EVIDENCIAS DE VIDA EN MARTE?

El planeta Marte comparte algunas características con la Tierra. Tiene un día de poco más de 24 horas, un eje inclinado a casi el mismo ángulo y estaciones anuales. Lo más intrigante de todo es que también contiene agua en forma de hielo polar, que consiste en agua y anhídrido carbónico congelado. En la Tierra, las bacterias sobreviven bajo los profundos glaciares de la Antártida, de modo que es posible que haya alguna vida primitiva en Marte.

Evidencias proporcionadas por fotografías tomadas por una nave espacial en 1999, muestran terrenos altos surcados por una red de pequeños canales, que recuerdan arroyos terrestres, lo que indica que puede haber fluido agua en el planeta hace más de mil millones de años, cuando el clima hubiera sido más cálido.

VENUS, PLANETA DE VIENTO, FUEGO Y VASTOS VOLCANES

Venus es un planeta de volcanes de enormes conos, cráteres hundidos y llanuras volcánicas. Al comienzo de la vida del Sistema Solar, cuando el Sol bombeaba 25% menos de energía que ahora, Venus era un lugar más frío, con océanos y una atmósfera como la terrestre actual.

A medida que la potencia energética del Sol fue aumentando poco a poco, Venus comenzó a calentarse. Sus mares se evaporaron y formaron vapor de agua, lo que produjo un efecto invernadero, al atrapar el calor solar y elevar aún más las temperaturas. Los océanos hirvieron hasta desaparecer, liberaron su anhídrido carbónico y aceleraron el efecto invernadero. Hoy la atmósfera de Venus está compuesta por anhídrido carbónico y nubes amarillas de ácido sulfúrico. Los vientos braman en el planeta a 350 km/h. Ninguna forma de vida reconocible podría sobrevivir en tales condiciones.

EL TRANQUILO MERCURIO GUARDA UN PASADO TRAUMÁTICO

El rocoso Mercurio, el planeta más próximo al Sol, es ahora un planeta inerte. Pero en sus primeros 600 millones de años era atravesado constantemente por cometas y asteroides. Durante ese intervalo su interior se derritió y el planeta creció. Había volcanes que liberaban millones de toneladas de lava sobre las vastas planicies que rodeaban los cráteres.

Hace alrededor de 4,000 millones de años un asteroide de 100 km de diámetro que penetró en su superficie produjo la cuenca de Caloris, que mide 1,300 km de anchura. Fue uno de los impactos más grandes de la historia del Sistema Solar y envió olas expansivas tan fuertes alrededor de Mercurio que la corteza del planeta se plegó en sierras y depresiones. Allí las temperaturas se elevan hasta los 430 °C durante el día en el ecuador, y descienden a −185 °C por la noche.

¿PASADO ACUOSO? *El agua podría haber fluido en otros tiempos por estos «cauces de ríos» de Marte, e incluso en la actualidad podría haberla en las profundidades.*

JÚPITER Y SU VELO DE NUBES MULTICOLORES

Cuando la luz del Sol se filtra a través de la atmósfera de Júpiter crea un asombroso espectro de rojos, naranjas, azules y cafés. Al mirar a través de las franjas claras y oscuras de las densas nubes que cubren la superficie del planeta, ciertas áreas o formas resultan particularmente curiosas; la más llamativa es el Gran Punto Rojo.

Desde hace más de 300 años se observa un colosal óvalo rojo, más grande que la Tierra, producto de un vasto sistema de alta presión que deja turbulentos dibujos nubosos a su paso.

Posiblemente el vívido color rojo provenga del fósforo, cercano al núcleo de Júpiter, que es constantemente lanzado hacia la atmósfera en forma de amplios penachos.

Otras formas notables del manto de nubes de Júpiter son tres grandes óvalos blancos que flotan lentamente a la deriva hacia el este, y unas nubes ovaladas blancas menores; ambos tienen unos 50 años de antigüedad. La mayoría de los otros numerosos racimos o puntos nubosos son de corta vida, y algunos duran apenas unas horas.

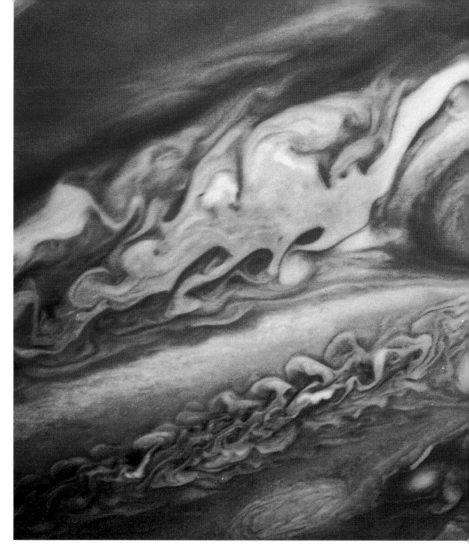

NUBES TORMENTOSAS *El Gran Punto Rojo de Júpiter es la mayor tormenta del Sistema Solar. En el ojo de este continuo ciclón los vientos pueden alcanzar hasta 435 km/h.*

PLUTÓN, EL PARIA CONGELADO

Una rareza entre nuestros planetas, Plutón se encuentra en las frías zonas yermas de nuestro Sistema Solar. Su órbita es diferente a cualquier otra. Esta pequeña roca congelada sube y baja debajo del plano de los demás planetas y se balancea a través del Sistema Solar en una gran elipse que, durante 20 de los 248 años de su órbita alrededor del Sol, acerca a Plutón más al Sol que a Neptuno, su vecino próximo.

La única luna de Plutón se llama Caronte y tiene más o menos la mitad de su tamaño, con 1,270 km de diámetro. Caronte es tan grande en relación con Plutón que algunos astrónomos creen que en realidad los dos cuerpos podrían ser un planeta doble, que se mueven en espiral uno alrededor del otro e incluso comparten una enrarecida atmósfera, compuesta de nitrógeno y metano.

EL SECRETO DE LOS CÍRCULOS QUE GIRAN ALREDEDOR DE SATURNO

Los gloriosos anillos de Saturno están compuestos de polvo y terrones de hielo. Su tamaño va desde pequeñas partículas hasta fragmentos de unos 8 m de anchura, de modo que parecen una masa de bolas de nieve sucias que giran en torno del planeta.

Hay tres anillos principales, que se extienden a un diámetro de 270,000 km. Tienen sólo unos 30 m de espesor y se produjeron por una nube de partículas

ANCHO DE BANDA *Los anillos de Saturno miden 40,000 km desde el borde interior hasta el exterior, más del triple del diámetro de la Tierra.*

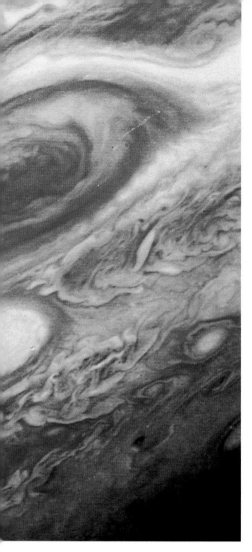

procedentes de la ruptura de una luna, o de desechos que no llegaron a formar una luna. Con el tiempo la nube de partículas en colisión habría llegado a formar un plano con forma de anillo.

Los satélites Voyager I y II revelaron en la década de los ochenta unos «rayos» radiales que aparecían y desaparecían de los anillos. Se cree que el campo magnético de Saturno carga partículas de polvo con electricidad estática, lo que da lugar a macizos de polvo que se elevan durante un tiempo; se crea, así, el efecto de radios.

EL GRAN MUNDO AZUL DE URANO

Debido a la luz refractada por el metano de su atmósfera, Urano se ve de color verde azulado desde la Tierra. En la atmósfera superior las temperaturas son tan frías que el metano se condensa y forma una fina capa de nubes que descansan por encima de los demás estratos.

El paisaje de Miranda, una de las 11 lunas de Urano, es completamente diferente de cualquier otro del Sistema Solar. Presenta tres enormes manchas que se extienden de 200 a 300 km a través de

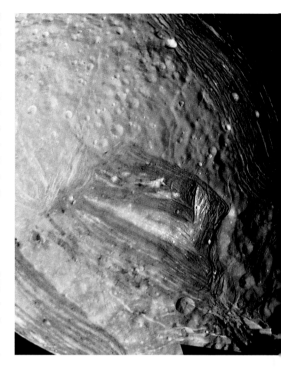

LUNA NUEVA *Miranda, que gira en torno a Urano, podría haberse hecho pedazos en una colisión y luego haberse vuelto a formar por la fuerza gravitacional.*

círculos y surcos concéntricos, así como acantilados de 15 km. Todas estas «imperfecciones» pudieron haberse formado cuando la luna sufrió el impacto de un cuerpo misterioso.

NEPTUNO, EL PLANETA DE LOS VIENTOS

Ululantes franjas de vientos desgarran la atmósfera de Neptuno hasta a 2,000 km/h. Estas tormentas y huracanes, los más feroces de todos los planetas, se observan como enormes puntos oscuros.

La fuente energética de semejante clima no proviene del Sol —Neptuno recibe sólo un décimo del 1% de la luz solar que llega a la Tierra—, sino del calor interno del planeta.

Una de las lunas de Neptuno, Tritón, presenta extraordinarios géiseres que emiten chorros de nitrógeno de 8 km de altura. La superficie de Tritón parece congelada con hielo de agua. En ocasiones el hielo, al derretirse, se ha desmoronado y ha tallado un paisaje errático de fosos y fisuras cruzados por protuberancias y amplias planicies ininterrumpidas.

EL SOL

*El centro del Sistema Solar es el Sol, un horno titánico
alimentado por un reactor termonuclear. Es una estrella con
arranques temperamentales, capaz de alterar el equilibrio
de la vida terrestre y de provocar el caos en el espacio.*

EL GRAN REACTOR NUCLEAR DEL CIELO

El **Sol genera cien millones de veces más energía que los nueve planetas juntos.** Sin embargo, es sólo una enorme bola de gas, compuesta en su mayor parte por hidrógeno, como otras estrellas.

El secreto de la energía del Sol es un gigantesco reactor nuclear encerrado en la profundidad de su núcleo, donde átomos de hidrógeno se apiñan bajo una tremenda presión para formar átomos de helio, más pesados. Este ejemplo de fusión nuclear convierte 5 millones de

VIENTO SOLAR *Una corriente de partículas cargadas –el viento solar– fluye del Sol. Aquí es más intensa donde la imagen es más brillante.*

toneladas de materia en energía cada segundo, lo que eleva las temperaturas del núcleo del Sol a 15,000,000 de °C.

La gran potencia del interior del Sol se manifiesta en su superficie como luz y calor visibles. Aunque la Tierra recibe sólo una milmillonésima parte de la energía total que genera el Sol, con ello es suficiente para preservar la vida en este mundo.

LAS ERUPCIONES SOLARES CAUSAN ESTRAGOS EN EL ESPACIO

La **superficie del Sol puede desgarrarse y su interior estallar en torrentes de partículas eléctricas.** Estas explosiones se llaman expulsiones coronales masivas. Lanzan hasta 10,000 millones de toneladas de materia

a 60,000 km/h. Son las mayores explosiones del Sistema Solar. Cuando una explosión solar alcanza la atmósfera de la Tierra puede alterar las fuentes de energía y las comunicaciones por radio y satélite, así como provocar tormentas en la atmósfera superior, que crean espectaculares auroras (véanse págs. 378-379).

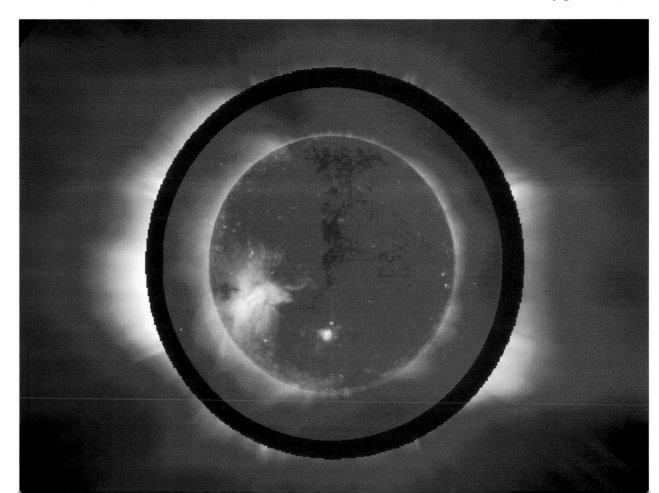

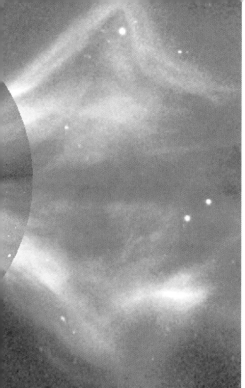

ESTALLIDOS DEL SOL *Esta imagen compuesta de una gran eyección coronal masiva muestra la explosión de partículas eléctricas (blancas) que emergen del Sol (círculo azul).*

LAS MANCHAS SOLARES PODRÍAN AFECTAR EL CLIMA TERRESTRE

A veces unos puntos negros pasan a través de la faz del Sol. Llamados manchas solares, son zonas relativamente frías, de apenas 2,000 °C, en comparación con los 5,500 °C del resto de la superficie solar. Las manchas solares se producen cuando las líneas magnéticas se tuercen bajo la superficie del Sol y bloquean la energía que brota del interior.

Existen controversias con respecto a si las manchas solares afectan o no el clima de la Tierra. Desde 1645 hasta 1715 desaparecieron por completo y esto coincidió con la era glaciar menor, en que los inviernos fueron sumamente fríos. La alta cantidad de manchas solares que se han observado en los últimos años podría explicar el aumento de las temperaturas globales.

LA TIERRA DEL SOL DE MEDIANOCHE

En las regiones polares de la Tierra el verano es como un solo día interminable. Esto es debido al fenómeno del Sol de Medianoche, causa

de celebración entre los habitantes de estas regiones y compensación de la total oscuridad del invierno; una época en que florecen las plantas de la tundra y los animales se reproducen. El efecto es causado por la posición de la Tierra con respecto al Sol. La Tierra gira alrededor del Sol inclinada en un ángulo de 23.5 grados, de modo que cuando el Hemisferio Norte se inclina hacia el Sol, las regiones del extremo norte quedan bañadas por la luz solar. Al mismo tiempo, el extremo del Hemisferio Sur queda en continua oscuridad.

BLOQUEAR EL SOL PARA PRODUCIR OSCURIDAD DE DÍA

El cielo se oscurece, aparecen las estrellas y los planetas, y parece que ha anochecido temprano. Sin embargo, unos pocos segundos o minutos después la luz diurna regresa como si nada hubiera sucedido. Esto es un eclipse solar. Los eclipses totales ocurren cada 18 meses, cuando la Luna pasa frente al Sol y arroja una sombra sobre la Tierra. En el punto donde la Luna bloquea al Sol, lo único que puede verse alrededor de la sombra oscura de la Luna es la atmósfera exterior del Sol, llamada corona.

LA SOMBRA DE LA LUNA *Un eclipse solar ofrece una oportunidad de ver la corona del Sol.*

EL SOL: DATOS BÁSICOS

- DISTANCIA DE LA TIERRA: 149,600,000 km.
- TIEMPO QUE TARDA LA LUZ SOLAR EN LLEGAR A LA TIERRA: **8 min 18 s.**
- DIÁMETRO APROXIMADO: 1,392,000 km (109 veces más grande que la Tierra).
- CIRCUNFERENCIA APROXIMADA: 4,373,000 km.
- MASA: 2,000 cuatrillones de toneladas (330,000 veces mayor que la de la Tierra). El Sol comprende el 99.8% de la masa del Sistema Solar (Júpiter abarca casi todo el resto).
- ROTACIÓN: Alrededor de 25 días en el ecuador y 36 días cerca de los polos. Esto es resultado de su composición gaseosa.
- TEMPERATURA EN LA SUPERFICIE: 15,000,000 de °C.
- GRAVEDAD SUPERFICIAL: 38 veces superior a la de la Tierra.
- EDAD APROXIMADA: 4,600 millones de años.
- PROYECCIÓN DE VIDA: Probablemente otros 5,000 millones de años antes de que empiece a morir.
- COMPOSICIÓN QUÍMICA: 92.1% de hidrógeno; 7.8% de helio; el resto, oxígeno, carbono, nitrógeno y neón.
- CLASIFICACIÓN: estrella G2, relativamente pequeña, amarilla.

LA LUNA

La Luna, nuestro vecino más cercano, nació de una colisión interplanetaria y desde entonces ha sufrido el impacto de rocas espaciales. Recientes exploraciones han comenzado a arrojar luz sobre muchos de los misterios de la Luna.

SE REVELA EL MISTERIO DEL LADO OSCURO DE LA LUNA

Desde la Tierra vemos siempre una sola cara de la **Luna.** La otra cara —llamada «el lado oscuro»— permanece siempre oculta a nuestra mirada.

La Luna gira sobre su eje mientras describe su órbita alrededor de la Tierra. En los primeros tiempos después de su formación, la Luna giraba más rápidamente que ahora, pero la gravedad de la Tierra era tan fuerte que hizo su giro más lento, hasta tal punto que éste y su órbita alrededor de la Tierra se fundieron. Ahora tarda el mismo tiempo —27.32 días— en completar una rotación y girar alrededor de la Tierra una vez. Esto

DOS CARAS DE LA LUNA
Las imágenes del «lado oscuro» de la Luna muestran un paisaje de características similares a las del lado visible desde la Tierra.

mantiene siempre la misma cara vuelta hacia la Tierra. Y como vemos siempre el mismo lado, da la impresión de que no gira.

En octubre de 1959 el lado oscuro de la Luna se reveló al fin cuando la nave espacial soviética *Luna 3* envió imágenes que mostraban un paisaje con muchos más cráteres y menos «mares» que el lado que mira hacia nuestro planeta.

EL AGUJERO MÁS GRANDE DEL SISTEMA SOLAR

La cuenca más profunda del Sistema Solar se encuentra cerca del polo sur de la Luna. Del tamaño de Alaska, la cuenca de Aitken tiene más de 2,500 km de anchura y por lo menos 12 km de profundidad. La descubrió a mediados de la década de los sesenta el satélite Lunar Orbiter.

La cuenca contiene incluso un rastro de agua. Los resultados de una reciente misión satelitaria permiten pensar que en sus profundas y oscuras sombras podría haber hielo.

La Luna está salpicada de cráteres porque, a diferencia de la Tierra, no tiene atmósfera que queme los cometas o meteoritos antes de que choquen contra su superficie. Una vez formados, los cráteres permanecen intactos, pues no hay agua ni clima que los erosione.

CÓMO SE FORMÓ LA LUNA

Tras siglos de especulaciones, las rocas lunares que trajeron a la Tierra las seis misiones tripuladas Apollo entre 1969 y 1972 desvelaron al fin el misterio del origen de la Luna. Se descubrió que eran asombrosamente similares en edad y composición a las rocas de la Tierra, lo

que indicaba que la Luna debe de haber sido alguna vez parte de nuestro planeta.

Se cree que hace unos 4,500 millones de años un planeta desviado, del tamaño aproximado de Marte, se estrelló contra la Tierra con tanta violencia que produjo una lluvia de rocas derretidas que empezaron a girar alrededor de la Tierra. Al enfriarse se conglomeraron en una luna sólida, que se mantuvo cerca por la atracción gravitatoria.

El hecho de que el planeta en sí quedara totalmente destruido en el proceso y su contenido se inyectara en lo profundo del núcleo de la Tierra podría explicar también el alto contenido de hierro que se encuentra aquí. De hecho, se podría considerar que la Tierra está formada por dos planetas fundidos en uno solo... y que los restos formaron la Luna.

SECRETOS LUNARES *Experimentos sísmicos en la Luna han revelado que es sólida hasta una profundidad de hasta 1,000 km.*

LA ATMÓSFERA

La atmósfera terrestre envuelve el planeta como las capas de una cebolla. Sin ella la vida tal como la conocemos sería imposible. Cada una nos protege de nocivas fuerzas cósmicas como los rayos del Sol y los bombardeos de meteoritos.

DÓNDE SE GENERA EL CLIMA

El techo de la troposfera se encuentra en la cima del monte **Everest.** La troposfera es la delgada capa de la atmósfera más cercana a la Tierra donde tienen lugar todos nuestros fenómenos climáticos.

La troposfera se extiende entre 8 y 16 km sobre la superficie de la Tierra y está compuesta en su mayor parte de nitrógeno, oxígeno y vapor de agua, con rastros mucho menores de otros gases, como el anhídrido carbónico.

Todos estos gases contribuyen a atrapar el calor alrededor de la Tierra y mantener cálida la superficie. El calor del Sol agita los gases. El aire frío y el caliente batallan en todo el globo en forma de vientos y tormentas. El vapor de agua se eleva en la troposfera y se condensa en nubes, para luego caer en forma de lluvia, aguanieve, granizo y nieve.

Los crecientes niveles de anhídrido carbónico y metano en la atmósfera, provocados por la contaminación industrial, están hoy en día atrapando demasiado calor en la troposfera, con lo que se está produciendo un calentamiento global.

LAS MÚLTIPLES CAPAS DE LA ATMÓSFERA TERRESTRE

La atmósfera que rodea nuestro planeta está compuesta de varios estratos diferentes. Encima de la troposfera (véase arriba) está la estratosfera, que se extiende hasta 50 km. Esta región contiene la capa de ozono que res-guarda la Tierra de la peor parte de los rayos solares ultravioleta. A continuación, la mesosfera se extiende hasta 85 km desde la superficie de la Tierra. Es la parte más fría de la atmósfera, a –93 °C. Allí la intensa fricción hace que los meteoros ardan en forma de estrellas fugaces.

La termosfera se extiende hasta 193 km. Allí las temperaturas se elevan a 1,727 °C. Esta región se denomina también ionosfera porque los rayos del Sol descomponen las moléculas en unidades de carga positiva y negativa llamadas iones, que pueden hacer rebotar las comunicaciones de radio alrededor del mundo.

La exosfera es la capa más exterior de la atmósfera, y llega a 960 km de la Tierra. Es la zona de transición al espacio. La atmósfera es muy escasa en gases, porque la falta de gravedad permite que las moléculas escapen al espacio.

ANATOMÍA DE LA ATMÓSFERA *Los fenómenos climáticos se forman en la capa denominada troposfera, que contiene la mayor parte de la masa de la atmósfera, incluidos casi todo su vapor de agua y polvo.*

Meteoros

Aurora

Termosfera

Mesosfera

Estratosfera

Troposfera

CIELOS EXTRAÑOS

El cielo es a menudo un espectáculo de luces naturales. Hay arco iris, espejismos conjurados por las nubes, y a veces el asombroso despliegue de un anillo alrededor de la Luna, producido por cristales de hielo a gran altitud.

EL ARCO MULTICOLOR DE LA ESPERANZA

El antiguo pueblo nórdico creía que el arco iris era el «puente de los dioses» que conectaba el cielo con la Tierra. Muchas otras culturas han considerado este fenómeno un símbolo de paz y esperanza.

Los arco iris se forman cuando los haces de luz solar atraviesan un frente de lluvia. Cada gota actúa como un prisma en miniatura, curvando y cortando la luz blanca del Sol en los colores del espectro. La gran maravilla es la manera en que las incontables gotas de lluvia pueden proyectar el espectro de colores en un amplio arco a través del cielo. La respuesta radica en la reflexión: cuando la luz del

PERSEGUIR ARCO IRIS *Se suele decir que hay una olla de oro donde un arco iris se encuentra con la Tierra pero, como es un efecto óptico, este punto es imposible de encontrar.*

sol se divide en los colores que la componen, la parte posterior de cada gota los refleja, como lo haría un espejo curvo, en un arco de 42 grados.

De vez en cuando se ven dos arco iris simultáneos, cuando la luz solar se refleja dos veces dentro de las gotas.

LOS HALOS CELESTES SON SEÑAL DE LLUVIA

En días despejados, cuando el cielo está lleno de nubes altas y algodonosas, el Sol parece rodeado por un halo. El mismo tipo de halo se observa a veces alrededor de una brillante luna llena. Los halos se forman por nubes altas como los cirrostratos, que suelen preceder la lluvia o la nieve. De hecho, cuando los indígenas zuni de Nuevo México veían el Sol «dentro de su wigwam» pronosticaban lluvia.

Los halos se producen si las nubes son lo suficientemente altas como para que el agua se congele y forme cristales de hielo. Éstos pueden adoptar diversas formas y tamaños, pero si forman cilindros hexagonales, de menos de 0.1 mm de anchura, curvan la luz en 22 grados. Con innumerables pequeños cristales alineados en la misma dirección, el efecto combinado es un brillante anillo alrededor del Sol o la Luna.

RARAS NUBES DE VERANO QUE FLOTAN EN LO ALTO DEL CIELO

Las nubes noctilucentes (nubes que brillan de noche) son las más altas y raras del mundo. Se forman a 80 km por encima de la superficie de la Tierra, una altura siete veces mayor que la de cualquier otra nube.

Estas fantasmales hebras plateadas veteadas de azul metálico, que aparecen sólo en verano, pueden observarse cerca del crepúsculo en altitudes mayores a los 45 grados, sobre todo en Canadá, el norte de Europa y Asia.

Las nubes noctilucentes están compuestas de meteoros quemados que dejan un rastro de minúsculas partículas de humo que reúnen cristales de hielo, o de metano, un producto de la contaminación. Esto podría explicar por qué estas nubes se observaron por primera vez en 1885 y por qué son cada vez más frecuentes.

EL HOLLÍN PRODUCE UNA LUNA AZUL

Una de las lunas azules más espectaculares se vio en el norte de Europa la noche del 20 de septiembre de 1950. Fue producto de finas partículas de hollín suspendidas en la atmósfera, que habían sido barridas del Atlántico tras un enorme incendio forestal en Canadá. Las partículas difractaron la brillante luz de la Luna, lo que le dio un aspecto azul cuando era vista desde la Tierra.

También se vieron mucho las lunas y los soles azules después de la erupción volcánica en Krakatoa, Indonesia, en 1883. Según sea el tamaño de los fragmentos de hollín, una Luna llena puede parecer también de un intenso color naranja o rosa.

LOS PARHELIOS MULTIPLICAN EL SOL EN EL CIELO

Cuando el Sol está bajo y velado por altas nubes, suelen aparecer un par de puntos brillantes a cada lado. Denominados parhelios, parecen soles fantasmales y se caracterizan por un largo rayo horizontal de luz blanca que a veces sobresale en el extremo de uno de ellos, como si fuera la cola de un perro.

Este fenómeno, lo mismo que los halos (véase pág. anterior), se produce cuando la luz solar se curva de determinada forma a través de cristales de hielo en las nubes altas.

El hecho de ver lo que parece ser un Sol de más ha causado algunas reacciones de pánico. En una batalla que se libró durante las guerras inglesas de las Rosas, en 1461,

VISIÓN DOBLE *La luz del sol difractada por los cristales de hielo de las nubes altas crea una imagen de un segundo o incluso un tercer sol, que se denomina parhelio.*

el ejército de York se alarmó al ver dos soles en el cielo. Su líder, el duque de York, tomó la visión como un buen augurio y llevó a sus tropas a la victoria.

ESPECTROS DE LAS CUMBRES MONTAÑOSAS

Muchos de los primeros montañistas de Brocken, en los montes Harz de Alemania, quedaron boquiabiertos al ver unas inmensas imágenes fantasmales. Estos «fantasmas» gigantes llegaron a ser conocidos con el nombre de Espectro de Brocken y solían verse cerca de la cumbre en la bruma de las primeras horas de la mañana, o en ocasiones después del ocaso.

Se trata en realidad de espejismos que se producen cuando las sombras de los montañistas se proyectan en nubes bajas y luego vuelven a reflejarse por las gotas de agua de la bruma, cada una de las cuales actúa como un pequeño espejo curvo. Con la perspectiva de la luz y las nubes, la sombra se cierne en un gigante aterrador.

EL ESPECTRO DE BROCKEN *El demonio gigante que aparece en la cima de la montaña es un efecto de la luz y las nubes que reflejan la imagen del montañista.*

COLUMNA DE LUZ *Un chispeante haz de luz, conocido con el nombre de «pilar de sol», es producto de cristales de hielo suspendidos en el aire que reflejan la luz como trozos de oropel.*

LLUVIA DE DIAMANTES QUE CAE DEL SOL

En los días despejados de frío intenso es posible ver algo que parece una lluvia fluctuante de pequeños diamantes que cae del Sol. Este exquisito espectáculo se conoce con el nombre de «pilar de sol».

El fenómeno se produce cuando la temperatura desciende lo suficiente para que se formen pequeños cristales de hielo en la parte inferior de la atmósfera. Son cristales perfectamente cuadrados que caen suavemente a través de los cielos y al hacerlo reflejan la luz solar en un solo haz de brillante luz blanca. A menudo la columna vertical de luz puede verse por encima del Sol al salir o ponerse éste, con el aspecto de un ígneo haz amarillo, naranja o rojo. Es mejor observar este espectáculo cuando el Sol está oculto detrás de un edificio o colina, de esta manera evitaremos que nos afecte los ojos.

CUANDO EL AIRE GASTA BROMAS Y LA VISIÓN ES INCREÍBLE

En 1957, los pasajeros del transatlántico *Edinburgh Castle* vieron en el Canal de la Mancha una hilera de barcos en el horizonte, cabeza abajo. Lo que pudieron ver fue un ejemplo de un espejismo superior, donde capas de aire frío y caliente se comportan como lentes y curvan las imágenes hacia arriba. El ejemplo clásico de la visualización de agua en el horizonte de un desierto es un espejismo inferior, donde una imagen del cielo es curvada hacia abajo.

UN DESTELLO VERDE DEL SOL PONIENTE

Cuando el Sol se pone, a veces puede emitir un luminoso rayo de luz verde esmeralda. El escritor francés Julio Verne escribió sobre esto en *El rayo verde,* en 1882: «Si existe el verde en el Paraíso, debe de ser este verde: ¡el verde árbol de la esperanza!».

El destello verde es producto de las capas de aire quieto, que curvan y descomponen la luz del mismo modo que un prisma de vidrio. Cuando el Sol se hunde tras el horizonte, sus últimos rayos se dividen en los colores que los componen, como un arco iris. El rojo tiende a enmascarar el verde hasta que, al sumirse en el horizonte, aparece un rastro de este color. Tal fenómeno suele ser más marcado en el mar, donde la atmósfera está precisamente dividida en capas de diferentes temperatura y humedad. Cuando la luz solar pasa a través de las capas se divide y amplifica para producir el fabuloso destello verde.

RELUCIENTES ANILLOS DE COLOR QUE RODEAN EL SOL

A finales de 1883 gente de todo el mundo comenzó a informar de extraños colores en el cielo. En Hawai un observador, Sereno Bishop, vio que un disco de luz fuerte, bordeado de color, encerraba el Sol. El disco era «de neblina blanca con un tinte rosado, que pasaba al lila o púrpura contra el azul». El fenómeno se conoció con el nombre de «anillos de Bishop».

Aquellas hermosas visiones eran producto de la erupción volcánica del Krakatoa, Indonesia, en agosto de 1883. El polvo suspendido en la atmósfera dispersó la luz solar y generó anillos de color alrededor del Sol y la Luna, así como amaneceres y crepúsculos de intenso color rojo.

EL FANTASMA DE UN ARCO IRIS

U n arco luminoso y carente de color, como el fantasma de un arco iris, aparece a veces en el frente de densos bancos de nubes o bruma. Denominado arco de niebla, está compuesto de gotas de agua que se comportan como gotas de lluvia al reflejar la luz en forma de arco. La diferencia radica en que estas gotas son tan pequeñas —una centésima parte del tamaño de una gota de lluvia— y producen un espectro tan débil que no podemos ver sus colores.

UNA PIRÁMIDE DE LUZ PROCEDENTE DEL COSMOS

E n el crepúsculo un débil resplandor se eleva a veces en un gran cono de luz lechosa transparente. Es fácil confundirlo con el resplandor del Sol poniente, pero no es una luz común. Viene del espacio, donde el polvo que flota en el Sistema Solar refleja los últimos rayos del Sol. En los trópicos el cono de luz es casi perpendicular al horizonte. Más al norte y al sur forma sólo un pequeño ángulo con el horizonte durante gran parte del año.

BRILLO DE ESTRELLAS *Una tenue pirámide de luz reluce en el ocaso. Este fenómeno se ve en el Hemisferio Norte en primavera y en otoño.*

LAS AURORAS

La noche ofrece su más fantástico espectáculo de luces en las zonas más frías del mundo. Alrededor de los círculos polares Ártico y Antártico, la aurora boreal y la aurora austral, respectivamente, constituyen una visión verdaderamente asombrosa.

Colosales tormentas producidas en la superficie del Sol arrojan corrientes de partículas cargadas que reaccionan con la atmósfera superior, excitando las arremolinadas moléculas de los diversos gases que hay allí. En consecuencia, éstas relucen en llamaradas de color que encienden el cielo. Las auroras son nuestra ventana a la violencia que gira alrededor de los límites de la atmósfera terrestre.

Las auroras más espectaculares se ven en las regiones polares, donde las partículas solares son atraídas hacia los polos magnéticos de la Tierra, pero con las auroras más intensas las luces pueden verse a veces en Escocia y los cayos de Florida. La mejor época para verlas es en el pico del ciclo de 11 años de manchas solares.

TRUENOS, RAYOS Y LLUVIA

Las tormentas eléctricas producen fenómenos climáticos violentos y espectaculares, pues desencadenan gigantescas chispas eléctricas, vientos feroces, balas de hielo y lluvias de ranas... y todo ello con tres ingredientes: calor, aire y agua.

UN GIGANTE ENTRE NUBES

La nube de tormenta, o cumulo-nimbus, es la reina de todas las nubes. Puede alzarse hasta 18 km en la estratosfera, donde su parte superior se convierte en hielo. Uno de estos nubarrones de 5 km de anchura lleva medio millón de toneladas de agua y suficiente energía para abastecer un pueblo durante un año.

Todas las nubes de tormenta comienzan su vida como nubes cúmulos, que se alimentan de aire cálido cerca del suelo. Enormes corrientes ascendentes proporcionan a la nube cúmulo más aire húmedo

CHAPARRÓN *Las altas nubes cumulonimbus, que aquí se ven cerniéndose sobre los cayos de Florida, Estados Unidos, se alimentan de aire caliente que sube del suelo.*

y caliente y la convierten en un nubarrón con ráfagas de viento que pueden alcanzar los 160 km/h. Chisporrotea de electricidad que al fin estalla en gigantescas chispas de relámpagos y truenos. Cuando la carga de agua se vuelve demasiado pesada, la nube la libera en forma de lluvia o, a veces, de pedrisco.

VIENTO FEROZ QUE ATACA CON LAS TORMENTAS

El 24 de junio de 1975 un jet jumbo que se aproximaba al aeropuerto John F. Kennedy, en Nueva York, fue alcanzado por una intensa ráfaga de viento. La nave se estrelló contra la tierra y murieron las 113 personas que iban a bordo. El avión volaba a través de una torrencial lluvia provocada por una tormenta eléctrica, pero lo que dio

lugar a la tragedia fue una corriente descendente, un viento que estalla de la parte inferior de un nubarrón de tormenta cuando la lluvia torrencial arrastra consigo hacia abajo el aire frío. Estas corrientes pueden chocar contra la tierra a velocidades de hasta 100 km/h. Por eso los aviones tratan de no aterrizar en aeropuertos durante las tormentas eléctricas.

CUANDO LLUEVE A CÁNTAROS... ¿CAEN RANAS Y PECES?

Desde épocas antiguas se han relatado casos de extraños chaparrones de ranas, peces, anguilas, moluscos, cangrejos, medusas y otras pequeñas especies silvestres. ¿Por qué ocurren estos hechos extraordinarios? Probablemente son provocados por poderosos tornados que pasan encima de lagos, ríos y mares y que absorben animales pequeños a su paso.

Los tornados viajan a velocidades de hasta 511 km/h y son capaces de llevar en el aire a pequeños animales durante varios kilómetros. Al final la carga de animales y lluvia se hace demasiado pesada para la nube, que arroja todo en forma de lluvia.

EL MAYOR ESPECTÁCULO ELÉCTRICO DEL CIELO

Un rayo puede llevar hasta 100,000 amperios a 1 millón de voltios. Al desplazarse a una velocidad cercana a la de la luz, choca contra el aire a 30,000 °C y causa una explosión que oímos como un trueno.

Las tormentas eléctricas nacen como aire caliente y húmedo que se eleva del suelo, choca con aire frío en la altura y se condensa en nubes cúmulos, de forma de coliflor. Éstas crecen hasta convertirse en poderosos nubarrones cumulonimbus, que se oscurecen a medida que se van llenando de agua. Cuando las gotas y pequeñas partículas de hielo de las nubes chocan entre sí, generan electricidad.

Las cargas eléctricas transforman la nube de tormenta en una enorme batería, con una carga positiva en la parte superior y una carga negativa abajo. La electricidad crece tan intensamente que tiene que escapar de algún modo, y las cargas de la parte de abajo del nubarrón se liberan a tierra en una chispa gigante.

A veces una descarga toma varios caminos. Esto suele denominarse «relámpago» o «centella». Los rayos que se descargan dentro de una nube o entre nubes se denominan laminares y desde tierra se ven como resplandores difusos.

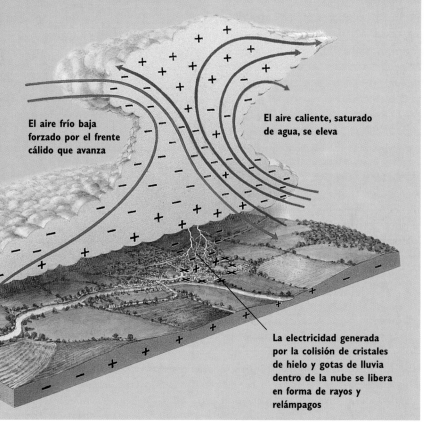

El aire frío baja forzado por el frente cálido que avanza

El aire caliente, saturado de agua, se eleva

La electricidad generada por la colisión de cristales de hielo y gotas de lluvia dentro de la nube se libera en forma de rayos y relámpagos

RAYOS QUE CAEN HACIA ARRIBA

Se ha sabido de rayos que suben de las nubes de tormenta, en lugar de bajar. En 1993 se observaron unas luces de colores que salían de la parte superior de unos nubarrones de tormenta: una «medusa» naranja con zarcillos azules, bocanadas de luz azul y unos gigantescos bultos rojos.

Estos fenómenos se llaman «duendecillos». Se disparan hasta 95 km en lo alto del cielo, solos o en conjunto. Otros fenómenos extraños incluyen un rayo de luz que se dispara a más de 95 km/h, llamado «chorro», y unos discos explosivos de luz llamados «elfos». Todos son causados por los intensos campos eléctricos que se forman encima de las nubes de tormenta.

EL MISTERIO DE LAS GRANDES BOLAS DE LUZ

En junio de 1966 una bola de luz azul y blanca del tamaño de una cancha de tenis cayó del cielo en una fábrica de Tewkesbury, Escocia. Los obreros miraban pasmados mientras rebotaba de un lado a otro dentro del techo, rodaba por las vigas, despedía chispas y al fin estallaba con un resplandor naranja y un gran ruido, que estropeó el conmutador de la empresa.

Fue un impresionante ejemplo de una rara forma de rayo esferoidal que en general planea por el cielo, relumbra con una potencia de un foco de 100 vatios y dura sólo 15 segundos. Es un fenómeno misterioso, que se cree que es producido por energía eléctrica emitida por una tormenta.

LINTERNA CELESTE *El rayo de bola o esferoidal es capaz de rebotar en edificios sin producir daños, aunque algunos han estallado en llamas.*

LA TORMENTA DEL SIGLO EN ESTADOS UNIDOS

Marzo de 1993 comenzó con una ola de calor a lo largo de la costa oriental de Estados Unidos. Luego la templada calma primaveral fue arrasada de pronto por una tormenta en dirección norte con temperaturas gélidas, altos vientos y mareas brutales. La «tormenta del siglo» para ese país afectó a 26 estados y cerca de la mitad de la población nacional, con un saldo de 270 muertos. Dejó un rastro de destrucción de 3,000 km. Las nevadas fueron tan intensas que se derrumbaron techos y se cayeron postes de energía.

La tormenta fue desatada por un modelo muy raro de vientos de corriente de chorro de alta intensidad que llevaron aire anormalmente caliente desde el sur a un curso de colisión con el aire gélido del Ártico. Cuando el aire caliente chocó contra el frío, el resultado fue un frente de tormenta devastador.

FANTASMAS DE RAYOS QUE HAN QUEDADO ATRÁS

Un relámpago arde a través del aire a 30,000 °C, de modo que puede producir serios daños al chocar contra el suelo. También deja una marca bajo la superficie terrestre. Si el suelo es arenoso, el calor del rayo derrite la sílice y la convierte en un fragmento de roca vidriosa llamada fulgurita.

Las fulguritas parecen un fragmento de raíces nudosas de árbol. Dan una idea de

RELIQUIA DE UN RAYO
Una fulgurita es una huella vidriosa dejada por un rayo al atravesar el suelo arenoso.

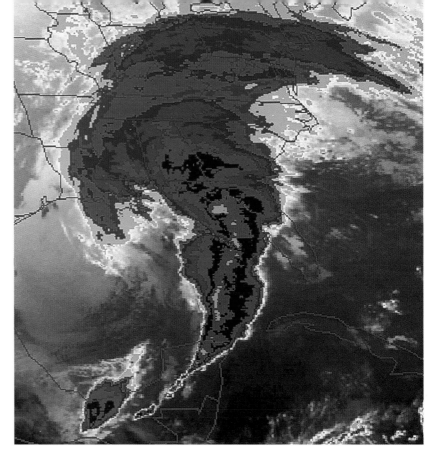

FURIA TORMENTOSA *Las corrientes de chorro contribuyeron a la arrasadora tormenta que tuvo lugar en Estados Unidos en 1993. Estos fuertes vientos recorren el globo a una altura de 10 km.*

cómo desgarran el suelo los rayos, que a veces pueden electrocutar a personas y animales que se encuentran a varios metros de distancia de donde cayeron.

POR QUÉ HAY PIEDRAS DE GRANIZO GRANDES COMO PELOTAS DE TENIS

Las tormentas eléctricas pueden desencadenar un arma dañina y potencialmente mortal: las piedras de granizo. En una lluvia atroz que cayó sobre Munich,

Baviera, el 12 de julio de 1984, piedras del tamaño de pelotas de tenis destrozaron un cuarto de millón de coches y causaron daños por valor de 1,000 millones de dólares.

¿Cómo se forman estas piedras? Las corrientes ascendentes arrojan las gotas de lluvia a la parte superior de una nube de tormenta, donde se congelan, bajan, recogen más agua y vuelven a subir. Esto continúa hasta que se vuelven tan pesadas que caen en forma de granizo o pedrisco.

EL SANTO RESPLANDOR DE LA TORMENTA ELÉCTRICA

Un día tormentoso de 1983 un grupo de policías de Swindon, Inglaterra, se encontró de pronto envuelto en un resplandor espectral. La extraña aura se llama «fuego de San Telmo», por el santo patrono de los marineros del Mediterráneo.

Aunque inofensivo, puede dar paso a un rayo. Está formado por una nube de tormenta que atrae cargas eléctricas del suelo; en general, suben por objetos altos como árboles o mástiles de barcos. Si esta corriente eléctrica encuentra cargas que bajan de las nubes, un rayo caerá instantáneamente a tierra.

TORMENTAS CONGELANTES DE HIELO Y NIEVE

Una sola tormenta de nieve puede depositar 40 millones de toneladas de nieve, que llevan una energía equivalente a 120 bombas atómicas. ¿Pero qué condiciones hacen falta para que se produzca nieve?

Básicamente, un copo de nieve puede formarse si hay agua y temperatura lo suficientemente baja. La temperatura del aire en la parte superior de la atmósfera está por debajo del punto de congelación y convierte en hielo las diminutas gotas de agua. A alrededor de −1 °C los cristales de hielo se convierten en finas placas; a −9 °C forman columnas huecas; y a −15 °C se forma el copo de nieve habitual, con sus delicadas formas de estrella.

Los copos de nieve son aglomeraciones de cristales de nieve. Cuando la temperatura es cercana al punto de congelación o levemente superior, los copos se mojan, se pegan unos a otros y se crea la nieve que vemos caer del cielo. Bajo el microscopio estos copos parecen grupos irregulares de cristales. Sólo alrededor de 1 de cada 100 muestra la hermosa simetría que solemos considerar como cristales de nieve.

Mientras caen a la tierra, los cristales flotan a través del aire de diferen-

CICLO DE TORMENTA *Una nube se forma cuando el aire ascendente levanta partículas de aire. Las corrientes de aire que suben y bajan se anulan luego una a otra, y nieva. Por último, sólo quedan las corrientes descendentes, la nevada disminuye y la tormenta termina.*

tes temperaturas y vuelven a cambiar de forma, pero cada uno lo hace a su manera. Dos cristales no son nunca idénticos, porque nunca atraviesan una combinación idéntica de temperaturas.

A veces los copos de nieve adquieren un tamaño extraordinario. A fines del siglo XIX cayeron sobre Fort Keogh, Montana, Estados Unidos, copos del tamaño de platos de 38 cm de diámetro por 20 cm de espesor.

El récord mundial de nevada más pesada ocurrió durante el invierno de 1971-1972 en Paradise, estado de Washington, Estados Unidos. cayeron 31 m de nieve, suficientes para cubrir un edificio de 10 pisos. Las mayores nevadas del mundo tienden a ocurrir donde el aire húmedo del mar se enfría al subir por las montañas.

SIMETRÍA IMPERFECTA *El plumoso dibujo hexagonal que asociamos con los copos de nieve es en realidad poco común. La mayoría de los copos tiene forma irregular en los puntos donde se ha derretido al atravesar el aire.*

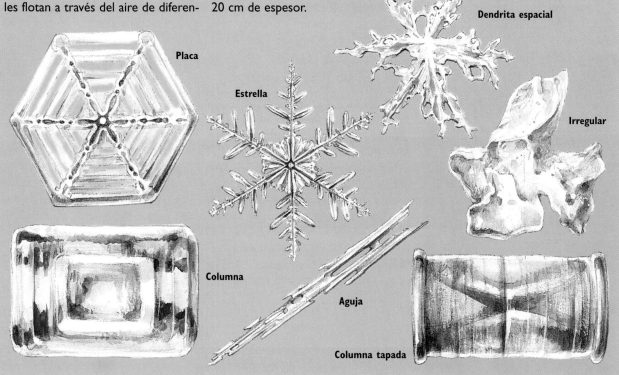

Placa

Estrella

Dendrita espacial

Irregular

Columna

Aguja

Columna tapada

CÓMO AFECTAN LOS RAYOS AL MUNDO

Aunque los rayos pueden matar, incendiar edificios y destruir equipos eléctricos, también pueden ser una fuerza beneficiosa. Al descargar electricidad del aire a tierra, ayudan a dispersar las enormes cargas eléctricas de la atmósfera.

También fertilizan el suelo. El tremendo calor de los rayos convierte el nitrógeno y el oxígeno del aire en óxido nitroso y dióxido de nitrógeno, fertilizantes naturales que, con la lluvia, penetran en el suelo.

Todos los años, en todo el mundo, los rayos producen hasta 15 millones de toneladas de fertilizante de nitrógeno, un cuarto de la producción natural de nitratos del mundo. Árboles y bosques también se benefician. Los rayos incendian franjas de bosques cada año. Estos fuegos convierten la vegetación en cenizas ricas en minerales, que fertilizan el suelo. Hasta estimulan la germinación de algunas semillas. En los bosques tupidos los fuegos despejan el suelo y ayudan a regenerar la vegetación.

EFECTO DRAMÁTICO *Un rayo se descarga a tierra 100 veces por segundo en todo el mundo. Abundan más en los trópicos.*

LA LLUVIA CAE SOBRE TODO EN LAS MONTAÑAS

El monte Tutunendo, de Colombia, es la montaña más lluviosa del mundo. Su promedio de precipitaciones anuales es de 11.77 m, la altura de una casa de tres pisos.

Las zonas más lluviosas del mundo tienden a estar donde hay una combinación de aire húmedo, a menudo procedente del mar, y montañas. El aire húmedo se eleva sobre las montañas y se enfría, el agua se condensa en nubes y llueve.

CURSO DE AGUA *Aunque en el monte Wai'ale'ale, Hawai, llueve casi a diario, las inundaciones son raras, ya que el bosque pluvial absorbe toda el agua.*

Llueve con más frecuencia en el monte Wai'ale'ale, en la isla de Kauai, Hawai, que en ninguna otra parte; allí llueve un promedio de 360 días al año. La cumbre de la montaña está envuelta en una bruma casi permanente debido a los predominantes vientos alisios que soplan del Pacífico.

Wai'ale'ale significa «montaña del Agua Desbordante» en hawaiano, y cada año un promedio de 11.18 m de lluvias cae en enormes cascadas por sus laderas.

Cherrapunji, en las estribaciones del Himalaya de la India, tiene las precipitaciones más intensas del mundo, con un promedio de 2.7 m todos los meses de junio. La lluvia proviene del monzón. El aire está impregnado de humedad que procede del océano Índico. Cuando llega a Cherrapunji se enfría, se condensa en nubes negras y llueve.

ABAJO, LA TIERRA

14

FUEGOS VOLCÁNICOS

El fuego enfurecido de las entrañas de la Tierra entra en erupción a través de volcanes que emiten lava ardiente, gases venenosos y desechos rocosos. Los resultados, como cambios radicales en el clima, afecta la vida del planeta.

RESURRECCIÓN DESPUÉS DE LA DEVASTACIÓN

A las 8:32 de la mañana del 18 de mayo de 1980, un gran terremoto sacudió el volcán del monte St. Helens, en el estado de Washington, Estados Unidos. Desató un desmoronamiento generalizado. Los gases y el vapor del interior del volcán rasgaron el lateral y expulsaron restos en una explosión 1,300 veces más potente que la bomba de Hiroshima.

La devastación fue inmensa: un área de 595 km² resultó abrasada por incendios y destrozada por la onda expansiva. El paisaje de tupidos bosques de coníferas, arroyos cristalinos y lagos se transformó en un estéril desierto gris. Murieron 60 personas y miles de animales.

Sin embargo, pocas semanas después aparecieron signos de vida: salieron brotes de las raíces de los árboles y de los troncos dañados sepultados bajo las cenizas y la piedra pómez. Al año siguiente, la vegetación fresca creó un manchón verde. Se necesitaron algunos años para que volvie-

ran los insectos, aunque las colonias de hormigas sobrevivieron a la erupción dentro de los troncos o bajo tierra. Además, catorce especies de pequeños mamíferos también lograron sobrevivir. Para el año 2000, el área dañada parecía casi totalmente recuperada, con excepción de los bosques de coníferas, que no alcanzarán su anterior esplendor hasta aproximadamente el año 2200.

EL AÑO SIN VERANO

El 7 de abril de 1815, el monte Tambora, en la isla indonesia de Sumbawa, erupcionó con la energía de 100 bombas atómicas. Fue una de las erupciones más grandes en 10,000 años y sus efectos se sintieron en todo el mundo. Sólo sobrevivieron 26 personas de una población de 12,000.

Fueron expulsados unos 150 km³ de rocas. El polvo y el dióxido sulfúrico lanzados a la atmósfera se expandieron y formaron un velo por todo el planeta, bloquearon el sol e hicieron descender las temperaturas en todo el mundo. El año siguiente fue llamado «el año sin verano», porque en junio las heladas arruinaron los cultivos de Europa y América del Norte y provocaron una hambruna generalizada.

TERREMOTO BAJO EL GLACIAR

Una serie de terremotos sacudió el glaciar de Vatnajökull, en Islandia, el 29 de septiembre de 1996. Dos días después se abrió un agujero en la superficie del hielo, de donde

ERUPCIÓN VIOLENTA *Una de las mayores explosiones se produjo en el monte St. Helens, Estados Unidos, en 1980.*
1 *La explosión volcánica destruyó los bosques de una vasta área.*
2 *Quince años después la vegetación ha vuelto a crecer, pero los árboles necesitarán 200 años para madurar.*

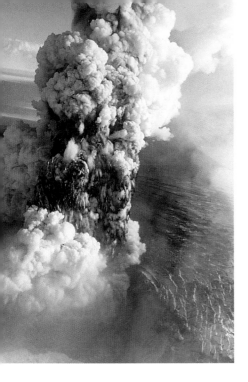

LA POTENCIA DEL AGUA *La erupción del Grímsvötn, Islandia, en 1996 provocó que el agua derretida rompiera un glaciar y cayera en la capa de hielo.*

salieron espesas nubes negras de ceniza. El volcán Grímsvötn había entrado en erupción debajo del glaciar y derretido una vasta cámara de hielo.

Varias semanas después, a decenas de kilómetros, el agua del deshielo desbordó el glaciar y se transformó en un río de agua, fango y rocas. Arrasó puentes y destruyó caminos y cables de electricidad, pero sorteó las áreas habitadas.

EL VIOLENTO NACIMIENTO DE UNA NUEVA ISLA

El 14 de noviembre de 1963, un espeso humo negro que salía del mar señaló el nacimiento de la isla de Surtsey, en la costa sur de Islandia. En los cuatro años siguientes, Surtsey entró en erupción; arrojó humo y lava hasta que finalmente se detuvo a 169 m sobre el nivel del mar: había cubierto una superficie de casi 2.5 km² de nuevas tierras.

El primer ser que apareció en la isla fue una mosca, luego una gaviota; para 1987 el paisaje estaba cubierto de plantas llevadas por los pájaros. Surtsey también se convirtió en el lugar de descanso favorito de miles de aves que migraban entre Islandia y Europa, y las focas iban a relajarse en sus playas volcánicas.

LA HISTORIA DE LAS ERUPCIONES VOLCÁNICAS

La tierra que pisamos es una delgada corteza sólida apoyada sobre una masa rocosa blanda y caliente: como la cáscara de un huevo pasado por agua. Bajo la corteza hay bolsas de roca derretida llamada magma, calentada por la presión, la fricción, la radioactividad natural y el calor intenso del interior de la Tierra.

El magma es más ligero que la roca que lo rodea, lo que hace que se eleve y, si encuentra un punto débil en la corteza, se une en una burbuja llamada cámara de magma. Si se genera suficiente presión en la cámara, el magma sale de la tierra en forma de volcán.

La mayoría de los volcanes se producen en los bordes de las placas tectónicas de la Tierra –que llevan los océanos y los continentes– cuando unas placas frotan contra otras (véase pág. 400). Las erupciones más devastadoras tienen lugar cuando una placa oceánica se hunde por debajo de la placa adyacente. El agua del mar se mezcla con el magma subterráneo, atrapa burbujas de gas y, si la fuerza de ese magma empuja hacia la superficie, la presión del gas hace que explote, como al sacar el corcho de una botella de champaña. El volcán entra entonces en erupción con gas, cenizas, rocas y lava.

Los volcanes pueden producir una avalancha de ceniza y gas que alcanza los 700 °C y que corre por la tierra a una velocidad de hasta 200 km/h durante 25 km, arrasando todo lo que encuentra en su camino.

Los volcanes que erupcionan suelen ser conos altos y abruptos, formados por capas de roca y lava. Ejemplos típicos son el Vesubio, el Etna, el St. Helens y el Fujiyama.

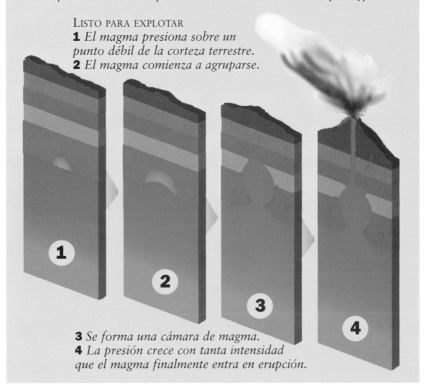

LISTO PARA EXPLOTAR
1 *El magma presiona sobre un punto débil de la corteza terrestre.*
2 *El magma comienza a agruparse.*

3 *Se forma una cámara de magma.*
4 *La presión crece con tanta intensidad que el magma finalmente entra en erupción.*

EL ANILLO DE FUEGO DEL PACÍFICO

Los terremotos y las erupciones volcánicas se producen con mucha frecuencia en el Anillo de Fuego del Pacífico. A lo largo de 48,000 km desde la cumbre de los Andes hasta Alaska y las islas Aleutianas, Japón, las islas tropicales de Indonesia y Papúa, en Nueva Guinea, hasta Nueva Zelanda, el anillo engloba las tres cuartas partes de todos los volcanes del mundo. Allí se han producido algunas de las erupciones más violentas, como la del monte St. Helens (véase página anterior).

La actividad sísmica en el Anillo de Fuego también genera fuertes terremotos, entre ellos los que regularmente sacuden Japón y California.

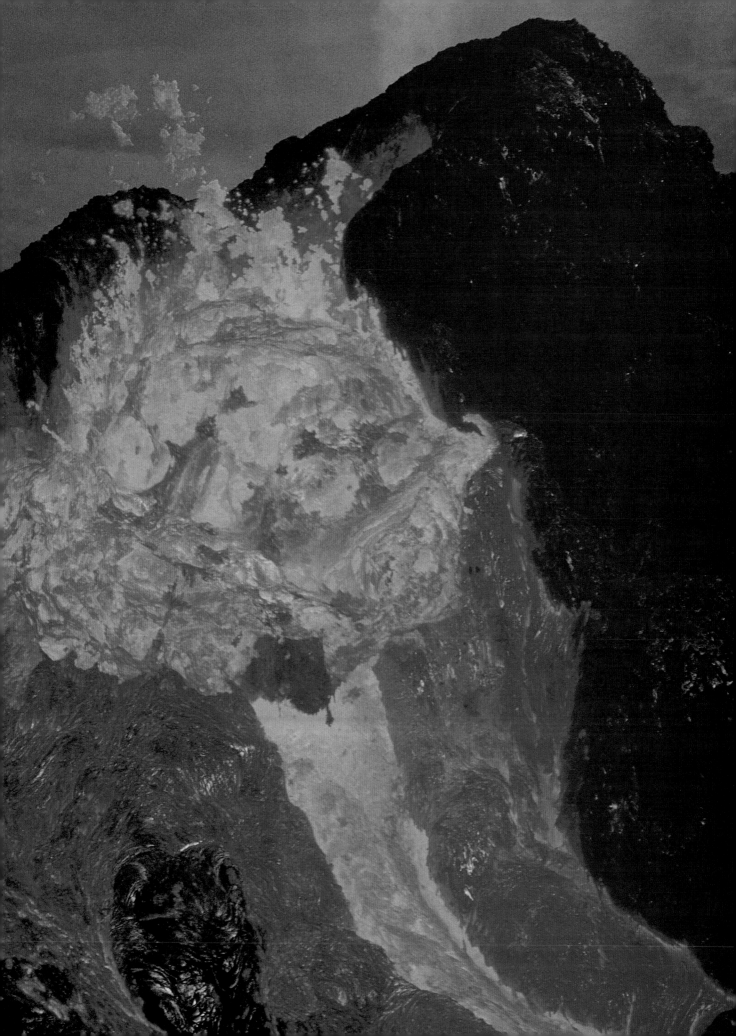

LAS PRINCIPALES ERUPCIONES DEL SIGLO XX

● **Monte Pelée, Martinica, 1902**
30,000 personas murieron por un flujo piroclástico (avalancha de gases y desechos calientes) que inundaron el puerto de St. Pierre.

● **Santa María, Guatemala, 1902**
Unas 2,000 personas murieron por flujos piroclásticos.

● **Monte Katmai, Alaska, 1912**
Un flujo piroclástico cubrió 750 km² de lugares remotos de Alaska.

● **Monte Lamington, Nueva Guinea, 1951**
3,000 muertos por un flujo piroclástico.

● **Nyirangongo, Zaire, África, 1977**
72 muertos por el flujo de lava a 40 km/h.

● **Monte Etna, Sicilia, 1979**
Nueve personas muertas por vuelo de rocas.

● **Monte St. Helens, Estados Unidos, 1980**
Unas 60 personas muertas en la explosión colateral de desechos y rocas.

● **El Chichonal, México, 1982**
Unos 2,000 muertos por una serie de flujos piroclásticos.

● **Nevado del Ruiz, Colombia, 1985**
21,000 muertos por un lahar (río de barro) que sepultó la ciudad de Armero.

● **Lago Nyos, Camerún, África Occidental, 1986**
1,887 muertos por una erupción de dióxido de carbono que brotó del lago.

● **Monte Pinatubo, Filipinas, 1991**
Unos 1,000 muertos en flujos piroclásticos y lahares, combinados con tifones.

POR QUÉ LOS VOLCANES SE PRODUCEN SOBRE SECTORES CALIENTES

Hawai está ubicado sobre un sector caliente en el norte del océano Pacífico, a miles de kilómetros de las principales zonas de volcanes. Sus 20 islas se formaron por una cadena de volcanes que surgieron del fondo del mar.

Los sectores calientes se crean donde hay respiraderos aislados de magma en las placas de la Tierra. Un penacho de roca líquida caliente, o magma, surge de las profundidades de la Tierra hasta alcanzar 160 km y atraviesa los puntos débiles de la corteza para crear un volcán. Si una de las placas se mueve hacia un sector caliente, se forma una cadena de volcanes como las islas Hawai o las Galápagos.

ROCAS CALIENTES DEBAJO DEL CONTINENTE HELADO

La Antártida podría parecer un continente atrapado en profundos hielos, pero tiene cinco volcanes. El más dramático es el monte Erebus, de 3,794 m de altura, el volcán acti-

vo más austral del mundo. Estaba en violenta erupción cuando el capitán James Ross lo descubrió en 1841. Pero ha entrado en actividad más recientemente; en 1984 lanzó bombas de roca caliente 610 m por encima del borde del cráter y todavía arroja vapor regularmente.

Los volcanes de la Antártida se han originado en los márgenes de un sistema de grietas, similar al Valle del Rift en el este de África, que se está expandiendo con lentitud.

NACIMIENTO DE UNA ISLA Hawai, como Tristan da Cunha y las islas Canarias, surgió a partir de magma derretido que estalló a través de la corteza terrestre.

UN CAMBIO EXPLOSIVO EN EL CLIMA

Cuando el monte Pinatubo, en las Filipinas, entró en erupción en 1991, provocó la sacudida más grande en el clima mundial de la historia reciente. El monte Pinatubo arrojó enormes cantidades de polvo a la atmósfera, que luego se extendieron por todo el planeta, y llegaron hasta la Antártida. El polvo ocultó el sol y redujo las temperaturas globales en aproximadamente medio grado centígrado. Ninguna erupción volcánica había tenido efectos de tan largo alcance desde la del Krakatoa en 1883.

La erupción del monte Pinatubo también creó una nube ácida que contenía 6 millones de toneladas de ácido sulfúrico en aerosol, una fina mezcla de pequeñas partículas de aire en movimiento. Como un escudo de calor, el aerosol colaboró para que el calor del sol rebotara hacia el espacio exterior y el planeta se enfriara aún más.

La nube ácida también atacó partes de la capa de ozono en la estratosfera, y se piensa que ha reducido el ozono a la mitad en los trópicos, donde está más concentrado.

AVALANCHA VOLCÁNICA En 1991, en Filipinas, el monte Pinatubo liberó una avalancha de gas y desechos que arrasó comunidades.

MARAVILLAS DEL VALLE DEL RIFT

El Gran Valle del Rift, de África, es tan inmenso que destaca como la única peculiaridad geológica de la Tierra que puede verse desde la Luna. El valle aloja volcanes, montañas y lagos con algunos de los climas más inhóspitos.

LA GRAN GRIETA QUE DIVIDE UN CONTINENTE

El Valle del Rift es la mayor cicatriz de la superficie de la Tierra. Se extiende a lo largo de 6,400 km, desde el Líbano, en el Medio Oriente, hasta Mozambique, en el sur de África.

Comenzó a formarse hace 20 millones de años, cuando la corteza terrestre empezó a separarse. Los terremotos sacudieron las fallas, y el magma se filtró por las brechas y entró en erupción en forma de volcanes. Hoy, aloja algunos de los volcanes dormidos mayores, entre ellos el monte Kilimanjaro, en Tanzania. El agua llenó el vasto cañón, y creó algunos de los lagos más grandes de la Tierra, como el Victoria (véase página opuesta) y el Malawi.

FALLA *Un río serpentea por las planicies del Valle del Rift, en el centro de Kenia. El promedio de anchura del valle es de 65 km.*

Al ensancharse, la grieta separó Arabia Saudita de África y formó el mar Rojo. Hoy el valle del Rift sigue abriéndose, y finalmente el Cuerno de África se desvinculará del resto del continente para convertirse en una enorme isla.

UN PICO NEVADO EN LA LLANURA AFRICANA

Nadie esperaría encontrar nieve en medio del África tropical, sólo 3° al sur del ecuador. Sin embargo, el monte Kilimanjaro, en Tanzania, es tan alto que está coronado permanentemente de nieve, la cual alcanza temperaturas de −20 °C.

Se trata de un antiguo volcán que alcanza una altitud de 5,895 m sobre el nivel del mar. Es el pico más alto de África y la montaña aislada más alta de la Tierra. El volcán se ubica sobre un cruce de fallas en la corteza terrestre donde sigue filtrándose vapor y azufre a través de orificios en el suelo.

La cima del Kilimanjaro estaba cubierta por un glaciar de 100 m de profundidad, pero el recalentamiento global de las últimas cuatro décadas ha reducido el hielo y éste desaparecerá por completo aproximadamente para el año 2050.

UNA CALDERA HIRVIENTE EN LA MONTAÑA DEL DIABLO

La depresión de Danakil, África, es un paisaje sorprendente de volcanes y lagos hirvientes. El suelo del valle está 220 m por debajo del nivel del mar y es el lugar más caluroso del mundo con temperaturas promedio de 34.5 °C. En este ambiente hostil de Etio-

pía se yergue la montaña del Diablo, Erta
Ale, un volcán que ha estado en erupción
durante más de 90 años.

En la cima del Erta Ale, un lago de lava
bulle a 1,000 °C. Capas plateadas de lava más fría flotan sobre el lago derretido,
atravesadas por chorros de lava incandes-
cente y burbujas de gas. Los visitantes tienen que usar ropa antiinflamable.

VIDA EN LOS LAGOS DE SOSA

Un lago rojo y azul de sosa alca-
lina, cocida bajo el sol abrasador, parece una escena de otro planeta. El lago Natron, en el norte de Tanzania, es uno de los lagos de sosa del este
de África. La sal de sosa cae de los volcanes de los alrededores y hace que el lago

COSTRA DE SAL *Los lagos de sosa
del este de África son una
muestra de la actividad volcánica
local. La sosa es expulsada de
los cráteres y se calcina bajo el
sol tropical.*

brille con los brotes de color rojo vivo de
las algas que crecen en el mineral. La corteza de sosa es tan espesa que es posible
conducir un coche sobre ella.

Todos los años, cientos de miles de flamencos migran para reproducirse en este
ambiente desolado, atraídos por los sumi-
nistros de pequeños invertebrados y algas.
Pero ponen en peligro sus vidas. Si las aves
se quedan en el agua demasiado tiempo, la
sal puede incrustarse en sus patas, lo que
les impediría volver a volar.

EL LAGO QUE DA ORIGEN AL RÍO MÁS LARGO DEL MUNDO

El lago Victoria es el mayor de
África y el segundo lago de
agua dulce más grande del mundo.
Abarca 68,400 km² y es la principal fuente del Nilo.

Acunado por los valles Occidental y
Oriental, el lago está rodeado por Ugan-
da, Kenia y Tanzania. Alberga en sus profundidades 400 especies de peces, entre
ellos los cíclidos de superficie que empollan sus huevos en la boca. Pero muchas
especies están ahora en peligro debido a
la contaminación industrial, la depredación de la perca del Nilo, introducida
comercialmente, y el prolífico jacinto de
agua que asfixia al lago.

DRAMATISMOS TERMALES

El calor del centro de la Tierra sale a la superficie a través de fuentes de aguas termales, nubes de gases tóxicos y lagos de fango hirviente. En algunos lugares esta energía ha sido apreciada como una fuente de calor y poder natural.

CASTILLOS Y CASCADAS ESCULPIDOS EN CALCIO

Un extraño castillo natural de cuento de hadas pende de un acantilado al pie de las montañas Cokelez, en el suroeste de Turquía. Pamukkale, que significa «castillo de algodón», con sus increíbles terraplenes blancos, sus cuencas y sus cascadas heladas, está hecho totalmente de calcio.

La cima del acantilado bulle con fuentes de agua caliente llenas de carbonato de calcio que surge del fondo de la piedra caliza. Cuando el agua cae por las abruptas laderas, se evapora, deposita su carga de calcio y crea capas de travertino, más conocido por formar estalagmitas y estalactitas en las cuevas. Este brillante mineral blanco ha construido poco a poco

ESCALERAS DE HADAS *Las fuentes termales y las sales de calcio han creado una formación parecida a un castillo en Pamukkale, en Turquía.*

cientos de cuencas, algunas de 20 m de altura que se proyectan a 100 m del acantilado. Al llenarse de agua caliente, las cuencas se desbordan en cascadas blancas. Cuando la pared del acantilado es muy poco profunda, el travertino se solidifica y forma terrazas escalonadas.

PUERTA VOLCÁNICA AL MUNDO SUBTERRÁNEO

A apenas 16 km al oeste del Vesubio, cerca de Nápoles, Italia, hay una cadena de volcanes que exhalan humo y vapores sulfúricos. Los romanos pensaban que este lugar era la puerta al Inframundo. Uno de los volcanes más activos es el Solfatara, llamado así por la cristalización del azufre amarillo de los gases que tienen los cráteres humeantes.

Cuando el magma sale a la superficie, calienta las rocas y los gases y expulsa más humo de dióxido sulfúrico. Algunos respiraderos volcánicos emanan gases de azufre tan ácidos que corroen la piedra a medida que pasan por ella, lo que crea un gran caldero de fango caliente. Los charcos de barro del Solfatara están a 60 °C. Algunos están suficientemente fríos como para

poder vadearlos, y son apreciados como tratamiento de belleza para la piel.

El azufre de los respiraderos volcánicos se usa en las llantas para hacerlas más duraderas: un proceso llamado vulcanización, por el dios romano del fuego, Vulcano.

LA CAPITAL DEL MUNDO DE LAS AGUAS TERMALES

Uno de los paisajes geotermales más imponentes del mundo está en Rotorua, Isla Norte, en Nueva Zelanda. La erupción del cercano monte Tarawera, en 1886, dejó un legado de hirvientes aguas termales, lagos verde esmeralda y anaranjados, charcos de fango hirviente, respiraderos que emanan vapor y cráteres humeantes.

Hay docenas de géiseres, muchos rodeados de terrazas de chispeante sílice cristalina, construidas a partir de minerales disueltos bajo tierra por las aguas recalentadas de los géiseres. Actualmente el más grande es el Pohutu, que lanza dos chorros gemelos de agua caliente a 30 m de altura durante casi 40 minutos cada ocasión.

TIERRA HUMEANTE DE CHARCOS MULTICOLORES

Cuando el monte Tsurumi en Kyushu, Japón, entró en erupción en el año 867, vieron la luz más de 3,500 géiseres, fuentes termales y respiraderos de vapor. El volcán está extinto ahora, pero las fuentes alrededor de la ciudad de descanso de Beppu siguen generando aguas termales,

géiseres y burbujeantes charcos en una increíble paleta de colores.

Todos éstos contienen los mismos ingredientes: álcali, azufre, carbono y hierro, pero en diferentes proporciones, lo que les da sus variados colores. Los charcos más espectaculares se llaman *jigoku* (infierno en llamas). El *Chinoike jigoku* (infierno de sangre) es de un profundo color rojo por la arcilla agitada en sus aguas hirvientes; otro es un estanque azul cobalto de agua humeante rodeado de plantas tropicales; un tercero despide un chorro de agua incolora del suelo que se transforma en agua de color blanco lechoso.

HOGAR HELADO
DEL GÉISER ORIGINAL

En 1294 un enorme chorro de agua caliente salió del depósito de magma ubicado debajo de Islandia en el borde del Círculo Ártico. Los que lo vieron lo llamaron *Geysir,* «el gran surtidor», y pensaron que era agua en ebullición que venía del infierno. Se hizo tan famoso que el nombre «géiser» fue adoptado para describir todas las fuentes termales de este tipo. Geysir estuvo en actividad regularmente durante los si-

FUENTE NATURAL *Islandia y sus aguas termales, como el poderoso Strokkur, están asentadas sobre una grieta en el lecho del Atlántico medio donde la corteza terrestre está caliente por el magma que fluye debajo.*

guientes 600 años; su columna de agua llegaba a más de 60 m de altura. Pero desde principios del siglo XX, su poder se fue desvaneciendo y ahora arroja agua sólo ocasionalmente. Ha sido eclipsado por su vecino *Strokkur,* «el agitador», que entra en erupción con pocos minutos de intervalo y arroja chorros de 20 m de altura.

EL PAÍS QUE FUNCIONA
CON ENERGÍA TERMAL

Para ser una isla que limita con el Círculo Ártico, Islandia está llena de aguas termales. Cuando Ingólfur Arnarson, el primer colono, estableció su casa en el siglo IX, llamó al lugar *Reykjavik,* o «bahía de humo», debido al vapor que salía de las aguas termales.

Islandia es una tierra volcánica donde la corteza terrestre es tan delgada que el magma que yace muy cerca de la superficie calienta las piedras y el agua subterránea. Todas las casas de Reykjavik están caldeadas con esta agua caliente natural, y las instalaciones eléctricas funcionan por el vapor que brota de la tierra.

Esta agua también se usa para calentar los invernaderos donde se cultivan frutas tropicales y el pan se hornea en rocas calientes en cuevas subterráneas.

GÉISER DE TRES CABEZAS

El géiser Fly en el desierto de Black Rock de Nevada, Estados Unidos, es posiblemente el canal de agua más extraño del mundo. El agua sale por las tres cabezas y forma charcos de fango. Las raras formas cónicas son el resultado del calcio en el agua que se solidifica lentamente para producir el mineral travertino. Los géiseres fueron creados a partir de pozos hechos por el hombre y están activos las 24 horas del día durante todo el año. Las rocas y los charcos poco profundos cercanos al géiser están demasiado calientes como para caminar por ellos sin zapatos.

Sin embargo, los más alejados están suficientemente fríos como para que los visitantes se bañen en ellos. Los géiseres se alimentan de arroyos y lagos subterráneos, y gran parte del desierto de Black Rock consiste en antiguos fondos de lagos secos. La región abarca un área silvestre que fue un lago hace unos 2 millones de años.

ALTURAS Y PROFUNDIDADES

Desde la montaña más alta hasta el océano más profundo, la Tierra es un planeta de extremos que rompen todos los récords. Hay cavernas que pueden alojar pequeñas catedrales y cañones tan anchos que los aviones pueden volar por ellos.

EL LAGO QUE ESTÁ 300 M POR DEBAJO DEL OCÉANO

El mar Muerto, ubicado entre Israel y Jordania, es el punto más bajo de la superficie terrestre. Sus costas quedan 397 m por debajo del nivel del mar. También es el lago más salado del mundo. El agua de este mar, rica en minerales, contiene ocho veces más sal que el Mediterráneo, lo que permite que los seres humanos floten sin esfuerzo, como si fueran corchos.

Alimentado por el río Jordán, el mar Muerto no tiene salida: pierde el agua por evaporación. En verano, cuando la temperatura asciende a 50 °C, cientos de islas aparecen en el lago, ya que la evaporación deja extremos de columnas de sal sobre el nivel del agua. Se han construido enormes depósitos de escasa profundidad para cristalizar las sales y usarlas como fertilizantes y en la industria. Estos altos niveles de sal son tóxicos para la mayoría

SOLUCIÓN SALINA *El agua se evapora en el mar Muerto con el calor del verano y deja al descubierto esculturales columnas de sal.*

de los seres vivos, y hasta hace poco se pensaba que el mar Muerto no albergaba seres vivos. Ahora sabemos que hay halobacterias que crecen en el agua salobre (véase pág. 342).

LOS AGUJEROS MÁS GRANDES DEL MUNDO

La mayor caverna del mundo es la cámara Sarawak, en Borneo. De 70 m de altura, 700 m de longitud, y aproximadamente 300 m de anchura, tiene tres veces y media la longitud de la Plaza de San Pedro en Roma y dos veces su anchura. Puede alojar ocho aviones jumbo dejando suficiente espacio a los lados. Esta cueva fue descubierta en el año de 1984.

El sistema de cuevas Reseau Jean Bernard en la región de la Alta Saboya en Francia, a 1,602 m de profundidad, tenía el récord de la cueva más profunda del mundo hasta 1998, cuando un equipo de excavación polaco descubrió en los Alpes austríacos, cerca de Salzburgo, una lanza en el fondo de una cueva llamada Lamprechtsofen, a 1,632 m de profundidad. Luego, en enero de 2001, un equipo

ucraniano en las montañas del Cáucaso Occidental de Georgia descubrió una caverna llamada Voronja, o «cueva del cuervo», a 1,710 m por debajo de la tierra, un poco más profunda que la parte más honda del Gran Cañón.

EL LABERINTO AMERICANO ROMPE TODOS LOS RÉCORDS

Kentucky, Estados Unidos, es el hogar del sistema de cavernas más largo del mundo. La caverna Mammoth tiene más de 555 km de cuevas y pasajes que han sido explorados

Las cavernas se formaron en los últimos 30 millones de años, cuando el río Green se abrió paso a través de capas de arenisca y piedra caliza y esculpió pasajes debajo del agua. Aproximadamente un millón de años atrás, el río había creado una enorme garganta que drenó todo el agua y dejó muchos pasajes elevados y secos. Hoy la capa de arenisca más dura actúa como techo que preserva el sistema de cavernas.

UN RÍO Y EL MAYOR AGUJERO DEL MUNDO EN LA TIERRA

El Gran Cañón es la garganta más grande del mundo: se extiende 444 km por el río Colorado, en Arizona, Estados Unidos. El cañón, que alcanza un máximo de 29 km de anchura y una profundidad máxima de 1.6 km, fue creado por el río Colorado, que atravesó la tierra que lo rodea. El terreno se fue inclinando durante millones de años, lo que permitió que el río penetrara todavía más en la roca.

Al ir cortando más profundamente el terreno, el río dejó al descubierto capas de piedra que permiten establecer las eras geológicas como si fueran un calendario vertical. Las rocas más profundas y más antiguas son de hace 4,000 millones de años: una época en que el planeta todavía se estaba formando. El clima desértico impidió que las pendientes profundas del cañón se erosionaran.

MÁQUINA DEL TIEMPO *El Gran Cañón hizo una brecha de 1.6 km que atraviesa Arizona, Estados Unidos, y brinda un claro registro de la historia de la Tierra.*

DONDE LA TIERRA
SE ENCUENTRA CON EL CIELO

La montaña más alta de la Tierra es el monte Everest, en la frontera entre Nepal y el Tíbet en el Himalaya. Tiene 8,850 m sobre el nivel del mar y su cumbre la alcanzaron por primera vez el 25 de mayo de 1953 Edmund Hillary y Tenzing Norgay.

Como el Everest está tan alto en la troposfera —la capa de la atmósfera que contiene la mayor parte de nuestro clima—, tiene muy poco oxígeno, lo que plantea un grave problema para los alpinistas, que a veces mueren en su intento por alcanzar la cima. La altura del Himalaya también interfiere con el alto nivel de corrientes de viento, que son enviadas en olas que pueden afectar el clima en China. Las montañas actúan como una barrera para que las lluvias del océano Índico no lleguen al desierto de Gobi en el norte.

UN LAGO TAN PROFUNDO
COMO EL GRAN CAÑÓN

El lago Baikal, en Siberia, es el lago más profundo en la Tierra. Con 1,637 m de profundidad es, por coincidencia, tan hondo como el Gran Cañón. Aunque el lago Baikal tiene sólo el tamaño de Bélgica, contiene un quinto de las reservas de agua dulce del mundo: más que los cinco Grandes Lagos de Estados Unidos juntos.

El Baikal ha existido al menos durante 20 millones de años. Aproximadamente mil especies de animales y plantas son exclusivas del lago, incluido el gusano plano más grande del mundo, de 40 cm de longitud. El Baikal aloja también a una de las especies de foca más pequeña que existe (véase pág. 336).

LAS MONTAÑAS
DE CRECIMIENTO MÁS RÁPIDO
DEL MUNDO

Cuando la India chocó contra Asia, hace unos 50 millones de años, la corteza terrestre fue empujada y formó el Himalaya. La cordillera todavía está creciendo.

Cada año, la placa índica se mueve unos 2 cm hacia el norte, empujando al Himalaya unos 5 mm hacia arriba. Si sigue cre-

CIMA DEL MUNDO *La montaña más alta del planeta recibió su nombre de George Everest, Inspector General de la India entre 1830 y 1843.*

ciendo a este ritmo, será 1 km más alto en otros 200,000 años.

Sin embargo, la cordillera del Himalaya también está formada por las montañas que se erosionan más rápidamente en el mundo. La lluvia ligeramente ácida va limando las rocas y arroja grandes cantidades de sedimento a los ríos Brahmaputra, Ganges, Yangtsé, Mekong e Indo, lo que crea enormes deltas.

CUBIERTA DE HIELO
PARA EL CONTINENTE
MÁS ALTO DEL PLANETA

El continente antártico tiene la capa de hielo más gruesa del globo. El hielo tiene 4 km de espesor en algunos lugares y el 70 % del agua dulce del mundo. Si todo ese hielo se derritiera, los niveles del mar del planeta aumentarían entre 37 y 91 m, lo suficiente para arrasar Miami, Nueva Orleans, Bangladesh y muchos otros lugares bajos.

La Antártida es también el continente más alto del mundo, con un promedio de

radio sea 21,000 m mayor en el ecuador que en la zona de los polos. El Chimborazo está a solamente 158 km al sur de la línea del ecuador. Hasta las playas de este país del continente americano están más lejos del centro de la Tierra que la cumbre del Everest.

LA MONTAÑA MÁS ALTA DEL MUNDO

Mauna Kea, en Hawai, es la **montaña más alta del mundo.** Es casi 2 km más alta que el monte Everest, aunque sólo 4,205 metros están sobre el nivel del mar. La montaña se eleva 10,205 m desde el fondo del mar. Mauna Kea es una de las cinco masas volcánicas que conforman la Isla Grande (*Big Island*) en Hawai. Su cumbre está siempre por encima de las nubes, y tiene una excelente visibilidad para observatorios astronómicos.

DATOS Y CIFRAS DE MONTAÑAS

● La cadena montañosa más grande del planeta Tierra es la del Himalaya-Karakoram. Contiene 96 de los 109 picos del mundo que sobrepasan los 7,317 m.

● La cadena montañosa más larga es la de los Andes, en Sudamérica, que se extiende a lo largo de 7,564 km.

● La montaña más alta, desde la base hasta la cima, es Mauna Kea, que forma parte de la Isla Grande en Hawai. Sólo 4,205 m están sobre el nivel del mar (véase más arriba).

● La cordillera más grande del mundo, la Central Atlántica, está oculta por el mar casi en su totalidad. Se extiende a lo largo de 64,374 km desde el océano Ártico, saliendo del agua en Islandia, pasa por el Atlántico norte y sur, alrededor de África, Asia y Australia, bajo el Pacífico, hasta la costa oeste de América del Norte. Llega a 4,207 m por encima del fondo del océano.

● El punto más alejado del centro de la Tierra es la cumbre del monte Chimborazo en Ecuador, a 6,267 m de altura (véase a la izquierda).

1,830 m sobre el nivel del mar y picos que alcanzan los 5,800 m, pero enterrados en hielo. La altura es una de las razones por las que la Antártida es el lugar más frío de la Tierra: la temperatura promedio en invierno es de –60 °C.

Es posible que exista vida debajo del hielo. Vostok, en el interior, oculta un lago de la época en que el continente tenía un clima moderado. Aunque el lago se congeló hace unos 30 millones de años, se cree que pueden haber sobrevivido bacterias, y se están llevando a cabo investigaciones.

EL MEJOR LUGAR DEL PLANETA PARA ALCANZAR LAS ESTRELLAS

El pico cubierto de nieve del **monte Chimborazo en los Andes de Ecuador es el punto más alejado del centro de la Tierra.** El Chimborazo está a una altitu de 6,267 m sobre el nivel del mar. Mide 2 km menos que el monte Everest, pero está 2,150 km más lejos del centro de la Tierra que éste, debido a un saliente en el ecuador. La causa de esta protuberancia es el movimiento terrestre que hace que su

CÓMO SE FORMAN LAS MONTAÑAS

Si se hiciera un corte a la Tierra, se vería que la corteza sólida es relativamente delgada y está integrada por placas que se deslizan y resbalan sobre un manto caliente, parecido a la plastilina. El movimiento de estas placas provoca la formación de las montañas.

Algunas se forman cuando las placas de la Tierra chocan entre sí. Así se creó el Himalaya hace unos 70 millones de años. Otras cadenas montañosas surgen cuando las placas oceánicas se deslizan debajo de las placas continentales vecinas y levantan la tierra más ligera, lo que la convierte en montañas. El borde del continente se arruga cuando la corteza oceánica empuja contra él y crea con frecuencia cadenas en la costa, como las que hay en América del Norte y del Sur.

Las montañas de bloque se forman cuando dos placas de la corteza se separan, como el Gran Valle del Rift, en el este de África. La ruptura comprime los márgenes de las placas, lo que agrieta y levanta la corteza hasta formar montañas.

Otras se crean debajo del mar cuando se separa una placa oceánica. El magma sale y se enfría en forma de rocas frescas que, con frecuencia, se elevan hasta formar cadenas montañosas.

El Himalaya se creó por el choque de dos placas continentales

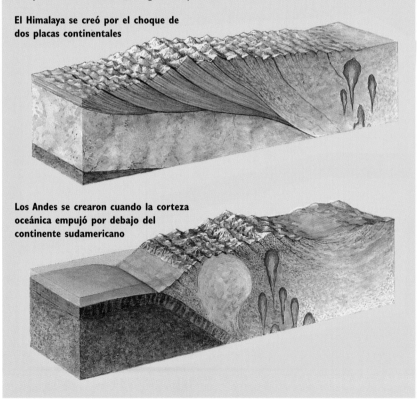

Los Andes se crearon cuando la corteza oceánica empujó por debajo del continente sudamericano

EL TECHO DEL MUNDO

La meseta del Tíbet, al norte del Himalaya, es la más alta de nuestro planeta. Con un promedio de 4,500 m sobre el nivel del mar, es más alta que todos los picos de los Alpes, excepto el Mont Blanc y el Monte Rosa, y está muy por encima de los picos de la mayoría de las montañas de Estados Unidos.

Originalmente el Tíbet estaba bajo el mar. Luego, hace unos 50 millones de años, la placa continental de la India chocó contra Asia. Al hacerlo, la tierra embestida se plegó, se agrietó y creó la cadena montañosa del Himalaya.

La colisión fue tan grave que el mar debajo del Himalaya también se comprimió y se elevó hasta formar la meseta tibetana. De modo que el Tíbet está formado por rocas del fondo del mar.

CABALGAR ALTO *El movimiento en las placas terrestres levantó el fondo del mar a 4,500 m de altura para formar la altiva y árida meseta tibetana.*

EL LAGO MÁS ALTO DEL MUNDO

En medio de los Andes, entre Bolivia y Perú, yace el Titicaca, el lago navegable más alto del mundo. Ubicado a 3,810 m sobre el nivel del mar, el lago se formó hace 10,000 años y es el resto de un antiguo océano que quedó atrapado entre las Cordilleras y los Andes. También es uno de los lagos más largos de la Tierra, 177 km, y el segundo más grande de Sudamérica.

El intenso sol y los fuertes vientos evaporan tanta agua que hacen al lago bastante salado, lo que restringe la variedad de vida silvestre. Sin embargo, una increíble variedad de ranas habita en el fondo lodo-

so. Hay más de 754 especies de anfibios en los Andes, de las que un 95 % no vive en ningún otro lugar del planeta.

EL FIORDO QUE ES MÁS PROFUNDO DE LO QUE DEBERÍA SER

Moldeada por un glaciar, la caleta Skelton, en el canal McMurdo, en la costa de la Antártida, es el fiordo más profundo del planeta. Se sumerge 1,933 m. Se considera que el glaciar Skelton, de 1,450 m de espesor, está tallando el fiordo mientras araña el fondo del mar, al sacar las rocas como un gigantesco cincel. Pero hay un misterio: el fiordo es, quizá, demasiado profundo para haber sido esculpido sólo por hielo. El hielo puede volverse elástico en la parte más profunda del fiordo y, por lo tanto, pierde gran parte de su capacidad abrasiva. No obstante, sigue sin revelarse qué es lo que excava tan profundamente el fondo del mar.

GRANDES CAÑONES EN EL FONDO DEL OCÉANO

Imagine un agujero tan profundo que pudiera alojar el monte Everest en él y todavía le quedara espacio. Así es la fosa de las Marianas, en el Pacífico occidental, el lugar más profundo de todo el planeta, 11 km bajo el nivel del mar. La fosa de las Marianas es un cañón en forma de media luna que se extiende 2,500 km por el fondo del Pacífico. Tiene un promedio de 70 km de anchura. Si se pudiera volar por la fosa submarina, se parecería a un cañón, flanqueado por vastas montañas de abruptas laderas.

La zanja es tan profunda porque se asienta en una falla geológica donde el fondo del océano está hundiéndose más de 11 cm por año bajo la vecina corteza de las Filipinas.

El abismo Challenger es la parte más profunda a 10,925 m, llamado así por el barco de investigación británico *Challenger II,* que lo descubrió cerca de las Islas Marianas en 1951. La profundidad de la fosa ha sido sondeada sólo dos veces por sumergibles sin tripulación humana.

LA EROSIÓN, ESCULTORA

Durante millones de años, el agua y el viento han cincelado las rocas de la Tierra y las han convertido en esculturas; los glaciares han tallado picos y fiordos; los ríos han cavado cañones y el mar ha arrancado columnas de los acantilados.

EL TIEMPO Y LOS ELEMENTOS HAN PUESTO UNA ROCA EN UN PEDESTAL

En las colinas de Wyoming, Estados Unidos, al este de las Rocosas, esferas de roca yacen esparcidas en la tierra. Algunas están equilibradas sobre pedestales de piedra en ángulos precarios, casi como si hubieran sido cuidadosamente colocadas por las manos de un gigante. Llamadas concreciones, las esferas se formaron en el fondo de un mar prehistórico poco profundo. Cada una creció a partir de un trozo de hueso o de concha que lentamente fue cubriéndose de capas de arena y calcita mineral.

Hoy el antiguo fondo marino está más de 1,000 m sobre el nivel del mar, y las concreciones están libres de la arenisca blanda que en un momento las encapsuló. Talladas durante milenios por el viento y la lluvia, permanecen intactas, testimonio de una vida vivida hace millones de años.

LA MAYOR PIRÁMIDE DE EUROPA

No son sólo los 4,505 m de altura del Matterhorn lo que inspira a los visitantes y a los alpinistas, sino su forma espectacular: una pirámide esculpida por los glaciares. Hace unos 70,000 años una capa de hielo de 4 km de espesor cubrió el norte de Europa, y terminó chocando contra los Alpes. Poco a poco, los glaciares se deslizaron por las montañas; cincelaron, limaron y excavaron el paisaje como un escultor que trabaja con un trozo de piedra.

En el Matterhorn, cuatro glaciares que se deslizaron y erosionaron diferentes lados de la montaña dejaron una forma piramidal de bordes afilados. Cuando el mundo se calentó hace 10,000 años, los glaciares se retiraron y dejaron expuesto el pico del Matterhorn que ahora se alza a horcajadas en la frontera entre Suiza e Italia.

LOS NUMEROSOS MATICES DEL ULURU

En la profundidad de la llanura australiana se yergue el Uluru (Roca Ayers), el mayor monolito de arenisca que existe. Una de las características más sorprendentes del Uluru es la modificación de su color con la puesta de sol. En raras ocasiones, cuando llueve, la roca adquiere un tono plateado. El espectáculo de luces se produce por el mármol y otros minerales que hay en la roca y que reflejan la luz en forma de diferentes colores.

El Uluru, con 384 m por encima de la llanura, 2.5 km de longitud y 9 km de diámetro, puede verse desde decenas de kilómetros en todas direcciones. Son los res-

SALIDA *En equilibrio como una pelota de golf lista para ser golpeada, esta roca protege de la erosión la arenisca que está debajo, creando un pedestal.*

ROCA RESPLANDECIENTE *Al reflejar la luz cambiante, el Uluru (Rocas Ayers), en el centro de Australia, es considerado un lugar sagrado por los aborígenes.*

tos de una montaña en un mar desaparecido hace 500 millones de años. Como la corteza terrestre se elevó gradualmente, el mar se secó y la montaña quedó expuesta. Millones de años de viento han esculpido lentamente su forma redondeada.

PIEDRAS EN EQUILIBRIO EN ITALIA

Espirales de roca con piedras asentadas en sus picos como sombreros crean una vista extraordinaria en un valle de los Alpes italianos. Conocidas como los Ritten Earth Pillars, son obra de los glaciares.

Cuando los glaciares estaban en movimiento en la Edad de Hielo, recogieron una enorme carga de piedras y suelo que abandonaron cuando el hielo se derritió. En algunos lugares quedó una arcilla espesa con piedras encima. Cuando los ríos corrieron por los valles, crearon gargantas en la arcilla, y la lluvia causó más erosión. Finalmente las rocas más resistentes a la lluvia quedaron en equilibrio sobre las columnas de arcilla.

¿JUGABAN LOS GIGANTES EN LAS COLINAS MATOPOS?

En las colinas Matopos, de Zimbabwe, piedras de miles de toneladas hacen equilibrio sobre columnas de piedra, erupciones rocosas, o incluso una encima de otra. Parecen ladrillos de construcción de alguna criatura monstruosa. Las colinas son lo que queda de un enorme flujo de lava que fue convertido en montañas de granito, separadas por la lluvia en picos escarpados.

EL PUENTE NATURAL MÁS LARGO DEL MUNDO

En el desierto de Utah, Estados Unidos, hay un puente de piedra de 86 m de altura, casi tan alto como para que pase la Estatua de la Libertad por debajo de él. Es el mayor puente natural del planeta, y recibe el nombre de Puente del Arco Iris por su asombrosa forma de arco.

El puente fue creado cuando el agua procedente de una montaña cercana serpenteó por la arenisca blanda del lugar y talló un cañón. El río hizo un giro muy cerrado en un punto alrededor de una pared rocosa, después tomó un atajo y creó un agujero que dejó un puente de piedra por encima. El río continuó pasando por su nuevo curso, excavando cada vez mayor anchura y más profundamente. En algún momento, el río desgastará tanto la roca que el puente acabará por desplomarse.

TODAVÍA EN PIE *Estas columnas de piedra caliza, conocidas como los Doce Apóstoles, han sido esculpidas por las olas y los vientos.*

LOS APÓSTOLES SE DESMORONAN EN EL IMPLACABLE MAR

En el sur de Australia, varias enormes columnas de piedra pueden ser vistas sobresaliendo del mar, como los dedos de un gigante que se elevan del agua. Son los Doce Apóstoles, un conjunto de pilares en el mar esculpidos a partir de los acantilados de piedra caliza que, al oeste de Melbourne, se despedazan por la inmisericorde acción de las olas.

Los pilares ya no hacen honor a su nombre, porque algunos se han derrumbado. El mar sigue escarbando la cara del acantilado, esculpiendo la roca y tallando grutas y arcos. Con el tiempo, el camino costero caerá, víctima del batido constante.

PASARELA PARA UN GIGANTE IRLANDÉS

Las columnas hexagonales de la Calzada de los Gigantes, en el norte de Irlanda, son geométricamente tan precisas que parecen hechas por el hombre. Durante siglos, se pensó que habían sido construidas por el legendario Finn MacCool, un gigante que cruzó por las piedras e invadió Escocia. En realidad la Calzada es un fenómeno natural, resultado de una erupción de lava hace 60 millones de años.

La lava arrojada por los cráteres creó un lago que se endureció en una meseta. Parte de la lava se enfrió tan rápidamente que se contrajo y formó 37,000 columnas hexagonales regulares. Cuando el viento, la lluvia y las olas azotaron las rocas, las columnas se erosionaron a diferente ritmo y dejaron una desordenada terraza escalonada; así se creó la Calzada de los Gigantes.

CHIMENEAS Y ESPIRALES ADORNAN EL DESIERTO AMERICANO

Los profundos picos rojos de arenisca del Valle de los Monumentos, en la frontera entre Utah y Arizona, Estados Unidos, son el resultado de millones de años de erosión. El viento, las heladas y los intensos ciclos de calor y frío han quebrado las piedras y las han convertido en monolitos, pilares, chimeneas y espirales. El paisaje casi surrealista de las llanuras desérticas y los abruptos acantilados rojos contra el cielo azul profundo han sido muy utilizados en películas de Hollywood.

Hace unos 7,000 años el pueblo Anasazi llegó a la región y comenzó a vivir en casas construidas en los acantilados; entonces el clima pudo haber sido suficientemente húmedo como para permitir alguna forma de cultivo, pero hace 750 años el clima se volvió de pronto muy seco y los Anasazi fueron desapareciendo.

PAISAJES DE PIEDRA CALIZA

No hay otra roca en la Tierra como la piedra caliza.
Es pálida, porosa y particularmente sensible al ácido
de la lluvia. El agua carcome la roca, abre fisuras y talla
cumbres, columnas, cuevas, cañones y profundos fosos.

GUERREROS DE PIEDRA CALIZA EN MADAGASCAR

S obre la costa oeste de Madagascar se eleva una enorme meseta de piedra caliza. En un lado hay suaves colinas —cuyos picos se llaman *tsingy*— y, hacia el sur, un asombroso conjunto de agudas cumbres paralelas entre sí que parece un ejército de guerreros.

El Tsingy de Bemaraha es una selva impenetrable, y gran parte de la vegetación es exclusiva del área, incluyendo un plátano silvestre y un tipo particular de árbol de ébano. Las plantas desérticas, como el suculento áloe, se adaptan perfectamente a los suelos desérticos.

El inhospitalario bosque de piedra ha protegido de la incursión de los seres humanos a la vida silvestre, como la rata roja del bosque, un camaleón espinoso y la zancuda de garganta gris de Madagascar.

ACANTILADOS ÚNICOS *Los extraños acantilados de piedra caliza del parque nacional Tsingy de Bemaraha, son lugar declarado Patrimonio de la Humanidad.*

AGUJAS PUNZANTES EN LAS CUMBRES

E n la mitad del ascenso al Gunung Api en el parque nacional Mulu, Borneo, hay un bosque de agujas de piedra caliza. Conocido como Los Pináculos, algunas de sus puntas se elevan a 45 m de altura.

Son producto de la lluvia que corroe fallas verticales en la roca y hace que las grietas se abran. La erosión gradual ha producido un afilamiento muy agudo en estas columnas.

En este ambiente desafiante, las plantas nepenthes (véanse págs. 238-239) sobreviven a la pobreza del suelo, y forman con sus hojas un recipiente donde recogen agua e insectos ahogados para obtener así el alimento que necesitan.

PLANTAS MEDITERRÁNEAS EN LA PIEDRA CALIZA IRLANDESA

E n la húmeda y ventosa costa occidental de Irlanda, un paisaje de piedra caliza plana mantiene una colección de plantas mediterráneas. La región, conocida como *The Burren,* cubre un área de 300 km².

Debido a las abundantes lluvias y a la cálida brisa procedente de la corriente del Golfo, el clima es sorprendentemente moderado. El agua erosionó pequeñas fallas en la piedra caliza y abrió grietas donde hay suficiente tierra para que crezcan y se alojen plantas. Allí pueden proliferar árboles alpinos y en miniatura, que normalmente se encuentran en climas más cálidos.

UN MUNDO DE PIEDRA CALIZA ESCONDIDO EN JAMAICA

L a isla de Jamaica tiene una selva tropical escarpada que permanece casi intacta desde que la descubrió Colón, hace más de 500 años.

Llamada *The Cockpit Country,* es un paisaje de piedra caliza deshabitado, con hoyos, ríos subterráneos, cascadas y cuevas, que cubre 1,300 km². Se formó hace unos 20 millones de años cuando el poco profundo fondo del mar que rodeaba Jamaica se elevó en el Caribe.

La piedra caliza se generó a partir de esqueletos compactados de criaturas marinas, y hoy el origen marítimo de *The Cockpit Country* es evidente en sus rocas, que contienen fósiles de animales acuáticos.

El aislamiento de *The Cockpit Country* lo convierte en un importante refugio para plantas y animales, incluyendo 500 especies de helechos. También alberga la gigantesca mariposa de alas bifurcadas, en peligro de extinción, la más grande de América y la segunda más grande del mundo.

UN LOCO PAISAJE DE DIENTES
DE PIEDRA CALIZA

Parecen columnas de piedra neolíticas, pero los miles de bloques semejantes a dientes que hay en el desierto de Australia Occidental son naturales. Conocidos como Los Pináculos, estas rocas de piedra caliza forman parte del parque nacional Nambung. Están hechas de arena separada de la costa hace decenas de miles de años. Entre la arena había conchas rotas que, con el tiempo, se disolvieron por efecto de la lluvia y se convirtieron en carbonato de calcio, que dio lugar a piedra caliza que quedó enterrada bajo las dunas de arena. En la estación húmeda, la lluvia llegó hasta la piedra caliza, y la esculpió formando columnas subterráneas.

Alrededor de Los Pináculos hay raíces fósiles, lo que permite deducir que las dunas tuvieron suficiente humedad en algún momento como para permitir vegetación. Las raíces deben de haber ayudado al paso del agua bajo tierra. Hace unos 25,000 años, el clima se hizo tan seco que las dunas de arena volaron, y quedaron expuestas las formaciones de piedra caliza. Estas rocas continuaron siendo cinceladas por el viento hasta que se crearon esos dientes que podemos ver hoy.

GOTAS DE CHOCOLATE O
LÁGRIMAS DE GIGANTE

La leyenda cuenta que las redondeadas Colinas de Chocolate de Bohol, en el sur de las Filipinas, son las lágrimas endurecidas de un gigante. Se dice que fueron derramadas cuando murió su amante. Hay 1,776 colinas simétricas de unos 30 m de altura que, durante la estación seca, cuando muere la vegetación, son de color chocolate.

Son restos de piedra caliza de una erosión más temprana. Algunos geólogos piensan que el área estuvo alguna vez sumergida y que las colinas se formaron en el fondo del mar por erupciones volcánicas y luego fueron erosionadas en forma de cúpulas por las corrientes submarinas.

LA GARGANTA TALLADA
POR UN RÍO ESCONDIDO

La Gorge du Verdon, en el suroeste de Francia, se formó cuando el techo de una caverna subterránea se destruyó después de miles de años de erosión. La garganta tiene 20 km, con acantilados de piedra caliza gris que se elevan a 700 m.

El río Verdon, que corre en este valle, tiene un color verde turquesa, algo extraño porque no hay casi tierra o desechos orgánicos en sus aguas. Se piensa que proviene de la fuente del Verdon en los Alpes, donde los glaciares erosionan las rocas que están debajo y arrastran finas partículas que crean un color verde azulado a la luz del sol.

LA PUERTA
DE PIEDRA CALIZA
QUE SE ELEVA SOBRE ESPAÑA

El monte Perdido, del lado español de los Pirineos, es el pico de piedra caliza más alto de Europa, con 3,352 m. La enorme masa de piedra caliza se eleva sobre el cañón de Ordesa, y sus laderas están cubiertas de plantas y animales. En el momento culminante de la Edad de Hielo, los Pirineos fueron refugio de muchas plantas y animales que, desde entonces, han evolucionado y dado lugar a organismos que sólo se encuentran en estas montañas.

DIENTES DEL DESIERTO *Durante mucho tiempo se creyó que los pináculos de Australia Occidental habían sido tallados por el ser humano prehistórico, pero son formas totalmente naturales.*

Desde entonces el arrecife fue elevándose del fondo del mar y llegó a quedar tan alto y seco como montañas de piedra caliza. Dentro de las cavernas, se le puede ver como si fuera una exhibición en un acuario.

A diferencia de la mayoría de las cuevas de piedra caliza, que están grabadas por el débil ácido carbónico de la lluvia, éstas fueron erosionadas por ácido sulfúrico, producto del petróleo y el gas subterráneo que se filtró hacia la superficie.

La cueva más grande es la de Carlsbad, que tiene más de 477 m de profundidad y contiene la Gran Cámara, del tamaño de una catedral, que está decorada con estalactitas, estalagmitas y gruesas costras de minerales.

La caverna Lechuguilla, también en el complejo, ha asombrado a los investigadores por su comunidad de 1,200 tipos diferentes de microorganismos. Ésta es la mayor colección de bacterias que viven en la roca.

Los microorganismos extraen su energía del azufre, el manganeso y el hierro: un paralelismo interesante con los organismos microscópicos que se alimentan de las aguas calientes que brotan del fondo de los océanos (véase pág. 354).

LAS LEGENDARIAS GARGANTAS DEL YANGTSÉ

El trecho más dramático del poderoso río Chang Jiang (Yangtsé), de China, es el que comprende los **200 km de gargantas que atraviesan la provincia de Sichuan.** En algunos lugares los cañones de piedra caliza se angostan a 100 m de anchura y presionan el río en un feroz torrente durante la época de lluvias. Los acantilados abruptos, de hasta 1,200 m de altura a ambos lados de la garganta, se originaron hace 70 millones de años, cuando la corteza terrestre se movió y elevó la tierra por la que el río Chang Jiang abrió su canal.

UNA CAVERNA DESÉRTICA ADORNADA CON CRIATURAS MARINAS

En el polvoriento y seco desierto de Chihuahua, Nuevo México, Estados Unidos, un antiguo arrecife tropical decora un inmenso complejo de cavernas. El arrecife, que es inusual porque está constituido enteramente por esponjas y algas en lugar de corales, se originó hace unos 230 millones de años.

ATAQUE ÁCIDO

Cuando la lluvia cae por la atmósfera, absorbe suficiente dióxido de carbono como para generar ácido carbónico. Cuando esta precipitación ligeramente ácida cae sobre la piedra caliza, formada principalmente por esqueletos y conchas de criaturas marinas calcificados, la carcome, la esculpe y da lugar a interesantes formaciones. El paisaje de piedra caliza resultante necesita miles de años para formarse.

Las primeras grietas pequeñas se forman con un diseño reticulado, y dejan expuestas microscópicas líneas débiles en la roca. Cuando las grietas crecen, se abren en badenes, que dejan bloques regulares de piedra expuestos en la superficie. Los badenes se abren más y forman amplios pozos antes que cavernas. Corrientes de agua y ríos que pasan por encima de la piedra caliza desaparecen en los pozos, luego corren por las cavernas subterráneas y reaparecen a kilómetros de distancia.

El techo de una caverna se desploma y deja un valle como la garganta del Verdon en Francia. Las gargantas también se forman como resultado de ríos que rebanan la piedra caliza.

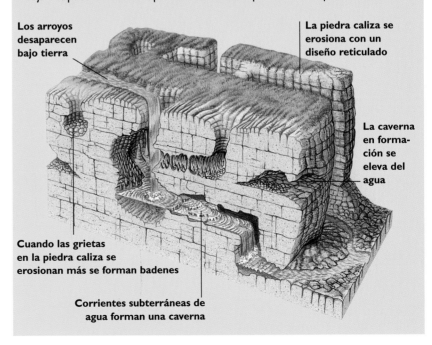

Los arroyos desaparecen bajo tierra

La piedra caliza se erosiona con un diseño reticulado

La caverna en formación se eleva del agua

Cuando las grietas en la piedra caliza se erosionan más se forman badenes

Corrientes subterráneas de agua forman una caverna

LA NATURALEZA TALLA UN ZOOLÓGICO

Gullin (China) es una tierra de maravillas en piedra caliza, con colinas y cavernas que culminan en enormes pináculos, conos y cúpulas. Algunas formaciones parecen chimeneas de una fábrica; otras, caballos al galope; y muchas han tomado el nombre de sus extrañas formas, entre ellas el Camello, la Tortuga Trepadora, y la Trompa del Elefante.

Los picos de piedra caliza sobresalen de las planicies del río Li como dientes de gigante, y pueden alcanzar los 100 m de altura y se extienden junto al río a lo largo de 50 km.

Estas erosionadas colinas formaban parte del fondo de un antiguo océano que poco a poco se fue elevando, hasta convertirse en tierra seca que dejó expuestas a los elementos gruesas capas de piedra caliza. Grandes cantidades de piedra caliza más blanda y esponjosa se erosionaron, y quedaron en pie las partes más duras que hoy se elevan sobre una planicie de piedra.

ATRAPADOS EN EL TIEMPO

La historia de la vida sobre la Tierra aparece en los fósiles: restos de animales y plantas preservados en piedra. Al encajar las edades de rocas y fósiles se hace una gráfica de la evolución de la vida en los últimos 3,000 millones de años.

EL COCINERO PREHISTÓRICO Y SU BARBACOA CHINA

En Zhoukoudian, al sur de Pekín, en China, hay una serie de cavernas en las colinas donde en 1929 se halló la calavera de uno de los primeros seres humanos. El cráneo pertenecía al *Homo erectus,* llamado Hombre de Pekín, que vivió hace un millón de años. La cueva también tenía huesos carbonizados de animales. Dichos restos son la prueba más antigua del uso del fuego por nuestros antepasados humanos.

El hombre de Pekín se parecía en muchos aspectos a los humanos de hoy. Era lo suficientemente inteligente como para hacer herramientas de piedra martilleando y usando un yunque. Pero fue el dominio del fuego lo que les permitió a los primeros humanos sobrevivir al frío y a la oscuridad, de modo que pudieron expandirse hacia regiones más al norte y colonizar Asia y Europa.

EL BOSQUE ANTIGUO QUE SE CONVIRTIÓ EN PIEDRA

En las profundidades del desierto Pintado de Arizona, Estados Unidos, **yacen desparramados miles de troncos cortados.** En realidad, son los restos fosilizados de árboles que vivieron hace millones de años.

Según la leyenda, una diosa trató de encender un fuego con los troncos, pero estaban demasiado húmedos. Se puso tan furiosa que los convirtió en piedra, asegurándose de que nunca volvieran a encenderse. Así, creó el Bosque Petrificado.

El bosque está constituido por araucarias –árboles parecidos a pinos– petrificadas, que llegaron a medir 60 m de altura. Hace millones de años una enorme inundación desplazó los troncos muchos kilómetros, hasta que finalmente terminaron alojados en una cuenca poco profunda. Se enterraron tan rápidamente debajo del

GIGANTES CAÍDOS *Los restos fosilizados de un bosque primitivo aparecen con brillantes pigmentos que se deben a la presencia de hierro, manganeso, cobre y litio en la madera original.*

lodo que no tuvieron tiempo de descomponerse. Durante millones de años, los minerales del agua fueron reemplazando lentamente los tejidos de la madera y la convirtieron en piedra. Algunos de los minerales se cristalizaron y formaron valiosas gemas, como amatistas, pero la mayoría fueron saqueadas por cazafortunas hace más de un siglo.

GIGANTES DESENTERRADOS EN LA ARGENTINA

En la frontera norte de la Patagonia, Argentina, yace uno de los emplazamientos de fósiles de dinosaurio más grandes del mundo. Las rocas expuestas alrededor de Plaza Huincul presentan un récord de dinosaurios en sus últimos 35 millones de años en la Tierra.

En 1993, fue desenterrado allí el dinosaurio depredador más grande encontrado. La bestia asesina, que pesaba de 6 a 8 toneladas y medía 14 m de longitud, fue bautizada como *Gigantosaurus carolinii* (saurio gigante del sur). Este ser hace sombra al carnívoro más famoso del Hemisferio Norte, el *Tyrannosaurus rex*.

Un descubrimiento aún más increíble en Plaza Huincul fue el *Argentinosaurus,* el mayor animal que ha caminado por la superficie de la Tierra. Era un dinosaurio gigante, herbívoro, de 45 m de altura, o sea las dimensiones de un edificio de cinco pisos, y de 100 toneladas de peso.

HUELLAS DEL PASADO

En Laetoli, Tanzania, en el este de África, tres conjuntos de huellas marcan la primera prueba sólida de seres bípedos semejantes a los humanos. Fueron descubiertas por la antropóloga británica Mary Leakey en el año de 1978 y dieron una pista del eslabón faltante («eslabón perdido») entre los monos que caminaban sobre cuatro patas y los humanos que caminan erguidos sobre dos.

Las huellas fueron hechas hace unos 3.6 millones de años, después de una erupción volcánica. La ceniza se esparció por la tierra, luego una lluvia la convirtió en una especie de cemento fresco. Tres criaturas caminaron por el fango, y sus huellas quedaron preservadas.

MONSTRUO MARINO ENCONTRADO EN UN LUGAR DE DESCANSO COSTERO

En 1812 una niña inglesa encontró el esqueleto de un «dragón marino» conocido como ictiosaurio. La niña, Mary Anning, hizo el descubrimiento en Lyme Regis, en la costa sur de Inglaterra, y el suyo fue el primer espécimen completo del reptil parecido a un pez que se descubrió en Gran Bretaña.

Los acantilados de Lyme Regis están llenos de restos fosilizados de seres vivos marinos del período Jurásico. Esto se debe a que hace 200 millones de años, la piedra caliza y la arcilla que forman los acantilados estaban en el fondo de un mar tropical. Cuando estos seres murieron fueron cubiertos de lodo y finalmente se convirtieron en fósiles. Después de una tormenta, algunas secciones de acantilado suelen romperse y derraman su preciado tesoro.

MONSTRUO JURÁSICO *El ictiosaurio, desenterrado por primera vez en Gran Bretaña en 1812, era un dragón marino de 12.5 m de longitud que depredaba amonites.*

EL NIDO DEL DINOSAURIO DE GOBI LO VINCULA CON LOS PÁJAROS

En el desierto de Gobi, Mongolia, los paleontólogos descubrieron en 1923 un nido fosilizado que alojaba dinosaurios carnívoros sin dientes. Estos seres, con un pico parecido al de los loros, son conocidos como ovirraptores. Fue un hallazgo impresionante, pues implicó que los dinosaurios se parecían a los pájaros de la actualidad.

Los sucesos que llevaron a la creación de este importante fósil se produjeron hace

LUGAR DE DESCUBRIMIENTOS *Todos los años los vientos y el crudo clima invernal del desierto de Gobi desentierran un valioso botín de fósiles de mamíferos y dinosaurios.*

más de 80 millones de años. Un grupo de seres carnívoros estaba anidando en el refugio de una enorme duna de arena cuando una lluvia torrencial hizo que aquélla se desplomara y hundiera el nido y a sus ocupantes. Luego las dunas fueron enterradas por sedimentos que se convirtieron en arenisca y los huesos se fosilizaron.

En los años veinte, en el mismo desierto se encontraron los huesos del *Velociraptor:*

un carnívoro que podía correr sobre sus dos poderosas patas traseras. Hallazgos posteriores han descubierto algunos de los mejores ejemplos de los primeros mamíferos, incluidos los primeros marsupiales (mamíferos con bolsa).

LAS HUELLAS LLEVAN A LOS PRIMEROS HUMANOS MODERNOS

Hace poco más de 100,000 años una mujer de 1.5 m de altura bajó por una abrupta duna y dejó su marca en la tiza. Los sedimentos pasaron pronto por sus huellas y las fosilizaron en piedra. Hoy tenemos esa huella: la impresión de un talón, el arco y los dedos de un humano moderno, encontrada en una laguna en Sudáfrica.

La evidencia señala que la humanidad moderna, el *Homo sapiens sapiens,* proviene de Sudáfrica. Cerca de allí, en la desembocadura del río Klasies, los humanos modernos se refugiaron en algún momento hace entre 60,000 y 120,000 años y dejaron basura prehistórica: conchas, huesos de focas y cenizas de fogatas. Sin embargo,

SE REVELA LA EDAD DE LA TIERRA

Hoy es posible determinar la edad de las piedras de un modo muy preciso mediante sistemas radiométricos de fijación de fechas que miden el cambio de radiactividad durante millones de años. Pero hasta el siglo XX, los geólogos tenían que apoyarse en los fósiles para calcular la edad de las rocas sedimentarias (rocas dejadas por antiguos ríos, lagos y mares).

Al separar las capas de las rocas sedimentarias quedan expuestos los fósiles de plantas y animales muertos. Éstos no sólo ayudan a datar las rocas, sino que también dan alguna idea de los climas pasados, y los investigadores han confeccionado la historia de la Tierra a partir de sus fósiles.

La fijación de fechas de las piedras comenzó en 1828 cuando el geólogo británico Charles Lyell se dio cuenta de que las piedras nuevas contenían fósiles que eran similares a las formas vivientes, y que, progresivamente, las rocas más viejas tenían menos y menos especies similares a los organismos de hoy.

EDADES DE LA TIERRA *La Tierra tiene aproximadamente 4,600 millones de años, aunque los fósiles hallados en las rocas rara vez sobrepasan los 570 millones de años.*

		HOLOCENO	0.01 M. años
CENOZOICO	CUATERNARIO	PLEISTOCENO	1.6
	TERCIARIO	PLIOCENO	5.3
		MIOCENO	23
		OLIGOCENO	36.5
		EOCENO	53
		PALEOCENO	65
MESOZOICO	CRETÁCICO		135
	JURÁSICO		205
	TRIÁSICO		250
PALEOZOICO	PÉRMICO		290
	CARBONÍFERO		355
	DEVÓNICO		410
	SILÚRICO		435
	ORDOVÍCICO		510
	CÁMBRICO		570
ERA PRECÁMBRICA			4,600

otro sitio en la región posee huesos de animales y herramientas de piedra prehistóricos de 40,000 años de antigüedad. Aquí, los primeros seres humanos cortaron carne, ya que pueden verse en los huesos marcas de cortes hechos con cuchillo.

LAS TUMBAS OLEOSAS DE LOS PRIMEROS MAMÍFEROS

El Messel Pit, cerca de Darmstadt, Alemania, es el sitio más rico en el mundo para los primeros mamíferos. Desde que los primeros fósiles fueron descubiertos allí en 1875, se han identificado 40 especies animales diferentes, entre ellas una zarigüeya marsupial, un oso hormiguero, un avestruz y pequeños caba-

llos antiguos del tamaño de un gato doméstico. Estaban tan bien preservados que se encontraron hojas fosilizadas en su estómago. Incluso se conservó la coloración metálica de los insectos en el pozo oleoso.

Son restos del Eoceno, hace entre 57 y 36 millones de años, cuando los dinosaurios ya habían muerto hacía tiempo y los mamíferos llegaban a ocupar su terreno.

Los fósiles se conservaron tan bien porque el pozo fue anteriormente el fondo lodoso de un lago. Hace unos 50 millones de años, la tierra cedió y se llenó de agua. En el clima caluroso tropical, una gruesa capa de algas se convirtió en un lodo pegajoso, mezclado con arena y depósitos de arcilla, y formó una roca oleosa en la que miles de plantas y animales se fosilizaron.

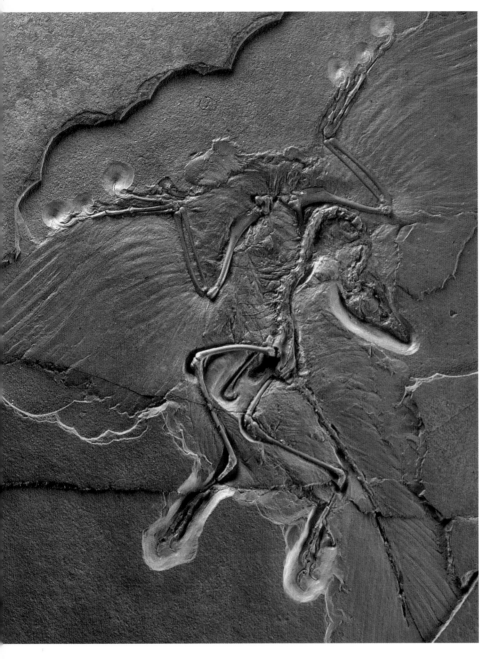

RESUCITAR MAMUTS DE LOS HIELOS PROFUNDOS

En un experimento sensacional, un equipo ruso está tratando de **recuperar el ADN de mamuts congelados, para crear un híbrido de mamut y elefante.** Por toda Siberia se han encontrado cadáveres de mamuts, extintos desde hace unos 10,000 años. Uno estaba tan bien conservado que había todavía hierba de su última comida en sus dientes y estómago.

Para encontrar ADN de buena calidad, el animal habría tenido que congelarse rápidamente después de su muerte. Se espera que el esperma extraído de sus gónadas pueda preñar a una elefanta viva para hacer un híbrido mamut-elefante. Muchos dudan del éxito de esta técnica, dejando a un lado las posibilidades de supervivencia del híbrido.

Los mamuts tenían que comer grandes cantidades de plantas para sobrevivir, y su apetito los llevó demasiado cerca de los bordes de profundos pantanos en donde cayeron y murieron.

LA TUMBA DE LOS DINOSAURIOS EN CANADÁ

El Parque de los Dinosaurios, en las tierras baldías de Alberta, **Canadá, recibe su nombre de su riqueza en restos fosilizados.** Muchos tipos de dinosaurios del Cretácico tardío, hace 75 millones de años, quedaron expuestos allí, entre ellos 38 especies de dinosaurios y 150 esqueletos completos.

Aunque las tierras baldías de Alberta forman ahora un árido paisaje de mesetas, columnas de piedra, y cañones, en el período Cretácico esta parte de Canadá era cálida y subtropical. Los hadrosaurios —dinosaurios herbívoros con pico de pato— vagaban por bosques frondosos y pantanos. Los fósiles hallados hoy son principalmente restos de dinosaurios que cayeron en los pantanos o los ríos y cuyos huesos se cubrieron rápidamente con capas de sedimento. En un proceso que duró millones de años, los sedimentos se convirtieron en roca y los dinosaurios se fosilizaron. En la era glaciar, hace 15,000 años, las rocas fueron desgastadas por los movimientos del hielo y los fósiles quedaron expuestos.

¿LOS DINOSAURIOS ALADOS SON LOS ANTEPASADOS DE LAS AVES?

El origen de los pájaros ha sido uno de los misterios más grandes de la evolución. Pero una asombrosa colección de fósiles en la provincia de Liaoning, en China, sugiere que las aves de hoy podrían ser los descendientes de los dinosaurios alados. La región estaba cubierta por nubes volcánicas de ceniza en el período Cretácico temprano, que formaron un fondo de lago rico en fósiles. Los granjeros locales, al excavar en las rocas, descubrieron un fósil del tamaño de un

ASOMBROSO HALLAZGO *El esqueleto fosilizado del* Archaeopteryx *parece tener la tenue impresión de alas con plumas y una cola.*

pollo con pequeñas depresiones que sugerían los agujeros donde se insertaban las plumas. Desde ese descubrimiento inicial, se han revelado otros dinosaurios con plumas, tan bien conservados que puede verse cada detalle de sus esqueletos, patas, picos y plumas. Eran terópodos carnívoros que vivieron hace 120 millones de años. Aunque estaban cubiertos de un suave plumaje, sólo podían saltar usando la cola para equilibrarse: no podían volar.

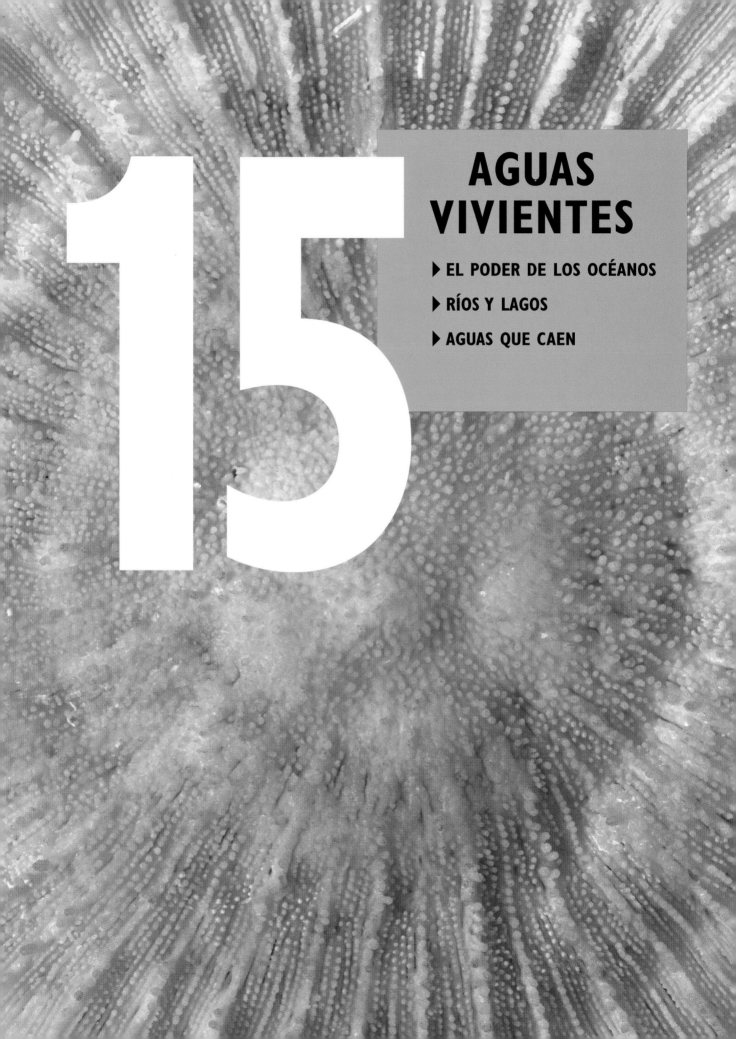

15

AGUAS VIVIENTES

▶ **EL PODER DE LOS OCÉANOS**

▶ **RÍOS Y LAGOS**

▶ **AGUAS QUE CAEN**

EL PODER DE LOS OCÉANOS

Vista desde el espacio, la Tierra es un planeta azul cubierto principalmente de agua. Sus vastos océanos alojan un mundo escondido de volcanes, gigantescas burbujas de gas y depósitos de extraños minerales.

EL MÁS SOLITARIO Y TEMPESTUOSO DE LOS MARES

Los **Roaring Forties del océano Austral son los mares más violentos del mundo.** El océano Austral es el único en el mundo no interrumpido por tierra y que fluye en un anillo completo. Su corriente arrastra más agua que cualquier otro en el mundo: todos los días bombea 165 millones de toneladas y llega a profundidades de 3 km. Es uno de los lugares más importantes para la vida marina, donde el plancton es la dieta habitual de una cadena alimenticia de kril (un animal semejante al camarón), peces, ballenas, focas, pingüinos y una multitud de aves marinas.

MAR ENFURECIDO *El salvaje océano Austral transporta 150 veces más agua alrededor de la Antártida que el flujo de todos los ríos del mundo combinados.*

RIQUEZAS MINERALES EN EL FONDO DEL MAR

En las profundidades de los océanos hay bolas de color café oscuro con forma de papa, que son ricas en minerales, especialmente manganeso. Hierro, cobre, níquel y cobalto también están presentes. Se desconoce el origen de estos nódulos de manganeso. Posiblemente era roca líquida que se filtró por las grietas del fondo oceánico y se enrolló en bolas que luego fueron arrastradas por el fondo del mar.

Los nódulos tienen entre 2.5 y 15 cm de diámetro, pero hay miles de millones y representan un importante recurso mundial. El manganeso es un importante elemento industrial usado en el acero, el aluminio y el hierro forjado, pero el descenso a profundidades tan extremas conlleva problemas económicos y técnicos hasta ahora imposibles de superar.

LA CORRIENTE DEL GOLFO: UN SISTEMA DE CALENTAMIENTO GLOBAL

Con un calor equivalente a 20 millones de plantas de energía nuclear, la Corriente del Golfo aumenta la temperatura del noroeste de Europa. Esta gran corriente oceánica transporta agua cálida del Caribe a las más frías del Círculo Ártico, a través del Atlántico. Es una fuerza descomunal: cada hora 90 trillones de toneladas de agua pasan por el cabo de Florida.

Cuando la Corriente del Golfo atraviesa el Atlántico, el calor mantiene el noroeste de Europa varios grados centígrados más caliente en el invierno que latitudes equi-

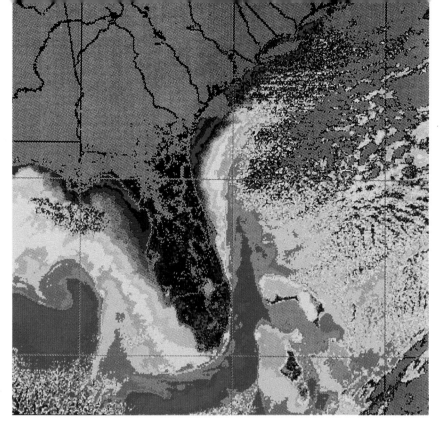

FUENTE DE CALOR *La Corriente del Golfo barre Florida hacia el norte de Europa, transportando agua caliente que tiene un importante efecto en el clima.*

valentes en Siberia o Canadá. En el lugar donde la Corriente del Golfo choca con el condado de Kerry, se ha creado un paraíso natural subtropical de plantas y árboles.

Cuando la corriente cálida alcanza el Ártico, se enfría, se sala más y se hunde en el fondo del mar. Al hacerlo, absorbe más agua cálida de la superficie del Golfo de México y la empuja hacia el norte.

EL MISTERIO MAGNÉTICO DEL TRIÁNGULO DE LAS BERMUDAS

Si usted cree todas las historias, el **área de mar limitada por Bermuda, Florida y Puerto Rico es el lugar más misterioso de la Tierra.** Es el Triángulo de las Bermudas, donde en los últimos 100 años más de 50 barcos y unos 20 aviones han desaparecido sin razón aparente. Por ejemplo, el 5 de diciembre de 1945, cinco aviones de la Marina norteamericana se desvanecieron en un vuelo entre Florida y Bermuda. Un avión de búsqueda enviado para encontrarlos también desapareció sin dejar rastro. Estos fenómenos han sido atribuidos a fuerzas sobrenaturales, pero hay una posible explicación científica.

El Triángulo de las Bermudas es uno de los pocos lugares en la Tierra con anomalías magnéticas locales en el fondo del océano que hacen que las agujas de las brújulas señalen el verdadero Norte en lugar del polo norte magnético y que fácilmente podría confundir la navegación.

El Triángulo está cerca de la Corriente del Golfo, una corriente rápida con remolinos que pueden provocar el hundimiento de barcos. Además, en esa área, hay bolsas de gas metano bajo el fondo del mar. El metano puede escapar en burbujas violentas que destruyen la flotación en la superficie del mar y pueden hundir incluso los barcos más grandes.

LA FUERZA DEVASTADORA DEL MOVIMIENTO DE UNA OLA DE RÍO

El oleaje de río más grande del **mundo se encuentra en el Tsientang Kiang, en China.** En las mareas de primavera puede surgir una repentina pared de agua de hasta 3 m de altura y a una velocidad de entre 25 y 35 km/h, que puede ir dejando a su paso árboles caídos, animales muertos y botes volcados.

El oleaje se produce en los ríos que tienen una gran diferencia de altura entre la marea baja y la alta, una boca estrecha y salen al mar. En el Tsientang Kiang, las olas se producen cuando mareas excepcionalmente altas son empujadas río arriba a dos o tres veces la velocidad normal.

DATOS PRODIGIOSOS ACERCA DEL AGUA

La mayoría de la población del mundo depende de los océanos de uno u otro modo, ya sea como fuente de alimentación, transporte, petróleo o gas.

● El 80 % de la superficie terrestre está cubierto de agua.

● El 97 % del agua de la Tierra es agua de mar.

● El volumen de los océanos del mundo es 11 veces el volumen de la tierra sobre el nivel del mar.

● Los océanos del planeta cubren unos 360 millones de km² y contienen casi 1,370 billones de km³ de agua.

● En Norteamérica hay agua subterránea suficiente como para cubrir el continente con una capa de agua de casi 30 m de espesor.

● El océano más grande del mundo es el Pacífico, con 166 millones de km².

● Cada 24 horas se evaporan aproximadamente 1,000 km³ de agua del mar y de la tierra.

● La presión en las profundidades del océano es superior a 1.044 kg/cm².

● El agua de mar es aproximadamente 1,035 veces más pesada que el agua dulce, porque contiene 35 kg de sal en cada 1,000 kg de agua.

● Los mares del mundo contienen 50,000 billones de toneladas de sales disueltas.

● El agua de mar se congela a −2 °C.

● El océano es azul porque, cuando el Sol lo ilumina, choca contra pequeñas partículas que reflejan una luz azul.

BORDE AFILADO *La acción de las mareas y el aumento de las temperaturas en primavera hacen que el hielo se desprenda de los glaciares de Groenlandia y se aleje flotando.*

EL PELIGRO OCULTO DE LOS ICEBERGS

Todos los años se desprenden **hasta 15,000 icebergs de los glaciares de la costa occidental de Groenlandia.** Pueden tener cientos de metros de altura. El glaciar ártico conocido más alto, visto en 1967, alcanzaba los 170 m sobre el océano, un poco menos que la mitad de la altura del edificio Empire State, en Estados Unidos.

La mayoría de los icebergs se derrite antes de llegar al Atlántico Norte, pero algunos se deslizan hasta las zonas de navegación y presentan una gran amenaza, en particular porque dos tercios del iceberg están debajo de la superficie del agua.

Los icebergs antárticos son mucho más grandes que los que se hallan en el Ártico. Pueden encontrarse a distancias de hasta 1,600 km al norte del macizo de hielo.

EL NOTORIO PASO DEL NOROESTE

En 1999, un par de rompehielos **escoltaron a una embarcación por el helado Paso del Noroeste**

AMENAZA HELADA *Los icebergs son un peligro para la navegación. En 1912, el* Titanic *chocó contra un iceberg frente a las costas de Terranova y se hundió.*

por primera vez. Durante más de 500 años, marineros como Francis Drake y Vasco de Gama habían intentado en vano encontrar un camino hacia el este alrededor del borde norte de Norteamérica. Recientemente el hielo se redujo drásticamente debido al calentamiento global, lo que ha hecho posible este épico viaje.

En los últimos 30 años las aguas del Ártico occidental han aumentado 3 °C y casi el 40 % del macizo de hielo ha desaparecido sólo en la última década. Se predice que el macizo ártico podría desaparecer por completo para finales del siglo XXI. La ruta reduciría 8,000 km los viajes por mar entre Europa y la costa este de América del Norte y China.

AGUAS TRAICIONERAS CON REMOLINOS

El Maelstrom, en las afueras de **la costa norte de Noruega, es el remolino más grande del mundo, con 6 km de ancho.** Llega a girar a 6 m/seg cuando las corrientes que fluyen en direcciones opuestas disparan el remolino como si fueran dos dedos que hacen girar un trompo de juguete. Muchos pescadores han perdido la vida en este monstruo del mar.

Otros remolinos se originan cuando las corrientes se abren paso con esfuerzo por estrechos angostos. Algunos pueden ser tan violentos que llegan a hacer ruido. El remolino Old Sow suena como un cerdo que gruñe mientras se abalanza hacia los estrechos que hay entre las islas de la bahía de Fundy, en Canadá.

UNA CONGREGACIÓN DE VOLCANES

En el Pacífico medio-oriental yace una de las concentraciones más densas de volcanes en actividad. Descubiertos en 1993, más de mil volcanes se reúnen en un área un poco mayor que el estado mexicano de Durango. Los volcanes se encontraron con la ayuda de mediciones por satélites de los cambios en la altura oceánica, debidos a la topografía submarina, seguidas por un rastreo por sonar. Los conos se elevan entre 1,800 y 2,100 m desde el fondo del mar.

El Pacífico es el océano más grande y más profundo de la Tierra: cubre más de un tercio de la superficie del planeta. Encontrar volcanes en actividad bajo la superficie no es una gran sorpresa, ya que la región es conocida por sus múltiples islas volcánicas.

PICO VOLCÁNICO *Hawai es parte de una cadena aislada de volcanes que se extiende a través del Trópico de Capricornio en el océano Pacífico.*

UN OCÉANO TROPICAL DE ALGAS QUE ROTAN

El Mar de los Sargazos lleva ese nombre debido a su vasta comunidad flotante de algas sargazo. Las algas crecen en esta región del Atlántico Norte porque el mar es rico en hierro. El Mar de los Sargazos es una gigantesca lente de agua cristalina, de aproximadamente 5 millones de kilómetros cuadrados de superficie, que se pone en movimiento con la rotación de la Tierra.

Anguilas de agua dulce de Europa y del este de Estados Unidos migran miles de kilómetros para reproducirse en sus aguas (véase pág. 183).

EL MAGNETISMO DEL FONDO DEL MAR TIENE LA LLAVE DE LA HISTORIA DE LA TIERRA

En 1963, los geofísicos Fred Vine y Drummond Matthews estaban interpretando rastros magnéticos a través del fondo del mar cuando advirtieron un extraño fenómeno: a cada lado de la cordillera media del océano Atlántico Norte las rocas exhibían idénticas bandas de magnetismo, alternando entre polaridad norte-sur y sur-norte.

Cuando fueron datadas se comprobó que las bandas eran cada vez más antiguas a medida que se alejaban de la cordillera central. Las partículas de hierro en el magma que emergía en la cordillera oceánica se habían alineado con el campo magnético de la Tierra, y la alternancia de polaridad mostraba que el campo magnético de la Tierra se había invertido varias veces en la historia geológica.

EL MAR HELADO

El océano Ártico, con una profundidad de 1,000 m, es el más pequeño y menos profundo de todos los océanos del mundo. En invierno, el hielo cubre 15 millones de kilómetros cuadrados, aunque se reduce a la mitad en verano.

Se piensa que el calentamiento global es la razón por la cual el hielo polar se está derritiendo a un paso acelerado. Si el hielo sigue derritiéndose, el efecto en el resto del mundo podría ser devastador.

EL NIÑO Y LA NIÑA

En 1997, el océano Pacífico fue atrapado por una poderosa fuerza. Conocido como El Niño, fue el mayor desastre climático del siglo XX. Mató a más de 4,000 personas, provocó daños por valor de 20,000 millones de dólares, y arruinó los medios de subsistencia de millones de personas.

Por razones no comprendidas del todo, cada cierto número de años una gran masa de agua caliente de casi 30 cm de altura, y que cubre una superficie más grande que Estados Unidos, se forma en el Pacífico cerca de las costas de Sudamérica. Señala un nuevo El Niño («El Niño Jesús»), llamado así porque los pescadores peruanos descubrieron que tiende a suceder cerca de sus cos-

CONTRA LA CORRIENTE *Durante El Niño, el flujo normal de las corrientes del Pacífico se invierte, causando caos climático en los países circundantes.*

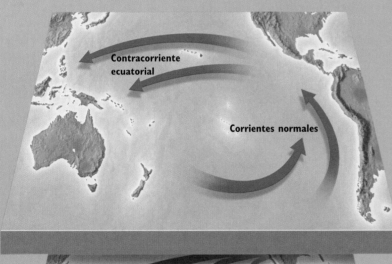

Contracorriente ecuatorial

Corrientes normales

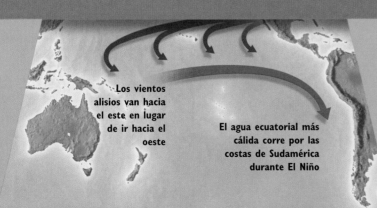

Los vientos alisios van hacia el este en lugar de ir hacia el oeste

El agua ecuatorial más cálida corre por las costas de Sudamérica durante El Niño

CAMBIOS MARINOS *Las inundaciones en Kenia fueron sólo uno de los desastres provocados por El Niño en 1997-1998, que alteró la temperatura de las corrientes marinas.*

tas en Navidad. El Niño es una misteriosa sacudida en el clima, en la cual el Pacífico «da un salto mortal». Las aguas frías de Latinoamérica se vuelven cálidas, y en el otro lado del mundo las aguas cálidas de Australia a Indonesia se enfrían.

Este giro en las corrientes del Pacífico provoca el caos. Las costas de California, Perú y Chile, que habitualmente son secas, se ven sometidas a tormentas, inundaciones y deslizamientos cuando el mar más cálido provoca una lluvia torrencial en la tierra. Mientras tanto, las lluvias de los monzones en Indonesia, Papúa Nueva Guinea y el norte de Australia son desviadas de su curso, lo que sume a la región en una sequía.

La Niña (la «hermana pequeña» de El Niño) tiene el efecto opuesto: los mares de América se vuelven más fríos, lo que trae sequía, mientras que los del sureste asiático se vuelven más cálidos, lo que genera lluvias torrenciales e inundaciones.

RÍOS Y LAGOS

El agua dulce es vital para la vida en la Tierra. Sin embargo, sólo el 2.5 % de la provisión de agua del mundo es dulce, y dos tercios está encerrada en hielo. El resto corre por la tierra en forma de lagos y ríos que desembocan en el mar.

LA PODEROSA FUERZA DEL AMAZONAS

El río Amazonas, en Sudamérica, **transporta un quinto de toda el agua que corre por la superficie de la Tierra.** Desde las profundas gargantas y rápidos al pie de los Andes hasta el vibrante oleaje del océano Atlántico, éste es el río más poderoso del mundo. Se alimenta de más de mil afluentes y descarga 800,000 millones de litros por hora en el Atlántico. La fuerza de este torrente que sale de la desembocadura del río es tan inmensa que empuja las aguas del océano más de 160 km.

La mayor parte del río Amazonas está flanqueada por llanuras aluviales y, en muchos lugares, su curso es tan ancho que desde una orilla no puede verse la otra: en su desembocadura tiene una extensión de 140 km. En el momento de mayor crecida anual, los niveles de agua pueden subir hasta 13 m.

El Amazonas es el hogar de cocodrilos, monos, loros, perezosos, y la serpiente más grande del mundo, la anaconda. Las pirañas y el pirarucu, o arapaima, de 2.5 m de longitud figuran entre las muchas especies de peces que habitan sus aguas.

UNA LÍNEA DE VIDA QUE SERPENTEA POR EL DESIERTO

El Nilo es el río más largo del **mundo. Tiene 6,648 km, una distancia superior a la que separa Nueva York de San Francisco, o Londres de Lagos.** Se extiende desde Burundi y el lago Victoria, en África Central, serpentea por el desierto del Sahara, y vacía sus aguas en el Mediterráneo. La superficie que drena en su recorrido es superior a la que drena cualquier otro río de África, ya que cubre 3,349,000 km², aproximadamente una décima parte de la superficie del continente.

El río deposita ricos sedimentos que fertilizan los terrenos aluviales que ayudaron a nutrir a la civilización egipcia hace 5,000 años. La antigua civilización egipcia floreció durante más de 3,000 años, más que cualquier otra civilización en la historia del mundo, gracias en parte al generoso Nilo, que les proporcionó agua, alimentos y un medio de transporte.

En esta civilización era adorado el ibis sagrado, un pájaro que no ha sido visto

BOSQUES INUNDADOS *La lluvia sobre el Amazonas supera anualmente los 2,5 m. Los bosques se inundan regularmente, creando ecosistemas de terrenos aluviales.*

LOS GRANDES RÍOS

IMAGEN DEL PASADO
Tres pequeños ibis sagrados investigan un cocodrilo del Nilo. Hoy ambas especies sólo se ven juntas en el África subsahariana.

en el Nilo en los últimos 100 años, aunque sus parientes cercanos, el ibis de pico rojo y el ibis brillante todavía se alimentan en sus aguas. El río está lleno de peces, entre otros la perca del Nilo y la tilapia que tiene a sus crías en la boca. También acechando en sus aguas está el temible cocodrilo del Nilo, que se parece a un lagarto y puede alcanzar 3 m de longitud y hasta 680 kg de peso.

UN RÍO SAGRADO

El Ganges es el río sagrado de la India. Su nombre proviene de la diosa hindú Ganga, hija del dios de la montaña Himalaya. Comienza con un hilo de agua que se derrite de un glaciar en el Himalaya y se extiende a lo largo de 2,506 km.

El volumen de agua y limo del río es tan grande que diluye el contenido de sal de la bahía de Bengala y tiñe el agua de un color barroso a lo largo de 500 km ya dentro del mar. El Ganges deposita unos 2,400 millones de toneladas de sedimento cada año: más que cualquier otro río en el mundo.

Su desembocadura es la más grande de la Tierra: un vasto y áspero monte pantanoso, llamado Sunderbans, que cubre un área de 42,000 km².

NILO
LONGITUD: 6,648 km
SUPERFICIE DE DRENAJE: 3,349,000 km²
DESCARGA EN LA DESEMBOCADURA: 1,584 m³/seg
CARACTERÍSTICA DISTINTIVA: la agricultura del antiguo Egipto dependía de sus inundaciones estacionales
AFLUENTES DESTACADOS: Nilo Blanco, Nilo Azul
PRINCIPALES CIUDADES: Alejandría, El Cairo, Luxor, Khartoum

AMAZONAS
LONGITUD: 6,500 km
SUPERFICIE DE DRENAJE: 7,050,000 km²
DESCARGA EN LA DESEMBOCADURA: 180,000 m³/seg
CARACTERÍSTICA DISTINTIVA: el mayor flujo fluvial del mundo. El río navegable más largo: 3,200 km
AFLUENTES DESTACADOS: Negro, Tapajós
PRINCIPALES CIUDADES: Belén, Manaos

MISSISSIPPI-MISSOURI
LONGITUD: 6,019 km
SUPERFICIE DE DRENAJE: 3,221,000 km²
DESCARGA EN LA DESEMBOCADURA: 17,545 m³/seg
CARACTERÍSTICA DISTINTIVA: el río más largo que fluye hacia el sur
AFLUENTES DESTACADOS: Yellowstone, Platte, Ohio, Rojo, Cumberland
PRINCIPALES CIUDADES: Nueva Orleáns, Memphis, St. Louis, Minneapolis, Kansas City

CHANG JIANG (YANGTZE)
LONGITUD: 5,525 km
SUPERFICIE DE DRENAJE: 1,970,000 km²
DESCARGA EN LA DESEMBOCADURA: 35,000 m³/seg
CARACTERÍSTICA DISTINTIVA: Línea vital para China
PRINCIPALES CIUDADES: Shanghai, Nanking, Wuhan, Chonquing

CONGO
LONGITUD: 4,700 km
SUPERFICIE DE DRENAJE: 3,822,000 km²
DESCARGA EN LA DESEMBOCADURA: 42.000 m³/seg
CARACTERÍSTICA DISTINTIVA: el río más largo que fluye hacia el oeste

AFLUENTES DESTACADOS: Kwa, Ubangi, Sangha
PRINCIPALES CIUDADES: Kinshasa (Leopoldville), Brazzaville, Kisangani (Stanleyville)

MEKONG
LONGITUD: 4,500 km
SUPERFICIE DE DRENAJE: 795,000 km²
DESCARGA EN LA DESEMBOCADURA: 15,900 m³/seg
CARACTERÍSTICA DISTINTIVA: el río más largo del sureste asiático
PRINCIPALES CIUDADES: Phnom Penh, Vientiane

VOLGA
LONGITUD: 3,688 km
SUPERFICIE DE DRENAJE: 1,380,000 km²
DESCARGA EN LA DESEMBOCADURA: 8,000 m³/seg
CARACTERÍSTICA DISTINTIVA: fluye hacia el mar Caspio, que no tiene salida
AFLUENTES DESTACADOS: Oka, Kama
PRINCIPALES CIUDADES: Moscú, Gorky

DANUBIO
LONGITUD: 2,850 km
SUPERFICIE DE DRENAJE: 805,000 km²
DESCARGA EN LA DESEMBOCADURA: 6,450 m³/seg
CARACTERÍSTICA DISTINTIVA: el único río importante de Europa que fluye hacia el este
AFLUENTES DESTACADOS: Drava, Sava, Tisza, Prutul
PRINCIPALES CIUDADES: Belgrado, Budapest, Bratislava, Viena

GANGES
LONGITUD: 2,506 km
SUPERFICIE DE DRENAJE: 1,703,000 km²
DESCARGA EN LA DESEMBOCADURA: 15,000 m³/seg
CARACTERÍSTICA DISTINTIVA: río sagrado de la religión hindú
AFLUENTES DESTACADOS: Brahmaputra, Jumna
PRINCIPALES CIUDADES: Allahabad, Chandpur

RIN
LONGITUD: 1,320 km
SUPERFICIE DE DRENAJE: 224,000 km²
DESCARGA EN LA DESEMBOCADURAA: 2,200 m³/seg
CARACTERÍSTICA DISTINTIVA: uno de los principales ríos comerciales de Europa
AFLUENTE DESTACADO: Meno
PRINCIPALES CIUDADES: Colonia, Bonn, Estrasburgo, Basel, Düsseldorf

EL LAGO MÁS PROFUNDO
DEL PLANETA

El lago Baikal está ubicado en la parte sur de Rusia, cerca de la frontera con Mongolia y alcanza 1.6 km en su punto más profundo. También es el lago más frío del planeta: se formó hace más de 20 millones de años, cuando la corteza terrestre se separó y creó un valle. Los ríos que bajaban de las montañas llenaron entonces el cañón con agua. Hoy el lago es la fuente del quinto río del mundo en longitud, el Yenesei, que se extiende a lo largo de 5,540 km hasta el océano Ártico.

El Baikal tiene más agua que cualquier otro lago del planeta: 23,000 km³. El lago sigue creciendo a medida que la tierra continúa separándose a cada lado. Se espera que, en algunos millones de años, la grieta se junte con el océano Ártico y provoque la división de Asia en dos partes.

LAGOS VISIBLES
DESDE LA LUNA

Los Grandes Lagos de Norteamérica y sus canales relacionados forman el sistema de agua dulce más grande del planeta. Los lagos Superior, Michigan, Hurón, Erie y Ontario cubren más de 245,000 km² y contienen 22,813 km³ de agua, es decir, un quinto de toda la provisión de agua dulce de la Tierra. Si toda esa agua se vaciara sobre la superficie de Estados Unidos, alcanzaría una profundidad de 3 m.

Los Grandes Lagos son tan extensos que tienen su propio clima, que enfría las áreas de alrededor en el verano y genera grandes cantidades de nieve que cae sobre las ciudades de la costa en invierno, cuando el aire frío del Ártico sopla sobre el agua y recoge inmensas cantidades de humedad.

Si pudiéramos estar de pie en la Luna, podríamos ver los lagos e incluso reconocer la forma del más grande, el lago Superior, que tiene la mayor superficie de agua dulce del mundo. Tiene casi 4,500 km de costa; se extiende 560 km en su punto más ancho de oeste a este y 260 km de norte a sur. Los lagos desaguan en el río San Lorenzo, que desemboca en el océano Atlántico Norte.

EL LAGO
CREADO POR LA EXPLOSIÓN
DE UNA MONTAÑA

El lago Cráter (Crater Lake), el más profundo de Norteamérica, es el resultado de una gigantesca erupción que rompió el corazón de un volcán hace unos 7,700 años. La explosión del monte Mazama, en las montañas Cascade, en lo que hoy es Oregón, dejó atrás un foso de unos 1,200 m de profundidad que terminó llenándose de agua.

A partir de esta antigua erupción otro volcán de menor tamaño se ha elevado desde el fondo del lago y ha formado una

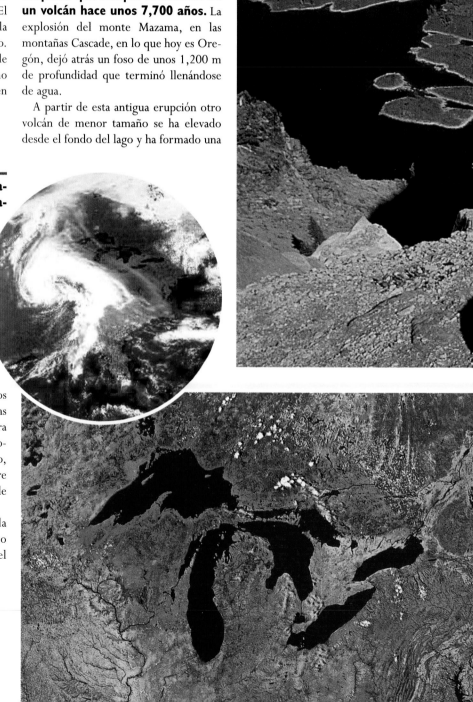

A VISTA DE SATÉLITE *En la frontera entre Estados Unidos y Canadá, los cinco Grandes Lagos son tan inmensos que pueden verse desde el espacio.*

GEMA AZUL *Una explosión volcánica en tiempos prehistóricos dio origen al Crater Lake, en Estados Unidos. La isla es el resultado de una actividad volcánica continua.*

isla. La cuenca está siendo ahora registrada con un equipo de sonar, y se cree que existen respiraderos hidrotermales (véase pág. 354) en el fondo del lago que están formados por agua caliente que se filtra por las grietas en el suelo. El agua se calienta por las rocas volcánicas, que podrían ser responsables de la coloración del lago, ya que éste nos ofrece un bonito azul cristalino.

AGUA QUE ALOJA UN GAS MORTAL

El 21 de agosto de 1986, el lago Nyos en Camerún, África Occidental, exhaló un gas letal. Una nube de dióxido de carbono inodoro brotó del lago y corrió hacia los valles. Murieron unas 1,700 personas.

Apenas dos años antes, el cercano lago Manoun mató a 37 personas con el mismo gas. Tanto el Nyos como el Manoun parecen lagos comunes, excepto por el hecho de que están situados en una zona volcánica, donde la corteza terrestre es muy débil y la lava entra en erupción con faci-

lidad. A veces el dióxido de carbono se acumula debajo de los lagos. Un pequeño movimiento de las aguas, por ejemplo, un temblor subterráneo, libera el gas que sale a la superficie. Desde la década de los ochenta, se ha acumulado gas en ambos lagos en niveles peligrosos, posiblemente el doble de la cantidad causante de las erupciones anteriores. Se teme que los lagos exploten con tanto gas, lo que pondría en peligro la vida de miles de personas y de la fauna y la flora que se ha restablecido en el lugar.

Ahora se están llevando a cabo importantes obras para extraer el gas del fondo de los lagos y evitar desastres mayores.

LAS ESPIRALES DE TOBA DEL LAGO MONO

Columnas de carbonato de calcio de hasta 9 m de altura se proyectan desde las aguas del lago Mono, en California, Estados Unidos. Las increíbles formaciones, conocidas con el nombre de toba, son el resultado de minerales que se filtran de aguas termales subterráneas.

El lago es un paraíso para los geólogos. Tiene 760,000 años (es el más antiguo de Norteamérica) y está rodeado de volcanes. Dos de sus islas son cúpulas volcánicas.

Originalmente el lago se alimentó de los antiguos glaciares durante la Edad de Hielo, cuando su superficie era 60 veces más grande de lo que es hoy, 170 km².

AGUAS QUIETAS *Quizá parezca vacío, pero el lago Mono está lleno de vida invertebrada. También es un punto importante donde se detienen las aves migratorias.*

EL OLOROSO LAGO PREHISTÓRICO DE UTAH

A finales de la era glaciar, el encogimiento de los glaciares alimentó un vasto lago en la parte occidental de Estados Unidos. Hoy ese lago prehistórico se ha reducido de 52,000 km² a una décima parte de su tamaño original. El Great Salt Lake (Gran Lago Salado) está ubicado en las asombrosas salinas de Bonneville, en Utah. Su

agua es cinco veces más salobre que la del mar y contiene 5,000 millones de toneladas de sal, por lo que resulta muy fácil que una persona flote en su superficie.

El lago tiene olor a huevos podridos debido a los gases sulfurosos que emanan de la descomposición de plantas y restos animales en sus aguas poco profundas. No hay peces y el pequeño camarón de aguas salitres es una de las pocas especies que pueden sobrevivir en este ambiente hostil. Pero los camarones son una parte vital

MAREA ROJA *Una multitud de algas rojas en las costas del Great Salt Lake, en Estados Unidos. Están entre los pocos seres vivos que pueden tolerar la salinidad.*

de la ecología del lago, ya que lo mantienen limpio porque se alimentan de las algas y, a su vez, constituyen el alimento de una de las poblaciones de aves más grande de Norteamérica: casi 2 millones de zambullidores medianos, numerosas aves migratorias, patos, gansos, pelícanos, gaviotas y cientos de otros tipos de pájaros que viven en los pantanos y estuarios que rodean el lago.

LOS LAGOS DE PIEDRA CALIZA DEL HINDU KUSH

Debajo de las áridas montañas del Hindu Kush, al noreste de Afganistán, existe una impresionante escalera de lagos. Durante cientos y miles de años, el travertino (carbonato de calcio) de las aguas termales de la montaña, que suavemente se filtraban por las rocas de piedra caliza, ha construido paredes alrededor del río Band-e Amir y encauzado dentro una serie de seis lagos, el más largo de los cuales tiene 6.5 km. En

las zonas donde el agua ha desbordado los límites del lago, se han formado espectaculares cascadas de travertino que parecen cataratas heladas suspendidas. El agua ha construido luego otro lago debajo, formándose así la «escalera» de brillantes lagos azules, verdes y turquesas.

EL MAR INTERIOR MÁS GRANDE DEL MUNDO

Con una superficie de 370,000 km², el mar Caspio es la masa de agua salada interior más grande del planeta. Alcanza una profundidad de 1,025 m y está ubicado en la frontera tradicional entre Europa y Asia. Este cuerpo de agua salada está 28 m por debajo del nivel del mar, no tiene salida y es alimentado principalmente por el Volga.

Es importante para la pesca, fundamentalmente por el esturión, famoso por el caviar Beluga, así como por el arenque, el lucio y la carpa.

El Caspio se enfrenta a serios daños ecológicos: se pesca demasiado el esturión y sufre la contaminación de derrames de petróleo. Desde 1929 se ha estado reduciendo y varias partes del extremo norte se están quedando altas y secas.

UNA PARED DE ENERGÍA

Iguazú, en la frontera entre Brasil y Argentina, consta de 275 cataratas ordenadas en forma de herradura de 2.7 km de anchura, que constituyen un anfiteatro natural de energía hidráulica. Algunas cascadas caen 82 m por un precipicio escarpado a una garganta abierta debajo; otras tropiezan en una serie de escalones pequeños. Eleanor Roosevelt, esposa del presidente norteamericano Franklin D. Roosevelt, dijo que las cataratas del Iguazú «hacen que nuestras cataratas del Niágara parezcan un grifo de cocina». Una nube de humedad permanente flota a 30 m de altura, brillando con la luz del arco iris. La humedad alimenta al bosque tropical que las rodea donde crecen más de 2,000 especies de plantas, entre ellas begonias, orquídeas, helechos, lianas y palmeras. Tucanes, bandas de loros y vencejos vuelan esquivando las cataratas para alimentarse de insectos, y una miríada de mariposas revolotea entre la vegetación.

AGUAS QUE CAEN

Las aguas de las grandes cataratas del mundo tienen tanta fuerza como para tirar abajo y romper la roca sólida; sin embargo, sus penachos de vapor crean un delicado microclima especial para gran variedad de plantas y animales.

EL GRAN HUMO QUE TRUENA

Las cataratas Victoria, en África, **están entre las más espectaculares del mundo.** Situadas en el río Zambezi, en la frontera entre Zimbabwe y Zambia, tienen aproximadamente 1.6 km de anchura y caen 128 m a un estrecho abismo. El rocío, que forma una nube brillante de arco iris que se eleva a 300 m de las cataratas, puede verse desde 20 km de distancia. La tribu local de los Kalolo llamaba al conjunto de la humedad, el rocío y el ruido que creaban las cataratas: «El Humo que Truena».

Las cataratas Victoria están formadas por cinco caídas separadas: Catarata del Este, Caídas del Arco Iris, Catarata del Diablo,

ESTRECHO ABISMO *En el momento culminante de la temporada de lluvias, el río Zambezi cae sobre las Cataratas Victoria a 1,080 m³/seg.*

Cataratas de la Herradura y Cataratas Principales. El explorador británico David Livingstone fue el primer europeo en descubrirlas en 1855, y las llamó así por la reina Victoria.

CASCADA CONDENADA A DESAPARECER

La gran cantidad de agua que **fluye** sobre las cataratas del **Niágara, en Norteamérica, está carcomiendo el fondo de roca a un ritmo de casi 1.2 m por año.** A este paso, en aproximadamente 25,000 años todo el río Niágara estará erosionado. El lago Erie se fundirá con el Ontario, y las cataratas del Niágara desaparecerán por completo.

Un promedio de 5.7 millones de litros por segundo se despeñan por las caídas del lago Erie, 98 m por encima del lago Ontario. Ya la caída, en el este

de Norteamérica, en la frontera entre Canadá y Estados Unidos, está a 11 km corriente arriba de su lugar original de nacimiento a finales de la última Edad de Hielo.

Las cataratas se formaron cuando los glaciares que chocaron contra Norteamérica comenzaron a derretirse y cuatro de los Grandes Lagos —Hurón, Superior, Michigan y Erie— drenaron hacia el lago Ontario a través de un nuevo canal, el río Niágara, que formó una cascada sobre el acantilado, ahora conocido como cataratas del Niágara.

LA CATARATA MÁS ALTA DEL MUNDO

El extraordinario Salto de Angel, **en Venezuela, es 15 veces más alto que las cataratas norteamericanas del Niágara (véase pág. 321).** En octubre de 1937, un piloto americano, James Angel, se vio obligado a aterrizar su avión en una montaña de cima plana en Venezuela. Cuando salió de la cabina, vio que al otro lado de un vasto cañón había otra montaña con forma de meseta, la montaña del Diablo, desde uno de cuyos bordes caía una cinta de agua que bajaba casi 1 km por la cara del acantilado. Había descubierto la cascada más alta del mundo.

Por él, recibió el nombre de Salto de Angel. Hoy día la única forma de verla es desde un avión.

TORRENTES QUE ESTRANGULAN EL MEKONG

El agua sale de las cataratas de **Khone, en el sureste de Asia, al increíble ritmo de 9.5 millones de litros por segundo.** Éste es el volumen más grande que pasa por una catarata; sin embargo, los 10 km de las Khone, cerca de la frontera entre Camboya y Laos, tienen sólo una caída de apenas 22 m.

Fueron descubiertas en la década de 1870 cuando una expedición francesa remaba por el río Mekong en busca de una ruta interior hacia China. La salvaje cascada los obligó a abandonar la travesía. Incluso hoy las aguas son tan violentas que han limitado el desarrollo de la región.

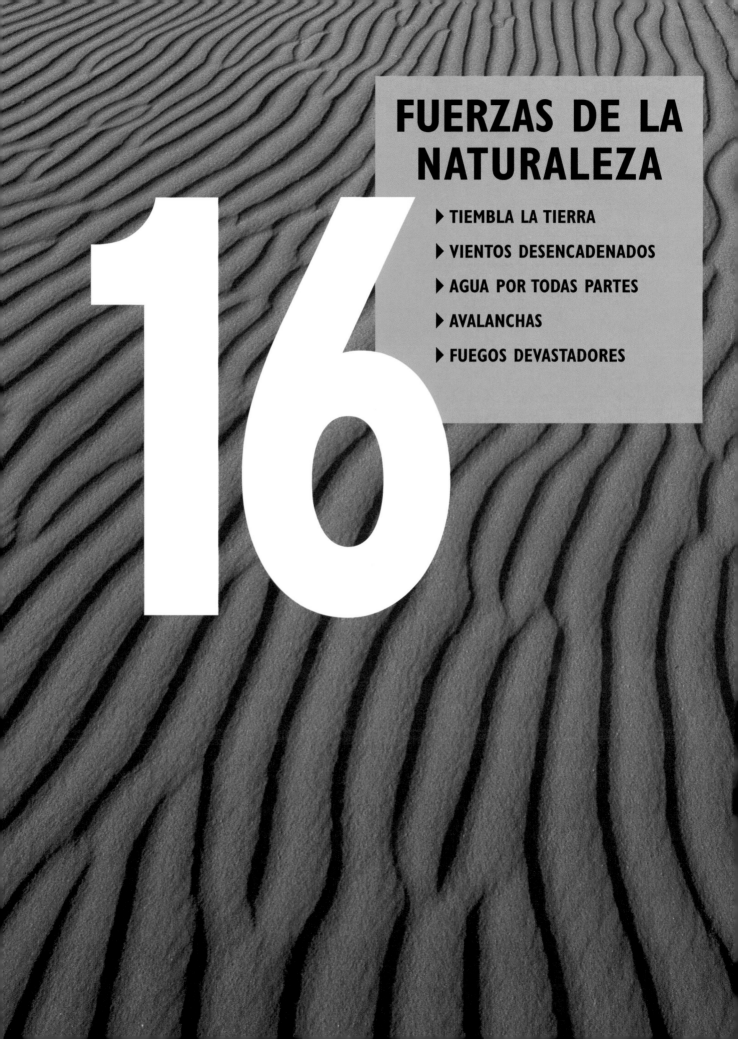

16

FUERZAS DE LA NATURALEZA

▶ **TIEMBLA LA TIERRA**

▶ **VIENTOS DESENCADENADOS**

▶ **AGUA POR TODAS PARTES**

▶ **AVALANCHAS**

▶ **FUEGOS DEVASTADORES**

TIEMBLA LA TIERRA

Los terremotos son totalmente impredecibles. En apenas unos segundos el lento movimiento de la corteza terrestre se acelera y se abren profundas fallas, enviando ondas expansivas que pueden destruir edificios y caminos.

LA FUERZA QUE SACUDIÓ SAN FRANCISCO

El 18 de abril de 1906, Estados Unidos sufrió su peor desastre natural cuando dos tremendas sacudidas conmovieron la ciudad de San Francisco. La tierra se abrió a lo largo de 470 km a lo largo de la Falla de San Andrés y en algunos lugares hubo desplazamientos laterales de 6 m. Se calculó que el terremoto fue de 8.3 en la escala de Richter.

Los daños generales causados por la onda expansiva fueron sorprendentemente escasos gracias a que los edificios estaban construidos de madera y eran lo bastante flexibles como para soportar la sacudida. Pero el daño provocado por el incendio cuando se prendió un escape de gas de las tuberías dañadas fue catastrófico. Los bomberos fueron incapaces de combatir las llamas, porque las tuberías de agua también se habían roto. El infierno ardió durante tres días. De una población de 400,000 personas, unas 3,000 murieron y 225,000 quedaron sin hogar.

ZONA DEL TERREMOTO *San Francisco ha sufrido numerosos terremotos. Éste, en 1989, midió 7.1 en la escala de Richter, mató a 62 personas, y provocó daños de aproximadamente 6,000 millones de dólares.*

EL DÍA QUE SE DESMORONÓ LISBOA

El 1 de noviembre de 1755, la capital portuguesa de Lisboa fue sacudida por un terremoto que mató a 60,000 personas. La ciudad quedó reducida a escombros. Estallaron incendios y muchos de los supervivientes huyeron al puerto. Pero alrededor de las 11 de la mañana una montaña de agua se elevó del mar y ahogó a la mayoría de los desprevenidos espectadores. Siguieron varios tsunamis más (véase pág. 438).

El terremoto fue provocado por un desplazamiento de la placa norafricana hacia la placa que sostenía a Europa y Asia. Se calcula que debió de haber sido un gigantesco 8.7 en la actual escala de Richter.

EL MAYOR ASESINO DE LOS TIEMPOS MODERNOS

Cuando una falla se desplazó debajo de Tangshan, China, el 90 % de los edificios de la ciudad se colapsó en cuestión de segundos. El suelo vibró hacia los lados, y luego saltó hacia arriba y hacia abajo. Algunos supervivientes oyeron una especie un silbido; otros informaron acerca de un enorme golpe.

El terremoto, que registró 8.3 en la escala de Richter, golpeó a esta ciudad, cerca de Beijing, en las primeras horas del 28 de julio de 1976. Casi toda la población quedó enterrada.

UN DESPERTAR BRUTAL PARA KOBE

Los ciudadanos de Kobe, en Japón, sufrieron una gran conmoción el 17 de enero de 1995, cuando un terremoto destruyó la mayor parte de la ciudad. El seísmo midió 7.2 en la escala de Richter, golpeó a las 5:46 de la mañana y muchos residentes

ROCK AND ROLL

ENGULLIDA *Durante el terremoto de Kobe, el daño sufrido por la infraestructura fue peor por el suelo arenoso predominante en la región.*

murieron en sus camas cuando sus casas se desmoronaron. Hubo 6,310 muertos.

Otros edificios soportaron el impacto del daño. Algunos de los edificios más nuevos quedaron en pie porque fueron diseñados para resistir terremotos, pero los ingenieros no podían creer la destrucción de una gran sección elevada de la moderna autopista Hansin, que había sido especialmente reforzada.

LA PESADILLA DE UNA CIUDAD ADORMECIDA

En 1811, una pequeña ciudad dormida en el Medio Oeste de **Estados Unidos se vio sumida en una escena de pesadilla:** edificios destruidos, árboles caídos y el cercano Mississippi fuera de su cauce.

Durante la noche del 15 de diciembre, los ciudadanos de New Madrid, Missouri, se despertaron por una sacudida violenta y un tremendo rugido. La tierra se contrajo y los temblores hicieron sonar las campanas de las iglesias de Boston, a 1,600 km de distancia.

Dos terremotos más siguieron al que probablemente tuvo una magnitud de 8.2 en la escala de Richter, y hubo miles de pequeños temblores posteriores. Fue la serie de seísmos más fuerte de la historia de Estados Unidos.

Hay decenas de miles de terremotos por año: la mayoría de ellos son temblores menores. Juntos liberan la misma cantidad de energía que 100,000 bombas atómicas. Pero, ¿cuál es la causa?

La corteza terrestre está hecha de placas macizas de aproximadamente 100 km de espesor, que están desplazándose constantemente, pasando una al lado de la otra por las líneas de las fallas. Cuando los bordes de estas placas chocan entre sí, suelen engancharse, lo que genera una tremenda presión hasta que, finalmente, las placas se desenganchan y se produce un terremoto.

La violencia en el epicentro del seísmo se desvía hacia las rocas próximas a velocidades colosales, extendiendo el terremoto a lo ancho y a lo largo. La fuerza puede derribar estructuras altas, fracturar caminos y desencadenar derrumbamientos.

Quizá la falla más conocida es la de San Andrés, que atraviesa California y es una amenaza siempre presente para las ciudades de San Fran-

JUNTÁNDOSE Y DESPLAZÁNDOSE
Cuando dos placas se tocan al pasar una al lado de otra pueden engancharse por un tiempo, pues sus bordes no son lisos, pero finalmente las fuerzas son demasiado grandes y se separan bruscamente, lo que provoca un terremoto.

cisco y Los Ángeles (véase pág. 435). A lo largo de las costas del Pacífico de Japón, Rusia y Sudamérica, las placas terrestres se desplazan debajo de sus vecinas, provocando terremotos más profundos a 650 km por debajo de la superficie.

China sufre intensos terremotos en los que la corteza terrestre se deforma por el impacto del subcontinente indio que golpea Asia y empuja la cordillera del Himalaya.

Otras cadenas montañosas pueden producir pequeños seísmos. Islandia está ubicada sobre la cordillera Central Atlántica, una grieta gigante en medio del océano Atlántico que se ha formado debido a que dos placas se están separando. Cuando la corteza es arrastrada separadamente, se filtra a la superficie roca líquida (magma) y crea nuevas montañas.

Placas que se están separado han creado también el Valle del Rift (véanse págs. 390-391). Este corte en la superficie de la Tierra —del mar Muerto a Mozambique— es equivalente a un séptimo de la circunferencia terrestre. El magma se filtra por las grietas, entrando a veces en erupción en forma de volcanes en actividad. Frecuentes terremotos muestran que la grieta todavía se está separando.

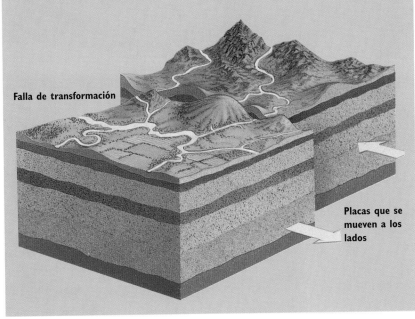

Falla de transformación

Placas que se mueven a los lados

LA CICATRIZ EN EL DESIERTO

La Falla de San Andrés corta a través de dos tercios de California, una enorme fractura en la superficie de la Tierra que se extiende más de 1,100 km en dirección sureste-noroeste. Puede llegar a tener hasta 10 km de anchura, pero en su mayor parte está oculta bajo tierra. En sólo unos pocos lugares la falla se revela como una cicatriz en el paisaje.

Es responsable de más de 10,000 terremotos (en su mayoría pequeños temblores) todos los años, y desastres ocasionales como los de San Francisco en 1906 y 1989, y Los Ángeles en 1933, 1971 y 1994.

La falla se produce cuando la placa del océano Pacífico fricciona contra la placa de Norteamérica. Las dos se desplazan a un ritmo aproximado de 5 cm cada año, la tasa de crecimiento de una uña. Esto provoca que Los Ángeles se mueva hacia el norte, hacia San Francisco, hasta que lleguen a unirse las dos ciudades dentro de unos 15 millones de años.

VIENTOS DESENCADENADOS

De todos los desastres naturales, las tormentas están entre los mayores asesinos. Los tornados son, quizá, los vientos más rápidos de la Tierra, pero los ciclones tropicales se mueven como torrentes giratorios y causan gran destrucción.

EL PRECIO DEL HURACÁN ANDREW

La tormenta más perjudicial del mundo desde el punto de vista económico tuvo lugar en las primeras horas del 24 de agosto de 1992 en el sur de Florida, Estados Unidos. El huracán Andrew fue clasificado cinco de cinco en la escala internacional de intensidad de tormentas, con ráfagas de viento y tornados que alcanzaron los 270 km/h. En sólo cuatro horas los

VIENTOS REMOLINANTES *El mayor número de tornados en el mundo se da en la Tornado Alley, en el Medio Oeste de Estados Unidos, donde hay unos 100 por año.*

daños ascendieron a 20,000 millones de dólares.

La tormenta se formó de la costa oeste de África, se alimentó de las aguas cálidas del Atlántico, y se convirtió en un huracán que causó su máximo daño en Florida, antes de extinguirse.

LOS VIENTOS MÁS RÁPIDOS REGISTRADOS

En mayo de 1999 cerca de 70 tornados soplaron a partir de una tormenta generalizada en Oklahoma y Kansas, en Estados Unidos. Los peores tornados destruyeron Oklahoma City, mataron a 45 personas y dejaron cientos de heridos. El daño

causado ascendió a 1,000 millones de dólares.

La velocidad de los vientos en el centro del tornado llegó a los 511 km/h, los vientos más rápidos registrados en la Tierra. El embudo tenía 1.6 km de anchura. Azotó la tierra durante cuatro horas, destrozando todo lo que encontró en sus 100 km de trayectoria.

EL TORNADO QUE DEJÓ MUERTE A SU PASO

En marzo de 1925, el tornado más grande de la historia atravesó tres de los estados de Estados Unidos, dejando un rastro de destrucción de 350 km. El saldo total de muertos ascendió a 689 personas, 1,980 resultaron heridas, cuatro ciudades destruidas, seis seriamente dañadas, y 11,000 personas quedaron sin hogar. El tornado Tristate (Tres Estados), como fue denominado, comenzó en Missouri, cuando la gente de Annapolis observó una enorme nube oscura en forma de embudo que rugía como un gigantesco tren de carga y se iluminaba con relámpagos. El tornado se dirigió hacia Illinois, donde se hinchó en un embudo de 2 km de anchura, y cruzó Indiana antes de agotarse por completo.

LA TIERRA EN EL CAMINO DEL CICLÓN

En la noche del 12 de noviembre de 1970, un ciclón barrió Bangladesh con olas que alcanzaron los 7 m de altura. El mar entró en el poco profundo delta, devorando todo lo que encontró en su camino. Murió casi un millón de personas, aunque la devastación fue tan grande que nunca sabremos el número exacto.

Siete de los nueve fenómenos climáticos más mortales del siglo XX fueron ciclones que golpearon Bangladesh.

LAS LLUVIAS ASESINAS DEL HURACÁN MITCH

La lluvia provocada por el huracán Mitch en América Central en 1998 provocó derrumbes masivos que mataron a 20,000 personas. Los huracanes son mortales no sólo por sus

¿QUÉ ES UN HURACÁN?

Las tempestades más grandes del mundo son conocidas con diferentes nombres: huracanes en Estados Unidos, tifones en el sureste asiático, y ciclones en los océanos Pacífico e Índico. Pero todos son el mismo tipo de tormenta y se abren paso por el mar y la tierra con tanta potencia que pueden generar la energía que necesita Estados Unidos en un siglo.

Estas tempestades nacen como vientos tropicales que soplan en los mares cálidos. El aire cálido y húmedo se eleva y al enfriarse en las corrientes frías de los estratos superiores, se condensa en forma de nubes tormentosas. Cuando el agua se convierte en gotas de lluvia, libera un calor que se eleva en la nube y succiona aire de la superficie del mar, alimentando más los vientos.

La tormenta crece cuando toma humedad y calor del mar. A medida que los vientos se hacen más fuertes son succionados al centro de la tormenta, donde el aire cálido se eleva más rápidamente, y la tormenta empieza a girar en un «ojo» central. Cuanto más estrecho es el vértice, más rápidamente gira la tormenta. Ésta finalmente muere cuando se aleja de los mares cálidos de los cuales extrae la energía, o cuando vientos de gran altitud destruyen la estructura de la tormenta.

SUPERESPIRALES *Los vientos se mueven dentro del huracán en una potente espiral ascendente, succionando todo lo que encuentran a su paso. El centro absoluto u «ojo» de la tormenta sigue en calma, sin embargo.*

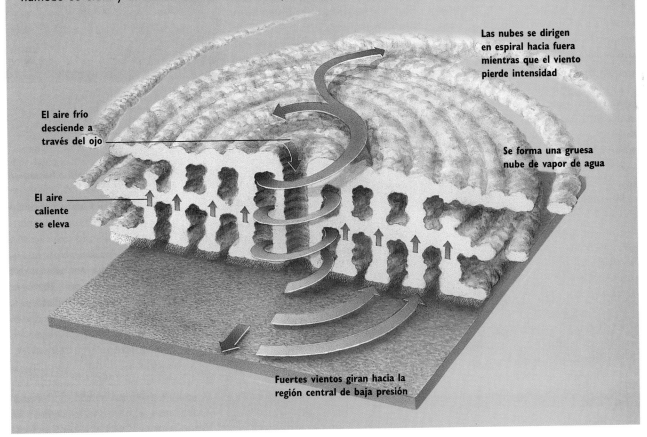

Las nubes se dirigen en espiral hacia fuera mientras que el viento pierde intensidad

El aire frío desciende a través del ojo

Se forma una gruesa nube de vapor de agua

El aire caliente se eleva

Fuertes vientos giran hacia la región central de baja presión

tremendos vientos, sino también porque recogen enormes cantidades de vapor de agua del océano: aproximadamente 2,000 millones de toneladas por día. Cuando esa agua vuelve a caer en forma de lluvia, como ocurrió en Nicaragua, Honduras, Guatemala y El Salvador al ser golpeadas por el huracán Mitch, puede ser letal.

El huracán Mitch fue el resultado de una gran tormenta que creció en el Atlántico. A medida que se acercaba a Nicaragua, sus vientos soplaban a 320 km/h. Luego, cuando se abrió pasó tierra adentro y se quedó sin su fuente de combustible —el cálido Caribe—, liberó su enorme carga de lluvia. Un millón de personas quedaron sin hogar.

SUPERHURACÁN SOPLA SOBRE JAMAICA

El huracán Gilbert, el más intenso del siglo XX, azotó Jamaica en 1988. La presión alrededor del ojo del huracán era sumamente baja: 855 milibares (cuanto más baja es la presión, más alta la velocidad del viento), las ráfagas alcanzaron los 330 km/h, las olas llegaron a 6 m de altura y cayeron 38 cm³ de lluvia en pocas horas.

El torbellino estrelló aviones contra los árboles y derribó bosques. Una vez que devastó Jamaica, la tormenta tomó velocidad y se dirigió hacia las Islas Caimán y el Golfo de México. En total dejó 200 muertos y 800,000 personas sin casa.

AGUA POR TODAS PARTES

El agua puede causar una devastación increíble. Inmensas olas conocidas como tsunamis, inundaciones caprichosas, y deslizamientos provocados por el agua son fenómenos naturales sobre los cuales tenemos muy poco control.

UNA DESTRUCTIVA PARED DE AGUA

El 17 de julio de 1998, un tsunami abrió un agujero de 30 km en la costa sur de Papúa, Nueva Guinea. Ciudades y pueblos fueron borrados de su camino y 10,000 personas quedaron sin hogar. Los testigos dijeron que el mar de pronto desapareció, y momentos después se oyó un rugido distante como el del motor de un avión. Luego una pared de agua apareció en la distancia, y se adelantó tan rápidamente que la gente no tuvo oportunidad de huir. Cuando el tsunami aceleró tierra adentro, arrastró la arena del fondo del mar y literalmente lapidó con arena a sus víctimas.

Este tsunami se desató por un temblor que desencadenó un desplazamiento de sedimentos debajo del agua. Se piensa que un tercio de los tsunamis podrían estar causados por estos desmoronamientos subterráneos.

OLAS GIGANTESCAS ROMPEN TODOS LOS RÉCORDS

El tsunami registrado como el más alto del mundo azotó la bahía de Lituya, en la costa de Alaska, el 9 de julio de 1958. La ola tenía 530 m de altura, lo que significa que era 10 pisos más alta que el edificio Empire State, de Nueva York. La causa fue un importante terremoto que desencadenó un desplazamiento en la parte superior de la bahía. Una avalancha de piedras bajó por una ladera de casi un kilómetro de altura, dañando el frente del glaciar Lituya, que cayó a la bahía.

Unos 30 millones de metros cúbicos de desechos que golpearon el agua provocaron una ola masiva que chocó contra una ladera en el lado opuesto de la bahía y que arrancó tierra y árboles. Dos pescadores perecieron, aunque su embarcación y otra sobrevivieron.

REGIÓN MONTAÑOSA A LA ESPERA DEL PRÓXIMO DESASTRE

Las espectaculares montañas de los Alpes italianos son famosas por sus repentinas inundaciones. Una de ellas, en 1994, destrozó la región del Piamonte alrededor de Génova, mató a 100 personas y dejó a 10,000 sin casa.

Los Alpes son como una pared en la ruta del aire cálido que viene del Mediterráneo. Las nubes tienden a descargar en las laderas al sur de las montañas y las lluvias caen en torrentes sobre las abruptas pendientes, estallando en los pueblos y ciudades sin aviso.

TORMENTAS INUSITADAS QUE ENTIERRAN UNA CIUDAD EN EL LODO

Venezuela experimentó una serie de tormentas a finales de 1999, en las cuales el 80 % del promedio de lluvias anual cayó en sólo 16 días. El 20 de diciembre, las intensas precipitaciones que cayeron provocaron des-

¿QUÉ ES UN TSUNAMI?

Un tsunami es una enorme ola o una serie de olas con suficiente energía como para destruir una ciudad. Los tsunamis se producen cuando un movimiento sísmico sacude el fondo del mar y hace que se agite. Un movimiento sísmico puede ser un terremoto, una erupción volcánica, un desmoronamiento masivo que cae al mar, un enorme desmoronamiento bajo las aguas, o incluso un asteroide, un meteoro o el impacto de un cometa. El vasto volumen de agua de mar y la tremenda cantidad de energía crean olas que pueden moverse a 800 km/h, tan rápidamente como un avión comercial.

El tsunami es difícil de detectar en la profundidad del mar, porque sólo es visible la cresta de la ola, quizá de 20 a 60 cm de altura, mientras que el grueso está sumergido a cientos de metros. La longitud de los tsunamis es inmensa –la distancia de cresta a cresta puede ser de 1,000 km– y estas terribles olas pueden cubrir vastas distancias sin perder energía.

Solamente cuando el tsunami llega a la costa poco profunda se eleva del fondo del mar y se manifiesta en toda su dimensión, llegando frecuentemente como si fuera una oscura pared de agua. A veces, primero el mar es succionado de la costa, y deja peces saltando en el fondo expuesto. De inmediato llega el tsunami, la ola que derriba todo lo que encuentra a su paso.

moronamientos fatales que mataron a 50,000 personas.

Se piensa que la tragedia se debió a una serie de tormentas tropicales que se desplazan al norte o al sur del ecuador según las estaciones, y que en esta ocasión se fueron más al norte de lo habitual.

ERUPCIÓN QUE DESATÓ UNA OLA DE TERROR

Cuando el Krakatoa entró en erupción el 27 de agosto de 1883, liberó el tsunami más mortal que se haya registrado. La descarga masiva dejó atrás un cráter de 290 m de profundidad en el fondo del océano y creó una ola de 40 m que apareció 5 km tierra adentro, sobre las cercanas islas de Java y Sumatra. Miles de personas se ahogaron y un barco de guerra holandés fue arrojado 3 km tierra adentro, sobre el valle de Sumatra.

Incluso a 5,000 km de distancia, en la India, el tsunami hundió 300 botes en el río Ganges. En total, murieron 36,000 personas en todo el mundo por los efectos de la erupción del Krakatoa.

UN PODEROSO RÍO AHOGÓ CIUDADES Y PUEBLOS

La inundación que tuvo lugar en los 1,600 km de costa de los ríos Mississippi y Missouri dejó a 70,000 personas sin casa. Durante los nueve meses anteriores, la región central de Norteamérica había sido continuamente azotada por intensas lluvias cuando vientos de alto nivel y fuertes corrientes desencadenaron tormentas interminables. El suelo se había saturado tanto y los ríos estaban tan llenos que era sólo una cuestión de tiempo que los diques —las defensas de tierra— cedieran, y provocaran más de 15,000 millones de dólares en daños.

La inundación del Mississippi fue tan devastadora que los ciudadanos de Valmeyer, en Illinois, tuvieron que reconstruir toda la ciudad en un terreno más elevado.

Los ingenieros pueden construir defensas limitadas, y los pronosticadores pueden advertir de los peligros de fuertes lluvias, pero la triste realidad es que vivir en un terreno aluvial cerca de un gran río es un peligro constante.

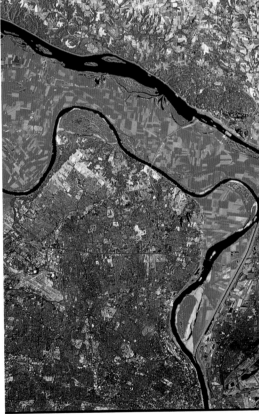

LA VIDA EN UNA LLANURA ALUVIAL
Cuando el Mississippi se desbordó de su cauce en 1993, después de meses de lluvias torrenciales, nueve estados sufrieron los daños de la inundación.

AVALANCHAS

Una avalancha puede transportar hasta un millón de toneladas de nieve, y se anuncia antes con una ola de aire que destruye casi todo lo que encuentra a su paso. Quien quede atrapado dentro de una avalancha podría morir aplastado o asfixiado.

DESMORONAMIENTO QUE MATÓ A MILES DE PERSONAS

AMENAZA DE AVALANCHA PARA LOS HOMBRES EN LA GUERRA

Las avalanchas en los Alpes tiroleses durante la Primera Guerra Mundial se cobraron la vida de más de 60,000 hombres. Las tropas italianas y austríacas que luchaban en la zona montañosa soportaron tres años de avalanchas, nieve, hielo y falta de provisiones.

Algunos de los peores incidentes ocurrieron en diciembre de 1916 cuando 4 m de nieve cayeron en 48 horas, desencadenando dos días de avalanchas que mataron a unos 10,000 soldados de ambos bandos.

En Perú, el 31 de mayo de 1979, un terremoto desató una avalancha que, junto con el seísmo, mató a 66,000 personas. El terremoto, que midió 7.7 en la escala de Richter y tuvo su epicentro cerca del puerto industrial de Chimbote, fue el derrumbe más mortal del siglo XX.

Desalojó una gran cantidad de piedras y hielo del monte Huascarán, que se despeñó sobre la ciudad de Ranrahirca, acabando con sus 5,000 habitantes y aplastando el centro turístico de la montaña Yungay, donde mató a casi 20,000 personas.

LAS ETAPAS DE UNA AVALANCHA
1 *Nieve blanda se desliza sobre las capas de nieve más dura.*
2 *Cuando la masa de nieve se acelera, puede ser súbitamente transportada por el aire.*
3 *La avalancha gana impulso, y puede alcanzar hasta 350 km/h.*

FUEGOS DEVASTADORES

Los incendios naturales iniciados por rayos han destruido bosques y praderas durante miles de años, y ayudan a regenerar la vegetación. Pero cuando se enfurecen es difícil detenerlos y causan la destrucción de la Tierra y de la vida.

NORTEAMÉRICA SUFRE UN AÑO DE INCENDIOS

Durante el año 2000, Estados Unidos sufrió su peor temporada de incendios, cuando 96,000 fuegos se extendieron por un área de 4,300 km². El costo de los daños y del combate de los bomberos ascendió a 1,600 millones de dólares.

El invierno 1999-2000 había estado dominado por el fenómeno climático de La Niña (véase pág. 421), que había provocado calor y tiempo seco en el sur y el oeste del país.

Los primeros fuegos del año se iniciaron en febrero en Nuevo México y se extendieron hacia el norte. Para mayo, ya habían cobrado mucha fuerza. El oeste de Norteamérica estaba en llamas desde Canadá hasta México. Las tormentas secas trajeron rayos que desencadenaron nuevos incendios forestales, aunque sin lluvia para apagarlos.

Más de 30,000 bomberos, muchos de ellos procedentes de otros países, lucharon durante meses contra las llamas. En septiembre el número de incendios había llegado a la cima y un mes más tarde los fuegos más grandes estaban bajo control, pero sólo en noviembre pudieron extinguirse los últimos incendios.

CIUDAD ASFIXIADA POR EL HUMO DE LOS INCENDIOS FORESTALES

Kuala Lumpur, la capital de Malasia, se vio sumida en 24 horas de oscuridad debido a una espesa nube de humo en septiembre de 1997. El humo, que descendió sobre la ciudad durante siete semanas, provenía de miles de incendios que se extendían por Malasia, Sumatra y Borneo.

Los fuegos habían sido provocados para clarear los bosques y para que la tierra pudiera ser usada para la agricultura,

pero pronto se descontrolaron cuando vientos cálidos y secos avivaron las llamas. Las lluvias normales de los monzones llegaron dos meses después como consecuencia de El Niño (véase pág. 421), que había enviado a la región su peor sequía en 50 años. En total 20,000 km², más o menos el tamaño del estado mexicano de Hidalgo, se carbonizaron.

El humo asfixió un área más grande que Europa, ahogando a 75 millones de personas y matando a más de 4,000, incluidos aquéllos a bordo de un avión de pasajeros que se estrelló debido al humo sobre Sumatra.

La economía de los ocho países afectados se desplomó cuando los turistas se mantuvieron alejados, los cultivos se arruinaron, los negocios cerraron y se produjo un perjuicio calculado en 20,000 millones de dólares. También sufrió la vida silvestre, incluidos los ya amenazados orangutanes de Borneo, y los arrecifes de coral de los mares aledaños que fueron ahogados por la

tierra que volaba de los bosques quemados. Se necesitarán muchos años para que se recuperen del incidente, considerado ahora como uno de los mayores desastres ambientales del mundo.

TORMENTA DE FUEGO EN LOS CHAPARRALES AUSTRALIANOS

El 16 de febrero de 1983, una feroz tormenta de fuego provocó la muerte de 75 personas en Victoria y el sur de Australia. El chaparral australiano era como un polvorín a principios de 1983: el fenómeno climático de El Niño (véase pág. 421) había elevado las temperaturas hasta 40 °C, lo que extendió una sequía crónica.

Más de 100 incendios se iniciaron simultáneamente en el sur del país, lo que generó un infierno que se aceleró a través de los montes empujado por ráfagas de viento de aproximadamente 160 km/h. Los fuegos en los montes son comunes en las llanuras australianas, donde se contabilizan unos 15,000 al año. Pero fue la velocidad de esta tormenta de fuego lo que tomó por sorpresa a muchas personas y se cobró un elevado número de muertos.

INFIERNO EN EL INTERIOR *Los montes australianos se quemaron con tal ferocidad en 1983 que los árboles explotaban por el calor de 800 °C.*

ÍNDICE ALFABÉTICO

RECONOCIMIENTOS

Abreviaturas:
ar. = arriba; ab. = abajo;
d. = derecha; i. = izquierda;
c. = centro

BBCNHU - BBC Natural History
Unit Picture Library
OSF - Oxford Scientific Films
SPL - Science Photo Library

1 OSF/Brian Kenny. 8-9 Tom
Stack & Associates/Dave Fleetham.
12 Tom Stack &
Associates/Thomas Kitchin. 13
Ardea/Chris Knights, ar.;
DRK/Fred Bruemmer, ab. 14
Ardea/Hans Dossenbach. 14-15
Minden Pictures/Frans Lanting.
15 Auscape/Becca Saunders. 16-
17 DRK/Tom Brakefield. 18
Minden Pictures/Frans Lanting. 20
NHPA/Martin Harvey. 21
OSF/Martin Colbeck, ar.;
DRK/Anup Shah, ab. 22-23
BBCNHU/Karl Amman. 23
NHPA/Andy Rouse. 24
DRK/Fred Bruemmer. 25 DRK.
26-27 Gallo Images/Beverly
Joubert. 28 OSF/Peter Gathercole.
29 Auscape/Tui De Roy, ar.;
BBCNHU/Niall Benvie, ab. 30
DRK/Dwight Kuhn. 31 Still
Pictures/Mark Carwardine, ar.;

DRK/Wayne Lynch, ab. 32
OSF/Doug Allan. 33 Minden
Pictures/Mitsuaki Iwago, ar.; Tom
Stack & Associates/Jeff Foott, ab.
34 Auscape/Tui De Roy. 35
DRK/Joe McDonald. 36
DRK/Fred Bruemmer. 37
OSF/David Thompson. 38
DRK/Joe McDonald. 39
DRK/Dwight Kuhn, ar.c., ar.d.,
ab.i.; DRK/D. Cavagnaro, ab.c.;
DRK/Jeff Foott, ab.d. 40-41
DRK/Tom Brakefield. 42-43
Ardea/S. Meyers. 44 Minden
Pictures/Gerry Ellis. 45
NHPA/Andy Rouse. 46
OSF/Robin Bush. 48 Tom Stack &
Associates/Mike Severns. 49
DRK/M.C. Chamberlain, ar.;
Ardea/Wardene Weisser, ab. 50
NHPA/A.N.T. 51 Ardea/Hans &
Judy Beste. 52 BBCNHU/Pete
Oxford, c.; DRK/Kim Heacox,
ab. 53 Tom Stack &
Associates/Barbara Gerlach, ab.;
OSF/H.L. Fox, ab. 54-55 Tom
Stack & Associates/Ken W. Davis.
55 DRK/Wayne Lynch, ar.; Tom
Stack & Associates/John Gerlach,
c. 56-57 DRK/Manfred Pfefferle.
58 Ardea/Alan Weaving. 59 Ken
Oliver/Wildlife Art Ltd., ar.;
Auscape/Reg Morrison, ab. 60

OSF/Scott Camazine, ar.;
DRK/N.H. Cheatham, ab. 61
Barry Croucher/Wildlife Art
Ltd., i.; BBCNHU/Anup Shah, d.
62 OSF/D.H. Thompson, ar.;
BBCNHU/Premaphotos, ab. 63
Minden Pictures/Matthias
Breitner, i.; DRK Wayne
Lankinen, c.; NHPA/Rich
Kirchner, d. 64 Auscape/Jean-
Marc La Roque, ar.; Ian
Jackson/Wildlife Art Ltd., ab. 66
Ardea/Kenneth W. Fink. 67
BBCNHU/François Savigny, ar.;
Peter Scott/Wildlife Art Ltd., ab.
68 Ardea/Clem Haagner, ar.;
NHPA/Stephen Dalton, ab. 69
Minden Pictures/Fred Bavendam.
70 DRK/Ford Kristo, c.; Tom
Stack & Associates/Dave Watts,
ab. 71 Minden Pictures/Flip
Nicklin, ar.; Ken Oliver/Wildlife
Art Ltd., ab. 72 BBCNHU/Mike
Wilkes. 72-73 Sandra
Doyle/Wildlife Art Ltd., 74
DRK/James Rowan. 75
OSF/David Haring. 76 DRK/Joe
McDonald. 77 Minden
Pictures/Mitsuaki Iwago, ar.;
NHPA/N.A. Callow, c.;
DRK/David D. Dennis, ab. 78
BBCNHU/Armin Maywald, i.;
Peter Scott/Wildlife Art Ltd., d.

79 NHPA, ar.; Ardea/Chris
Harvey, ab. 80 Barry
Croucher/Wildlife Art Ltd. 81
Minden Pictures/Mitsuaki Iwago.
82 Auscape/Jean-Paul Ferrero.
82-83 DRK/Stephen Krasemann.
83 Auscape/D. Parer & E. Parer-
Cook. 84 NHPA/Rich Kirchner.
85 OSF/Alain Christof, ar.;
DRK/Tom & Pat Leeson, ar. 86
Ardea/M.D. England, ar.;
Ardea/D. Parer & E. Parer-Cook,
ab. 87 Nature Production/Goichi
Wada, ar.; BBCNHU/Rico &
Ruiz, ab. 88-89 DRK/Steve
Kaufman. 90 Auscape/D. Parer &
E. Parer-Cook. 91 NHPA/Daniel
Heuclin, ar., c.; DRK/Michael
Fogden, ab. 92 Auscape/Jean-
Michel Labat, ar.; NHPA/Stephen
Dalton, ab. 94 BBCNHU/Steve
Packham. 94-95 NHPA/Daniel
Heuclin. 95 NHPA/E.A. Janes. 96
Ardea/Valerie Taylor. 97
NHPA/Daniel Heuclin, c.;
DRK/Michael Fogden, ab. 98-99
DRK/Norbert Wu. 100
NHPA/Stephen Dalton. 101 Ken
Oliver/Wildlife Art Ltd., i.;
Minden Pictures/Fred Bavendam,
d. 102 Auscape/Becca Saunders.
103 Premaphotos/Ken Preston-
Mafham, ar.; NHPA/Daniel

Heuclin, ab. 104-105
DRK/Michael Fogden. 106
Auscape/Ferrero-Labat. 107
BBCNHU/Staffan Widstrand. 108
Still Pictures/Norbert Wu. 109
DRK/Stanley Breeden, ar.;
BBCNHU/Magnus Nyman, ab.
110 DRK/Stephen Kraseman. 111
Auscape/Bill & Peter Boyle, ar.;
Bruce Coleman/Jane Burton, ab.
112 Premaphotos/Ken Preston-
Mafham, ar.; DRK/John
Cancalosi, ab. 113 Still
Pictures/M. & C. Denis-Huot.
114 DRK/John Gerlach, ar.;
DRK/Michael Fogden, ab. 115
BBCNHU/Jeff Rotman, ar.;
DRK/Marty Cordano, ab. 116
Peter Scott/Wildlife Art Ltd., ar.;
DRK/John Cancalosi, ab. 117
NHPA/Stephen Dalton. 118
Minden Pictures/Mitsuaki Iwago.
119 BBCNHU/Peter Blackwell,
ar., Still Pictures/Roland Seitre,
ab. 120 Tom Stack &
Associates/Tom y Therisa Stack.
121 Premaphotos/Ken Preston-
Mafham, ar.; BBCNHU/Francis
Abbott, ab. 122 Ian
Jackson/Wildlife Art Ltd. 123
Gallo Images/Anthony Bannister,
ar.; NHPA/Daniel Heuclin, ab.
124-125 OSF/Michael Fogden.

126 Tom Stack & Associates/Dawn Hire. 127 OSF/Kathie Atkinson. 128-129 DRK/Stephen Krasemann. 129 Auscape/François Gohier. 130 NHPA/Daniel Heuclin, i.; DRK/Wayne Lynch, M. 132 Ardea/François Gohier. 133 DRK/John Gerlach. 134-135 NHPA/Manfred Danegger. 135 Ardea/Ferrero-Labat. 136 Minden Pictures/Mitsuaki Iwago, d.; NHPA/Daniel Heuclin, ab. 137 Minden Pictures/Mitsuako Iwago, i.; Minden Pictures/Frans Lanting, ab. 138 OSF/G.I. Bernard, ar.; BBCNHU/Chris O'Reilly, ab. 139 Minden Pictures/Tui de Roy. 140 Auscape/D. Parer & E. Parer Cook. 141 DRK/Michael Fogden. 142 Lee Peters. 142-143 Ardea/Jean-Paul Ferrero. 144-145 DRK/M.C. Chamberlain. 146 Ardea/Ron & Valerie Taylor. 147 OSF/P. & W. Ward. 148 OSF/Michael McKinnon. 149 BBCNHU/Premaphotos. 150 Premaphotos/Ken Preston-Mafham. 152 Auscape/Jean-Paul Ferrero. 153 DRK/Michael Fogden, ar.; Ron Hayward, ab. 154 Minden Pictures/Konrad Wothe. 154-155 Minden Pictures/Tui De Roy. 155 DRK/Barbara Gerlach. 156-157 DRK/David Northcott. 158-159 BBCNHU/Anup Shah, ar.; NHPA/Stephen Dalton, ab. 160-161 NHPA/Martin Harvey. 161 NHPA/Stephen Krasemann. 162 Auscape/Nicholas Birks, ar.; NHPA/John Shaw, ab. 162-163 Ardea/D. Parer & E. Parer-Cook. 164 OSF/Mark Deeble & Victoria Stone. 165 OSF/Doug Allan; Lee Peters, ab. 166 Lee Peters. 167 Ardea/Kenneth Fink, ar.; DRK/Tom Brakefield, ab. 168-169 DRK/M.C. Chamberlain. 170 NHPA/Stephen Dalton. 171 Lee Peters. 172 NHPA/Stephen Dalton. 173 NHPA/Jany Sauvanet. 174 Image Quest/Peter Parks, c.; Lee Peters, ab. 175 NHPA/Stephen Dalton. 176 Ardea/Jean-Paul Ferrero. 177 OSF/William Gray. 178 DRK/Peter D. Pickford. 178-179 Ardea/M.T. Bomford. 180 NHPA/Bill Coster. 180-181 DRK/Fred Bruemmer. 182 Ardea/David & Kate Urry. 182-183 DRK/Johnny Johnson. 183 Ardea/Jean-Paul Ferrero. 184 Auscape/Hellio & Van Ingen. 185 OSF/Richard Herrmann. 186 Minden Pictures/Frans Lanting, ar.; Auscape/Jean-Paul Ferrero, ab. 188 OSF/Max Gibbs. 189 BBCNHU/Dietmar Hill. 190 DRK/M.P. Kahl, ar.; NHPA/Anthony Bannister, c.; NHPA/Nigel Dennis, ab. 191 OSF/Martyn Colbeck, ar.; Minden Pictures/Gerry Ellis, ab. 192 Minden Pictures/Frans Lanting. 192-193 Tom Stack/Dave Fleetham. 194-195 OSF/Paul Kay. 196-197 NHPA/Stephen Dalton. 197 BBCNHU/Pete Oxford. 198

DRK/Belinda Wright. 199 BBCNHU/Adrian Davies, ar.; Ardea/Stefan Meyers, ab. 200 Gerald Cubitt. 200-201 SPL/Andrew Syred. 202 BBCNHU/Jose Ruiz. 202-203 Minden Pictures/Jim Brandenburg. 203 Ardea/Eric Lindgren. 204 NHPA/Kevin Schafer. 205 Minden Pictures/Shin Yoshino, c.; OSF/Manfred Pfefferle, ab. 206 BBCNHU/Doc White, ar.; OSF/Mickey Gibson, ab. 207 Minden Pictures/Tim Fitzharris. 208 Auscape/Ferrero-Labat. 209 Auscape/Ferrero-Labat, ar.; BBCNHU/Tony Heald, ab. 210 BBCNHU/Georgette Douwma. 210-211 Gerald Cubitt. 212-213 DRK/Larry Lipsky. 214 Innerspace Visions/Ingrid Visser. 214-215 Minden Pictures/Fred Bavendam. 216 Tom Stack & Associates/Dave Fleetham, c.; Lee Peters, ab. 217 OSF/David Thompson, d.; Ron Hayward, i. 218 Auscape/S. Cordier, ar.; DRK/Michael Fogden, ab. 219 BBCNHU/Anup Shah, d.; OSF/Clive Bromhall, ar.; Minden Pictures/Gerry Ellis, c. 220 Auscape/Jean-Paul Ferrero. 221 OSF/Owen Newman. 222 Premaphotos/Ken Preston-Mafham. 223 Auscape/Kathie Atkinson. 224 Minden Pictures/Michael Quinton. 225 BBCNHU/Pete Oxford. 226 Ardea/Chris Knights. 227 DRK/Anup Shah. 228 OSF/Densey Cline/Mantis Wildlife Films. 230 Woodfall Wild Images/David Woodfall. 231 Tom Stack & Associates/Jeff Foott. 232-233 Auscape/Jean-Paul Ferrero. 233 Richard Bonson/Wildlife Art Ltd. 234 Gerald Cubitt. 234-235 BBCNHU/Jeff Rotman. 235 Ardea. 236 Premaphotos/Ken Preston-Mafham. 236-237 Ardea/François Gohier. 238 NHPA/Stephen Dalton, ar.; DRK/Lynn M. Stone, ab. 239 Minden Pictures/Frans Lanting. 240 DRK/Tom & Pat Leeson. 240-241 DRK/Gary Gray. 241 Gerald Cubitt. 242-243 NHPA/Martin Harvey. 244 OSF/Tim Shepherd, ar.; DRK/Stephen Krasemann, ab. 245 Auscape/Jamie Plaza Van Roon. 246 Ardea/Eric Lingren. 247 BBCNHU/Duncan McEwan. 248 Tom Stack & Associates/Chip & Jill Isenhart. 248-249 OSF/Alastair Shay. 249 DRK/Steve Kaufman, ar.; Gerald Cubitt, ar. 250 NHPA/Brian Hawkes. 250-251 NHPA/G.I. Bernard. 251 NHPA/John Shaw. 252 BBCNHU/George McCarthy, ar.; OSF/Alastair Shay. 253 OSF/Michael Brooke, ar.; Ardea/Ian Beames, ar. 254 Tom Stack & Associates/Jeff Foott. 255 NHPA/Laurie Campbell, ar.; Premaphotos/Rod Preston-Mafham, c. 256 DRK/Stephen Krasemann, ar.; Auscape/Reg

Morrison, ab. 257 Minden Pictures/Mark Moffett. 258 DRK/T.A. Wiewandt. 258-259 BBCNHU/Brian Lightfoot. 259 Minden Pictures/Mark Moffett. 260 OSF/T.C. Middleton, ar.; NHPA/Anthony Bannister, ab. 262 Still Pictures. 263 Richard Bonson/Wildlife Art Ltd., ar.; OSF/Earth Scenes, ab. 264 NHPA/Stephen Dalton, ar.; DRK/T.A. Wiewandt, ab. 265 SPL/Andrew Syred/Eye of Science. 266 OSF/David Dennis. 266-267 OSF/David Thompson. 268 Ardea/Bob Gibbons. 269 OSF/Harold Taylor. 270-271 OSF/Babs & Bert Wells. 272-273 DRK/Michael Fogden. 273 BBCNHU/Adam White. 274 BBCNHU/Jose Ruiz, ar.; BBCNHU/Duncan McEwan, ab. 275 Ardea/John Mason, ar.; OSF/David & Sue Cayless, c. 276-277 BBCNHU/Adrian Davies. 277 Minden Pictures/Frans Lanting. 278 Gerald Cubitt. 279 DRK/Stephen Krasemann. 280 DRK/Michael & Patricia Fogden, c.; BBCNHU/David Kjaer, ab. 282-283 SPL/Andrew Syred. 283 NHPA/M.I. Walker, ar.; SPL/CNRI, ab. 284 Premaphotos/Ken Preston-Mafham, c.; SPL/Andrew Syred, ab. 285 SPL/Eye of Science, ar.; SPL/Dr. Jeremy Burgess, ab. 286 SPL/Alfred Pasieka. 286-287 SPL/Juergen Berger, Max Planck Institute. 287 OSF/Dra. Linda Stannard. 288-289 Woodfall Wild Images/Ted Mead. 289 SPL/A.B. Dowsett. 290 SPL/Andrew Syred. 290-291 Auscape/Jean-Michel Labat. 292 Premaphotos/Ken Preston-Mafham. 293 Ardea/Kenneth W. Fink. 294 Ardea/John Clegg. 295 SPL/Eric Grave, ar.; Premaphotos/Ken Preston-Mafham, ab. 296-297 DRK/M.C. Chamberlain. 298 SPL/Moredun Scientific Ltd. 298-299 Auscape/Becca Saunders. 299 NHPA/G.J. Cambridge. 300 Ardea, ar.; OSF/Clive Bromhall, ab. 301 SPL/Andrew Syred, ar.; Richard Bonson/Wildlife Art Ltd., ab. 302 Premaphotos/Ken Preston-Mafham. 304-305 Minden Pictures/Tui De Roy. 305 Olive Pearson. 306 Olive Pearson, c. 306-307 Minden Pictures/Frans Lanting. 308-309 Auscape/Jean-Paul Ferrero. 310 DRK/Johnny Johnson, ar.; BBCNHU/Doug Allan, ab. 311 DRK/Norbert Wu, ar.; Minden Pictures/Michio Hoshino, ab. 312-313 DRK/Fred Bruemmer. 312 Ardea/M. Watson. 313 Auscape/Colin Monteath. 314 Olive Pearson, ar.; BBCNHU/Mats Forsberg, ab. 315 Ardea/M. Watson, ar.; BBCNHU/Cindy Buxton, ab. 316 DRK/Michael Ederegger, ar.; BBCNHU/Peter Blackwell, ab. 317 Auscape/Jean-Paul Ferrero. 318-319 Auscape/Tui De Roy. 319 OSF/Clive Huggins.

320 Olive Pearson. 320-321 Auscape/François Gohier. 321 Still Pictures/Silva-UNEP. 322 DRK/Joe McDonald. 323 NHPA/Otto Rogge, ar.; SPL/Dr. Morley Read, ab. 324 DRK/Belinda Wright. 325 DRK/Joe McDonald. 326 DRK/Stephen Maka, ar.; SPL/C.K. Lorenz, c. 327 DRK/Fred Bruemmer. 328 Olive Pearson, c.; OSF, ab. 329 OSF/Michael Fogden, ar.; DRK/Michael Fogden, c. 330 Minden Pictures/Gerry Ellis. 331 BBCNHU/Nick Gordon, ar.; Ardea/Bob Gibbons, ab. 332 NHPA/Kevin Schafer. 332-333 Minden Pictures/Mark Moffett. 334 Olive Pearson, ar.; DRK/Michael Fogden, ab. 334-335 NHPA/Jany Sauvanet. 336 Minden Pictures/Konrad Wothe, i.; Ardea/M. Iijima, ab. 337 OSF, ar.; NHPA/Daniel Heuclin, ab. 338 DRK/Stanley Breeden. 339 OSF/G.H. Thompson, ar.; OSF/Colin Milkins, ab. 340 Olive Pearson, ar.; OSF/Pat Caulfield, ar. 340-341 OSF/Jack Dermid. 341 DRK/Jeff Foott. 342 SPL/Eye of Science. 342-343 SPL/Simon Fraser. 343 DRK/Jeff Foott. 344 DRK/Tom y Pat Leeson. 344-345 Minden Pictures/Frans Lanting. 345 NHPA/Hellio & Van Ingen. 346 Olive Pearson, ar.; BBCNHU/Premaphotos, ab. 346-347 OSF/David Cayless. 347 DRK/M. Harvey. 348-349 BBCHNU/David Shale. 349-350 DRK/Norbert Wu. 351 DRK/Norbert Wu, ar.; OSF/Peter Parks, ab. 352-353 DRK/Steve Wolper. 354 Tom Stack & Associates/OAR/NOAA. 355 Images Unlimited/Al Giddings. 356 BBCNHU/Hanne & Jens Eriksen. 356-357 Tom Stack & Associates/Jeff Foott. 357 BBCNHU/Pete Oxford. 358 NHPA/Laurie Campbell, ar.; OSF/Ben Osborne, ar. 360 SPL/Luke Dodd. 361 SPL/Gordon Garrado, c. SPL/Jerry Looriguss, ab. 362 SPL/Pekka Parvianen, ar.; Galaxy Picture Library, c. 363 SPL/NASA, ar.; Galaxy Picture Library/Y. Hirose, ab. 364-365 SPL/David Parker. 365 SPL/D. Van Ravenswaay, ar.; SPL Images of Africa/Vanessa Burger, ab. 366 Julian Baker. 367 SPL/NASA, ar.; Galaxy Picture Library, ab. 368 SPL/NASA. 369 Galaxy Picture Library. 370 SPL/European Space Agency. 370-371 SOHO. 371 Galaxy Picture Library. 372 Novosti, ar.; SPL/John Sanford, c.; SPL/NASA, ab. 373 Richard Bonson/Wildlife Art Ltd. 374 SPL/Peter Ryan. 375 SPL/David Nunuk, ar.; Mountain Camera/John Cleare, ab. 376-377 SPL/Frank Zullo. 377 SPL/Jerry Schad. 378-379 SPL/Chris

Madeley. 380 Tom Stack & Associates/Mark Allen Stack. 381 Richard Bonson/Wildlife Art Ltd., ar.; Fortean Picture Library/Werner Burger, ab. 382 Tom Stack & Associates/TSADO/NCDC/NOAA, ar.; SPL/Peter Menzel, ab. 383 Richard Bonson/Wildlife Art Ltd., ar. 384 OSF/Warren Faidley, ar.; Robert Harding Picture Library/Tony Waltham, ab. 386 Tom Stack & Associates/Thomas Kitchin, c.; Tom Stack & Associates/Sharon Gerig, ab. 387 Frank Spooner/Gamma. 388 Robert Harding Picture Library/Minden Pictures. 389 NHPA/Daniel Heuclin. 390 Corbis/Kaehler. 390-391 Minden Pictures/Gerry Ellis. 392 OSF/Stephen Downer. 393 OSF/Martyn Chillmaid. 394-395 DRK/Jeff Foott. 396 Magnum Photos/Dennis Stock. 397 Minden Pictures/Carr Clifton. 398-399 DRK/Barbara Cushman Rowell. 400 Richard Bonson/Wildlife Art Ltd. 400-401 Mountain Camera/Colin Monteath. 402 NGS Image Collection/Richard Olsenius. 402-403 Minden Pictures/Mitsuaki Iwago. 404 Tom Stack & Associates/Dave Watts. 405 Gerald Cubitt. 406-407 Ardea/Jean-Paul Ferrero. 407 Lee Peters. 408-409 Woodfall Wild Images/Nigel Hicks. 410 DRK/Stephen Krasemann. 410-412 Ardea/François Gohier. 412-413 Geoscience Features Picture Library/Dr. B. Booth. 414 NGS Image Collection/O. Louis Mazzatenta. 416 Ardea/Edwin Mickleburgh. 417 SPL/NOAA. 418-419 Minden Pictures/Michio Hoshino. 419 NHPA/Paal Hermansen. 420 Tom Stack & Associates/Brian Parker. 421 Still Pictures/G. Griffiths-Christian Aid, ar.; Julian Baker, ab. 422 Still Pictures/Michel Roggo. 422-423 NHPA/Nigel Dennis. 424 Galaxy Picture Library, c.; SPL/Worldsat International Inc., ab. 424-425 Minden Pictures/Gerry Ellis. 426-427 DRK/Barbara Gerlach. 427 DRK/Michael Collier. 428-429 NHPA/Martin Wendler. 430 Gerald Cubitt. 432 Robert Harding Picture Library. 432-433 Magnum Photos/P. Jones-Griffiths. 433 Lee Peters. 434 Tom Stack & Associates/Merrilee Thomas. 435 Richard Bonson/Wildlife Art Ltd. 436-437 Ardea/François Gohier. 438-439 Katz Pictures. 439 SPL/Earth Satellite Corporation. 440 Still Pictures/Roberta Parkin. 441 NHPA/Ralph & Daphne Keller.

PORTADA: Auscape/Yann Arthus-Bertrand, ar.d.; Tom Stack & Associates/Dave Fleetham, ab.d.; NHPA/Jany Sauvanet, ar.i.; Ardea/Adrian Warren, c. CONTRAPORTADA: Ardea/Adrian Warren